Zurkinden / Trüeb

Das neue Kartellgesetz. Handkommentar

Das neue Kartellgesetz
Handkommentar

von

Dr. Philipp Zurkinden
Rechtsanwalt in Bern

PD Dr. Hans Rudolf Trüeb
Rechtsanwalt in Zürich

unter Mitarbeit von
Julia Rutishauser, Petra Hanselmann und Samuel Indermühle

Schulthess § 2004

Bibliografische Information ‹Der Deutschen Bibliothek›
Die Deutsche Bibliothek verzeichnet diese Publikation in der Deutschen National-
bibliografie; detaillierte bibliografische Daten sind im Internet über ‹http://dnb.ddb.de›
abrufbar.

Alle Rechte, auch die des Nachdrucks von Auszügen, vorbehalten. Jede Verwertung ist
ohne Zustimmung des Verlages unzulässig. Dies gilt insbesondere für Vervielfältigun-
gen, Übersetzungen, Mikroverfilmungen und die Einspeicherung und Verarbeitung in
elektronische Systeme.

© Schulthess Juristische Medien AG, Zürich · Basel · Genf 2004
    ISBN 3 7255 4799 8

www.schulthess.com

Inhaltsübersicht

Vorwort — 15

Abkürzungsverzeichnis — 17

Literaturverzeichnis — 23

A. Kommentierung — 33

1. Kapitel: Allgemeine Bestimmungen — 34

2. Kapitel: Materiellrechtliche Bestimmungen — 50

3. Kapitel: Zivilrechtliches Verfahren — 77

4. Kapitel: Verwaltungsrechtliches Verfahren — 93

5. Kapitel: Strafsanktionen — 163

6. Kapitel: Ausführung internationaler Übereinkommen — 167

6a. Kapitel: Evaluation — 169

7. Kapitel: Schlussbestimmungen — 170

B. Kartellgesetz und Ausführungserlasse — 175

1a. Bundesgesetz über Kartelle und andere Wettbewerbsbeschränkungen (Kartellgesetz, KG) — 177

1b. Federal Act on Cartels and Other Restraints of Competition (Act on Cartels, Acart) — 209

2. Geschäftsreglement der Wettbewerbskommission — 239

3. Verordnung über die Erhebung von Gebühren im Kartellgesetz (KG-Gebührenverordnung) — 251

Inhaltsübersicht

4. Verordnung über die Sanktionen bei unzulässigen Wettbewerbsbeschränkungen (KG-Sanktionsverordnung, SVKG) — 255

5a. Verordnung über die Kontrolle von Unternehmenszusammenschlüssen (VKU) — 265

5b. Ordinance on the Control of the Merger of Enterprises (Merger Control Ordinance) — 279

C. Bekanntmachungen und Formulare — 293

1. Bekanntmachung über die wettbewerbsrechtliche Behandlung vertikaler Abreden vom 18. Februar 2002 — 295

2. Bekanntmachung über die wettbewerbsrechtliche Behandlung von vertikalen Abreden im Kraftfahrzeughandel — 301

3. Bekanntmachung über die Voraussetzungen für die kartellgesetzliche Zulässigkeit von Abreden über die Verwendung von Kalkulationshilfen — 313

   Kommentar des Sekretariats zur Bekanntmachung «Voraussetzungen für die kartellgesetzliche Zulässigkeit von Abreden über die Verwendung von Kalkulationshilfen» — 318

4. Bekanntmachung Homologation und Sponsoring bei Sportartikeln — 321

5. Formular für die Meldung eines Zusammenschlussvorhabens — 327

6. Formular für die Meldung einer möglicherweise unzulässigen Wettbewerbsbeschränkung (Entwurf vom April 2004) — 345

D. Materialien — 367

1. Botschaft vom 7. November 2001 über die Änderung des Kartellgesetzes — 369

2. Zusatzbotschaft vom 14. Juni 2002 zur Änderung des Kartellgesetzes — 405

Inhaltsübersicht

3. Erläuterungen vom 13. Oktober 2003 zur KG-Sanktionsverordnung (SVKG) 415

4. Erläuterungen vom 13. Oktober zur Änderung der Verordnung über die Kontrolle von Unternehmenszusammenschlüssen (VKU) 437

5. Erläuterungen vom 13. Oktober zur Änderung der Verordnung über die Erhebung von Gebühren im Kartellgesetz (KG-Gebührenverordnung) 439

Inhaltsverzeichnis

Vorwort	**15**
Abkürzungsverzeichnis	**17**
Literaturverzeichnis	**23**

A. Kommentierung   **33**

1. Kapitel: Allgemeine Bestimmungen   34
   - Art. 1   Zweck   34
   - Art. 2   Geltungsbereich   35
   - Art. 3   Verhältnis zu anderen Rechtsvorschriften   40
   - Art. 4   Begriffe   43

2. Kapitel: Materiellrechtliche Bestimmungen   50

   1. Abschnitt: Unzulässige Wettbewerbsbeschränkungen   50
      - Art. 5   Unzulässige Wettbewerbsabreden   50
      - Art. 6   Gerechtfertigte Arten von Wettbewerbsabreden   58
      - Art. 7   Unzulässige Verhaltensweisen marktbeherrschender Unternehmen   61
      - Art. 8   Ausnahmsweise Zulassung aus überwiegenden öffentlichen Interessen   63

   2. Abschnitt: Unternehmenszusammenschlüsse   64
      - Art. 9   Meldung von Zusammenschlussvorhaben   64
      - Art. 10   Beurteilung von Zusammenschlüssen   70
      - Art. 11   Ausnahmsweise Zulassung aus überwiegenden öffentlichen Interessen   75

3. Kapitel: Zivilrechtliches Verfahren   77
   - Art. 12   Ansprüche aus Wettbewerbsbehinderung   77

Inhaltsverzeichnis

Art. 13	Durchsetzung des Beseitigungs- und Unterlassungsanspruchs	80
Art. 14	Gerichtsstand	82
Art. 15	Beurteilung der Zulässigkeit einer Wettbewerbsbeschränkung	84
Art. 16	Wahrung von Geschäftsgeheimnissen	87
Art. 17	Vorsorgliche Massnahmen	89

4. Kapitel: Verwaltungsrechtliches Verfahren 93

1. Abschnitt: Wettbewerbsbehörden 93

Art. 18	Wettbewerbskommission	93
Art. 19	Organisation	93
Art. 20	Geschäftsreglement	93
Art. 21	Beschlussfassung	94
Art. 22	Ausstand von Kommissionsmitgliedern	94
Art. 23	Aufgaben des Sekretariats	97
Art. 24	Personal des Sekretariats	97
Art. 25	Amts- und Geschäftsgeheimnis	99

2. Abschnitt: Untersuchung von Wettbewerbsbeschränkungen 101

Art. 26	Vorabklärung	101
Art. 27	Eröffnung einer Untersuchung	103
Art. 28	Bekanntgabe	105
Art. 29	Einvernehmliche Regelung	106
Art. 30	Entscheid	107
Art. 31	Ausnahmsweise Zulassung	109

3. Abschnitt: Prüfung von Unternehmenszusammenschlüssen 111

Art. 32	Einleitung des Prüfungsverfahrens	111
Art. 33	Prüfungsverfahren	116
Art. 34	Rechtsfolgen	120

Art. 35	Verletzung der Meldepflicht	121
Art. 36	Verfahren der Ausnahmegenehmigung	122
Art. 37	Wiederherstellung wirksamen Wettbewerbs	123
Art. 38	Widerruf und Revision	125

4. Abschnitt: Verfahren und Rechtsschutz — 128

Art. 39	Grundsatz	128
Art. 40	Auskunftspflicht	131
Art. 41	Amtshilfe	134
Art. 42	Untersuchungsmassnahmen	135
Art. 42a	Untersuchungen in Verfahren nach dem Luftverkehrsabkommen Schweiz-EG	137
Art. 43	Beteiligung Dritter an der Untersuchung	139
Art. 44	Beschwerde an die Rekurskommission	142

5. Abschnitt: Übrige Aufgaben und Befugnisse der Wettbewerbsbehörden — 145

Art. 45	Empfehlungen an Behörden	145
Art. 46	Stellungnahmen	146
Art. 47	Gutachten	147
Art. 48	Veröffentlichung von Entscheiden und Urteilen	148
Art. 49	Informationspflichten	149

6. Abschnitt: Verwaltungssanktionen — 149

Art. 49a	Sanktion bei unzulässigen Wettbewerbsbeschränkungen	149
Art. 50	Verstösse gegen einvernehmliche Regelungen und behördliche Anordnungen	155
Art. 51	Verstösse im Zusammenhang mit Unternehmenszusammenschlüssen	158
Art. 52	Andere Verstösse	158
Art. 53	Verfahren und Rechtsmittel	160

Inhaltsverzeichnis

7. Abschnitt: Gebühren	162
Art. 53a	162
5. Kapitel: Strafsanktionen	**163**
Art. 54 Widerhandlungen gegen einvernehmliche Regelungen und behördliche Anordnungen	163
Art. 55 Andere Widerhandlungen	163
Art. 56 Verjährung	163
Art. 57 Verfahren und Rechtsmittel	164
6. Kapitel: Ausführung internationaler Übereinkommen	**167**
Art. 58 Feststellung des Sachverhalts	167
Art. 59 Beseitigung von Unvereinbarkeiten	167
6a. Kapitel: Evaluation	**169**
Art. 59a	169
7. Kapitel: Schlussbestimmungen	**170**
Art. 60 Ausführungsbestimmungen	170
Art. 61 Aufhebung bisherigen Rechts	170
Art. 62 Übergangsbestimmungen	170
Art. 63 Referendum und Inkrafttreten	170
Übergangsbestimmung zur Änderung vom 20. Juni 2003	170
B. Kartellgesetz und Ausführungserlasse	**175**
1a. Bundesgesetz über Kartelle und andere Wettbewerbsbeschränkungen (Kartellgesetz, KG)	177
1. Kapitel: Allgemeine Bestimmungen	177
2. Kapitel: Materiellrechtliche Bestimmungen	180
3. Kapitel: Zivilrechtliches Verfahren	186
4. Kapitel: Verwaltungsrechtliches Verfahren	188
5. Kapitel: Strafsanktionen	205

Inhaltsverzeichnis

	6. Kapitel: Ausführung internationaler Abkommen	206
	6a. Kapitel: Evaluation	207
	7. Kapitel: Schlussbestimmungen	207
1b.	Federal Act on Cartels and Other Restraints of Competition (Act on Cartels, Acart)	209
	Chapter 1: General Provisions	209
	Chapter 2: Substantive Provisions	211
	Chapter 3: Provisions relating to civil procedure	216
	Chapter 4: Provisions relating to administrative procedure	219
	Chapter 5: Criminal penalties	234
	Chapter 6: Implementation of international agreements	235
	Chapter 6a: Evaluation	236
	Chapter 7: Final provisions	236
2.	Geschäftsreglement der Wettbewerbskommission	239
	1. Kapitel: Organisation der Wettbewerbskommission	239
	2. Kapitel: Tätigkeiten der Wettbewerbskommission	245
	3. Kapitel: Informationspolitik, Publikationen, Rechnungswesen	249
	4. Kapitel: Schlussbestimmungen	250
3.	Verordnung über die Erhebung von Gebühren im Kartellgesetz (KG-Gebührenverordnung)	251
4.	Verordnung über die Sanktionen bei unzulässigen Wettbewerbsbeschränkungen (KG-Sanktionsverordnung, SVKG)	255
5a.	Verordnung über die Kontrolle von Unternehmenszusammenschlüssen (VKU)	265
5b.	Ordinance on the Control of the Merger of Enterprises (Merger Control Ordinance)	279

Inhaltsverzeichnis

C.	**Bekanntmachungen und Formulare**	**293**
1.	Bekanntmachung über die wettbewerbsrechtliche Behandlung vertikaler Abreden	295
	Beschluss der Wettbewerbskommission vom 18. Februar 2002	295
	A. Begriffe	296
	B. Regeln	297
2.	Bekanntmachung über die wettbewerbsrechtliche Behandlung von vertikalen Abreden im Kraftfahrzeughandel	301
	Beschluss der Wettbewerbskommission vom 21. Oktober 2002	301
	A. Begriffe	302
	B. Regeln	306
3.	Bekanntmachung über die Voraussetzungen für die kartellgesetzliche Zulässigkeit von Abreden über die Verwendung von Kalkulationshilfen	313
	Kommentar des Sekretariats zur Bekanntmachung «Voraussetzungen für die kartellgesetzliche Zulässigkeit von Abreden über die Verwendung von Kalkulationshilfen»	318
4.	Bekanntmachung Homologation und Sponsoring bei Sportartikeln	321
	A. Geltungsbereich	322
	B. Begriffe	322
	C. Grundregeln	323
	D. Voraussetzungen für gerechtfertigte Homologationsabreden	323
	E. Voraussetzungen für gerechtfertigte Sponsoringabreden	325
	F. Publikation dieser Bekanntmachung	326

Inhaltsverzeichnis

5.	Formular für die Meldung eines Zusammenschlussvorhabens	327
6.	Formular für die Meldung einer möglicherweise unzulässigen Wettbewerbsbeschränkung (Entwurf vom April 2004)	345
	I. Allgemeine Erläuterungen	345
	II. Für die Meldung der Wettbewerbsbeschränkung notwendige Angaben	352

D. Materialien   **367**

1.	Botschaft vom 7. November 2001 über die Änderung des Kartellgesetzes	369
2.	Zusatzbotschaft vom 14. Juni 2002 zur Änderung des Kartellgesetzes	405
3.	Erläuterungen vom 13. Oktober 2003 zur KG-Sanktionsverordnung (SVKG)	415
	2. Abschnitt: Sanktionsbemessung	415
	3. Abschnitt: Vollständiger Erlass der Sanktion	422
	4. Abschnitt: Reduktion der Sanktion	429
	5. Abschnitt: Meldung und Widerspruchsverfahren	431
4.	Erläuterungen vom 13. Oktober zur Änderung der Verordnung über die Kontrolle von Unternehmenszusammenschlüssen (VKU)	437
5.	Erläuterungen vom 13. Oktober zur Änderung der Verordnung über die Erhebung von Gebühren im Kartellgesetz (KG-Gebührenverordnung)	439

Vorwort

Das revidierte Kartellgesetz ist am 1. April 2004 in Kraft getreten. Es bringt eine Reihe für die Praxis bedeutender Änderungen sowie eine weitere Angleichung an das europäische Recht. Bereits im Vorfeld des Inkrafttretens hat die Einführung direkter Sanktionen grosse Beachtung gefunden. In diesen Kontext gilt es auch die Verschärfung des Regimes für Vertikalabreden, die Präzisierung des Marktbeherrschungsbegriffs sowie die Einführung einer Kronzeugenregelung zu stellen. Bemerkenswert sind im weiteren der neue Anlauf zur Abgrenzung kartell- und immaterialgüterrechtlicher Bestimmungen sowie die Ausdehnung des gesetzlichen Geltungsbereichs auf Verwaltungseinheiten. Nach Einschätzung der Wettbewerbskommission soll deren eigene Tätigkeit damit «mehr Biss» erhalten. Ob einzelne der aufgetischten Speisen zäh oder sogar unverdaulich sind, wird die Spruchpraxis weisen.

Wir möchten uns bei allen bedanken, die beim Entstehen dieses Bändchens mitgeholfen haben, allen voran bei Julia Rutishauser, Petra Hanselmann und Samuel Indermühle. Im weiteren hat die wie immer umsichtige und freundliche Betreuung durch die Herren Benon Eugster und Werner Stocker vom Verlag Schulthess nicht unwesentlich zum zeitgerechten Erscheinen dieser Publikation beigetragen. Schliesslich gilt der Dank unseren Familien, die uns grosszügig von häuslichen Pflichten freistellten.

Bern und Zürich im Juni 2004

Philipp Zurkinden   Hans Rudolf Trüeb

Abkürzungsverzeichnis

ABl.	Amtsblatt (der Europäischen Union)
Abs.	Absatz
AJP	Aktuelle Juristische Praxis (St. Gallen/Lachen)
a.M.	anderer Meinung
Amtl. Bull.	Amtliches Bulletin
Art.	Artikel
AS	Amtliche Sammlung
BBl	Bundesblatt
BG	Bundesgesetz
BGBM	Bundesgesetz vom 6. Oktober 1995 über den Binnenmarkt (SR 943.02)
BGE	Entscheidungen des schweizerischen Bundesgerichts (Amtliche Sammlung)
Botschaft 01	Botschaft über die Änderung des Kartellgesetzes vom 7. November 2001 (BBl 2002 2022 ff.)
Botschaft 94	Botschaft des Bundesrates zu einem Bundesgesetz über Kartelle und andere Wettbewerbsbeschränkungen (Kartellgesetz, KG), vom 23. November 1994 (BBl 1995 I 468 ff.)
BR	Bundesrat
BZP	Bundesgesetz vom 4. Dezember 1947 über den Bundeszivilprozess (SR 273)
bzw.	Beziehungsweise
d.h.	das heisst
Diss.	Dissertation

Abkürzungsverzeichnis

DSG	Bundesgesetz vom 19. Juni 1992 über den Datenschutz (SR 235.1)
E.	Erwägung
EFTA	European Free Trade Association
EG	Europäische Gemeinschaften
EGKS	Europäische Gemeinschaft für Kohle und Stahl
EMRK	Europäische Menschenrechtskonvention
EuGH	Europäischer Gerichtshof
EVD	Eidgenössisches Volkswirtschaftsdepartement
evtl.	Eventuell
f.	und folgende Seite
ff.	und folgende Seiten
FKVO	Verordnung (EG) des Rates über die Kontrolle von Unternehmenszusammenschlüssen
FN	Fussnote
FS	Festschrift
FusG	Bundesgesetz vom 3. Oktober 2003 über Fusion, Spaltung, Umwandlung und Vermögensübertragung (SR 221.301)
GebVO	Gebührenverordnung
GestG	Bundesgesetz vom 24. März 2000 über den Gerichtsstand in Zivilsachen (SR 272)
gl.M.	gleicher Meinung
GU	Gemeinschaftsunternehmen
GVG ZH	Gerichtsverfassungsgesetz des Kantons Zürich vom 13. Juni 1976
GWB	Gesetz gegen Wettbewerbsbeschränkungen (Deutschland)

Abkürzungsverzeichnis

Hrsg.	Herausgeber
i.S.	in Sachen
i.V.m.	in Verbindung mit
KG 03	Bundesgesetz vom 6. Oktober 1995 über Kartelle und andere Wettbewerbsbeschränkungen (SR 251), Stand 1. April 2004
KG 85	Bundesgesetz vom 20. Dezember 1985 über Kartelle und andere Wettbewerbsbeschränkungen (AS 1986 874)
KG 95	Bundesgesetz vom 6. Oktober 1995 über Kartelle und andere Wettbewerbsbeschränkungen (AS 1996 546), Fassung vor dem 1. April 2004
KMU	Kleine und mittlere Unternehmen
KSG	Konkordat vom 27. März 1969 über die Schiedsgerichtsbarkeit (SR 279)
LVA	Abkommen vom 21. Juni 1999 zwischen der Schweizerischen Eidgenossenschaft und der Europäischen Gemeinschaft über den Luftverkehr (SR 0748.127.192.68)
N	Randziffer
Nr.	Nummer
OG	Bundesgesetz vom 16. Dezember 1943 über die Organisation der Bundesrechtspflege (SR 173.110)
OR	Bundesgesetz vom 30. März 1911 betreffend die Ergänzung des Schweizerischen Zivilgesetzbuches, Fünfter Teil: Obligationenrecht (SR 220)
PatG	Bundesgesetz vom 25. Juni 1954 über die Erfindungspatente (SR 232.14)
Pra	Die Praxis des Bundesgerichts (Basel)
PüG	Preisüberwachungsgesetz vom 20. Dezember 1985 (SR 942.20)

Abkürzungsverzeichnis

Reko	Rekurskommission
RPW	Recht und Politik des Wettbewerbs; Publikationsorgan der schweizerischen Wettbewerbsbehörden. Sammlung von Entscheidungen und Verlautbarungen zur Praxis des Wettbewerbsrechts und zur Wettbewerbspolitik
Rs	Rechtssache
S.	Seite
SchKG	Bundesgesetz vom 11. April 1889 über Schuldbetreibung und Konkurs (SR 281.1)
SHAB	Schweizerisches Handelsamtsblatt
SJZ	Schweizerische Juristen-Zeitung (Zürich)
Slg.	Sammlung
SR	Systematische Sammlung des Bundesrechts
StGB	Schweizerisches Strafgesetzbuch vom 21. Dezember 1937 (SR 311.0)
SVKG	Verordnung über die Sanktionen bei unzulässigen Wettbewerbsbeschränkungen vom 12. März 2004 (SR 251.5)
SZW	Schweizerische Zeitschrift für Wirtschaftsrecht (Zürich)
UWG	Bundesgesetz vom 19. Dezember 1986 gegen den unlauteren Wettbewerb (SR 241)
V	Verfügung
VKK	Veröffentlichungen der Kartellkommission
VKKP	Veröffentlichungen der Kartellkommission und des Preisüberwachers
VKU	Verordnung vom 17. Juni 1996 über die Kontrolle von Unternehmenszusammenschlüssen (SR 251.4)
VStrR	Bundesgesetz vom 22. März 1974 über das Verwal-

Abkürzungsverzeichnis

	tungsstrafrecht (SR 313.0)
VwVG	Bundesgesetz vom 20. Dezember 1968 über das Verwaltungsverfahren (SR 172.021)
Weko	Wettbewerbskommission
WuW	Wirtschaft und Wettbewerb (Düsseldorf)
ZGB	Schweizerisches Zivilgesetzbuch vom 10. Dezember 1907 (SR 210)
Ziff.	Ziffer
ZPO	Zivilprozessordnung
Zusatzbotschaft 02	Zusatzbotschaft zur Botschaft zur Änderung des Kartellgesetzes vom 14. Juni 2002 (BBl 2002 5506 ff.)

Literaturverzeichnis

AMSTUTZ MARC, Vom Kartellrecht der öffentlichen Unternehmen, in: Kellerhals Andreas (Hrsg.), Aktuelle Fragen zum Wirtschaftsrecht, FS zur Emeritierung von Walter R. Schluep, Zürich 1995, 73 ff.

BALDI MARINO, Überblick und allgemeine Bestimmungen – zwölf Charakteristika des neuen Kartellgesetzes, in: Zäch Roger (Hrsg.), Das neue schweizerische Kartellgesetz, Zürich 1996, 3 ff.

BALDI MARINO, Zur Konzeption des Entwurfs für ein neues Kartellgesetz, in: Zäch Roger/Zweifel Peter (Hrsg.), Grundfragen der schweizerischen Kartellrechtsreform, St. Gallen 1995, 253 ff.

BALDI MARINO/BORER JÜRG, Das neue schweizerische Kartellgesetz – Bestimmungen über Wettbewerbsabreden und marktbeherrschende Unternehmen, WuW 1998, 343 ff.

BAUDENBACHER CARL, Immaterialgüterrechte und Vertikalbeschränkungen im revidierten Kartellgesetz, in: Die Volkswirtschaft 10/2003, 14 ff. (zitiert: Baudenbacher, Immaterialgüterrechte)

BAUDENBACHER CARL, Vertikalbeschränkungen im neuen schweizerischen Kartellgesetz, AJP 1996, 826 ff. (zitiert: Baudenbacher, Vertikalbeschränkungen)

BERGER MATHIS, Über das Verhältnis zwischen dem Gesetz über den unlauteren Wettbewerb und dem Kartellgesetz, in: Kellerhals Andreas (Hrsg.), Aktuelle Fragen zum Wirtschaftsrecht, FS zur Emeritierung von Walter R. Schluep, Zürich 1995, 31 ff.

BERNI MARKUS, Verbandsklagen als Mittel privatrechtlicher Störungsabwehr: Prozessführung durch Dritte am Beispiel der Verbandsklagen des Lauterkeits- und Kartellrechts, St. Gallen 1992

Literaturverzeichnis

BIERI-GUT MARIANNE, Rechtsprobleme beim Absatz auf grauen Märkten, Zürich 1994

BILGER STEFAN, Das Verwaltungsverfahren zur Untersuchung von Wettbewerbsbeschränkungen, Freiburg 2002

BIRRER FRANZ, Das Verschulden im Immaterialgüter- und Wettbewerbsrecht, Diss. Fribourg 1969

BORER JÜRG, Kommentar zum schweizerischen Kartellgesetz, Zürich 1998 (zitiert: BORER, Kommentar)

BORER JÜRG, Unternehmenszusammenschlüsse, Artikel 9-11 KG, in: Zäch Roger (Hrsg.), Das neue schweizerische Kartellgesetz, Zürich 1996, 71 ff. (zitiert: BORER, Unternehmenszusammenschlüsse)

BRECHBÜHL BEAT/DJALALI JASMIN, Die zivilrechtliche Folge einer unzulässigen Wettbewerbsabrede, SZW 1997, 102 ff.

BÜHLER STEFAN/LEHMANN URS, Zusammenarbeit in Forschung und Entwicklung im neuen Kartellgesetz, AJP 1997, 651 ff.

Commentaire Romand, TERCIER PIERRE/BOVET CHRISTIAN (Hrsg.), Droit de la concurrence, loi sur les cartels, loi sur la surveillance des prix, loi sur le marché intérieur, loi sur les entraves techniques au commerce, Basel 2002

DÄHLER ROLF, Wettbewerbsbehörden: Ihre Aufgaben und Befugnisse, in: von Büren Roland/David Lucas (Hrsg.), Schweizerisches Immaterialgüter- und Wettbewerbsrecht, Band V/2, Basel/Frankfurt am Main 2000, 547 ff.

DÄHLER ROLF/KRAUSKOPF PATRICK, Kartellgesetz-Revision – das Resultat der parlamentarischen Beratung, Die Volkswirtschaft 10/2003, 1 ff.

DASSER FELIX J., Neue Tendenzen im Internationalen Kartellprivatrecht der Schweiz, AJP 1996, 950 ff.

DAVID LUCAS, Der Rechtsschutz im Immaterialgüterrecht, in: von Büren Roland/David Lucas (Hrsg.), Schweizerisches Immaterialgüter- und Wettbewerbsrecht, Bd. I/2, Basel/Frankfurt am Main 1998 (zitiert: DAVID, Rechtsschutz)

DAVID LUCAS, Schweizerisches Wettbewerbsrecht, Bern 1997 (zitiert: DAVID, Wettbewerbsrecht)

DROLSHAMMER JENS IVAR, Wettbewerbsrecht, Competition Law, Droit de la Concurrence, Vom alten zum neuen Recht, Bern 1997

DUCREY PATRIK, Beziehungen zwischen Fusionsgesetz und Kartellrecht, SZW 2004, 281 ff. (zitiert: DUCREY, Fusionsgesetz)

DUCREY PATRIK, Kontrolle von Unternehmenszusammenschlüssen, in: von Büren Roland/David Lucas (Hrsg.), Schweizerisches Immaterialgüter- und Wettbewerbsrecht, Band V/2, Basel/Frankfurt am Main 2000, 231 ff. (zitiert: DUCREY, Kontrolle)

DUCREY PATRIK, Unternehmenszusammenschlüsse im Kartellrecht, in: Europa Institut Zürich, Band 24, Mergers & Acquisitions, Rudolf Tschäni (Hrsg.), Zürich 1998, 127 ff. (zitiert: DUCREY, Unternehmenszusammenschlüsse)

DUCREY PATRIK, Vorsorgliche Massnahmen im Kartellverwaltungsrecht, sic! 1998, 281 ff. (zitiert: DUCREY, Vorsorgliche Massnahmen)

ERNST RENÉ, Die vorsorglichen Massnahmen im Wettbewerbs- und Immaterialgüterrecht, Diss. Zürich 1992

GUGLER PHILIPPE/ZURKINDEN PHILIPP, Internationale Bezüge des Wettbewerbsrechts, in: Handbücher für die Praxis, Schweizerisches und europäisches Wettbewerbsrecht, Basel 2004 (erscheint demnächst)

Literaturverzeichnis

GYGI FRITZ/RICHLI PAUL, Wirtschaftsverfassungsrecht, 2. Auflage Bern 1997

HANGARTNER YVO, Rechtsgutachten zuhanden des Eidgenössischen Volkswirtschaftsdepartements betreffend die Verfügungen der Wettbewerbskommission vom 12. Juli 2000, RPW 2000, 532 ff.

HOFFET FRANZ, Wann sind Wettbewerbsabsprachen nichtig?, NZZ vom 27./28. Juni 1998, 29

HOFFET FRANZ/NEFF KLAUS, Ausgewählte Fragen zum revidierten Kartellgesetz und zur KG-Sanktionsverordnung, Anwaltsrevue 2004/4, 129 ff.

JACOBS RETO/BÜRGI JOHANNES A., Auswirkungen der Kartellgesetzrevision auf Verträge, SJZ 100 (2004), 149 ff.

KG-Kommentar: Homburger Eric/Schmidhauser Bruno/Hoffet Franz/ Ducrey Patrik (Hrsg.), Kommentar zum schweizerischen Kartellgesetz, Zürich 1997

KÖLZ ALFRED/HÄNER ISABELLE, Verwaltungsverfahren und Verwaltungsrechtspflege des Bundes, 2. Auflage Zürich 1998

KRAUSKOPF PATRICK, Das verschärfte Kartellgesetz: Kostspielige Risiken, Baurecht / Droit de la Construction 1/2003, 121 ff.

KRAUSKOPF PATRICK/CARRON SABRINA, Die Schweizer Kartellrechtsnovelle: Ein wettbewerbspolitischer Meilenstein, in: WuW 5/2004, 495 ff.

KRAUSKOPF PATRICK/PIRLOT CORINNE, La nouvelle LCart: Un Vademecum pour les Entreprises, sic! 2004/3, 242 ff.

LANG CHRISTOPH G., Die kartellzivilrechtlichen Ansprüche und ihre Durchsetzung nach dem schweizerischen Kartellgesetz, Bern 2000

MEIER-SCHATZ CHRISTIAN J., Das neue schweizerische Kartellgesetz im Überblick – Erste Erfahrungen, in: Meier-Schatz Christian J. (Hrsg.), Das neue Kartellgesetz – Erste Erfahrungen in der Praxis, Bern/Stuttgart/Wien 1998, 9 ff.

RICHLI PAUL, Verfahren und Rechtsschutz, Art. 39 – 44 KG, in: Zäch Roger (Hrsg.), Das neue schweizerische Kartellgesetz, Zürich 1996, 157 ff. (zitiert: RICHLI, Verfahren und Rechtsschutz 1996)

RICHLI PAUL, Verfahren und Rechtsschutz, in: Zäch Roger (Hrsg.), Das Kartellgesetz in der Praxis, Zürich 2000, 130 ff. (zitiert: RICHLI, Verfahren und Rechtsschutz 2000)

RICHLI PAUL, Kartellverwaltungsverfahren, in: von Büren Roland/David Lucas (Hrsg.), Schweizerisches Immaterialgüter- und Wettbewerbsrecht, Band V/2, Basel/Frankfurt am Main 2000, 417 ff.(zitiert RICHLI, Kartellverwaltungsverfahren)

SCHÄDLER PATRICK, Vorsorgliche Massnahmen und einstweilige Anordnungen im Kartellverwaltungsverfahren der Schweiz und der Europäischen Gemeinschaft, Basel 2002

SCHOHE GERRIT/ZURKINDEN PHILIPP, Gemeinschaftsrechtliche und schweizerische Anmerkungen zum Airtours-Urteil des Europäischen Gerichts erster Instanz, SZW 2003, 2 ff.

STOFFEL WALTER A., KMU haben wir nur selten im Visier, Schweizerische Gewerbezeitung vom 22. August 2003, 5 (zitiert: STOFFEL, KMU)

STOFFEL WALTER A., Erste Erfahrungen im Bereich der Wettbewerbsabreden, in: Meier-Schatz Christian J. (Hrsg.), Das neue Kartellgesetz, Bern/Stuttgart/Wien 1998, 75 ff. (zitiert: STOFFEL, Erfahrungen)

STOFFEL WALTER A., Das neue Kartell-Zivilrecht, in: Zäch Roger (Hrsg.), Das neue schweizerische Kartellgesetz, Zürich 1996, 87 ff. (zitiert: STOFFEL, Kartell-Zivilrecht)

Literaturverzeichnis

STOFFEL WALTER A., Das revidierte Wettbewerbsgesetz: Grundzüge und Einführung des neuen Rechts – Die Tragweite des zweiten Paradigmenwechsels innerhalb von zehn Jahren, Dokumentation zur Tagung zum Wettbewerbsrecht vom 3. Februar 2004 in Fribourg (zitiert: STOFFEL, Das revidierte Wettbewerbsgesetz)

STOFFEL WALTER A., Referat Jahrespressekonferenz vom 30. März 2004, veröffentlicht auf der Website der Weko: http://www.weko.admin.ch/publikationen/pressemitteilungen/00010/index.html?lang=de (zitiert: STOFFEL, Referat)

STOFFEL WALTER A./ZÄCH ROGER, Die Kartellgesetzrevision 2003 – Neuerungen und Folgen, Zürich 2004

TERCIER PIERRE/BOVET CHRISTIAN (Hrsg.), Droit de la concurrence – loi sur les cartels, loi sur la surveillance des prix, loi sur le marché intérieur, loi sur les entraves techniques au commerce, Basel 2002 (zitiert: Commentaire Romand)

TRECHSEL STEFAN, Schweizerisches Strafgesetzbuch, Kurzkommentar, 2. Auflage Zürich 1997 (zitiert: TRECHSEL, StGB-Kurzkommentar)

VON BALLMOOS THOMAS, Marktbeherrschende Stellung und Möglichkeit der Beseitigung wirksamen Wettbewerbs – zwei Kriterien im Verfahren zur Prüfung von Unternehmenszusammenschlüssen oder zweimal dasselbe?, AJP 1999, 295 ff.

VON BÜREN ROLAND, Inkompatibilitäten zwischen Aktienkartell- und Börsenrecht bei Unternehmensübernahmen, in: ders. (Hrsg.), Aktienrecht 1992-1997: Versuch einer Bilanz, FS zum 70. Geburtstag von Rolf Bär, Bern 1998, 51 ff.

VON BÜREN ROLAND/KINDLER THOMAS, Der Vorentwurf zu einem neuen Bundesgesetz über die Fusion, Spaltung und Umwandlung von Rechtsträgern (Fusionsgesetz; FusG), SZW 1998, 1 ff.

WALTER REGULA, Zivilrechtliches Verfahren nach dem revidierten KG – unauffällige Revision mit Knacknüssen, AJP 1996, 893 ff. (zitiert: WALTER, Verfahren)

WATTER ROLF/LEHMANN URS, Die Kontrolle von Unternehmenszusammenschlüssen im neuen Kartellgesetz, AJP 1996, 855 ff.

WEBER ROLF H., Entstehung von Marktmacht als Deregulierungsfolgeproblem – das Beispiel der Telekommunikationsmärkte, AJP 1995, 1149 ff. (zitiert: WEBER, Marktmacht)

WEBER ROLF H., Vom Monopol zum Wettbewerb – Regulierung der Kommunikationsmärkte im Wandel, Zürich 1994 (zitiert: WEBER, Monopol)

WEBER ROLF H., Kartellrecht – Einleitung in: von Büren Roland/David Lucas (Hrsg.), Schweizerisches Immaterialgüter- und Wettbewerbsrecht, Band V/2, Basel/Frankfurt am Main 2000, 1ff. (zitiert: WEBER, Einleitung)

ZÄCH ROGER, Verhaltensweisen marktbeherrschender Unternehmen, in: von Büren Roland/David Lucas (Hrsg.), Schweizerisches Immaterialgüter- und Wettbewerbsrecht, Band V/2, Basel/Frankfurt am Main 2000, 137 ff. (zitiert: ZÄCH, Verhaltensweisen)

ZÄCH ROGER, Ausnahmsweise Zulassung aus überwiegenden öffentlichen Interessen, in: von Büren Roland/David Lucas (Hrsg.), Schweizerisches Immaterialgüter- und Wettbewerbsrecht, Band V/2, Basel/Frankfurt am Main 2000, 225 ff. (zitiert: ZÄCH, Zulassung)

ZÄCH ROGER, Schweizerisches Kartellrecht, Bern 1999 (zitiert: ZÄCH, Kartellrecht)

ZURKINDEN PHILIPP, The reform of the Swiss Cartels Act, Global Competition Review, 2004, 28 ff. (zitiert: ZURKINDEN, The reform)

Literaturverzeichnis

ZURKINDEN PHILIPP, Auswirkungen der KG-Revision auf Vertriebssysteme, SZW 2004, 1 ff. (zitiert: ZURKINDEN, Auswirkungen)

ZURKINDEN PHILIPP, Sanktionen, in: von Büren Roland/David Lucas (Hrsg.), Schweizerisches Immaterialgüter- und Wettbewerbsrecht, Band V/2, Basel/Frankfurt am Main 2000, 515 ff. (zitiert ZURKINDEN, Sanktionen)

ZURKINDEN PHILIPP, Ausführung internationaler Abkommen, in: von Büren Roland/David Lucas (Hrsg.), Schweizerisches Immaterialgüter- und Wettbewerbsrecht, Band V/2, Basel/Frankfurt am Main 2000, 533 ff. (zitiert ZURKINDEN, Ausführung)

ZURKINDEN PHILIPP, The Swiss Act on Cartels: A Successful European Approach?, in: Swiss News Chambre de la Commerce CH-BE/LUX, 1999/7-9, 17 ff. (zitiert: ZURKINDEN, Swiss Act on Cartels)

ZURKINDEN PHILIPP, Gründung von Gemeinschaftsunternehmen in der Schweiz und das neue schweizerische Kartellgesetz – Unter besonderer Berücksichtigung des EG-Wettbewerbsrechts, Basel 1999 (zitiert: ZURKINDEN, Gründung)

ZURKINDEN PHILIPP, Competition Law in Switzerland, in: Antitrust Laws and Trade Regulation, Matthew Bender/Lexis Nexis, Volume 10, 1999 (zitiert: ZURKINDEN, Competition Law)

ZURKINDEN PHILIPP, Die Regelung der Fusionskontrolle im schweizerischen Wettbewerbsrecht, in: Koller Heinrich/Müller Georg/Rhinow René/Zimmerli Ulrich (Hrsg.), Schweizerisches Bundesverwaltungsrecht, Basel/Genf/München, 1999 (zitiert: ZURKINDEN, Fusionskontrolle)

ZURKINDEN PHILIPP, Das total revidierte schweizerische Kartellgesetz, in: Meyer-Marsilius Hans-Joachim/Schluep Walter R./Stauffacher Werner (Hrsg.), Beziehungen Schweiz – EG, Abkommen, Gesetze und Richtlinien, Kommentare, Bd. 5, 10.1, VIII: Kommentar, 145 ff. (zitiert: ZURKINDEN, revidiertes Kartellgesetz)

ZURKINDEN PHILIPP, Rechtsprobleme der internationalen Zusammenarbeit zwischen der Europäischen Kommission und Wettbewerbsbehörden in Drittstaaten, in: Vorträge, Reden und Berichte aus dem Europa-Institut der Universität des Saarlandes, Nr. 372, Saarbrücken 1997 (zitiert: ZURKINDEN, Rechtsprobleme)

ZURKINDEN PHILIPP/SCHOLTEN EVA, State Aid in Switzerland in the context of the bilateral air transport agreement, European State Aid Law Quarterly 2/2004, Berlin

A. Kommentierung

1. Kapitel: Allgemeine Bestimmungen

Art. 1 Zweck

Dieses Gesetz bezweckt, volkswirtschaftlich oder sozial schädliche Auswirkungen von Kartellen und anderen Wettbewerbsbeschränkungen zu verhindern und damit den Wettbewerb im Interesse einer freiheitlichen marktwirtschaftlichen Ordnung zu fördern.

1   Diese Bestimmung wurde in der Reform 1995 neu eingeführt. Das Gesetz erhielt damals einen Zweckartikel, der die Grundideen des KG verdeutlichen und als Richtlinie der Auslegung des Gesetzes gelten soll (WEBER, Einleitung, 31). Art. 1 nimmt Bezug auf den Kartellartikel in der Bundesverfassung, Art. 96 BV, der dem Bund den Auftrag gibt, Vorschriften gegen volkswirtschaftlich oder sozial schädliche Auswirkungen von Kartellen und anderen Wettbewerbsbeschränkungen zu erlassen (ZÄCH, Kartellrecht, 107).

2   Das KG bezweckt den Schutz des Wettbewerbs, genauer gesagt des wirksamen Wettbewerbs (WEBER, Einleitung, 31). Geschützt werden die Wettbewerbsprozesse an sich und nicht gewisse vorbestimmte Marktergebnisse. Das KG bezweckt mit anderen Worten die Schaffung bzw. Erhaltung der Voraussetzungen für die zentralen Funktionen des Wettbewerbs (Allokation, Innovation, Renditenormalisierung etc.) (Botschaft 94, 511 ff.).

3   Im Rahmen der parlamentarischen Beratungen der KG-Revision 2003 wurde im Nationalrat angeregt, den Wortlaut des Zweckartikels dahingehend zu erweitern, dass der Wettbewerb «in allen seinen Erscheinungsformen» geschützt wird. Damit sollte sichergestellt werden, dass im Gesetz nicht nur der «interbrand»-Wettbewerb, d.h. der Wettbewerb zwischen verschiedenen Marken bzw. Herstellern, sondern auch der «intrabrand»- (markeninterne) Wettbewerb geschützt und da-

mit insbesondere die vertikalen Abreden erfasst würden. Dieser Antrag übersah, dass bereits der bisherige Wortlaut des Gesetzes die Erfassung des «intrabrand»-Wettbewerbs zuliess und dass mit der Bekanntmachung über die wettbewerbsrechtliche Behandlung vertikaler Abreden vom 18. Februar 2002 bereits eine deutliche Verschärfung der Beurteilungsgrundsätze gegenüber Vertikalabreden eingeführt worden war. Zudem werden mit dem neuen Art. 5 Abs. 4 bestimmte Vertikalabreden sogar der Bussenregelung unterstellt. Richtigerweise wurde der Antrag auf Erweiterung des Zweckartikels im weiteren Verlauf der parlamentarischen Beratungen wieder fallen gelassen.

4   Im Unterschied zum KG 95 erwähnt der Ingress neu die Handels- und Gewerbefreiheit (Art. 27 Abs. 1 BV) und die verfassungsrechtliche Ermächtigung zum Erlass von Rechtsmittelvorschriften für Konsumentenorganisationen (Art. 97 Abs. 2 BV). Weder aus der Botschaft 01 noch aus den parlamentarischen Protokollen ist zu dieser Änderung mehr zu erfahren. Der Einbezug von Art. 27 Abs. 1 BV entbehrt allerdings nicht der Brisanz. Damit könnte künftig die Abkehr vom reinen Institutionenschutz (Wettbewerb) hin zu vermehrter Berücksichtigung auch des einzelnen Marktteilnehmers begründet werden, was insbesondere auf die Anwendung von Art. 5 und 7 (mit dem präzisierten Marktbeherrschungsbegriff in Art. 4 Abs. 2) Auswirkungen haben könnte (zum Institutionen- bzw. Individuenschutz unter dem KG 95 vgl. TERCIER, Commentaire Romand, Art. 1 N 21 ff.). Der Bezug zur volkswirtschaftlichen bzw. sozialen Schädlichkeit verhindert allerdings einen reinen Individuenschutz und legt eine funktionale Berücksichtigung der einzelnen Marktteilnehmer nahe.

Art. 2   Geltungsbereich

¹ Das Gesetz gilt für Unternehmen des privaten und des öffentlichen Rechts, die Kartell- oder andere Wettbewerbsabreden

Art. 2 Geltungsbereich

treffen, Marktmacht ausüben oder sich an Unternehmenszusammenschlüssen beteiligen.

^{1bis} Als Unternehmen gelten sämtliche Nachfrager oder Anbieter von Gütern und Dienstleistungen im Wirtschaftsprozess, unabhängig von ihrer Rechts- oder Organisationsform.

² Das Gesetz ist auf Sachverhalte anwendbar, die sich in der Schweiz auswirken, auch wenn sie im Ausland veranlasst werden.

Zu Abs. 1 und Abs. 1bis

1 Anlässlich der KG-Reform 1995 wurde eine Regelung eingeführt, welche den sachlichen Geltungsbereich des Gesetzes an den Unternehmensbegriff knüpft. Der Begriff des Unternehmens wurde aber nicht definiert. In der Botschaft 94 fand sich lediglich der Hinweis, dass damit alle Marktteilnehmer, die sich – sei es als Anbieter oder Nachfrager – selbständig als Hersteller von Gütern bzw. Erbringer von Dienstleistungen am Wirtschaftsprozess beteiligen, unabhängig von deren Rechtsform und auch unabhängig davon, ob es sich um ein privates oder öffentliches Unternehmen handelt, erfasst werden sollen (Botschaft 94, 533 f.). Auch ist keine Absicht der Gewinnerzielung erforderlich (WEBER, Einleitung, 37/38).

2 Der Unternehmensbegriff weist somit folgende drei Elemente auf:
   - Herstellung von Gütern bzw. Erbringung von Dienstleistungen (Botschaft 94, 533);
   - Selbständigkeit, d.h. selbständiges Bestimmen des Marktverhaltens (ZÄCH, Kartellrecht, 115/116);
   - Teilnahme am Wirtschaftsprozess als Anbieter oder Nachfrager (Botschaft 94, 533).

3 Die schweizerische Wettbewerbskommission hat seit Beginn des Inkrafttretens des KG 95 dieses streng ausgelegt und auch

hoheitliche Tätigkeiten von Gemeinwesen einbezogen, sofern sie direkte Auswirkungen auf unternehmerische Tätigkeiten des gleichen Gemeinwesens hatten (vgl. etwa den Fall der Gemeinde Rothenburg, RPW 1998/3, 425 ff.).

4   Diese extensive Auslegung fand mit dem Entscheid des Bundesgerichts vom 5. Februar 2001 i. S. Schweizerische Meteorologische Anstalt SMA (BGE 127 II 32; RPW 2000/3, 461 ff.) zumindest mit Bezug auf Bundesstellen eine Einschränkung. Das Bundesgericht verneinte die Anwendung des Kartellgesetzes auf die damalige SMA (heute: Meteo Schweiz) zum einen deshalb, weil es der Wettbewerbskommission aus grundsätzlichen Gründen verwehrt sei, gegen eine Bundesstelle ohne Rechtspersönlichkeit Zwangsmassnahmen zu verhängen, und zum anderen, weil das Verwaltungs- bzw. Verwaltungsjustizverfahren Vorrang vor dem kartellverwaltungsrechtlichen Verfahren geniesse. Dieser Bundesgerichtsentscheid hatte nicht nur Folgen auf die darauf folgende Praxis der Wettbewerbsbehörden, sondern auch auf die KG-Reform 2003. Bei dieser Gelegenheit wurde beschlossen, Art. 2 mit einem Abs. 1bis zu ergänzen. Als Folge davon unterstehen künftig auch Verwaltungseinheiten ohne eigene Rechtspersönlichkeit dem KG und dem kartellverwaltungsrechtlichen Verfahren wird nunmehr der Vorrang gegenüber Verwaltungs- bzw. Verwaltungsjustizverfahren eingeräumt. Das Problem der Parallelität des Kartell- und des Verwaltungsverfahrens ist damit aber nicht gelöst. Die Erweiterung des persönlichen Geltungsbereichs ändert zudem nichts daran, dass alle Subjekte, welche vom KG erfasst werden, eine unternehmerische Tätigkeit ausüben müssen, und dass nur Wettbewerbsbeschränkungen im Zusammenhang mit solchen Tätigkeiten erfasst werden können. Entsprechend sind Tätigkeiten von Gemeinwesen, wie diejenige im Falle der Gemeinde Rothenburg (siehe oben), weiterhin nicht vom KG erfasst, selbst wenn sie direkten Einfluss auf das Marktgeschehen haben. Zu beachten ist zudem Art. 3 Abs. 1 (vgl. Kommentierung dort).

Art. 2   Geltungsbereich

5   Inwiefern mit der Einfügung von Art. 2 Abs. 1bis auch die Möglichkeit geschaffen wird, diskriminierende Massnahmen der öffentlichen Hand im Submissionswesen zu korrigieren, wie dies in den parlamentarischen Beratungen erwähnt wurde (KRAUSKOPF, 122), wird die Praxis entscheiden. Bereits aus systematischen Gründen seien aber an dieser Stelle erste Zweifel angemeldet. Die Ausschreibung allein macht ein Gemeinwesen noch nicht zum Unternehmen.

6   Der Verzicht auf die Rechtspersönlichkeit, welcher mit der KG-Reform 2003 bewirkt wird, hat keinen Einfluss auf das Selbständigkeitserfordernis, das ansonsten weiterhin bei der Anwendung des KG gilt. Abreden oder Fusionen zwischen nicht selbständigen Unternehmen sind schon aus dogmatischen Gründen auch nach der Revision 2003 grundsätzlich nicht nach dem KG zu beurteilen, ebenso wenig Verhaltensmissbräuche zu Lasten von Konzerngesellschaften (KRAUSKOPF, 122 [Fn 11] scheint dies allerdings nicht a priori auszuschliessen).

7   Die Adressaten des KG müssen Wettbewerbsabreden treffen, Marktmacht ausüben oder sich an Unternehmenszusammenschlüssen beteiligen. Damit wird teilweise auf Art. 4 Bezug genommen, in welchem die verschiedenen Begriffe definiert werden. Der Begriff der «Marktmacht» ist allerdings nicht von Art. 4 erfasst. Massgeblicher Markteinfluss genügt zur Bejahung des Anwendungsbereichs des KG, ohne dass Anzeichen einer Marktbeherrschung gegeben sein müssen. Mit dem Einbezug des massgeblichen Markteinflusses in den Geltungsbereich soll in Fällen von Art. 7 KG an die Frage des Geltungsbereichs des KG keine zu hohen Anforderungen gestellt werden (ZÄCH, Kartellrecht, 113).

8   Zur Bejahung des sachlichen Geltungsbereichs im Sinne von Art. 2 Abs. 2 müssen also folgende Elemente gegeben sein:

Art. 2   Geltungsbereich

- Es muss sich um Unternehmen handeln (funktionaler Unternehmensbegriff);
- Es müssen Anzeichen für Marktmacht, Wettbewerbsabreden oder Unternehmenszusammenschlüsse gegeben sein;

Bei Bestreitung der Zuständigkeit erlässt die Weko eine anfechtbare Zwischenverfügung (siehe Entscheid der Reko i.S. Mobilfunk, RPW 2004/1, 204 ff.).

Zu Abs. 2

9   Auch diese Vorschrift ist im Rahmen der KG-Revision 95 eingeführt worden. Mit ihr wurde erstmals die im Bereich des Wettbewerbsrechts international weitestgehend anerkannte Grundlage für die Beanspruchung der Regelungs- und Verfahrenszuständigkeit in grenzüberschreitenden Wettbewerbssachen, das sog. Auswirkungsprinzip, explizit im Gesetz verankert (KILLIAS, Commentaire Romand, Art. 2 N 56 ff.).

10   Das Auswirkungsprinzip gibt der Wettbewerbsbehörde die völkerrechtliche Befugnis, wettbewerbsrelevante Sachverhalte aufzugreifen, auch wenn sie im Ausland veranlasst wurden, vorausgesetzt dass wettbewerbsschädliche Auswirkungen auf dem eigenen Territorium spürbar sind (ZÄCH, Kartellrecht, 120 ff., mit weiteren Hinweisen). Es können damit in der Schweiz Verfahren gegen Unternehmen eröffnet werden, die ihren Sitz ausserhalb der Schweiz haben.

11   Die praktische Umsetzung des völkerrechtlichen Auswirkungsprinzips ist in mehrerer Hinsicht problematisch. So ist zunächst einmal die wortgetreue Ausführung dieses Prinzips schon deshalb nur schwer möglich, weil die spürbare Beeinträchtigung des Wettbewerbs, zumindest bei Verhaltenssachverhalten (d.h. bei Wettbewerbsabreden oder Verhaltensweisen marktbeherrschender Unternehmen) gerade Gegenstand

eines formellen Verfahrens bildet. In den meisten Fällen werden mithin Verfahren eröffnet, ohne dass feststeht, ob tatsächlich eine spürbare Beeinträchtigung vorliegt.

12 Das weitaus grössere Problem der Umsetzung des Auswirkungsprinzips bildet allerdings die Tatsache, dass bereits Ermittlungsmassnahmen gegen im Ausland domizilierte Unternehmen aus völkerrechtlichen Gründen praktisch unmöglich sind. Diese Erfahrung musste auch die schweizerische Wettbewerbsbehörde im sog. Volkswagen-Fall machen, in welchem sich bereits die Zustellung des das Untersuchungsverfahren eröffnenden Beschlusses als unmöglich erwies und diese daher durch Veröffentlichung im Bundesblatt ergehen musste, um den Anforderungen des VwVG zu genügen (vgl. BBl 1997 IV 1363). Inwieweit Ermittlungshandlungen im Ausland ohne spezielle rechtliche Grundlage möglich sind, ist nicht in allen Einzelheiten klar. Fest steht, dass bereits die direkte Zustellung zumindest von sog. zwangsbewehrten Ermittlungsmassnahmen ins Ausland aus völkerrechtlichen Gründen unzulässig sein dürfte (vgl. zur Problematik der extraterritorialen Anwendung des Wettbewerbsrechts die Beiträge von GUGLER/ZURKINDEN und ZURKINDEN, Rechtsprobleme).

13 Eine Konkretisierung des Auswirkungsprinzips im Rahmen des Fusionskontrollverfahrens befindet sich in Art. 9 Abs. 1 (siehe dort).

Art. 3 *Verhältnis zu anderen Rechtsvorschriften*

[1] Vorbehalten sind Vorschriften, soweit sie auf einem Markt für bestimmte Waren oder Leistungen Wettbewerb nicht zulassen, insbesondere Vorschriften:

a. die eine staatliche Markt- oder Preisordnung begründen;

b. die einzelne Unternehmen zur Erfüllung öffentlicher Aufgaben mit besonderen Rechten ausstatten.

Art. 3 Verhältnis zu anderen Rechtsvorschriften

² Nicht unter das Gesetz fallen Wettbewerbswirkungen, die sich ausschliesslich aus der Gesetzgebung über das geistige Eigentum ergeben. Hingegen unterliegen Einfuhrbeschränkungen, die sich auf Rechte des geistigen Eigentums stützen, der Beurteilung nach diesem Gesetz.

³ Verfahren zur Beurteilung von Wettbewerbsbeschränkungen nach diesem Gesetz gehen Verfahren nach dem Preisüberwachungsgesetz vom 20. Dezember 1985 vor, es sei denn die Wettbewerbskommission und der Preisüberwacher treffen gemeinsam eine gegenteilige Regelung.

Zu Abs. 1

1 Vom Anwendungsbereich des KGs sind Sachverhalte ausgenommen, soweit sie auf öffentlich-rechtlichen Regelungen basieren und diese öffentlich-rechtlichen Regelungen darauf gerichtet sind, den Wettbewerb auszuschalten. Das Gesetz nennt hierzu in lit. a und b insbesondere staatliche Markt- oder Preisordnungen sowie Regelungen, welche einzelne Unternehmen zur Erfüllung öffentlicher Aufgaben mit besonderen Rechten ausstatten.

2 Wie bei der Auslegung des Unternehmensbegriffs in Art. 2 Abs. 1 im Zusammenhang mit Verwaltungsstellen oder Gemeinwesen hat die Wettbewerbskommission von Beginn an auch in der Anwendung von Art. 3 Abs. 1 eine strikte (sprich extensive) Haltung eingenommen, wobei sie in dieser Frage jüngst Rückendeckung vom Bundesgericht erhalten hat (vgl. Entscheid des Bundesgerichts vom 17. Juni 2003 i. S. EEF/Watt Suisse AG, Fédération des Coopératives Migros, Commission de la concurrence, Commission de recours pour les questions de concurrence, RPW 2003/4, 925 ff.).

3 Das Vorgehen bei der Anwendung von Art. 3 Abs. 1 erscheint einfach: die in Frage stehenden öffentlich-rechtlichen Regelungen werden dahingehend untersucht, ob die fraglichen Vor-

schriften einen klaren Willen manifestieren, bestimmte Wettbewerbsparameter auszuschalten, und wenn ja, in welchem Umfang (WEBER, Einleitung, 46; ZÄCH Kartellrecht, 126). Dass die praktische Umsetzung dieser Vorgehensweise alles andere als einfach ist (CARRON, Commentaire Romand, Art. 3 Abs. 1 N 16 ff.) erstaunt nicht. Die Praxis zeigt jedenfalls, dass die Anforderungen zum Ausschluss des KG gemäss Art. 3 Abs. 1 sehr hoch sind (vgl. etwa die oben bereits erwähnten Entscheide i.S. Mobilfunk (Reko-Entscheid; RPW 2004/1, 221 ff.) und i.S. EEF (Entscheid des Bundesgerichts, RPW 2003/4, 925 ff.).

Zu Abs. 2

4   Diese Bestimmung hat in der KG-Reform 2003 zu hitzigen Diskussionen innerhalb, aber auch ausserhalb des Parlaments geführt und war zu einem grossen Teil verantwortlich für die Verzögerung des Revisionsverfahrens. Der neue Wortlaut stützt sich auf den sog. Kodak-Entscheid des Bundesgerichts, wobei aber die Unterstellung von Einfuhrbeschränkungen unter das Kartellgesetz mit Bezug auf alle Immaterialgüterrechte gleichsam gilt (Botschaft 01, 2029 f.).

5   Ob sich in der Praxis tatsächlich eine Änderung der Rechtslage ergibt, wird die künftige Rechtsprechung zeigen. Es sei hier die Bemerkung erlaubt, dass es grundsätzlich nicht Sache des Kartellgesetzes sein kann, den Geltungsbereich des Immaterialgüterrechtsschutzes zu verändern. Dies kann nur durch entsprechende Gesetzesänderungen im Immaterialgüterrechtsbereich selber erfolgen. Bei extensiver Auslegung von Art. 3 Abs. 2 könnte über die kartellrechtliche Hintertür die internationale Erschöpfung im Patentrecht eingeführt werden, was sachlich nicht rechtens wäre (vgl. den treffenden Beitrag von BAUDENBACHER, Immaterialgüterrechte, 14 ff.).

6   Die Abgrenzung zwischen Kartell- und Immaterialgüterrecht war bereits unter der bisherigen Formulierung von Art. 3

Abs. 2 in der Praxis nicht immer trivial, und die Anwendung wird mit dem revidierten Wortlaut nicht einfacher. Man könnte soweit gehen und feststellen, dass der revidierte Wortlaut die sachlich korrekte Abgrenzung, welche im bisherigen Wortlaut enthalten war, nicht mehr wiedergibt (vgl. auch BAUDENBACHER, Immaterialgüterrechte, 14/15). Nach der hier vertretenen Meinung muss weiterhin untersucht werden, inwiefern das betreffende angerufene Immaterialgüterrecht die betreffenden Einfuhrbeschränkungen in seinem Wesensgehalt einschliesst. Als sachgerechte und vernünftige Lösung erscheint in Zweifelsfällen eine Güterabwägung der Art denkbar, dass das Interesse des Immaterialgüterrechtsinhabers die dadurch entstehende Wettbewerbsbeschränkung und eventuell auch der Schaden des Konsumenten gegeneinander abgewogen werden. Einen interessanten Anwendungsfall aus dem EG-Recht bildet weiterhin das bekannte Urteil des EuGH i. S. Magill TV Guide (Urteil vom 6. April 1994, Rs. C-241/91, Slg. 1995, I-742). Missbräuche der Ausübung von Immaterialgüterrechten – und nur Missbräuche wollte das Kodak-Urteil dem KG unterstellen – können durch eine solche Güterabwägung erkannt werden.

Art. 4 Begriffe

[1] **Als Wettbewerbsabreden gelten rechtlich erzwingbare oder nicht erzwingbare Vereinbarungen sowie aufeinander abgestimmte Verhaltensweisen von Unternehmen gleicher oder verschiedener Marktstufen, die eine Wettbewerbsbeschränkung bezwecken oder bewirken.**

[2] **Als marktbeherrschende Unternehmen gelten einzelne oder mehrere Unternehmen, die auf einem Markt als Anbieter oder Nachfrager in der Lage sind, sich von anderen Marktteilnehmern (Mitbewerbern, Anbietern oder Nachfragern) in wesentlichem Umfang unabhängig zu verhalten.**

Art. 4 Begriffe

³ Als Unternehmenszusammenschluss gilt:

a. die Fusion von zwei oder mehr bisher voneinander unabhängigen Unternehmen;

b. jeder Vorgang, wie namentlich der Erwerb einer Beteiligung oder der Abschluss eines Vertrages, durch den ein oder mehrere Unternehmen unmittelbar oder mittelbar die Kontrolle über ein oder mehrere bisher unabhängige Unternehmen oder Teile von solchen erlangen.

1   Art. 4 nimmt Bezug auf die drei Hauptkategorien von privat, d.h. durch Unternehmen, veranlassten Wettbewerbsbeschränkungen: (i) Wettbewerbsabreden, (ii) missbräuchliche Verhaltensweisen marktbeherrschender Unternehmen und (iii) Unternehmenszusammenschlüsse.

Zu Abs. 1

2   Gleich wie im EG-Wettbewerbsrecht wird der Abredebegriff auch im schweizerischen KG weit gefasst. So fallen nicht nur formell geschlossene Verträge, sondern auch formlose Verträge, ja sogar stillschweigend aufeinander abgestimmte Verhaltensweisen unter den Begriff von Art. 4 Abs. 1 (ZÄCH, Kartellrecht, 147 ff.; BORER, Kommentar, 128 ff.). Erforderlich ist nur (aber immerhin) ein bewusstes und gewolltes Zusammenwirken zwischen den betreffenden Unternehmen (ZÄCH, Kartellrecht, 147; BORER, Kommentar, 134/135; vgl. auch den Bundesgerichtsentscheid i.S. Buchpreisbindung vom 14.8.2002, E. 6.3, RPW 2002/4, 737 ff.). Das Urteil des Gerichts erster Instanz in Luxemburg i.S. Volkswagen dürfte mit Bezug auf Vertriebssysteme auch in der Schweiz die künftige Auslegung beeinflussen (Rechtssache T-208/01).

3   Obwohl im Unterschied zu Art. 81 Abs. 1 EG-V nicht ausdrücklich erwähnt, fallen unter den Abredebegriff in Art. 4 Abs. 1 KG auch Beschlüsse von Unternehmens*vereinigungen* (ZÄCH, Kartellrecht, 148).

4 Unter den Abredebegriff fallen im Weiteren sowohl horizontale (zwischen Unternehmen gleicher Wirtschaftsstufe) als auch vertikale Abreden, d.h. Abreden zwischen Unternehmen, welche auf unterschiedlicher Wirtschaftsstufe tätig sind (BORER, Kommentar, 130/131).

5 Ob ein Parallelverhalten auf einem Markt aufgrund einer Abrede oder aufgrund gegebener wirtschaftlicher Umstände erfolgt, ist wie folgt zu entscheiden: Eine Wettbewerbsabrede liegt dann vor, wenn ein Parallelverhalten der betreffenden Unternehmen ohne Abrede gar nicht erfolgen könnte, d.h. keine z.B. marktstrukturellen Gegebenheiten vorliegen, welche zu einem Parallelverhalten führen können (BORER, Kommentar, 134/135; vgl. auch Entscheid der Weko i.S. Mobilfunk, RPW 2002/1, 97 ff.).

Zu Abs. 2

6 In der KG-Reform 95 wurde eine Marktbeherrschungsdefinition ins Gesetz aufgenommen, welche praktisch wortwörtlich derjenigen entspricht, die sich in der EG-Wettbewerbsrechtspraxis entwickelt und während vielen Jahren bewährt hat (siehe EuGH i.S. Hoffmann-La Roche, Rs 85/76, Slg. 1979, 461 ff. oder neuer Entscheid der Europäischen Kommission i.S. Michelin, Abl. 2002, Nr. L 143, 1 ff.; vgl. auch ZURKINDEN, Auswirkungen, 4).

7 Die praktische Anwendung dieses Marktbeherrschungsbegriffs erwies sich allerdings als unergiebig, weshalb bereits im bundesrätlichen Vorschlag anlässlich der jüngsten KG-Reform eine Konkretisierung des Begriffs mittels Hinzufügen des Klammerinhalts («Mitbewerbern, Anbietern oder Nachfragern») vorgenommen wurde, mit dem Zweck, künftig auch überragende Marktstellungen gegenüber Mitbewerbern sowie durch marktstrukturelle Gründe bedingte Abhängigkeitsverhältnisse zu erfassen. Insbesondere sollten mit Letzterem einerseits entsprechende Probleme von KMU, andererseits ande-

re Abhängigkeitsverhältnisse, welche sich aufgrund spezieller Marktgegebenheiten ergeben, besser angegangen werden, ohne indessen Strukturpolitik zu betreiben (DÄHLER/KRAUSKOPF, 8; ZURKINDEN, Auswirkungen, 4). Mit dem revidierten Wortlaut ist somit einerseits eine Präzisierung der Legaldefinition, andererseits aber auch eine Aufforderung an die Wettbewerbsbehörden verbunden, den Marktbeherrschungsbegriff wirksamer durchzusetzen. So war beispielsweise das Institut der marktstrukturellen Abhängigkeit dem KG 95 nicht fremd (vgl. etwa N 126 des Entscheides i. S. Coop/Waro, RPW 2003/3, 589). Dabei ist unbestritten, dass die nun präzisierten Aspekte unter dem KG 95 nicht konsequent umgesetzt wurden.

8   Während den parlamentarischen Beratungen wurden verschiedene Vorschläge zur weiteren Präzisierung von Art. 4 Abs. 2 gemacht. Da diese Präzisierungen aber allesamt den Kreis der Abhängigkeitsverhältnisse zu weit öffneten, d.h. die Gefahr bestand, dass mit solchen Präzisierungen nicht nur aufgrund marktstruktureller Gründe bedingte Abhängigkeitsverhältnisse, sondern auch solche, die aufgrund selbstverschuldeter Klumpenrisiken entstanden sind, erfasst würden, wurden diese Vorschläge zu Recht abgelehnt und der bundesrätliche Vorschlag letztlich übernommen (DÄHLER/KRAUSKOPF, 8). Zusammenfassend kann festgehalten werden, dass die Präzisierung des Marktbeherrschungsbegriffs mit Bezug auf marktstrukturell bedingte Abhängigkeitsverhältnisse eine strengere Anwendung der im Entscheid Coop/Waro aufgestellten Kriterien impliziert. Inwiefern mit dem in der Schweiz bisher unbekannten Institut der überragenden Marktstellung gegenüber Wettbewerbern auf das deutsche GWB (§ 19 Abs. 2 [2]) verwiesen werden soll, wird die künftige Auslegung zeigen.

9   Die Kriterien zur Bestimmung marktbeherrschender Stellungen sind einerseits die Marktstrukturdaten, d.h. insbesondere der Marktanteil der in Frage stehenden Unternehmung und die Marktanteile der übrigen auf dem gleichen Markt agierenden

Konkurrenten sowie die Entwicklung der Marktstrukturen. Zum anderen sind zu erwähnen: Das Gegengewicht bzw. die Ausweichmöglichkeiten der Marktgegenseite, die Eigenschaften des betreffenden Unternehmens wie beispielsweise die Finanzmacht sowie andere marktspezifische Eigenschaften, welche eine Marktbeherrschung indizieren können, aber auch und insbesondere die Offenheit des betreffenden Marktes (potenzieller Wettbewerb) (vgl. ausführlich CLERC, Commentaire Romand, Art. 4 Abs. 2 N 101 ff.). Ein Marktanteil von 50% kann bei einem geschlossenen Markt und grossem Abstand zu den Marktanteilen der Konkurrenten sowie weiteren relevanten Eigenschaften des betreffenden Unternehmens das Bestehen einer Marktbeherrschung indizieren. Mit Bezug auf Abhängigkeitsverhältnisse muss geprüft werden, ob der in Frage stehende Markt tatsächlich Besonderheiten enthält, welche eine stärkere Bindung z.B. an den Liefer- oder Vertriebspartner bedingt als in anderen Märkten und damit ein Wechsel zu einem anderen Partner praktisch verunmöglicht. Entscheidend ist allerdings, dass sich das abhängige Unternehmen nicht freiwillig, d.h. zum Beispiel aufgrund falscher Strategieüberlegungen, sondern zwangsweise, aufgrund der bestehenden Marktstrukturen, in das Abhängigkeitsverhältnis begeben hat.

10 Erfasst werden sowohl die Marktbeherrschung, welche durch eine einzelne Unternehmung ausgeübt wird, als auch diejenigen Konstellationen, welche durch zwei oder mehrere Unternehmen verantwortet werden (sog. kollektive Marktbeherrschung). Dazu hat die schweizerische Wettbewerbsbehörde in ihrer Praxis wichtige Kriterien entwickelt (vgl. jüngst etwa den Schlussbericht i. S. Kreditkarten-Akzeptanzgeschäft, RPW 2003/1, 106 ff.; vgl. auch CLERC, Commentaire Romand, Art. 4 Abs. 2 N 146 ff. sowie ein Rechtsvergleich CH-EU bei SCHOHE/ZURKINDEN).

11 Der Marktbeherrschungsbegriff im Sinne von Art. 4 Abs. 2 bildet die Basis für das Tatbestandselement der Marktbeherr-

schung sowohl in Art. 7 als auch in Art. 10, wobei bei der Auslegung letzterer Bestimmung ein qualifizierter Marktbeherrschungsbegriff gilt, der zwar auf Art. 4 Abs. 2 aufbaut, dann aber wichtige Nuancierungen aufweist (siehe dort).

Zu Abs. 3

12 Der im Zuge der KG-Reform 95 eingefügte Zusammenschlussbegriff ist ebenfalls praktisch wortwörtlich dem EG-Wettbewerbsrecht bzw. der EG-FKVO entliehen (VENTURI, Commentaire Romand, Art. 4 Abs. 3 N 2, mit Verweisung auf ZURKINDEN, Fusionskontrolle). Die Begriffbildung erfolgt unabhängig von den Kategorien des Fusionsgesetzes (vgl. dazu DUCREY, Fusionsgesetz, 283).

13 Erfasst werden zwei Hauptkategorien von Zusammenschlüssen: Einerseits Fusionen, d.h. die Verschmelzung von zwei oder mehr Unternehmen unter einer neuen Leitung, wobei mindestens eines der beteiligten Unternehmen seine Rechtspersönlichkeit verliert und andererseits der Erwerb der Kontrolle durch eine oder mehrere Unternehmen über ein anderes Unternehmen. BORER erwähnt neben der rechtlichen auch die wirtschaftliche Fusion (BORER, Kommentar, Art. 4 N 26/27).

14 Das Tatbestandselement der Kontrolle im zweiten Zusammenschlusstatbestand wird in Art. 1 VKU mit der Möglichkeit umschrieben, «einen bestimmenden Einfluss auf die Tätigkeit des anderen Unternehmens auszuüben», wobei im gleichen Art. (lit. a und b) die Mittel einer solchen Kontrolle aufgezählt sind. Entscheidend sind sämtliche rechtlichen und tatsächlichen Umstände des konkreten Einzelfalls (dazu ausführlich VENTURI, 252 ff. und die Entscheide der Weko i.S. Publicitas/Gasser-Tschudi Druck, RPW 1997/2, 181 ff. und Berner Oberland Medien AG/Berner Zeitung AG, RPW 2000/3, 414 ff. in welchen faktische Elemente berücksichtigt wurden).

15 Nicht spezifiziert werden die Geschäftsführungsentscheide, auf welche sich die Einflussnahme beziehen muss. Dabei handelt es sich in erster Linie um die strategischen Kompetenzen (und weniger um die Entscheide zur operativen Geschäftstätigkeit), d.h. also vor allem um die Entscheidungen über Budget, Geschäftsplan, grössere Investitionen und über die Besetzung der Unternehmensleitung (VENTURI, Commentaire Romand, Art. 4 Abs. 3 N 58–60). Bezogen auf das schweizerische OR sind damit vor allem die in Art. 716 ff. OR genannten Entscheidtypen gemeint.

16 Einen wichtigen Untertatbestand bildet das sog. konzentrative Gemeinschaftsunternehmen (GU), welcher in Art. 2 VKU geregelt ist. Eine gemeinsame Kontrolle liegt dann vor, wenn jedes an der gemeinsamen Kontrolle beteiligte Unternehmen ein selbständiges Vetorecht besitzt. Das Institut des konzentrativen Gemeinschaftsunternehmens wurde dem EG-Wettbewerbsrecht entnommen, wobei die schweizerische Regelung gegenüber derjenigen im EG-Wettbewerbsrecht einige wesentliche Unterschiede aufweist: So verlangt das KG bei der Beurteilung von sog. Neugründungen von GU im Unterschied zum EG-Recht, als zusätzliches Tatbestandselement das Einfliessen von Geschäftstätigkeiten (und nimmt dabei eine sehr weite Auslegung vor). Ebenfalls anders als im EG-Wettbewerbsrecht sieht das KG bei der verfahrensrechtlichen Behandlung von solchen GU, die zwar eine selbständige wirtschaftliche Einheit darstellen, gleichzeitig aber auch eine Koordinierung des Wettbewerbsverhaltens der Gründerunternehmen unter sich oder denjenigen des GU mit sich bringen (können), keine parallele Verhaltenskontrolle vor (vgl. zum Ganzen ZURKINDEN, Gründung, passim).

Art. 5   Unzulässige Wettbewerbsabreden

2. Kapitel: Materiellrechtliche Bestimmungen

1. Abschnitt: Unzulässige Wettbewerbsbeschränkungen

Art. 5   Unzulässige Wettbewerbsabreden

[1] Abreden, die den Wettbewerb auf einem Markt für bestimmte Waren oder Leistungen erheblich beeinträchtigen und sich nicht durch Gründe der wirtschaftlichen Effizienz rechtfertigen lassen, sowie Abreden, die zur Beseitigung wirksamen Wettbewerbs führen, sind unzulässig.

[2] Wettbewerbsabreden sind durch Gründe der wirtschaftlichen Effizienz gerechtfertigt, wenn sie:

a. notwendig sind, um die Herstellungs- oder Vertriebskosten zu senken, Produkte oder Produktionsverfahren zu verbessern, die Forschung oder die Verbreitung von technischem oder beruflichem Wissen zu fördern oder um Ressourcen rationeller zu nutzen; und

b. den beteiligten Unternehmen in keinem Fall Möglichkeiten eröffnen, wirksamen Wettbewerb zu beseitigen.

[3] Die Beseitigung wirksamen Wettbewerbs wird bei folgenden Abreden vermutet, sofern sie zwischen Unternehmen getroffen werden, die tatsächlich oder der Möglichkeit nach miteinander im Wettbewerb stehen:

a. Abreden über die direkte oder indirekte Festsetzung von Preisen;

b. Abreden über die Einschränkung von Produktions-, Bezugs- oder Liefermengen;

c. Abreden über die Aufteilung von Märkten nach Gebieten oder Geschäftspartnern.

[4] Die Beseitigung wirksamen Wettbewerbs wird auch vermutet bei Abreden zwischen Unternehmen verschiedener Marktstufen über Mindest- oder Festpreise sowie bei Abreden in Vertriebs-

verträgen über die Zuweisung von Gebieten, soweit Verkäufe in diese durch gebietsfremde Vertriebspartner ausgeschlossen werden.

1 Art. 5 bildet neben Art. 7 und Art. 9 ff. einen der drei Hauptpfeiler des schweizerischen KG. Die Bestimmung enthält die Kriterien zur Beurteilung von Wettbewerbsabreden gemäss Art. 4 Abs. 1 (GUGLER/ZURKINDEN, 274/275; zum Begriff der Wettbewerbsabrede siehe vorne).

2 In Abs. 1 wird der Grundsatz festgelegt, wonach Wettbewerbsabreden entweder dann unzulässig sind, wenn sie den Wettbewerb auf einem bestimmten Markt spürbar beeinträchtigen und nicht durch Gründe der wirtschaftlichen Effizienz gerechtfertigt werden können, oder dann, wenn sie den Wettbewerb auf einem bestimmten Markt beseitigen. Abs. 2 umschreibt die Gründe der wirtschaftlichen Effizienz, währenddem die Absätze 3 und 4 Abredekategorien aufzählen, bei deren Vorliegen die Beseitigung wirksamen Wettbewerbs vermutet wird (GUGLER/ZURKINDEN, 275).

3 Die Beurteilung, ob ein Ausschluss oder eine Beeinträchtigung des Wettbewerbs im Sinne von Art. 5 Abs. 1 vorliegt, kann erst dann erfolgen, wenn die Referenzgrösse, d.h. der Markt, der von der Abrede betroffen ist, bestimmt ist. Die Definition des sog. relevanten Marktes erfolgt in sachlicher und geographischer (in Sonderfällen auch in zeitlicher) Hinsicht. Art. 11 Abs. 3 lit. a und b VKU werden für die Marktabgrenzung im Rahmen der Beurteilung von Wettbewerbsabreden und von Verhaltensweisen marktbeherrschender Unternehmen analog angewendet. Diese Grundsätze gelten somit nicht nur für die Bestimmung der relevanten Märkte im Rahmen der Fusionskontrolle, sondern auch für die Marktdefinition im Zusammenhang mit der Verhaltenskontrolle nach Art. 5 und 7 (BORER, Kommentar, Art. 5 N 9 ff.).

Art. 5 Unzulässige Wettbewerbsabreden

Zu Abs. 1

4 Abs. 1 erklärt zwei Kategorien von Abreden für unzulässig: Zum einen sind dies diejenigen Abreden, welche den Wettbewerb ausschliessen, zum andern diejenigen Abreden, die den Wettbewerb erheblich beeinträchtigen und nicht durch Gründe der wirtschaftlichen Effizienz gerechtfertigt werden können.

5 Der Wettbewerb ist in den wenigsten Fällen schlechthin ausgeschlossen, bedarf es doch hierzu einer Abrede, an welcher praktisch alle der auf diesem Markt tätigen Akteure beteiligt sind und welche die für den relevanten Markt zentralen Wettbewerbsparameter umfasst. Die Wettbewerbskommission hat einen solchen Ausschluss in der Vergangenheit nur in wenigen Fällen festgestellt (vgl. etwa die Erwägungen der Wettbewerbskommission i. S. Freiburger Fahrlehrerverband, RPW 2000/2, 167 ff. und i. S. Tarifliste des Schweizerischen Eislauflehrer-Verbandes SELV, RPW 2003/4, 721 ff.; vgl. auch der Entscheid des Bundesgerichts vom 14. August 2002 i.S. Buchpreisbindung, RPW 2002/4, 731 ff.).

6 Die Erheblichkeit einer Wettbewerbsbeschränkung wird anhand von qualitativen und quantitativen Kriterien geprüft. In qualitativer Hinsicht wird untersucht, welche Wettbewerbsparameter von der Abrede betroffen sind und welches Gewicht diese auf dem relevanten Markt besitzen. So dürfte zum Beispiel eine Forschungs- und Entwicklungsabrede in Pharmamärkten einen anderen Einfluss auf das Angebotsverhalten haben als in Märkten, in welchen Forschung und Innovation eine weniger wichtige Rolle spielen. In quantitativer Hinsicht wird untersucht, welchen Marktanteil die an der betreffenden Abrede beteiligten Unternehmen besitzen (GUGLER/ZURKINDEN, 281 ff.; ZÄCH, Kartellrecht, 157 ff.).

7 Die Wettbewerbskommission hat in ihrer bisherigen Tätigkeit keine gefestigte Praxis zur «Erheblichkeit» einer Wettbewerbsbeschränkung im Sinne von Art. 5 Abs. 1 gebildet. In der

Bekanntmachung über die wettbewerbsrechtliche Behandlung vertikaler Abreden vom 18. Februar 2002 formulierte sie immerhin Kriterien zur Beurteilung der Erheblichkeit im Sinne von Art. 5 Abs. 1 für Vertikalabreden und lehnte sich dabei stark an die Praxis der EG-Wettbewerbsbehörden an. Zehn Monate später, am 21. Oktober 2002, erliess die Wettbewerbskommission die Bekanntmachung über die wettbewerbsrechtliche Behandlung von vertikalen Abreden im Kraftfahrzeughandel. Auch diese Bekanntmachung enthält konkrete Kriterien zur Bestimmung der Erheblichkeit von Wettbewerbsbeschränkungen in Vertikalabreden des Automobilgewerbes. In letzterer Bekanntmachung wird zudem auf die entsprechende EG-Gruppenfreistellungsverordnung (Verordnung Nr. 1400/2002 der Europäischen Kommission vom 31. Juli 2002 über die Anwendung von Art. 81 Abs. 3 des Vertrages auf Gruppen von vertikalen Vereinbarungen und aufeinander abgestimmten Verhaltensweisen im Kraftfahrzeugsektor) verwiesen. Ein «Bekenntnis» zu den EG-Beurteilungskriterien im Zusammenhang mit Vertikalabreden würde wohl nur wenig Sinn machen, wenn nicht auch im Zusammenhang mit Horizontalabreden die Grundsätze im EG-Wettbewerbsrecht zumindest als Orientierungshilfen dienen sollen (vgl. ZURKINDEN, Auswirkungen, 3 ff.).

Zu Abs. 2

8   Erhebliche Wettbewerbsbeeinträchtigungen können dann gerechtfertigt werden, wenn Gründe im Sinne von Art. 5 Abs. 2 gegeben sind. Im Rahmen der Reform 1995 wurden nur noch rein wirtschaftliche und keine politischen Rechtfertigungsgründe mehr zugelassen (BORER, Kommentar, Art. 5 N 32 ff.).

9   Bei den genannten Rechtfertigungsgründen handelt es sich vorwiegend um Effizienzkriterien, welche erschöpfend aufgezählt werden (GUGLER/ZURKINDEN, 289 ff.).

Art. 5   Unzulässige Wettbewerbsabreden

Zu Abs. 3

10   Bei horizontalen Preis-, Mengen- und Gebietsabreden wird nach dem Wortlaut von Art. 5 Abs. 3 die Beseitigung wirksamen Wettbewerbs vermutet. Die im Rahmen der Reform 1995 noch als beinahe revolutionäre, einem Kartellverbot nahe kommende Neuerung beschriebene Vorschrift erlangte in der Praxis nur eine geringe Relevanz. Aufgrund der Möglichkeit, die Vermutung zu widerlegen, und der bereits oben erwähnten hohen Anforderungen an den Nachweis einer Wettbewerbsbeseitigung wurde diese Vorschrift in der Praxis nur wenig wirksam (vgl. die oben erwähnten Entscheide i.S. Freiburger Fahrlehrerverband, RPW 2000/2, 167 ff. und i. S. Tarifliste des Schweizerischen Eislauflehrer-Verbandes SELV, RPW 2003/4, 721 ff. und vor allem auch der Entscheid des Bundesgerichts vom 14. August 2002 i.S. Buchpreisbindung, RPW 2002/4, 731 ff.). Aus dem letztgenannten Bundesgerichtsentscheid kann allerdings nicht gefolgert werden, dass bei (Weiter-)Bestehen eines jeden noch so unbedeutenden Wettbewerbsparameters die Vermutung widerlegt werden kann. Hingegen ist es klar, dass in bestimmten Märkten andere Wettbewerbsparameter als die in Art. 5 Abs. 3 genannten bestehen, welche trotz Ausfall eines dieser letzteren Parameter Wettbewerb erlauben (kritisch STOFFEL/ZÄCH, 28 ff.).

11   Mit der neuerlichen Reform kommt Art. 5 Abs. 3 insofern zu neuen (bzw. späten) Ehren, als horizontale Preis-, Mengen- und Gebietsabreden künftig unter die Bussendrohung von Art. 49a fallen werden. Wie zu Art. 49a im einzelnen ausgeführt, besteht die zurzeit ungelöste Streitfrage darin, ob nur diejenigen Preis-, Mengen- und Gebietsabreden unter die Sanktionsdrohung fallen, welche effektiv den Wettbewerb beseitigen, d.h. die Vermutung nicht beseitigt werden kann, oder ob dies auf alle derartigen Abreden zutrifft, welche gemäss Art. 5 Abs. 1 unzulässig sind. Es gibt gute Gründe anzunehmen, dass der Gesetzgeber nur die erste Kategorie sanktionieren wollte. Ob-

wohl der erläuternde Bericht zur Vernehmlassung tatsächlich jene weite Auslegung festhielt und auch die Botschaft 01 eine solche Schlussfolgerung nahe legt (vgl. STOFFEL/ZÄCH, 34 ff.; JACOBS/BÜRGI, 149), erscheint uns eine solche Rechtsfolge weder befriedigend noch gerechtfertigt. So war in den parlamentarischen Beratungen stets vom Vermutungstatbestand in Art. 5 Abs. 3 KG (und später Abs. 4) als Anknüpfung für die direkte Sanktionierung die Rede, wozu nach hier vertretener Sicht auch die Erfüllung der entsprechenden Voraussetzungen gehört. Die Möglichkeit der Ausdehnung der direkten Sanktionierung auf erhebliche nicht gerechtfertigte Abreden im Sinne von Art. 5 Abs. 3 und 4 KG wurde im Parlament nicht einmal im Ansatz diskutiert. Eine Diskussion erfolgte selbst dann nicht, als im Verlauf der parlamentarischen Beratungen auch die wettbewerbsschädlichsten Vertikalbeschränkungen der Sanktionsdrohung unterstellt werden sollten. Vielmehr wurde zu diesem Zweck wiederum ein Vermutungstatbestand formuliert: Art. 5 Abs. 4. Wäre sich das Parlament bewusst gewesen, dass nicht nur die Beseitigung des Wettbewerbs sanktioniert werden sollte, dann hätte es gewiss eine andere Formulierung vorgeschlagen oder zumindest die Problematik der möglicherweise irreführenden Wirkung von Vermutungstatbeständen diskutiert. Dies umso mehr, als im Plenum verschiedene Kritiker der direkten Sanktionierung vertreten waren. Unbefriedigend ist die eingangs erwähnte Schlussfolgerung auch deshalb, weil die bisherige schweizerische Praxis zur Erheblichkeit von Wettbewerbsbeschränkungen unklar ist, weshalb JACOBS/BÜRGI richtigerweise die Frage der Gesetzmässigkeit stellen (S. 150). Diese Frage ist umso berechtigter angesichts der Gefahr, dass es aufgrund der von der Lehre immer wieder nahegelegten Orientierung am EG-Wettbewerbsrecht im Ergebnis zu «per se» Sanktionierungen kommen könnte. Angesichts der auch seitens des Bundesgerichts gestellten, hohen Anforderungen an die Bestätigung der Vermutungen ist andererseits auch klar, dass mit dieser Sichtweise die neueste Reform eines grossen Teils ihrer Wirksamkeit beraubt würde, weshalb auf Seiten der Behörden bisher eine gegenteilige Meinung vertreten wird (vgl. etwa die Aussagen bei KRAUSKOPF, 125; DÄHLER/KRAUSKOPF, 9 und vor allem STOFFEL/ZÄCH, 34 ff.). Noch einmal sei an dieser Stelle erwähnt, dass, der Bundesgerichtsentscheid i.S. Buchpreisbindung nicht dahingehend ausgelegt werden kann, dass jeder verbleibende Wettbewerbsparameter zur Widerlegung der Vermutung führen kann. Vielmehr muss zunächst die Bedeutung des jeweiligen Parameters für den konkret betroffenen Markt analysiert werden (GUGLER/ZURKINDEN, 283). Eine adäquate Lösung kann daher nur darin bestehen, dass nur bei Sachverhalten, bei welchen nach erfolgter Prüfung die Vermutung in Art. 5 Abs. 3 und 4 KG *nicht* widerlegt werden kann, Bussen nach Art. 49a KG auferlegt werden können. Die hier vertretene Meinung verkennt nicht, dass damit ein Ungleichgewicht zum EG-Wettbewerbsrecht geschaffen wird. Eine Gleichschaltung mit dem EG-Recht, wo Preis-, Mengen- und Gebietsabreden zwischen Wettbewerbern bzw. Preisfestsetzungen zweiter Hand und vertikale absolute Gebietsabschottungen zwischen Wettbewerbern praktisch zu «per se»-Verbotssachverhalten zählen und sanktioniert werden, entsprach aber zu keinem Zeitpunkt dem Willen des schweizerischen Gesetzgebers.

Zu Abs. 4

12 War der Bundesrat in seiner Botschaft noch der Meinung, dass direkte Bussen lediglich im Zusammenhang mit horizontalen Preis-, Mengen- und Gebietskartellen eingeführt werden sollen, ging das Parlament einen Schritt weiter. Entsprechend stellte es auch die aus seiner Sicht schädlichsten Vertikalabreden unter die Sanktionsdrohung.

13 Obwohl die bisherige Praxis und auch die Bekanntmachung der Wettbewerbskommission über die wettbewerbsrechtliche Behandlung vertikaler Abreden nicht klar ist, kann bei folgen-

den vertikalen Abredeklauseln künftig eine Busse nicht ausgeschlossen werden (vgl. auch ZURKINDEN, Auswirkungen, 3/4):

- Verbot von Passivverkäufen in andere Verkaufsgebiete bei Alleinvertriebsverträgen (Ausnahmen bei generellen Verboten der Belieferung von Endkunden durch Grossisten oder der Lieferung von Bestandteilen an Dritte, welche Konkurrenzprodukte herstellen);
- Verbot von Aktiv- und Passivverkäufen (Endkunden) und von Querlieferungen (zugelassene Händler) in andere Vertragsgebiete bei Selektivverträgen (Ausnahmen bei generellen Verboten der Belieferung von Endkunden durch Grossisten);
- Preisfestsetzungen zweiter Hand.

Mit Bezug auf das Automobilgewerbe ist auf die Bekanntmachung über die wettbewerbsrechtliche Behandlung von vertikalen Abreden im Kraftfahrzeuggewerbe (RPW 2002/4, 770) zu verweisen und darauf, dass auch in diesem Bereich bei Vorliegen von Klauseln, welche den soeben aufgezählten entsprechen, mit Bussen gerechnet werden muss.

14 Bei den vertikalen Abreden stellt sich die Frage der direkten Sanktionierung insofern etwas differenzierter, als in diesem Kontext auch zu beachten ist, ob nur der «intrabrand»- oder auch der «interbrand»-Wettbewerb zu berücksichtigen ist. Verschiedentlich und zum Teil unter Verweisung auf das EG-Wettbewerbsrecht wird die Meinung vertreten, dass der interbrand-Wettbewerb bei der Frage der Widerlegung der Vermutung nicht berücksichtigt werden dürfe (vgl. vor allem STOFFEL/ZÄCH, 47 ff.). Auch in diesem Punkt muss nach der hier vertretenen Meinung eine pragmatische Lösung gefunden und im Einzelfall geprüft werden, inwieweit der interbrand-Wettbewerb zu einer Widerlegung der Vermutung führen kann. Ein völliges Ausserachtlassen des interbrand-Wettbewerbs bei der Beurteilung von vertikalen Abreden wird

nach hier vertretener Meinung auch vom EG-Recht nicht gefordert (vgl. die Leitlinien für vertikale Beschränkungen in ABl. Nr. C 291 vom 13. Oktober 2000, 1 ff.). Das praktisch geltende «per se»-Verbot von Preisfestsetzungen zweiter Hand bzw. von vertikalen Gebietsabschottungen im EG-Wettbewerbsrecht hat mit der Frage der Berücksichtigung des «interbrand»-Wettbewerbs nichts zu tun, sondern hängt mit der wettbewerbspolitischen Grundhaltung des EG-Rechts zusammen. Fest steht aus der hier vertretenen Sicht, dass funktionierender «interbrand»-Wettbewerb das Fehlen von «intrabrand»-Wettbewerb relativieren kann. Eine generelle Verneinung dieser Feststellung würde u.a. zur wettbewerbsrechtlich, höchst umstrittenen Annahme «Eine Marke = ein Markt» führen.

15 Abgesehen von der soeben erwähnten Streitfrage können zur wettbewerbsrechtlichen Beurteilung im Zusammenhang mit Art. 5 Abs. 4 die beiden bereits erwähnten Bekanntmachungen, die bisherige Rechtsprechung sowie, subsidiär, die einschlägigen Bestimmungen des EG-Rechts konsultiert werden (vgl. auch ZURKINDEN, Auswirkungen, 5/6).

Art. 6 Gerechtfertigte Arten von Wettbewerbsabreden

[1] In Verordnungen oder allgemeinen Bekanntmachungen können die Voraussetzungen umschrieben werden, unter denen einzelne Arten von Wettbewerbsabreden aus Gründen der wirtschaftlichen Effizienz in der Regel als gerechtfertigt gelten. Dabei werden insbesondere die folgenden Abreden in Betracht gezogen:

a. Abreden über die Zusammenarbeit bei der Forschung und Entwicklung;

b. Abreden über die Spezialisierung und Rationalisierung, einschliesslich diesbezügliche Abreden über den Gebrauch von Kalkulationshilfen;

Art. 6 Gerechtfertigte Arten von Wettbewerbsabreden

c. Abreden über den ausschliesslichen Bezug oder Absatz bestimmter Waren oder Leistungen;

d. Abreden über die ausschliessliche Lizenzierung von Rechten des geistigen Eigentums;

e. Abreden mit dem Zweck, die Wettbewerbsfähigkeit kleiner und mittlerer Unternehmen zu verbessern, sofern sie nur eine beschränkte Marktwirkung aufweisen.

[2] Verordnungen und allgemeine Bekanntmachungen können auch besondere Kooperationsformen in einzelnen Wirtschaftszweigen, namentlich Abreden über die rationelle Umsetzung von öffentlich-rechtlichen Vorschriften zum Schutze von Kunden oder Anlegern im Bereich der Finanzdienstleistungen, als in der Regel gerechtfertigte Wettbewerbsabreden bezeichnen.

[3] Allgemeine Bekanntmachungen werden von der Wettbewerbskommission im Bundesblatt veröffentlicht. Verordnungen im Sinne der Absätze 1 und 2 werden vom Bundesrat erlassen.

1   Um die Rechtssicherheit zu stärken und den Unternehmen Kriterien in die Hand zu geben, anhand denen sie ihre «compliance» überprüfen können, eröffnet Art. 6 der Wettbewerbskommission und dem Bundesrat die Möglichkeit, Kriterien festzulegen, unter denen bestimmte Abredekategorien als wirtschaftlich gerechtfertigt im Sinne von Art. 5 Abs. 2 gelten (vgl. ZÄCH, Kartellrecht, 183 ff.).

2   Die vorliegende Bestimmung orientiert sich an den europäischen Gruppenfreistellungen (REYMOND, Commentaire Romand, Art. 6 N 15). Die schweizerische Regelung unterscheidet sich allerdings nicht unerheblich vom EG-Recht. Das EG-Wettbewerbsrecht basiert auf dem Verbotsprinzip, während das Schweizer Kartellrecht vom Missbrauchsprinzip geprägt ist. Bei Art. 6 handelt es sich somit systembedingt nicht um eine Ermächtigung für Gruppenfreistellungen wie im EG-Kartellrecht, da solche systematisch mit der Missbrauchsgesetzgebung nicht zu vereinbaren wären (Botschaft 94, 562).

Art. 6 Gerechtfertigte Arten von Wettbewerbsabreden

Art. 6 hat somit nicht zum Ziel, gewisse Abreden generell von einem Verbot zu befreien, sondern vielmehr den Unternehmen zu ermöglichen, die Tragweite von Art. 5 Abs. 2 KG mit Bezug auf bestimmte Abredekategorien abzuschätzen und sich gesetzeskonform zu verhalten (REYMOND, Commentaire Romand, Art. 6 N 18).

3 Abs. 1 lit. a-d sowie Abs. 2 erwähnen gewisse Arten von Abreden, welche die Kriterien von Art. 5 Abs. 2 erfüllen können. Die Aufzählung in Abs. 1 betrifft branchenübergreifende Arten von Kooperationen und ist nicht abschliessend (Botschaft 94, 563).

4 Mit der Revision von 2003 hinzugefügt worden ist lit. e über Abreden kleiner und mittlerer Unternehmen mit beschränkter Wettbewerbsfähigkeit (vgl. DÄHLER/KRAUSKOPF, 9). Diese Regelung ermöglicht es der Wettbewerbskommission, inskünftig Bagatellfälle ähnlich wie im EU-Recht aus Gründen der wirtschaftlichen Effizienz zu rechtfertigen. Diese Bestimmung könnte auch dazu dienen, für KMU das Risiko, das durch die direkten Sanktionen auf ihnen lastet, abzuschwächen. Der Entwurf einer diesbezüglichen Bekanntmachung wird zurzeit intern diskutiert und soll demnächst veröffentlicht bzw. in die Vernehmlassung geschickt werden.

5 Bisher hat die Wettbewerbskommission gestützt auf diesen Artikel vier Bekanntmachungen erlassen:

- Bekanntmachung «Homologation und Sponsoring bei Sportartikeln» vom 15. Dezember 1997, RPW 1998/1, 154

- Bekanntmachung betreffend die Voraussetzungen für die kartellgesetzliche Zulässigkeit von Abreden über die Verwendung von Kalkulationshilfen vom 4. Mai 1998, RPW 1998/2, 351

- Bekanntmachung über die wettbewerbsrechtliche Behandlung vertikaler Abreden vom 18. Februar 2002, RPW 2002/2, 404
- Bekanntmachung über die wettbewerbsrechtliche Behandlung von vertikalen Abreden im Kraftfahrzeughandel vom 21. Oktober 2002, RPW 2002/4, 770.

Diese Bekanntmachungen sind im Kapitel C. im vollen Wortlaut abgedruckt. Der Bundesrat hat von der Ermächtigung in Art. 6 bisher noch nicht Gebrauch gemacht.

Art. 7 Unzulässige Verhaltensweisen marktbeherrschender Unternehmen

¹ Marktbeherrschende Unternehmen verhalten sich unzulässig, wenn sie durch den Missbrauch ihrer Stellung auf dem Markt andere Unternehmen in der Aufnahme oder Ausübung des Wettbewerbs behindern oder die Marktgegenseite benachteiligen.

² Als solche Verhaltensweisen fallen insbesondere in Betracht:

a. **die Verweigerung von Geschäftsbeziehungen (z. B. die Liefer- oder Bezugssperre);**

b. **die Diskriminierung von Handelspartnern bei Preisen oder sonstigen Geschäftsbedingungen;**

c. **die Erzwingung unangemessener Preise oder sonstiger unangemessener Geschäftsbedingungen;**

d. **die gegen bestimmte Wettbewerber gerichtete Unterbietung von Preisen oder sonstigen Geschäftsbedingungen;**

e. **die Einschränkung der Erzeugung, des Absatzes oder der technischen Entwicklung;**

f. **die an den Abschluss von Verträgen gekoppelte Bedingung, dass die Vertragspartner zusätzliche Leistungen annehmen oder erbringen.**

Art. 7   Unzulässige Verhaltensweisen

1   Art. 7 entspricht vom Aufbau und Inhalt her Art. 82 EG-Vertrag.

2   Im Rahmen der KG-Revision 2003 wurde der Marktbeherrschungsbegriff in Art. 4 Abs. 2 präzisiert. Durch den eingefügten Klammerinhalt «(Mitbewerbern, Anbietern oder Nachfragern)» wird verdeutlicht, dass der schweizerische Marktbeherrschungsbegriff neben den Unternehmen, welche in einem bestimmten Markt insgesamt gesehen eine marktbeherrschende Stellung einnehmen, auch diejenigen Unternehmen erfassen soll, von denen andere Unternehmen aus besonderen marktstrukturell bedingten Gründen abhängig sind oder die gegenüber Wettbewerbern eine überragende Marktstellung besitzen (vgl. die Erläuterungen zu Art. 4 Abs. 2 oben).

3   Ist die Marktbeherrschung eines Unternehmens einmal festgestellt, so bedeutet dies nicht, dass auch Art. 7 verletzt ist. Dieser Artikel verbietet nicht die marktbeherrschende Stellung an sich, sondern es muss zusätzlich ein Missbrauch derselben vorliegen. Die Generalklausel in Abs. 1 besagt, dass eine Behinderung anderer Unternehmen in der Ausübung ihres Wettbewerbsverhaltens oder eine Benachteiligung der Marktgegenseite vorliegen muss. Diese Generalklausel wird in Abs. 2 mit Beispielen illustriert, wobei der Katalog nicht abschliessend ist.

4   Die Anwendung von Art. 7 und diejenige von Art. 5 (Wettbewerbsabreden) schliessen sich nicht aus, sondern können sich gegenseitig ergänzen. Ist eine Abrede, an welcher ein marktbeherrschendes Unternehmen beteiligt ist, nach Art. 5 Abs. 2 gerechtfertigt, so kann unter Umständen dennoch Art. 7 anwendbar sein, da Art. 5 und 7 verschiedene Sachverhalte normieren bzw. unterschiedliche Sinngehalte beinhalten (CLERC, Commentaire Romand, Art. 7 N 6).

5   Die Generalklausel bzw. der Missbrauch ist nicht gegeben, wenn für das in Frage stehende Verhalten (betriebs-)

wirtschaftliche Gründe («legitimate business reasons») vorliegen (vgl. ZÄCH, Verhaltensweisen, 188 f.). Im Zusammenhang mit Abreden, an denen marktbeherrschende Unternehmen beteiligt sind, und die Abrede als möglicher Missbrauch untersucht wird, entsprechen die «legitimate business reasons» nicht zwingend den Effizienzgründen in Art. 5 Abs. 2 (vgl. soeben oben).

6 Nach Art. 49a sind ab 1. April 2004 auch missbräuchliche Verhaltensweisen gemäss Art. 7 von direkten Sanktionen bedroht.

Art. 8 *Ausnahmsweise Zulassung aus überwiegenden öffentlichen Interessen*

Wettbewerbsabreden und Verhaltensweisen marktbeherrschender Unternehmen, die von der zuständigen Behörde für unzulässig erklärt wurden, können vom Bundesrat auf Antrag der Beteiligten zugelassen werden, wenn sie in Ausnahmefällen notwendig sind, um überwiegende öffentliche Interessen zu verwirklichen.

1 Mit der KG-Revision 95 wurden alle ausserwettbewerblichen Beurteilungskriterien aus den Verfahren vor der Wettbewerbskommission eliminiert. Als Ausgleich wurde die Möglichkeit der Anrufung des Bundesrates um ausnahmsweise Zulassung aus überwiegenden öffentlichen Interessen geschaffen, ähnlich der Ministererlaubnis im deutschen GWB (vgl. ZÄCH, Zulassung, 227).

2 Art. 8 ermöglicht es den Unternehmen, welche gegen Art. 5 oder 7 verstossen haben, ein Gesuch an den Bundesrat zu stellen, ihre per Verfügung für unzulässig erklärte Abrede bzw. Verhaltensweise zuzulassen. Die bundesrätliche Erlaubnis gilt als Ausnahmefall. Sie darf nur ausgesprochen werden, wenn ausnahmsweise überwiegende öffentliche Interessen der Untersagung einer Wettbewerbsabrede oder einer missbräuchli-

chen Verhaltensweise eines marktbeherrschenden Unternehmens entgegenstehen, bzw. diese nur durch die in Frage stehende Abrede oder Verhaltensweise verwirklicht werden können (vgl. ZÄCH, Zulassung, 227).

3   Voraussetzung für das Gesuch nach Art. 8 ist, dass die Unzulässigkeit der Wettbewerbsbeschränkung durch eine zuständige Behörde festgestellt worden ist, d.h. durch die Weko, im Rekursverfahren durch die Reko oder letztinstanzlich durch das Bundesgericht. Als Antragsteller kommen nur beteiligte Unternehmen in Betracht; Dritte können den Antrag nicht gültig stellen.

4   Das Verfahren richtet sich nach Art. 31 (vgl. die Erläuterungen dort).

5   In der Praxis wurde erst einmal ein Gesuch gestützt auf diese Bestimmung eingereicht, nämlich im Fall des Schweizer Verbandes der Musikalienhändler und -verleger (SVMHV). Es wurde vom Bundesrat abgelehnt (RPW 1998/3, 478).

6   Art. 11 bildet für die Strukturkontrolle das Pendant zu Art. 8.

2. Abschnitt: Unternehmenszusammenschlüsse

Art. 9   Meldung von Zusammenschlussvorhaben

[1] Vorhaben über Zusammenschlüsse von Unternehmen sind vor ihrem Vollzug der Wettbewerbskommission zu melden, sofern im letzten Geschäftsjahr vor dem Zusammenschluss:

a.   die beteiligten Unternehmen einen Umsatz von insgesamt mindestens 2 Milliarden Franken oder einen auf die Schweiz entfallenden Umsatz von insgesamt mindestens 500 Millionen Franken erzielten; und

Art. 9 Meldung von Zusammenschlussvorhaben

b. mindestens zwei der beteiligten Unternehmen einen Umsatz in der Schweiz von je mindestens 100 Millionen Franken erzielten.

² (Aufgehoben)

³ Bei Versicherungsgesellschaften treten an die Stelle des Umsatzes die jährlichen Bruttoprämieneinnahmen, bei Banken und übrigen Finanzintermediären die Bruttoerträge, sofern sie den Rechnungslegungsvorschriften gemäss dem Bundesgesetz vom 8. November 1934 unterstellt sind.

⁴ Die Meldepflicht besteht ungeachtet der Absätze 1–3, wenn am Zusammenschluss ein Unternehmen beteiligt ist, für welches in einem Verfahren nach diesem Gesetz rechtskräftig festgestellt worden ist, dass es in der Schweiz auf einem bestimmten Markt eine beherrschende Stellung hat, und der Zusammenschluss diesen Markt oder einen solchen betrifft, der ihm vor- oder nachgelagert oder benachbart ist.

⁵ Die Bundesversammlung kann mit allgemeinverbindlichem, nicht referendumspflichtigem Bundesbeschluss:

a. die Grenzbeträge in den Absätzen 1–3 den veränderten Verhältnissen anpassen;

b. für die Meldepflicht von Unternehmenszusammenschlüssen in einzelnen Wirtschaftszweigen besondere Voraussetzungen schaffen.

1   Die Schweiz kennt seit Einführung des KG 95 eine so genannte präventive Fusionskontrolle (Art. 9 ff.). Nach dieser Regelung müssen Zusammenschlussvorhaben ab einer gewissen Grössenordnung vor ihrem Vollzug der Wettbewerbskommission gemeldet werden. Die 1995 eingeführte Regelung lehnt sich sowohl in verfahrens- als auch in materiellrechtlicher Hinsicht stark an die EG-Fusionskontrolle an (ZURKINDEN, 66 ff.).

Art. 9 Meldung von Zusammenschlussvorhaben

2   Der Begriff des Zusammenschlusses wird in Art. 4 Abs. 3 definiert (vgl. die Erläuterungen hierzu oben). Die Voraussetzungen, unter denen ein Unternehmenszusammenschluss zu melden ist, werden als Aufgreifkriterien bezeichnet (DUCREY, Kontrolle, 245; ZÄCH, Kartellgesetz, 252) und sind in Abs. 1 festgelegt. Es sollen nur diejenigen Zusammenschlüsse erfasst werden, die eine gewisse Grösse (lit. a) und einen Bezug zum Schweizer Markt haben (lit. b). Lit. b stellt eine positivrechtliche Konkretisierung des Auswirkungsprinzips dar (ZURKINDEN, Fusionskontrolle, 29; vgl. zum Auswirkungsprinzip die Erläuterungen zu Art. 2 Abs. 2 oben). In den folgenden Absätzen werden Spezialvorschriften aufgestellt. Mit der Revision 2003 ergaben sich diesbezüglich wichtige Änderungen. Zum einen wurde die so genannte Medienklausel in Art. 9 Abs. 2 ersatzlos aufgehoben. Diese Vorschrift sah, ähnlich dem deutschen und österreichischen Recht, insofern eine verschärfte Meldepflicht für Medienunternehmen vor, als die Umsätze, welche im Medienbereich erzielt wurden, mit dem Faktor 20 zu multiplizieren waren, was zu einer Vielzahl von Meldungen führte (vgl. Botschaft 01, 2031). Eine weitere Änderung betrifft die speziellen Aufgreifkriterien für Bankinstitute. Hatte man unter dem KG 95 noch auf die Bilanzsumme abgestellt (10% der Bilanzsumme entsprachen dem für die Meldepflicht relevanten Umsatz), so übernahm der Gesetzgeber ab 1. April 2004 die in der EG-Fusionskontrolle geltende Spezialvorschrift und stellt für Banken und andere Finanzintermediäre gemäss Bundesgesetz über Banken und Sparkassen neu auf die Bruttoerträge ab. Dieser Begriff wird in Art. 8 VKU, welche Bestimmung im Zuge der Änderung von Art. 9 Abs. 3 entsprechend angepasst wurde, erläutert (Botschaft 01, 2044). Die Spezialvorschriften für Versicherungsgesellschaften sind unverändert geblieben, ebenso die diesbezüglichen Erläuterungen in Art. 6 VKU.

3   Eine auf den ersten Blick aussergewöhnliche Spezialvorschrift stellt Art. 9 Abs. 4 dar. Damit sollte ein Gegengewicht ge-

schaffen werden zu den hohen Aufgreifschwellen in Art. 9 Abs. 1. Die praktische Bedeutung dieser Vorschrift war aber unter dem KG 95 sehr gering. Vorausgesetzt wird, dass die Marktbeherrschung des betreffenden Unternehmens rechtskräftig festgestellt ist. In der Praxis war aber die Weko sowohl im Rahmen der Fusionskontrolle als auch im Rahmen der Verfahren nach Art. 7 mit solchen Verfügungen zurückhaltend. Ihre Praxis im Zusammenhang mit der formellen Feststellung von marktbeherrschenden Stellungen in Verfahren nach Art. 7 und 9 ff. war zudem unklar und uneinheitlich (vgl. zum Ganzen auch VENTURI, Commentaire Romand, Art. 9 N 102 ff.). Hat die Weko unter dem KG 95 zu Beginn in Verfahren, in welchen zwar eine marktbeherrschende Stellung bestand, aber kein Missbrauchssachverhalt festgestellt werden konnte bzw. das Verfahren eingestellt wurde, das Bestehen einer marktbeherrschenden Stellung dennoch im Dispositiv der Einstellungsverfügung aufgenommen und damit formell festgestellt (vgl. etwa Entscheide i.S. Batrec, RPW 1997/4, 490 ff. oder i.S. Bahnhofkioske, RPW 1999/3, 400 ff.), wurden gleich geartete Fälle später zunehmend einfach gegenstandslos abgeschrieben (vgl. zuletzt etwa den Entscheid i.S. Veterinärmedizinische Tests/Migros, RPW 2003/4, 753 ff.). Ebenso wurde unter der Geltung des KG 95 bei Zusammenschlüssen, die aufgrund der «failing company defence»-Theorie zugelassen wurden, zunächst in der formellen Entscheidung die marktbeherrschende Stellung des zusammengeschlossenen Unternehmens formell festgestellt (vgl. den Entscheid i.S. Le Temps, RPW 1998/1, 40 ff.), während bei gleicher Sachlage später offenbar die Frage der marktbeherrschenden Stellung einfach offen gelassen wurde (vgl. Entscheid i.S. Emmi Gruppe/Swiss Dairy Food, RPW 2003/3, 529 ff.). Mit der neu eingeführten Präzisierung des Marktbeherrschungsbegriffs könnte diese Spezialvorschrift im Zusammenhang mit Art. 7 allerdings neue Aktualität erhalten (vgl. Erläuterungen zu Art. 4 Abs. 2 oben).

Art. 9 Meldung von Zusammenschlussvorhaben

4   Die Berechnung der relevanten Umsätze wird in der VKU geregelt. Zunächst wird in Art. 3 VKU erläutert, welche Unternehmen als «beteiligte Unternehmen» im Sinne von Art. 9 Abs. 1 gelten. Der Veräusserer gilt demgemäss ebenso wenig als beteiligtes Unternehmen wie, im Falle der (Neu-)Gründung von Gemeinschaftsunternehmen, das neu gegründete GU. Welche Umsätze einem beteiligten Unternehmen zugerechnet werden, ergibt sich aus Art. 5 VKU. Die Praxis der Weko wendet dabei eine strenge wirtschaftliche Betrachtungsweise an (vgl. etwa die Erläuterungen in RPW 2000/1, 64 ff. zur Berücksichtigung von «Schwestergesellschaften» und zur Bestimmung eines «beteiligten Unternehmens», RPW 2000/2, 165 f.). Für den Begriff des Umsatzes im Allgemeinen vgl. Art. 4 VKU. Der relevante Zeitraum, innert welchem die massgeblichen Umsätze erzielt werden, bildet normalerweise das letzte abgeschlossene Geschäftsjahr. Für den Fall, dass zwischen der Unterzeichnung der Verpflichtungsgeschäfte und der Meldung an die Weko längere Zeit vergeht und sich während dieser Zeit erhebliche Änderungen der Umsatzzahlen ergeben, hat die Weko im Entscheid Roche/Corange (RPW 1998/1, 63 f.) klare Grundsätze aufgestellt.

5   Zusammenschlüsse müssen, dem präventiven Charakter der schweizerischen Fusionskontrolle entsprechend, *vor* ihrem Vollzug gemeldet werden. Der Abschluss der einem Zusammenschluss normalerweise zugrunde liegenden Schuldverträge stellt keine Vollzugshandlung dar, ebenso wenig diejenigen Handlungen, die den Vollzug lediglich vorbereiten (DUCREY, Kontrolle, 308). Entscheidend ist grundsätzlich der Zeitpunkt, in welchem formell die Kontrollverhältnisse geändert werden. Im Falle einer Fusion in Form einer Absorption oder einer Kombination erfolgt der Vollzug mit der Eintragung im Handelsregister (Art. 22 FusG; ZURKINDEN, Fusionskontrolle, 15 ff.). Die zivilrechtliche Wirksamkeit eines meldepflichtigen Zusammenschlusses bleibt aufgeschoben (Art. 22 FusG und Kommentierung zu Art. 34 hinten). Wird eine meldepflichtige

Fusion vor der Bewilligung durch die Weko im Handelsregister eingetragen, bleibt dieser Eintrag mithin vorerst wirkungslos (dazu DUCREY, Fusionsgesetz, 284). Im Falle eines Kontrollerwerbs ist der massgebliche Zeitpunkt derjenige, in welchem die Möglichkeit besteht, einen bestimmenden Einfluss auf die Tätigkeit des zu übernehmenden Unternehmens auszuüben. Ob die Stimmrechte auch faktisch ausgeübt wurden, ist für die Frage der Meldepflicht unerheblich (vgl. auch die Entscheide der Weko i.S. BKW-AEK/Comtop, RPW 1997/2, 237, i.S. Druckerei Wetzikon AG/Anzeiger von Uster AG, RPW 1998/1, 92, i.S. Banque Nationale de Paris (BNP)/Paribas, RPW 2001/1, 148 ff. und i.S. Schweizerische National-Versicherungs-Gesellschaft/Coop Leben, RPW 2002/3, 528 ff.). Schwierig gestaltet sich die Frage des Vollzugszeitpunkts bei Zusammenschlüssen, welche aufgrund faktischer Kontrollübernahme erfolgen. Die Weko wendet dabei eine wirtschaftliche Betrachtungsweise an und bezieht alle Umstände des Einzelfalls mit ein, um zu beurteilen, ob die Möglichkeit eines bestimmenden Einflusses eingeräumt wird und damit wirtschaftlich irreversible und nachhaltige Veränderungen der Kontrollverhältnisse geschaffen werden (vgl. dazu die Entscheide i.S. Publicitas-Gasser Tschudi Druck, RPW 1997/2, 181 und i.S. Berner Oberland Medien AG/Kooperation der Berner Oberland AG mit der Berner Zeitung AG, RPW 2000/3, 416 ff.). Das Zusammenschlussvorhaben darf auch während des Untersuchungszeitraums, d.h. bis zur impliziten oder expliziten Genehmigung durch die Weko, nicht vollzogen werden.

6 Für die Bestimmung der Meldepflichtigen vgl. Art. 9 VKU. Die Meldung erfolgt zeitlich normalerweise *nach* der Unterzeichnung des Verpflichtungsgeschäfts, welches die Transaktion rechtsverbindlich festhält (VENTURI, Commentaire Romand, Art. 9 N 8; DUCREY, Kontrolle, 262). Vor diesem Zeitpunkt wird die Weko eine Meldung nur in Ausnahmefällen akzeptieren. Die Meldung erfolgt durch ein Meldeformular, wel-

ches die Weko hierfür entworfen hat (vgl. hinten, Kapitel C.5). Ausländische Meldungen, welche für das gleiche Zusammenschlussvorhaben bei anderen Wettbewerbsbehörden eingegeben werden, können auch bei der Weko eingegeben werden, sofern diese mit den Angaben zum schweizerischen Markt ergänzt wurden. Dies gilt insbesondere für parallele Verfahren vor der Europäischen Kommission (vgl. Abschnitt K des Meldeformulars) und bildet eine willkommene Vereinfachung bei Mehrfachanmeldungen. Eine erleichterte Meldung ist dann möglich, wenn im konkreten Fall nicht alle Angaben, welche normalerweise im Meldeformular verlangt werden, notwendig sind. Gemäss Art. 12 VKU werden die Einzelheiten der erleichterten Meldung vorgängig mit dem Sekretariat der Weko einvernehmlich festgelegt.

Art. 10 Beurteilung von Zusammenschlüssen

[1] **Meldepflichtige Zusammenschlüsse unterliegen der Prüfung durch die Wettbewerbskommission, sofern sich in einer vorläufigen Prüfung (Art. 32 Abs. 1) Anhaltspunkte ergeben, dass sie eine marktbeherrschende Stellung begründen oder verstärken.**

[2] **Die Wettbewerbskommission kann den Zusammenschluss untersagen oder ihn mit Bedingungen und Auflagen zulassen, wenn die Prüfung ergibt, dass der Zusammenschluss:**

a. eine marktbeherrschende Stellung, durch die wirksamer Wettbewerb beseitigt werden kann, begründet oder verstärkt; und

b. keine Verbesserung der Wettbewerbsverhältnisse in einem anderen Markt bewirkt, welche die Nachteile der marktbeherrschenden Stellung überwiegt.

[3] **Bei Zusammenschlüssen von Banken im Sinne des Bundesgesetzes über die Banken und Sparkassen, die der Eidgenössischen Bankenkommission aus Gründen des Gläubigerschutzes als notwendig erscheinen, können die Interessen der Gläubiger vorrangig Berücksichtigung finden. In diesen Fällen tritt die**

Art. 10   Beurteilung von Zusammenschlüssen

Bankenkommission an die Stelle der Wettbewerbskommission; sie lädt die Wettbewerbskommission zur Stellungnahme ein.

⁴ Bei der Beurteilung der Auswirkungen eines Zusammenschlusses auf die Wirksamkeit des Wettbewerbs berücksichtigt die Wettbewerbskommission auch die Marktentwicklung sowie die Stellung der Unternehmen im internationalen Wettbewerb.

1   In Art. 10 sind die materiellen Beurteilungskriterien für meldepflichtige Zusammenschlussvorhaben, Eingreifkriterien genannt, enthalten.

2   Grundsätzlich müssen laut Art. 10 Abs. 2 zwei Bedingungen gegeben sein, damit ein Zusammenschlussvorhaben untersagt werden kann:
   - die Begründung oder Verstärkung einer marktbeherrschenden Stellung, durch die wirksamer Wettbewerb beseitigt werden kann; und
   - keine Verbesserung der Wettbewerbsverhältnisse in einem anderen Markt, welche die Nachteile der marktbeherrschenden Stellung überwiegt.

   Im Rahmen der Prüfung soll die Wettbewerbskommission zudem die Marktentwicklung und die Stellung der Unternehmen im internationalen Wettbewerb berücksichtigen (Art. 10 Abs. 4).

3   Der allgemeine Begriff der Marktbeherrschung bestimmt sich nach Art. 4 Abs. 2. Beim Marktbeherrschungsbegriff in Art. 10 Abs. 2 handelt es sich allerdings um einen qualifizierten Tatbestand, der voraussetzt, dass wirksamer Wettbewerb beseitigt werden kann. Im Unterschied zur Verhaltenskontrolle nach Art. 5 und 7 handelt es sich bei der Fusionskontrolle um eine Kontrolle von Strukturveränderungen in Form von Zusammenschlüssen. Es handelt sich somit um die Kontrolle von strukturellen Vorgängen, welche die Wettbewerbsverhältnisse

dauerhaft verändern. Entsprechend verlangt der qualifizierte Marktbeherrschungsbegriff eine zukunftsgerichtete, dynamische Betrachtung (Botschaft 94, 584; DUCREY, Kontrolle, 269; ZURKINDEN, Fusionskontrolle, 46). Es reicht somit nicht aus, dass eine momentane Marktbeherrschung festgestellt wird, sie muss auch in absehbarer Zeit Bestand haben, wobei der zu berücksichtigende Zeitraum im Einzelfall bestimmt werden muss; die Botschaft 94 spricht davon, dass die Marktentwicklung «in den auf die Entscheidung folgenden Jahren» berücksichtigt werden muss (Botschaft 94, 584).

4   Art. 10 Abs. 1 weist auf die Zweiteilung des Verfahrens hin (vgl. zum Vorprüfungs- und Prüfungsverfahren Art. 32 ff. unten und die Anmerkungen dort). Das qualifizierende Element ist nur im Marktbeherrschungsbegriff von Art. 10 Abs. 2 und nicht in denjenigen von Art. 10 Abs. 1 enthalten. Daraus zu folgern, dass in der Vorprüfungsphase lediglich eine statische und erst in der vertieften Prüfungsphase eine zukunftsgerichtete Prüfung erfolgt, ist falsch (DUCREY, Kontrolle, 292 ff.).

5   Lit. b von Abs. 2 hat bis anhin in der Praxis keine selbständige Bedeutung erlangt (VENTURI, Commentaire Romand, 549). Allfällige positive Wirkungen auf einem anderen Markt müssen durch denselben Zusammenschluss bewirkt werden. Bei dem «anderen» Markt muss es sich nicht zwingend um einen Markt handeln, der mit dem vom Zusammenschluss betroffenen Markt verbunden ist (VENTURI, Commentaire Romand, Art. 10 N 85).

6   In der materiellen Beurteilung werden folgende Kriterien angewendet:

- Marktanteile des neu zusammenzuschliessenden Unternehmens;

- aktuelle und potenzielle Konkurrenz;

- Gewicht der Marktgegenseite; und

- andere Faktoren wie Finanzmarkt, Know-how usw.

(Vgl. zum Ganzen VENTURI, Commentaire Romand, Art. 10 N 61 ff.; DUCREY, Kontrolle, 277 ff.).

7   Die Weko untersucht auch die Begründung oder Verstärkung von gemeinsam gehaltener, d.h. kollektiver Marktbeherrschung. Dabei nimmt sie eine kollektive Marktbeherrschung an, wenn folgende Kriterien erfüllt sind:

- Symmetrie der Strukturen;
- stabile Märkte;
- Markttransparenz;
- Sanktionsmechanismen;
- schwache Marktgegenseite und
- potenzieller Wettbewerb.

(Vgl. zum Ganzen SCHOHE/ZURKINDEN).

8   Die Frage der Begründung oder Verstärkung einer marktbeherrschenden Stellung muss auf allen vom Zusammenschluss betroffenen Märkten geprüft werden. So müssen beispielsweise bei Zusammenschlüssen im Bereich des Detailhandels nicht nur die Absatzmärkte, sondern auch die Beschaffungsmärkte beurteilt werden (vgl. etwa Coop/Waro, RPW 2003/3, 559 ff., insbes. N 26). Im letztgenannten Entscheid wurde von der Weko verlangt, dass ein Zusammenschluss spürbare Auswirkungen auf die Wettbewerbsverhältnisse zeitigen müsse (N 125 ff.). Ein solches Erfordernis ist aber in Art. 10 KG nicht enthalten und sachlich nicht gerechtfertigt (vgl. hierzu NZZ vom 25.6.2004 und das darin besprochene Gutachten).

9   Aufgrund des Gläubigerschutzgedankens wurde mit der KG-Reform 1995 der Abs. 3 eingeführt. Diese Regelung gilt nur bei Sanierungsfusionen und nicht bei allen Bankenzusammenschlüssen (DUCREY, Kontrolle, 299 f.).

Art. 10   Beurteilung von Zusammenschlüssen

10   Angesichts der bereits oben erwähnten Tatsache, dass die Qualifizierung der Marktbeherrschung bereits eine dynamische Betrachtungsweise voraussetzt, ist der Hinweis auf die Marktentwicklung in Abs. 4 überflüssig. Dieser Absatz ist auch insofern verunglückt, als er mit dem zweiten Hinweis (die Stellung der Unternehmen im internationalen Wettbewerb) im Grunde ein industriepolitisches Kriterium einführt, das in einer rein wettbewerblichen Prüfung keinen Platz hat.

11   Anders als in Art. 5 gibt es in Art. 10 keine Rechtfertigungsgründe. So werden, im Unterschied zum amerikanischen Recht oder u.U. zur revidierten EG-FKVO, Effizienzvorteile nicht berücksichtigt. Die Weko wendet hingegen die «failing company defence»-Theorie an. Falls ein Unternehmen, welches von einem oder mehreren anderen Unternehmen übernommen werden soll, ohne diesen Zusammenschluss in Konkurs ginge, die meisten Anteile bei einem Konkurs sowieso auf den Erwerber übergehen würden und sich keine anderen Interessenten für die Übernahme finden lassen, kann der betreffende Zusammenschluss auch dann genehmigt werden, wenn er die Begründung oder Verstärkung einer marktbeherrschenden Stellung bewirkt (vgl. zuletzt Emmi/SDF, RPW 2003/3, 529 ff. N 84 ff.).

12   Die Präzisierung des Marktbeherrschungsbegriffs in Art. 4 Abs. 2 wird auch Auswirkungen auf die Beurteilung von Zusammenschlüssen haben. Bemerkenswert ist in diesem Zusammenhang, dass das Institut der marktstrukturellen Abhängigkeit bereits im Fusionskontrollverfahren unter dem KG 95 verwendet wurde (vgl. N 126 in Coop/Waro, RPW 2003/3, 559 ff.).

13   Bisher wurde erst ein Zusammenschluss untersagt (BZ/20 Min, RPW 20004/2, 529 ff.); neun Zusammenschlüsse wurden unter Auflagen oder Bedingungen genehmigt. DUCREY spricht

in diesem Zusammenhang von einer «Interventionsrate» von vier Prozent (DUCREY, Fusionsgesetz, 283, FN 11).

Art. 11 Ausnahmsweise Zulassung aus überwiegenden öffentlichen Interessen

Unternehmenszusammenschlüsse, die nach Artikel 10 untersagt wurden, können vom Bundesrat auf Antrag der beteiligten Unternehmen zugelassen werden, wenn sie in Ausnahmefällen notwendig sind, um überwiegende öffentliche Interessen zu verwirklichen.

1 Wie bereits bei Art. 8 erwähnt, wurden mit der Revision 1995 alle ausserwettbewerblichen Kriterien aus den Verfahren vor der Wettbewerbskommission eliminiert. Auch bei der Prüfung von Unternehmenszusammenschlüssen sind nur wettbewerbsrechtliche Aspekte zu berücksichtigen (DUCREY, Kontrolle, 303). Der ebenfalls bereits oben in Art. 10 kritisierte Hinweis auf die Stellung des betroffenen Unternehmens im internationalen Wettbewerb in Art. 10 Abs. 4 ist nach der hier vertretenen Meinung ein atypisches Kriterium, das nach dem Konzept des KG 95 nicht in das Prüfungsverfahren passt. Gegenstück zur Eliminierung jeglicher politischer Kriterien bildet in der Fusionskontrolle Art. 11. Sein Pendant in der Verhaltenskontrolle bildet Art. 8. Dieses Instrument ist zu vergleichen mit der Ministererlaubnis nach dem deutschen GWB.

2 Der gemäss Art. 11 angerufene Bundesrat führt keine Nachprüfung der wettbewerbsrechtlichen Beurteilung der Wettbewerbsbehörde durch, sondern hat die festgestellten wettbewerbsschädlichen Folgen gegen die von den beteiligten Unternehmen angerufenen öffentlichen Interessen abzuwägen (DUCREY, Kontrolle, 304). Es handelt sich um eine «ausnahmsweise» Zulassung, womit es sich bei den ins Feld geführten öffentlichen Interessen um sehr bedeutende Ziele han-

Art. 11   Ausnahmsweise Zulassung

deln und der Zusammenschluss das notwendige Mittel darstellen muss, diese Ziele zu erreichen (DUCREY, Kontrolle, 304).

3   Die Anrufung des Bundesrates kann sowohl nach einem Untersagungsentscheid der Weko als auch nach einem negativen Entscheid bzw. einer Bestätigung der Untersagung durch die Reko oder des Bundesgerichts erfolgen (BIANCHI DELLA PORTA, Commentaire Romand, Art. 11 N 16). Genehmigungen unter Auflagen und Bedingungen können nur dann vor den Bundesrat gebracht werden, wenn die Bedingungen und (oder) Auflagen im Ergebnis den Zusammenschluss unrealisierbar machen (BIANCHI DELLA PORTA, Commentaire Romand, Art. 11 N 19).

4   Zur Anrufung des Bundesrates sind grundsätzlich die beteiligten Unternehmen im Sinne von Art. 3 VKU ermächtigt (BIANCHI DELLA PORTA, Commentaire Romand, Art. 11 N 22-24). Es ist allerdings nach Meinung der Autoren fraglich, ob das oder die zu übernehmenden Unternehmen zur Anrufung an den Bundesrat zu ermächtigen sei bzw. seien, wenn beispielsweise die Erwerber gar nicht mehr an der Übernahme interessiert sind. Nach der hier vertretenen Meinung hingegen sind Konstellationen denkbar, in welchen der Veräusserer ein Recht haben sollte, an den Bundesrat zu gelangen.

5   Bisher wurde erst ein Zusammenschluss untersagt, und es wurden noch keine Anträge nach Art. 11 gestellt. Eine Praxis konnte sich daher noch nicht bilden.

3. Kapitel: Zivilrechtliches Verfahren

Art. 12 Ansprüche aus Wettbewerbsbehinderung

¹ Wer durch eine unzulässige Wettbewerbsbeschränkung in der Aufnahme oder Ausübung des Wettbewerbs behindert wird, hat Anspruch auf:

a. Beseitigung oder Unterlassung der Behinderung;

b. Schadenersatz und Genugtuung nach Massgabe des Obligationenrechts;

c. Herausgabe eines unrechtmässig erzielten Gewinns nach Massgabe der Bestimmungen über die Geschäftsführung ohne Auftrag.

² Als Wettbewerbsbehinderung fallen insbesondere die Verweigerung von Geschäftsbeziehungen sowie Diskriminierungsmassnahmen in Betracht.

³ Die in Absatz 1 genannten Ansprüche hat auch, wer durch eine zulässige Wettbewerbsbeschränkung über das Mass hinaus behindert wird, das zur Durchsetzung der Wettbewerbsbeschränkung notwendig ist.

1 Die mit der Kartellgesetzrevision eingeführten direkten Sanktionen sind nicht die ausschliesslichen Folgen von Kartellrechtsverstössen. Art. 12 Abs. 1 zählt die zivilrechtlichen Ansprüche auf, welche einer behinderten Partei aufgrund von Wettbewerbsbeschränkungen zustehen. Eine unzulässige Wettbewerbsbeschränkung bedeutet in diesem Kontext entweder eine unzulässige Wettbewerbsabrede gemäss Art. 5 oder eine unzulässige Verhaltensweise eines marktbeherrschenden Unternehmens gemäss Art. 7. Zur Auswirkung unzulässiger Wettbewerbsabreden auf den Bestand von Verträgen vgl. die Kommentierung zu Art. 13.

Art. 12   Ansprüche aus Wettbewerbsbehinderung

2   Wenn eine unzulässige Verhaltensweise nach Art. 5 oder 7 vorliegt, so ist gemäss Art. 12 Abs. 1 jedermann zur Klage aktiv legitimiert, der durch die unzulässige Verhaltensweise im Wettbewerb behindert ist. Klageberechtigt ist somit nicht nur der behinderte Dritte, sondern auch das beteiligte Kartellmitglied selbst. Allenfalls kann jedoch die Berufung eines Kartellmitgliedes auf das eigene unrechtmässige Verhalten zur Durchsetzung von Ansprüchen gegenüber den anderen Beteiligten rechtsmissbräuchlich im Sinne von Art. 2 ZGB sein. (WALTER, KG-Kommentar, Art. 12 N 15). Es ist nicht erforderlich, dass die unzulässige Wettbewerbsbeschränkung sich direkt gegen die im Wettbewerb behinderte Partei richtet (WALTER, KG-Kommentar, Art. 12 N 14; RPW 1997/1, 102). Konsumenten, Konsumentenschutzorganisationen, Berufs- und Wirtschaftsverbände sind indessen nicht aktiv legitimiert (WALTER, KG-Kommentar, Art.12 N 3).

3   Unter Art. 12 Abs. 1 lit. a, b und c werden die einzelnen zur Verfügung stehenden Ansprüche aufgelistet. Die Feststellungsklage wird dabei nicht erwähnt. In der Botschaft 94 (BBl 1995 I 588 ff.) wird der Verzicht auf die Feststellungsklage dadurch begründet, dass zur Beurteilung der Zulässigkeit einer Wettbewerbsbeschränkung ausschliesslich die Wettbewerbsbehörden zuständig seien und somit kein Raum bestehe für die Feststellung der Widerrechtlichkeit einer Wettbewerbsbeschränkung durch den Zivilrichter. Die noch im Entwurf zum Art. 15 KG vorgesehene ausschliessliche Zuständigkeit der Wettbewerbsbehörden wurde in den parlamentarischen Beratungen jedoch dahingehend geändert, dass der Wettbewerbskommission lediglich eine Gutachterfunktion eingeräumt wurde. Die Ausführungen der Botschaft sind insoweit nicht mehr einschlägig. Es muss somit zumindest der allgemeine bundesrechtliche Feststellungsanspruch auch im Kartellrecht zur Verfügung stehen. Der allgemeine Feststellungsanspruch ist nach der Rechtsprechung des Bundesgerichts immer dann gegeben, wenn ein Feststellungsinteresse besteht. Das Feststellungsinte-

resse wird dabei an drei Voraussetzungen geknüpft: Die Rechtsstellung des Klägers muss ungewiss, unsicher oder gefährdet sein, die Fortdauer dieser Rechtsunsicherheit ist für den Kläger unzumutbar und die Rechtsunsicherheit kann nicht auf andere Weise als durch eine Feststellungsklage beseitigt werden, insbesondere nicht durch eine Leistungs- oder Gestaltungsklage.

4   In Art. 12 Abs. 1 lit. a werden die Ansprüche auf Beseitigung und Unterlassung (die so genannten negatorischen Ansprüche) aufgezählt. Die Beseitigungsklage richtet sich dabei gegen bereits bestehende Wettbewerbsbehinderungen, d.h. der rechtswidrige Zustand muss im Zeitpunkt der Klageanhebung noch andauern. Die Unterlassungsklage richtet sich gegen eine erstmals drohende Behinderung oder die Wiederholung einer bereits erfolgten Behinderung.

5   Die in Art. 12 Abs. 1 lit. b erwähnten Schadenersatz- und Genugtuungsansprüche (die so genannten pekuniären Ansprüche) richten sich nach den obligationenrechtlichen Vorschriften (Art. 41 ff. OR). Der Kläger muss somit Schaden, Widerrechtlichkeit, Kausalzusammenhang und Verschulden des Beklagten nachweisen. Die relative Verjährungsfrist beträgt gemäss Art. 60 OR ein Jahr.

6   Art. 12 Abs. 1 lit. c gewährt den Anspruch auf Herausgabe eines unrechtmässig erzielten Gewinns nach Massgabe der Bestimmungen über die Geschäftsführung ohne Auftrag (Art. 423 ff. OR). Die Formulierung von lit. c lehnt sich an die ähnlich lautenden Bestimmungen im UWG (Art. 9 Abs. 3 UWG) und im Persönlichkeitsrecht (Art. 28a Abs. 3 ZGB) an. Beim Anspruch auf Herausgabe des unrechtmässig erzielten Gewinns muss der Kläger nachweisen, dass der Beklagte durch eine unzulässige Behinderung im Wettbewerb Gewinn erzielt hat und dass die Behinderung kausal für die Gewinnerzielung war.

7   Art. 12 Abs. 2 zählt beispielhaft und keineswegs abschliessend zwei typische Verhaltensweisen auf, bei denen eine Behinderung des Wettbewerbs vorliegt. Diese Bestimmung schränkt die Aktivlegitimation nach Art. 12 Abs. 1 nicht ein.

8   Gemäss Art. 12 Abs. 3 hat die in Abs. 1 genannten zivilrechtlichen Ansprüche auch, wer durch eine zulässige Wettbewerbsbeschränkung über das notwendige Mass hinaus behindert wird. Gemäss Botschaft 94, 590 f. lässt sich ein allgemeiner Massstab für das zur Durchsetzung der Wettbewerbsbeschränkung Notwendige nicht generell umschreiben, sondern es kommt auf die konkreten Umstände des einzelnen Falles an. Anwendungsfälle von Art. 12 Abs. 3 können insbesondere Abreden sein, welche gemäss Art. 8 vom Bundesrat ausnahmsweise für zulässig erklärt wurden.

Art. 13   Durchsetzung des Beseitigungs- und Unterlassungsanspruchs

Zur Durchsetzung des Beseitigungs- und Unterlassungsanspruchs kann das Gericht auf Antrag des Klägers namentlich anordnen, dass:

a.   Verträge ganz oder teilweise ungültig sind;

b.   der oder die Verursacher der Wettbewerbsbehinderung mit dem Behinderten marktgerechte oder branchenübliche Verträge abzuschliessen haben.

1   In Art. 13 werden beispielhaft und nicht abschliessend mögliche Klagebegehren aufgezählt, welche die Ansprüche gemäss Art. 12 konkretisieren. Es steht den Parteien frei, auch andere Anträge zur Durchsetzung ihrer Ansprüche zu stellen.

2   Gemäss Art. 13 lit. a kann das Gericht anordnen, dass Verträge ganz oder teilweise ungültig sind. Dies betrifft nicht nur Verträge, sondern beispielsweise auch Beschlüsse oder Teile der Statuten juristischer Personen oder von Verbände (ZÄCH, Kar-

tellrecht, 307). Der Wortlaut von Art. 13, «das Gericht kann anordnen», vermittelt den Anschein, dass Wettbewerbsabreden, die zu einer unzulässigen Wettbewerbsbeschränkung führen, ex nunc ungültig seien (vgl. WALTER, KG-Kommentar, Art. 13 N 12). In der Literatur wird diese Frage kontrovers diskutiert. Bereits unter dem bisherigen Kartellgesetz tendierte die neuere Lehre eher zugunsten einer ex tunc wirkenden Ungültigkeit (vgl. REYMOND, Commentaire Romand, Art. 13 N 27 f.). Es wird aber auch die Meinung vertreten, dass die Ungültigkeitsfolge gemäss Art. 13 lit. a nur mit Wirkung ab dem Zeitpunkt der Rechtskraft des Zivilurteils oder ab dem Zeitpunkt der Klageeinleitung eintreten könne, und es nur bei krassen Verstössen gerechtfertigt sei, diese einschneidende Rechtsfolge bereits auf einen früheren Zeitpunkt anzusetzen (so WALTER, KG-Kommentar, Art. 13 N 13). Andere Autoren wiederum vertreten die Auffassung, dass Art. 13 lit. a keine eigenständige Bedeutung zukomme und ein an einer unzulässigen Wettbewerbsabrede Beteiligter sich aus diesem Grunde nicht speziell auf die kartellzivilrechtlichen Ansprüche nach Art. 12 berufen müsse. Der Anwendungsbereich von Art. 13 lit. a bezieht sich nach dieser Auffassung auch auf Verträge, die einzelne oder mehrere an einer unzulässigen Wettbewerbsabrede Beteiligte in Ausführung ihrer Kartellabsprache mit Dritten schliessen (sog. Folgeverträge) oder die ein marktbeherrschendes Unternehmen in missbräuchlicher Ausnutzung seiner Stellung mit Mitbewerbern abgeschlossen hat (so LANG, 105; BORER, Kommentar, Art. 13 N 2, STOFFEL, Kartell-Zivilrecht, 112). Unter dem revidierten Kartellgesetz zeichnet sich nunmehr verstärkt die Tendenz zur Annahme der Ungültigkeit ex tunc oder sogar schlechthin der Nichtigkeit der Abrede ab (statt vieler: JACOBS/BÜRGI, 152 ff.). Ob die ganze Vertragsbestimmung oder bloss einzelne Teile davon ungültig sind, bestimmt sich analog zu Art. 20 Abs. 2 OR.

3   Art. 13 lit. b sieht eine Klage auf Abschluss von marktgerechten oder branchenüblichen Verträgen vor (sog. Kontrahie-

rungspflicht- oder zwang). Was marktgerecht bzw. branchenüblich ist, muss im Einzelfall ermittelt werden. Die Kontrahierungspflicht darf jedoch nicht zu einem unsachlichen Ergebnis führen, sondern es sind die konkreten Verhältnisse der betroffenen Unternehmen zu beachten. Voraussetzung für die Anordnung eines Kontrahierungszwanges ist, dass das behinderte Unternehmen nicht auf andere Anbieter ausweichen kann, was wohl hauptsächlich bei Monopolbetrieben der Fall sein wird (LANG, 110 und dort ZÄCH, FN 645). Als Beispiele von richterlich anzuordnenden Vertragspflichten sind die Verpflichtung zur Belieferung mit bestimmten Waren oder das Erbringen bestimmter Dienstleistungen. Die Kontrahierungspflicht wird mittels Klage auf Abgabe einer Willenserklärung durchgesetzt (LANG, 111). Gegenstand des Urteils ist die Verpflichtung zum Vertragsabschluss und nicht die Erfüllung des Vertrages (LANG, 112). Der gerichtlich angeordnete Kontrahierungszwang wirkt nicht auf unbeschränkte Zeit. Falls das Urteil nicht schon von vornherein zeitlich beschränkt wurde, unterliegt die Rechtskraft des entsprechenden Urteils dem Vorbehalt veränderter Umstände (BGE 112 II 268, 272; LANG, 112; WALTER, KG-Kommentar, Art. 13 N 23).

4 Wenn ein zulässiges (z.B. gemäss Art. 8 zugelassenes) Kartell in Verbandsform besteht, kann im Sinne einer Kontrahierungspflicht auch die Aufnahme in einen Verband angeordnet werden, wenn deren Verweigerung im Einzelfall eine unzulässige Wettbewerbsabrede darstellte (LANG, 113; WALTER, KG-Kommentar, Art. 13 N 27).

Art. 14 Gerichtsstand

[1] Die Kantone bezeichnen für Klagen aufgrund einer Wettbewerbsbeschränkung ein Gericht, welches für das Kantonsgebiet als einzige kantonale Instanz entscheidet. Es beurteilt auch andere zivilrechtliche Ansprüche, wenn sie gleichzeitig mit der

Klage geltend gemacht werden und mit ihr sachlich zusammenhängen.

² **(Aufgehoben)**

1   Art. 14 regelt die sachliche Zuständigkeit. Gemäss Art. 14 sollen die Kantone für Klagen aufgrund einer Wettbewerbsbeschränkung eine einzige kantonale Instanz bezeichnen. Dasselbe Gericht hat auch andere zivilrechtliche Ansprüche zu beurteilen, die gleichzeitig mit der Klage aufgrund einer Wettbewerbsbeschränkung geltend gemacht werden und sachlich mit dieser zusammenhängen. Die ausschliessliche Zuweisung an eine einzige Instanz soll gemäss Botschaft 94, 591 dazu beitragen, dass die in dieser komplexen Materie ergehenden Urteile von dafür qualifizierten Richterinnen und Richtern gefällt werden. In den Kantonen Zürich und Bern ist beispielsweise das Handelsgericht zuständig; in Kantonen, die kein Handelsgericht kennen, ist in der Regel das oberste ordentliche Gericht zuständig (vgl. die Zusammenstellung bei WALTER, KG-Kommentar, Art. 14 N 5).

2   Die örtliche Zuständigkeit regelt sich seit Inkrafttreten des GestG im Jahre 2001 nach diesem. Klagen auf Schadenersatz können an den alternativen Gerichtsständen von Art. 25 GestG geltend gemacht werden. Art. 25 GestG steht dabei für alle Arten von Klagen aus unerlaubten Handlungen zur Verfügung. Art. 33 GestG regelt die Zuständigkeit für den Erlass vorsorglicher Massnahmen vor und während der Rechtshängigkeit des Hauptprozesses übereinstimmend. Zuständig ist zwingend entweder das Gericht am Ort, an dem die Zuständigkeit für die Hauptsache gegeben ist, oder das Gericht am Ort, an dem die Massnahme vollstreckt werden soll.

*Art. 15 Beurteilung der Zulässigkeit
einer Wettbewerbsbeschränkung*

¹ Steht in einem zivilrechtlichen Verfahren die Zulässigkeit einer Wettbewerbsbeschränkung in Frage, so wird die Sache der Wettbewerbskommission zur Begutachtung vorgelegt.

² Wird geltend gemacht, eine an sich unzulässige Wettbewerbsbeschränkung sei zur Verwirklichung überwiegender öffentlicher Interessen notwendig, so entscheidet der Bundesrat.

1   Zweck von Art. 15 ist eine einheitliche Rechtsanwendung im Kartellzivil- und im Kartellverwaltungsverfahren. Zivilgerichte müssen deshalb gemäss Art. 15 Abs. 1, wenn die Zulässigkeit einer Wettbewerbsbeschränkung in Frage steht, die Sache der Wettbewerbskommission zur Begutachtung vorlegen. Gemäss Wortlaut von Art. 15 Abs. 1 richtet sich die Pflicht zur Vorlage an sämtliche Zivilgerichte. Unbestritten ist, dass die gemäss Art. 14 einzige kantonale Instanz, welche Kartellhauptsachenverfahren beurteilt, der Vorlagepflicht untersteht. In der Lehre umstritten ist, ob auch kantonale Zivilgerichte, die sich nur vorfrageweise mit der Frage der Zulässigkeit einer Wettbewerbsbeschränkung befassen, der Vorlagepflicht unterliegen. Den Materialien lässt sich dazu nichts entnehmen. Für eine enge Auslegung spricht, dass Art. 15 einen Eingriff in die kantonale Gerichtshoheit darstellt (BGE 108 II 65 ff.), dass dadurch Zivilverfahren wesentlich verzögert werden und dass Entscheide über Vorfragen nicht in Rechtskraft erwachsen (so WALTER, KG-Kommentar, Art. 15 N 44-46). Für eine Vorlagepflicht auch von Kartellvorfragen spricht, dass sich auch hier Kartellrechtsfragen stellen können und es deshalb nicht mit dem Zweck von Art. 15 zu vereinbaren ist, Kartellvorfragen vom Geltungsbereich von Art. 15 auszuklammern (so BORER, Kommentar, Art. 15 N 4.).

2   Keine Vorlagepflicht an die Wettbewerbskommission besteht für die Zivilgerichte beim Erlass vorsorglicher Massnahmen und im Befehlsverfahren. Das Bundesgericht kann nicht zur

Vorlage an die Wettbewerbskommission verpflichtet werden. Schiedsgerichte unterstehen der Vorlagepflicht ebenfalls nicht (so BORER, Kommentar, Art. 15 N 4. und WALTER, KG-Kommentar, Art. 15 N 50, differenziert STOFFEL, Kartell-Zivilrecht, 108 ff.).

3 Die in Frage stehende Zulässigkeit oder Unzulässigkeit der konkreten Wettbewerbsbeschränkung muss für das urteilende Zivilgericht in Anwendung des materiellen Kartellrechts unklar sein. Keine materiell begründete Unklarheit liegt insbesondere vor, wenn die betreffende Frage in einer Verordnung oder Bekanntmachung gemäss Art. 6 geregelt ist, wenn bereits ein eindeutiger Entscheid (der Weko, der Reko, des Bundesgerichts oder einer kantonalen Instanz basierend auf einem Gutachten der Weko) dazu vorliegt oder wenn die Frage durch die herrschende Lehre beantwortet wird (WALTER, KG-Kommentar, Art. 15 N 63). Nach den Grundsätzen der Weko zur Vorlagepflicht muss der zu beurteilende Fall ein Problem aufwerfen, «dessen Lösung nicht ohne weiteres auf der Hand liegt» (RPW 1997/4, 594). Nicht entscheidend ist demgegenüber der blosse Umstand, dass eine Partei die Zulässigkeit einer Wettbewerbsbeschränkung in Frage stellt (ebd., 595).

4 Wenn eine Vorlagepflicht des Zivilgerichts besteht, so ist die Weko verpflichtet, ein Gutachten gemäss Art. 15 Abs. 1 abzugeben. In der Praxis bereitet das Sekretariat der Weko das Gutachten vor und legt es der Weko zur endgültigen Gutheissung vor (vgl. Art. 23). Die Weko nimmt keine eigenen Sachverhaltsabklärungen vor (RPW 1998/4 621) Wenn das Zivilgericht trotz Vorlagepflicht kein Gutachten bei der Weko eingeholt hat, so stellt dies eine Verletzung von Bundesrecht dar, die von den Parteien mit der Anfechtung des Endentscheides gerügt werden kann. Die Weko selber kann jedoch kein Rechtsmittel anstrengen, wenn ein Zivilgericht seiner Vorlagepflicht gemäss Art. 15 nicht nachkommt. Der Weko steht es

frei, aufgrund einer gemäss Art. 15 Abs. 1 erfolgten Vorlage eine Untersuchung zu eröffnen.

5 Der Zivilrichter ist in seinem Urteil nicht an das Gutachten der Weko gebunden. Der Zivilrichter bleibt zuständig, über die Zulässigkeit einer Wettbewerbsbeschränkung zu entscheiden (anders noch der in der Botschaft 94, 592 publizierte Entwurf für das neue KG 95, der jedoch im Verlaufe der parlamentarischen Beratungen entsprechend geändert wurde).

6 Art. 15 Abs. 2 wiederholt für das Verfahren vor dem Zivilrichter die bereits in Art. 8 statuierte Zuständigkeit des Bundesrates zur Beurteilung, ob eine an sich unzulässige Wettbewerbsbeschränkung zur Verwirklichung überwiegender öffentlicher Interessen ausnahmsweise zugelassen werden soll. Art. 15 Abs. 2 ist von allen kantonalen Gerichten, vom Bundesgericht und auch von Schiedsgerichten zu beachten.

7 Art. 15 Abs. 2 äussert sich nicht über den Zeitpunkt der Überweisung der Sache an den Bundesrat. Aufgrund des Wortlautes von Art. 8 wird jedoch davon ausgegangen, dass das zuständige Zivilgericht zuerst einen (Zwischen-)Entscheid über die Zulässigkeit der in Frage stehenden Wettbewerbsbeschränkung zu erlassen hat. In analoger Anwendung von Art. 31 Abs. 1 hat der Zivilrichter sodann den Beteiligten eine dreissigtägige Frist anzusetzen, während der sie den Bundesrat anrufen können (BORER, Kommentar, Art. 15 N 15).

8 Vgl. zu Art. 15 im übrigen RPW 1997/4, 593 ff., worin die Weko die Grundsätze der Vorlagepflicht, des Vorlagerechts und der Anrufung des Bundesrates im Sinne einer Wegleitung für die Praxis festgehalten hat.

Art. 16 Wahrung von Geschäftsgeheimnissen

¹ **In Streitigkeiten über Wettbewerbsbeschränkungen sind die Fabrikations- und Geschäftsgeheimnisse der Parteien zu wahren.**

² **Beweismittel, durch die solche Geheimnisse offenbart werden können, dürfen der Gegenpartei nur so weit zugänglich gemacht werden, als dies mit der Wahrung der Geheimnisse vereinbar ist.**

1   Art. 16 will sicherstellen, dass anspruchsberechtigte Parteien in einem Zivilverfahren nicht aus Furcht vor der Preisgabe ihrer Fabrikations- und Geschäftsgeheimnisse darauf verzichten, ihre wettbewerbsrechtlichen Ansprüche gerichtlich durchzusetzen. Der Anwendungsbereich von Art. 16 ist nicht auf die Verfahren nach Art. 12 ff. beschränkt, sondern erfasst sämtliche Zivilverfahren, in welchen über Streitigkeiten im Zusammenhang mit Wettbewerbsbeschränkungen zu entscheiden ist, insbesondere auch das Verfahren zum Erlass vorsorglicher Massnahmen (vgl. BORER, Kommentar, Art. 16 N 3). Art. 16 stellt eine bundesrechtliche Minimalvorschrift dar; die Kantone können in ihren Prozessgesetzen einen weiter gehenden Schutz gewähren (WALTER, KG-Kommentar, Art. 16 N 10).

2   Der Begriff des Fabrikations- und Geschäftsgeheimnisses findet sich auch in Art. 162 StGB, Art. 68 PatG und in den Art. 4, 6 und 15 UWG. Art. 25 ist die Parallelvorschrift für das Verwaltungsverfahren. Die Rechtsprechung zu den erwähnten Artikeln ist für die Auslegung von Art. 16 heranzuziehen (WALTER, KG-Kommentar, Art. 16 N 6). Bei Fabrikations- und Geschäftsgeheimnissen handelt es sich um Tatsachen, die weder allgemein bekannt noch allgemein zugänglich sind und an deren Geheimhaltung der Geheimnisherr ein schutzwürdiges Interesse hat. Darunter fallen zum Beispiel Fabrikationsgeheimnisse wie die Entwicklung eines Verfahrens, Herstellungsvorgänge, Rezepte oder Geschäftsgeheimnisse in Bezug

Art. 16 Wahrung von Geschäftsgeheimnissen

auf Werbung, Kundenlisten etc. (TRECHSEL, StGB-Kurzkommentar, 162 N 4 ff.).

3 Die Partei, welche ein Fabrikations- und oder Geschäftsgeheimnis geltend macht, muss die entsprechenden Beweismittel gleichwohl einreichen, denn ein allfälliger Geheimhaltungsanspruch besteht nur gegenüber der Gegenpartei und gegenüber unbeteiligten Dritten, nicht jedoch gegenüber dem Gericht. Art. 16 Abs. 2 sieht lediglich vor, dass das Gericht die entsprechenden Beweismittel der Gegenpartei nur soweit zugänglich machen darf, als dies mit der Wahrung der Geheimnisse vereinbar ist. Das Gericht entscheidet dabei nach eigenem Ermessen, unter Berücksichtigung der Gleichbehandlung der Parteien im Prozess. Damit die Gegenpartei ihre Prozessrechte wahren kann und ihrerseits Stellung zu den vorgebrachten Beweisen nehmen kann, muss ihr eine gewisse Mindestinformation zukommen. Eine vollständige Einsichtsverweigerung wird deshalb nur ausnahmsweise angeordnet werden. Im Regelfall werden weniger weit gehende Massnahmen, wie z.B. das Abdecken oder Anonymisieren bestimmter Stellen genügen (WALTER, KG-Kommentar, Art. 16 N 12). Möglich (wenn auch oft unpraktikabel) wäre auch, dass das Gericht der Gegenpartei eine Schweigepflicht auferlegt (WALTER, KG-Kommentar, Art. 16 N 13).

4 Die betroffene Partei, welche einen Geheimnisanspruch geltend macht, muss diesen vor Gericht behaupten und substantiieren. Es findet keine Berücksichtigung von Amtes wegen statt. Ist der Anspruch auf den Geheimnisschutz oder die vom Gericht angeordnete Massnahme zur Geheimniswahrung strittig, so kann nach den entsprechenden Bestimmungen der jeweiligen ZPO Siegelung der betroffenen Unterlagen oder Daten verlangt werden (WALTER, KG-Kommentar, Art. 16 N 15). Eine Verletzung von Geheimhaltungspflichten im Sinne von Art. 16 kann allenfalls zu einer Haftung der gerichtlichen Or-

gane, des Staates und/oder der Gegenpartei führen. (WALTER, KG-Kommentar, Art. 16 N 16).

Art. 17 Vorsorgliche Massnahmen

[1] Zum Schutze von Ansprüchen, die aufgrund einer Wettbewerbsbeschränkung entstehen, kann das Gericht auf Antrag einer Partei die notwendigen vorsorglichen Massnahmen anordnen.

[2] Auf vorsorgliche Massnahmen sind die Artikel 28c–28f des Schweizerischen Zivilgesetzbuches sinngemäss anwendbar.

1 Den vorsorglichen Massnahmen kommt im Wettbewerbsrecht eine grosse Bedeutung zu. Art. 17 kam in der Vergangenheit in der Praxis denn auch häufig zur Anwendung. Vorsorgliche Massnahmen wurden im Wettbewerbsrecht vor allem im Hinblick auf Beseitigungs- oder Unterlassungsansprüche im Sinne von Art. 12 Abs. 1 lit. a erlassen. Demgegenüber sind die geldwerten Ansprüche gemäss Art. 12 Abs. 1 lit. b und c, d.h. Schadenersatz, Genugtuung und Gewinnherausgabe, nach Massgabe des SchKG (Arrest) zu sichern.

2 Die sachliche Zuständigkeit beim Erlass von vorsorglichen Massnahmen richtet sich nach den kantonalen Zivilprozessordnungen. Die von den Kantonen gemäss Art. 14 Abs. 1 vorzusehende Instanz ist nach überwiegender Ansicht nur für die Beurteilung kartellrechtlicher Hauptklagen und nicht für den Erlass vorsorglicher Massnahmen vor Hängigkeit des Hauptprozesses zuständig (LANG. 179; WALTER, KG-Kommentar, Art. 17 N 5). Die meisten Kantone haben in ihren Zivilprozessordnungen die Zuständigkeit der einzigen kantonalen Instanz jedoch auch auf den Erlass von vorsorglichen Massnahmen vor Hängigkeit des Hauptprozesses erstreckt (vgl. z.B. § 61 Abs. 2 GVG ZH). Bei den wenigen Kantonen, in denen dies nicht der Fall ist, gilt die ordentliche kantonale Zustän-

digkeitsordnung (LANG, 180; WALTER, KG-Kommentar, Art. 17 N 5).

3   Die örtliche Zuständigkeit richtet sich nach Art. 33 GestG. Nach dieser Bestimmung ist für den Erlass vorsorglicher Massnahmen das Gericht am Ort, an dem die Zuständigkeit für die Hauptsache gegeben ist, oder am Ort, an dem die Massnahme vollstreckt werden soll, zuständig. Art. 33 GestG regelt dabei die Zuständigkeit für den Erlass vorsorglicher Massnahmen vor und während der Rechtshängigkeit des Hauptprozesses übereinstimmend. Bei Art. 33 GestG handelt es sich um eine alternative und zwingende Zuständigkeit. Eine Einlassung oder eine Gerichtsstandsvereinbarung sind nicht möglich.

4   Schiedsgerichte können den Parteien vorsorgliche Massnahmen lediglich vorschlagen, für die verbindliche Anordnung sind dagegen die staatlichen Gerichte zuständig (Art. 26 KSG). Dies gilt auch im Kartellprivatrecht.

5   Gemäss Art. 17 Abs. 2 sind die Art. 28c–28f ZGB sinngemäss anwendbar. In Anwendung von Art. 28c ZGB muss der Antragsteller glaubhaft machen, dass eine unzulässige Wettbewerbsbehinderung gemäss Art. 5 ff. besteht oder droht (sog. Hauptsachenprognose) und dass ihm aus dieser Wettbewerbsbehinderung ein nicht leicht wieder gut zu machender Nachteil droht (sog. Nachteilsprognose). Die Aktiv- und Passivlegitimation beurteilt sich dabei analog zum entsprechenden Hauptprozess. Der nicht wieder gut zu machende Nachteil kann materieller oder immaterieller Natur sein. Nicht leicht wieder gut zu machend ist jeder Nachteil, welcher später möglicherweise nicht mehr ermittelt, bemessen oder ersetzt werden kann (BGE 114 II 368; LANG, 183). Dass die Möglichkeit besteht, den Schaden nachträglich finanziell wieder gut zu machen, lässt den Nachteil nicht entfallen (LANG, 184; STOFFEL, Kartell-Zivilrecht, 119). Für eine positive Hauptsachenprognose müssen die behaupteten Ansprüche vom Gesuchsteller glaubhaft

gemacht werden. Dabei genügt nicht, dass die Ansprüche nicht aussichtslos sind, sondern die Ansprüche müssen zumindest einer summarischen Prüfung durch das Gericht standhalten (LANG, 192). Vorsorgliche Massnahmen werden nur bei zeitlicher Dringlichkeit gewährt, wenn dem Gesuchsteller nicht zuzumuten ist, bis zum Abschluss eines Hauptprozesses zuzuwarten (ähnlich BORER, Kommentar, Art. 17 N 6). In Fällen von qualifizierter Dringlichkeit kann auch eine superprovisorische Verfügung beantragt werden (Art. 28d Abs. 2 ZGB). Voraussetzung ist diesfalls, dass die vorgängige Anhörung der Gegenpartei wegen dringender Gefahr nicht mehr möglich ist (BORER, Kommentar, Art. 17 N 6).

6   Gemäss der Dispositionsmaxime muss der Gesuchsteller die von ihm verlangten vorsorglichen Massnahmen in seinem Begehren formulieren. Aufgrund des Verhältnismässigkeitsprinzips hat der zuständige Richter zu weit gehende Begehren jedoch auf ein vernünftiges Mass zu reduzieren. Es gilt auch im Kartellrecht der Grundsatz, dass vorsorgliche Massnahmen den Hauptprozess nicht präjudizieren dürfen (WALTER, KG-Kommentar, Art. 17 N 29). Gemäss Art. 28e Abs. 2 ZGB hat der Richter dem Gesuchsteller eine Frist von maximal dreissig Tagen (Verwirkungsfrist) zur Einreichung der Hauptklage anzusetzen. Falls der Gesuchsteller die Klage nicht innert dieser Frist einreicht, fallen die vorsorglichen Massnahmen dahin.

7   Nach Art. 28f ZGB kann dem Gesuchsteller auf Antrag des Gesuchsgegners eine Sicherheitsleistung auferlegt werden. Beim Erlass superprovisorischer Massnahmen kann die Sicherheitsleistung auch von Amtes wegen angeordnet werden (WALTER, KG-Kommentar, Art. 17 N 40). Im Weiteren hat der Gesuchsteller den durch eine vorsorgliche Massnahme entstandenen Schaden zu ersetzen, wenn der Anspruch, für den die Massnahme bewilligt wurde, keinen Bestand hat. Bei fehlendem oder leichtem Verschulden kann der Richter die Ent-

8 Art. 15 findet im Verfahren um Erlass vorsorglicher Massnahmen keine Anwendung. Die Zivilgerichte sind damit nicht verpflichtet, ein Gutachten der Weko einzuholen (LANG, 193). Ob ein Gericht in besonderen Fällen freiwillig ein Gutachten der Weko anfordern kann, ist umstritten (LANG, 193, dagegen WALTER, KG-Kommentar, Art. 17 N 9; vgl. im übrigen zum Verhältnis zwischen den Zivilgerichten und der Wettbewerbskommission, RPW 1997, 595).

9 Die Eröffnung eines Verwaltungsverfahrens durch die Weko schränkt die Zuständigkeit der Zivilgerichte zum Erlass vorsorglicher Massnahmen nicht ein. Wenn die Weko bereits vorsorgliche Massnahmen erlassen hat, sind diese Massnahmen vom Zivilrichter bei der Beurteilung des zivilprozessualen Begehrens zu berücksichtigen (WALTER, KG-Kommentar, Art. 17 N 11). Die Voraussetzungen zum Erlass vorsorglicher Massnahmen im Verwaltungsverfahren entsprechen grundsätzlich jenen im zivilrechtlichen Verfahren, wobei die unterschiedliche Zweckbestimmung des verwaltungsrechtlichen Untersuchungsverfahrens zu berücksichtigen ist (vgl. dazu BILGER, 327 ff.; Entscheid der Reko vom 6. November 1997, RPW 1997/4, 602 ff.).

4. Kapitel: Verwaltungsrechtliches Verfahren

1. Abschnitt: Wettbewerbsbehörden

Art. 18 Wettbewerbskommission

[1] Der Bundesrat bestellt die Wettbewerbskommission und bezeichnet die Mitglieder des Präsidiums.

[2] Die Wettbewerbskommission besteht aus 11–15 Mitgliedern. Die Mehrheit der Mitglieder müssen unabhängige Sachverständige sein.

[2bis] Die Mitglieder der Wettbewerbskommission legen ihre Interessen in einem Interessenbindungsregister offen.

[3] Die Wettbewerbskommission trifft die Entscheide und erlässt die Verfügungen, die nicht ausdrücklich einer anderen Behörde vorbehalten sind. Sie gibt Empfehlungen (Art. 45 Abs. 2) und Stellungnahmen (Art. 46 Abs. 2) an die politischen Behörden ab und erstattet Gutachten (Art. 47 Abs. 1).

Art. 19 Organisation

[1] Die Wettbewerbskommission ist von den Verwaltungsbehörden unabhängig. Sie kann sich in Kammern mit selbständiger Entscheidungsbefugnis gliedern. Sie kann ein Mitglied des Präsidiums im Einzelfall ermächtigen, dringliche Fälle oder Fälle untergeordneter Bedeutung direkt zu erledigen.

[2] Die Wettbewerbskommission ist administrativ dem Eidgenössischen Volkswirtschaftsdepartement (Departement) zugeordnet.

Art. 20 Geschäftsreglement

[1] Die Wettbewerbskommission erlässt ein Geschäftsreglement; darin regelt sie insbesondere die Einzelheiten der Organisation,

namentlich die Zuständigkeiten des Präsidiums, der einzelnen Kammern und der Gesamtkommission.

² Das Geschäftsreglement bedarf der Genehmigung durch den Bundesrat.

Art. 21 Beschlussfassung

¹ Die Wettbewerbskommission und die Kammern sind beschlussfähig, wenn mindestens die Hälfte der Mitglieder, in jedem Fall aber mindestens drei Mitglieder, anwesend sind.

² Sie fassen ihre Beschlüsse mit dem einfachen Mehr der anwesenden Mitglieder; bei Stimmengleichheit gibt der Präsident oder die Präsidentin den Stichentscheid.

Art. 22 Ausstand von Kommissionsmitgliedern

¹ Ein Mitglied der Wettbewerbskommission tritt in den Ausstand, wenn ein Ausstandsgrund nach Artikel 10 des Verwaltungsverfahrensgesetzes vorliegt.

² Ein persönliches Interesse oder ein anderer Grund der Befangenheit ist in der Regel nicht gegeben, wenn ein Mitglied der Wettbewerbskommission einen übergeordneten Verband vertritt.

³ Ist der Ausstand streitig, so entscheidet die Wettbewerbskommission oder die entsprechende Kammer unter Ausschluss des betreffenden Mitgliedes.

1   Bei der Weko handelt es sich um eine Milizbehörde (DÄHLER, 555). Sie trifft sich durchschnittlich zwei Mal im Monat, um die vom Sekretariat vorbereiteten Geschäfte zu beraten und die nötigen Entscheide zu fällen. Das Sekretariat amtet grundsätzlich als Untersuchungsbehörde und die Weko als Entscheidbehörde (DÄHLER, 573, 581, siehe auch: http://www.weko.admin.ch/kommission/index.html?lang=de).

Art. 22 Ausstand von Kommissionsmitgliedern

2 Die Weko ist zwar dem Eidgenössischen Volkswirtschaftsdepartement (EVD) administrativ zugeordnet, trotzdem ist sie entscheidungs- und weisungsunabhängig (ZÄCH, Kartellrecht, 335) und besitzt auch ein eigenes Budget.

3 Die Mitglieder der Weko werden vom Bundesrat gewählt und sind zur Mehrheit unabhängige Sachverständige. Für eine Mitgliedschaft kommen Fachleute ohne direkte Verbindung zu einer Organisation in Frage, welche eigene wirtschaftliche Interessen vertreten und die vor allem ökonomische und/oder rechtliche Kenntnisse besitzen, die für die Tätigkeit der Weko wertvoll sind (BIZZOZERO, Commentaire Romand, Art. 18 N 21ff.; DÄHLER, 555). Gemäss der aktuellen Zusammensetzung der Weko handelt es sich bei der Mehrheit der Mitglieder um Rechts- und Ökonomieprofessoren. Der Rest der Sitze wird durch Vertreter grosser Wirtschaftsverbände geteilt. Diese offiziellen Wirtschaftsvertreter sind aus der Vorstellung der einzelnen Weko-Mitglieder auf der Web-Seite der Weko ersichtlich:
http://www.weko.admin.ch/kommission/00221/index.html?lang=de

4 Die Einführung direkter Sanktionen hat die Forderung nach mehr Transparenz verstärkt (Botschaft 01, 2030). Die Mitglieder der Weko werden daher neu zur Offenlegung ihrer Interessenbindungen verpflichtet. Damit sind weniger diejenigen Mitglieder angesprochen, die als offizielle Interessenvertreter in der Weko sitzen (vgl. soeben; so sind beispielsweise nicht der Vorort, der schweizerische Gewerbeverband und der Warenhausverband seit langem offiziell in der Weko vertreten) (DÄHLER, 556), sondern die Interessenverbindungen der anderen sog. unabhängigen Mitglieder. Das Interessenbindungsregister ist auf der Web-Seite der Weko veröffentlicht:
http://www.weko.admin.ch/kommission/00221/index.html?lang=de

Art. 22   Ausstand von Kommissionsmitgliedern

5   Der Bundesrat hat am 30. September 1996 das Geschäftsreglement der Wettbewerbskommission genehmigt, in welcher die Zusammensetzung, Organisation und Entscheidfindung geregelt wird (SR. 251.1). Die Weko ist in drei Kammern aufgeteilt.

- Infrastrukturmärkte,
- Produktmärkte,
- Dienstleistungsmärkte.

Diesen Kammern steht je ein Präsidiumsmitglied vor (Art. 7 Abs. 2, Reglement, vgl. auch http://www.weko.admin.ch/kommission/index.html?lang=de). Die Kammern haben selbständige Entscheidbefugnis. In dringenden Fällen oder Fällen untergeordneter Bedeutung kann der Entscheid an ein Mitglied des Präsidiums delegiert werden (Art. 7 Abs. 3, Reglement). Auf Antrag von mindestens drei Kommissionsmitgliedern oder der betreffenden Kammer selber wird das Geschäft dem Plenum zum Entscheid vorgelegt werden (Art. 4 Abs. 4, Reglement). Entscheide grundsätzlicher Natur müssen ebenfalls von der Kommission gefällt werden (Art. 6, Reglement).

6   Im Unterschied zum KG 95 wird im revidierten KG keine feste Zahl der Präsidiumsmitglieder mehr festgelegt (bisher drei). Mit dieser Änderung will man volle Flexibilität bei der Organisation der Weko garantieren. So ist es möglich, dass künftig nur noch zwei Kammern bestehen werden und daher nur noch eine Vizepräsidentin oder ein Vizepräsident benötigt würde (Botschaft 01, 2047).

7   Die Ausstandsgründe richten sich nach Art. 10 VwVG. Wie bereits erwähnt sind auch die sog. übergeordneten Wirtschaftsverbände in der Weko vertreten. Bei diesen Vertretern ist gemäss Art. 22 grundsätzlich kein Befangenheitsgrund wegen persönlichem Interesse oder aus sonstigem Grunde gegeben. Die in Art. 10 VwVG sonst noch genannten Gründe wie

Verwandtschaft oder Parteivertretung sind aber, ebenso wie Ausnahmen von der grundsätzlichen Annahme der Unbefangenheit, auch auf diese Mitglieder anwendbar. Bei streitigem Ausstand entscheidet die Weko in Form einer anfechtungsfähigen Verfügung.

Art. 23 *Aufgaben des Sekretariats*

¹ **Das Sekretariat bereitet die Geschäfte der Wettbewerbskommission vor, führt die Untersuchungen durch und erlässt zusammen mit einem Mitglied des Präsidiums die notwendigen verfahrensleitenden Verfügungen. Es stellt der Wettbewerbskommission Antrag und vollzieht ihre Entscheide. Es verkehrt mit Beteiligten, Dritten und Behörden direkt.**

² **Es gibt Stellungnahmen ab (Art. 46 Abs. 1) und berät Amtsstellen und Unternehmen bei Fragen zu diesem Gesetz.**

Art. 24 *Personal des Sekretariats*

¹ **Der Bundesrat wählt die Direktion, die Wettbewerbskommission wählt das übrige Personal des Sekretariats.**

² **Das Dienstverhältnis richtet sich nach der Personalgesetzgebung des Bundes.**

1 Das Sekretariat umfasst über 50 wissenschaftliche Mitarbeiter, vor allem Juristen und Ökonomen, welche (mit Ausnahme der Direktion, die vom Bundesrat gewählt wird) von der Weko ernannt werden. Das Sekretariat ist organisatorisch in drei sog. Dienste gegliedert, die sachlich den Kammern der Weko entsprechen («Produktmärkte», «Dienstleistungsmärkte» und «Infrastrukturmärkte»).

Vgl. auch:
http://www.weko.admin.ch/sekretariat/index.html?lang=de

Art. 24 Personal des Sekretariats

2 Das Sekretariat ist die instruierende Behörde und bereitet alle Geschäfte der Weko vor. Das Sekretariat untersucht die Wettbewerbssachverhalte und verfasst die Entscheidentwürfe, über welche die Weko zu befinden hat (DÄHLER, 582). Es erlässt – im Einvernehmen mit einem Präsidiumsmitglied – verfahrensleitende Verfügungen. Daneben gibt es Stellungnahmen nach Art. 46 Abs. 1 ab und berät Amtsstellen und Unternehmen (Art. 23 Abs. 2). Das Sekretariat eröffnet selbständig Vorabklärungen nach Art. 26 und – im Einvernehmen mit einem Mitglied des Weko-Präsidiums – Untersuchungen nach Art. 27 ff. Diese Entscheide bilden keine anfechtbare Verfügungen im Sinne des VwVG (BIZZOZERO, Commentaire Romand, Art. 23 N 14; vgl. auch Entscheid der Weko, RPW 1999/1, 181 ff.).

3 Das Sekretariat ist in der Ausführung seiner Aufgaben grundsätzlich unabhängig, unterliegt aber allfälligen Weisungen der Weko (ZÄCH, Kartellrecht, 340). Insbesondere kann die Weko die Eröffnung einer Untersuchung anordnen, selbst wenn das Sekretariat nach Durchführung der Vorabklärung zu einem anderen Ergebnis kommt (Art. 27 Abs. 1). Ebenso kann sie die Prioritäten bei der Behandlung der Untersuchungsverfahren setzen (Art. 27 Abs. 2). Die Weko hat gemäss Art. 17 Abs. 2 des Geschäftsreglements auch das Recht, an den Untersuchungshandlungen des Sekretariats teilzunehmen, was ebenfalls Beeinflussungsmöglichkeiten eröffnet (BIZZOZERO, Commentaire Romand, Art. 24 N 18-20).

4 Für die Sekretariatsmitglieder gelten die gleichen Ausstandsgründe nach Art. 10 VwVG wie für die Weko-Mitglieder (DÄHLER, 563).

5 Die entgeltliche Beratung für Unternehmen nach Art. 23 Abs. 2 hat unter dem KG 95 besondere Bedeutung erlangt. Hier können Unternehmen dem Sekretariat Fragen, ja ganze Sachverhalte, zur Beurteilung vorlegen. Selbst wenn die diesbezüg-

lichen Resultate des Sekretariats keine die Weko bindende Wirkung haben, ist diese Dienstleistung von grossem Wert. Wie sich diese Tätigkeit unter dem revidierten KG entwickeln wird, ist noch nicht abzusehen, da im Rahmen der KG-Revision 2003 für die Übergangsphase und für neue Wettbewerbsbeschränkungen selbständige Meldeverfahren eingerichtet wurden (siehe die Erläuterungen zu Art. 49a und den Übergangsbestimmungen unten). Aufgrund des begrenzten Umfangs der Prüfung nach Art. 49a wird aber die Bedeutung der entgeltlichen Beratung nach Art. 23 mit Sicherheit fortbestehen.

Art. 25 Amts- und Geschäftsgeheimnis

¹ **Die Wettbewerbsbehörden wahren das Amtsgeheimnis.**

² **Sie dürfen Kenntnisse, die sie bei ihrer Tätigkeit erlangen, nur zu dem mit der Auskunft oder dem Verfahren verfolgten Zweck verwerten.**

³ **Dem Preisüberwacher dürfen die Wettbewerbsbehörden diejenigen Daten weitergeben, die er für die Erfüllung seiner Aufgaben benötigt.**

⁴ **Die Veröffentlichungen der Wettbewerbsbehörden dürfen keine Geschäftsgeheimnisse preisgeben.**

1 Die Wahrung des Amtsgeheimnisses und der Geschäftsgeheimnisse ist Voraussetzung für eine gute Kooperation zwischen Unternehmen bzw. ihren Vertretern und den Wettbewerbsbehörden. Die Einführung des Amtsgeheimnisses ist das Gegengewicht zu den weit gehenden Auskunfts- und Informationspflichten der Unternehmen (DÄHLER, 584).

2 Der Inhalt der Informationspflicht ist durch das KG selber vorgegeben (Art. 28, 33 Abs. 1 i.V. mit Art. 18 VKU, Art. 48 und 49). Weiter gehende Informationen an die Öffentlichkeit dürfen, wenn überhaupt, nur sehr restriktiv erfolgen. Bei allen

solchen Informationen sind die Geschäftsgeheimnisse zu wahren (DÄHLER, 584). Die in Verfahren involvierten Parteien werden denn auch regelmässig am Ende eines Verfahrens aufgefordert, zu dem zu veröffentlichenden Text des Berichts bzw. der Verfügung Stellung zu nehmen. Die analoge Bestimmung für das zivilrechtliche Verfahren ist in Art. 16 aufgeführt.

3 Aussagen oder Dokumente gelten nach der Rechtsprechung der Weko (vgl. Zwischenverfügung i.S. Zusatzversicherungsbereich im Kanton Aargau, RPW 2001/2, 373 ff.) als Geschäftsgeheimnisse, wenn folgende Voraussetzungen erfüllt sind:

- Mangel an Offenkundigkeit und Zugänglichkeit;
- subjektiver Geheimhaltungswille;
- objektives Geheimhaltungsinteresse.

Die Unternehmen müssen dem Sekretariat jeweils mitteilen, welche ihrer Informationen als Geschäftsgeheimnisse zu behandeln sind. Geht das Sekretariat mit der Einschätzung nicht einig, erlässt es eine verfahrensleitende Verfügung (Art. 23 i.V. mit Art. 45 Abs. 1 VWVG, vgl. RPW 2001/2, 373 ff.).

4 Die Vorschrift, wonach die Wettbewerbsbehörden Kenntnisse, die sie bei ihrer Tätigkeit erlangen, nur zu dem mit der Auskunft oder dem Verfahren verfolgten Zweck verwenden dürfen, ist in mehrfacher Hinsicht brisant. Zunächst ist sichergestellt, dass die betreffenden Kenntnisse in einem neuen Verfahren, an dem die gleichen Unternehmen beteiligt sind, nicht verwendet werden, dies zumindest dann, wenn es einen neuen Sachverhalt betrifft (gl.M. BORER, Kommentar, Art. 25 N 7). Anders müsste die Frage wohl zu beantworten sein, wenn das Sekretariat aufgrund von Kenntnissen, die es aus einer Marktbeobachtung nach Art. 45 gewonnen hat, ein Verfahren nach Art. 26 ff. eröffnet.

5 Die Vorschrift in Art. 25 Abs. 2 heisst auch, dass die schweizerischen Wettbewerbsbehörden keinerlei der Öffentlichkeit nicht zugänglichen Kenntnisse an eine andere Wettbewerbsbehörde weitergeben dürfen (Ausnahme siehe Art. 25 Abs. 3), was auch bei ausländischen (parallelen) Verfahren in gleicher Sache (z.B. in der EU) von entscheidender Bedeutung sein kann.

6 Unklar war bis anhin der Datentransfer zwischen den schweizerischen Wettbewerbsbehörden und den Zivilgerichten. Angesichts der klaren Aussage in Abs. 2 ist ein Informationsaustausch zu verneinen (a.M. BORER, Kommentar, Art. 26 N 10). Das Verhältnis zwischen diesen Behörden wird im Übrigen in Art. 15 geregelt (siehe die Erläuterungen dort).

2. Abschnitt: Untersuchung von Wettbewerbsbeschränkungen

Art. 26 Vorabklärung

¹ **Das Sekretariat kann Vorabklärungen von Amtes wegen, auf Begehren von Beteiligten oder auf Anzeige von Dritten hin durchführen.**

² **Das Sekretariat kann Massnahmen zur Beseitigung oder Verhinderung von Wettbewerbsbeschränkungen anregen.**

³ **Im Verfahren der Vorabklärung besteht kein Recht auf Akteneinsicht.**

1 Mit dem Verfahren der Vorabklärung sollen die untersuchungswürdigen Fälle ausgesondert werden (Botschaft 94, 602), d.h., es soll festgestellt werden, ob eine Untersuchung nach Art. 27 eingeleitet werden soll oder ob keine Anzeichen einer unzulässigen Wettbewerbsbeschränkung vorliegen oder ob allenfalls eine einvernehmliche Lösung gefunden werden kann. Gemäss Art. 26 Abs. 1 ist das Sekretariat der Weko aus-

Art. 26 Vorabklärung

schliesslich zuständig, eine Vorabklärung durchzuführen. Das Sekretariat wird dabei von Amtes wegen, auf Begehren von Beteiligten oder auf Anzeige Dritter hin tätig. Ein Anspruch auf Durchführung einer Vorabklärung besteht jedoch nicht (Botschaft 94, 602; Entscheid der Reko vom 9. März 2000, RPW 2000/1, 100 ff.; BILGER, 175 ff.; Entscheid der Reko vom 6. November 1997, RPW 1997/4, 602 ff.). Auch die Weko hat keine Kompetenz, das Sekretariat zur Einleitung eines Vorabklärungsverfahrens zu verpflichten (BORER, Kommentar, Art. 26 N 3), kann aber die Einleitung einer Untersuchung nach Art. 27 anordnen.

2   Gemäss Art. 26 Abs. 2 kann das Sekretariat Massnahmen zur Beseitigung oder Verhinderung von Wettbewerbsbeschränkungen anregen. Ziel ist es, eine einvernehmliche Regelung zu erzielen. Die einvernehmlichen Regelungen, die vom Sekretariat beschlossen wurden, haben keine materielle Wirkung. Weder die Weko noch das Eidgenössische Volkswirtschaftsdepartement sind an die bilaterale Vereinbarung gebunden und können deshalb weiterhin die Eröffnung einer Untersuchung gemäss Art. 27 verlangen (Botschaft 94, 602 f.). Eine einvernehmliche Regelung mit materiell bindender Wirkung kann nur im Rahmen eines formellen Untersuchungsverfahrens gemäss Art. 29 vereinbart werden.

3   Auch im Vorabklärungsverfahren kommen die Regelungen des VwVG zur Anwendung. Entgegen Art. 26 ff. VwVG besteht jedoch im Vorabklärungsverfahren gemäss dem Vorbehalt in Art. 26 Abs. 3 kein Recht auf Akteneinsicht. Damit soll der informelle Charakter des Vorabklärungsverfahrens unterstrichen werden (Botschaft 94, 603).

4   Der Erlass vorsorglicher Massnahmen im Rahmen eines Vorabklärungsverfahrens ist im KG nicht explizit geregelt. Im erstinstanzlichen Verfahren werden vorsorgliche Massnahmen regelmässig in analoger Anwendung von Art. 17 und 23 i.V.m.

Art. 56 VwVG erlassen (RPW 1999/3, 395 ff.; RPW 1997/4, 621 ff.). Allerdings setzt dies ein laufendes Untersuchungsverfahren oder die gleichzeitige Eröffnung einer Untersuchung nach Art. 27 voraus (Entscheid der Weko i.S. Unique - Valet Parking, RPW 2004/1, 102 ff.). Der Entscheid über vorsorgliche Massnahmen kann als Zwischenverfügung selbständig angefochten werden, soweit diese einen nicht wieder gutzumachenden Nachteil bewirken können (BGE 130 II 153).

Art. 27 Eröffnung einer Untersuchung

[1] Bestehen Anhaltspunkte für eine unzulässige Wettbewerbsbeschränkung, so eröffnet das Sekretariat im Einvernehmen mit einem Mitglied des Präsidiums eine Untersuchung. Eine Untersuchung wird in jedem Fall eröffnet, wenn das Sekretariat von der Wettbewerbskommission oder vom Departement damit beauftragt wird.

[2] Die Wettbewerbskommission entscheidet, welche der eröffneten Untersuchungen vorrangig zu behandeln sind.

1 Der mit der Revision von 2004 geänderte Wortlaut von Art. 27 Abs. 1 ist im Kontext der Einführung direkter Sanktionen zu lesen. Nach früherem Recht konnte das Sekretariat eine Untersuchung nur dann eröffnen, wenn Anhaltspunkte dafür bestanden, dass eine unzulässige Wettbewerbsbeschränkung (noch) vorlag (Botschaft 01, 2045). Es bestand keine Möglichkeit, Verstösse gegen das Kartellgesetz zu ahnden bzw. ein Verfahren zu eröffnen oder weiterzuführen, wenn das kartellrechtswidrige Verhalten vor oder während der Untersuchung aufgegeben wurde. Nach dem neuen Art. 27 Abs. 1 sollen nun auch Verstösse gegen das Kartellgesetz geahndet werden können, welche von den Beteiligten vor oder während einer Untersuchung aufgegeben worden sind (Botschaft 01, 2045). Damit soll verhindert werden, dass sich die an einer unzulässigen Wettbewerbsbeschränkung beteiligten Unternehmen dadurch der Sanktionierung entziehen, dass sie ihre unzulässigen Prak-

Art. 27 Eröffnung einer Untersuchung

tiken kurz vor oder nach der Eröffnung einer Untersuchung einstellen. Gemäss den Übergangsbestimmungen gilt dies nicht für Unternehmen, die ihre unzulässigen Praktiken bei Inkraftsetzung der neuen Regelungen bzw. während der einjährigen Übergangsfrist aufgeben (Botschaft 01, 2047).

2   Wie die Einleitung eines Vorabklärungsverfahrens gemäss Art. 26 fällt auch die Einleitung eines Untersuchungsverfahrens gemäss Art. 27 Abs. 1 in die Kompetenz des Sekretariates der Weko. Das Sekretariat eröffnet eine Untersuchung entweder von sich aus oder im Auftrag der Weko oder des Eidgenössischen Volkswirtschaftsdepartements. Der Entscheid des Sekretariats zur Eröffnung einer Untersuchung hat dabei im Einvernehmen mit einem Mitglied des Präsidiums zu erfolgen.

3   Der Entscheid über die Eröffnung einer Untersuchung, d.h. der Entscheid, ob hinreichend konkrete Anhaltspunkte einer unzulässigen Wettbewerbsbeschränkung vorliegen, liegt im pflichtgemässen Ermessen der Wettbewerbsbehörden. Der Beschluss über Eröffnung oder Nichteröffnung stellt keine Verfügung im Sinne von Art. 5 VwVG dar, da nicht unmittelbar in die Rechte und Pflichten der betroffenen Personen eingegriffen wird. Zudem besteht kein Anspruch auf Eröffnung einer Untersuchung (Entscheid der Reko vom 6. November 1997, RPW 1997/4, 602 ff.; Entscheid der Reko vom 9. März 2000, RPW 2000/1, 100 ff.; BILGER, 175 ff.).

4   Gemäss Art. 27 Abs. 1 haben drei verschiedene Behörden ein Initiativrecht auf Einleitung eines Untersuchungsverfahrens: Das Sekretariat, die Weko und das Departement. In Art. 27 Abs. 2 wird sodann festgehalten, dass die Weko zu entscheiden hat, welche der eröffneten Untersuchungen vorrangig zu behandeln ist. Der Wettbewerbsbehörde kommt somit die Kompetenz zu, Prioritäten hinsichtlich der Untersuchung zu setzen. Sie darf sich dabei nicht einzig von Opportunitätsüberlegungen leiten lassen.

5   Wegen fehlender Verfügungseigenschaft der Eröffnung bzw. Nichteröffnung einer Untersuchung steht den von einer Wettbewerbsbeschränkung Betroffenen die Anfechtungsmöglichkeit im Beschwerdeverfahren nicht offen. Gegen die Nichteröffnung einer Untersuchung steht wohl mangels Anspruchs auf Erlass einer Verfügung auch keine Rechtsverweigerungsbeschwerde im Sinne von Art. 70 VwVG zur Verfügung (vgl. BILGER, 182; Entscheid der Reko vom 9. März 2000, RPW 2000/1, 105, wo die Reko die Frage offen lässt; a.M. GROSS, KG-Kommentar, Art. 44 N 102). Möglich ist eine Aufsichtsbeschwerde im Sinne von Art. 71 VwVG (BILGER, 183). Ferner stehen zum Schutz von privaten Interessen die zivilrechtlichen Möglichkeiten im Vordergrund (Art. 12 ff.).

Art. 28   Bekanntgabe

¹ Das Sekretariat gibt die Eröffnung einer Untersuchung durch amtliche Publikation bekannt.

² Die Bekanntmachung nennt den Gegenstand und die Adressaten der Untersuchung. Sie enthält zudem den Hinweis, dass Dritte sich innert 30 Tagen melden können, falls sie sich an der Untersuchung beteiligen wollen.

³ Die fehlende Publikation hindert Untersuchungshandlungen nicht.

1   Gemäss Art. 28 Abs. 1 wird die Eröffnung einer Untersuchung durch amtliche Publikation bekannt gegeben. Amtliche Publikationsorgane sind dabei gemäss Art. 22 des Geschäftsreglements der Weko das Bundesblatt und das schweizerische Handelsamtsblatt, wobei eine Veröffentlichung auch anderweitig erfolgen kann, wenn der Zweck der Untersuchung dies erfordert. Die Publikation soll Dritten ermöglichen, sich an einer Untersuchung zu beteiligen. Dritte sind dabei Unternehmen, Konsumentenorganisationen und sonstige Verbände gemäss Art. 43.

2   Art. 28 Abs. 2 setzt den erforderlichen Inhalt der Publikation fest. Danach müssen der Gegenstand und die Adressaten der Untersuchung genannt werden. Damit Dritte beurteilen können, ob sie sich am Untersuchungsverfahren beteiligen sollen, muss die Publikation mindestens Namen und Adressen der beteiligten Unternehmen, die Art der untersuchten Wettbewerbsbeschränkung und die betroffenen Märkte nennen (BORER, Kommentar, Art. 28 N 4.). Die Publikation muss zudem einen Hinweis auf die Anmeldefrist von 30 Tagen enthalten. Wenn Dritte sich nicht innert dieser Frist bei der Weko melden, so haben sie das Recht, sich am Verfahren zu beteiligen, verwirkt (BORER, Kommentar, Art. 28 N 3).

3   Gemäss Art. 28 Abs. 3 hindert die fehlende Publikation Untersuchungshandlungen nicht. Die Weko kann somit Untersuchungshandlungen auch ohne Publikation durchführen. Wenn keine Publikation erfolgt, so fehlt jedoch Dritten die Möglichkeit, sich an der Untersuchung im Sinne von Art. 43 zu beteiligen. Art. 28 Abs. 3 ist deshalb dahingehend zu verstehen, dass die Wettbewerbsbehörden zwar bereits Untersuchungshandlungen vor der Bekanntgabe der Untersuchung vornehmen können, dass eine Publikation jedoch nachträglich zu erfolgen hat (SCHMIDHAUSER, KG-Kommentar, Art. 28 N 9). Falls eine Untersuchung ohne Publikation abgeschlossen würde, könnten berechtigte Dritte die Untersuchung mittels Beschwerde an die Reko anfechten (SCHMIDHAUSER, KG-Kommentar, Art. 28 N 9).

Art. 29   Einvernehmliche Regelung

[1] Erachtet das Sekretariat eine Wettbewerbsbeschränkung für unzulässig, so kann es den Beteiligten eine einvernehmliche Regelung über die Art und Weise ihrer Beseitigung vorschlagen.

[2] Die einvernehmliche Regelung wird schriftlich abgefasst und bedarf der Genehmigung durch die Wettbewerbskommission.

1 Gemäss Art. 29 Abs. 1 kann das Sekretariat der Weko, wenn es eine Wettbewerbsbeschränkung für unzulässig hält, den Beteiligten eine einvernehmliche Regelung zur Beseitigung vorschlagen. Die einvernehmliche Regelung soll dabei nicht vom Sekretariat einseitig diktiert werden, sondern im Rahmen eines Einigungsverfahrens zwischen dem Sekretariat und den Beteiligten diskutiert und ausgehandelt werden (SCHMIDHAUSER, KG-Kommentar, Art. 28 N 12). Eine einvernehmliche Regelung ist in jedem Stadium des Untersuchungsverfahrens zulässig (Botschaft 94, 604).

2 Nach dem Wortlaut von Art. 29 Abs. 1 kann das Sekretariat eine einvernehmliche Regelung vorschlagen, ist dazu jedoch nicht verpflichtet. Eine einvernehmliche Regelung ist jedoch nach Möglichkeit anzustreben (Botschaft 94, 604). Gegenstand einer einvernehmlichen Regelung können alle Massnahmen sein, die geeignet sind, eine unzulässige Wettbewerbsbeschränkung zu beseitigen (BORER, Kommentar, Art. 29 N 4).

3 Nach Art. 29 Abs. 2 muss die einvernehmliche Regelung schriftlich abgefasst werden und bedarf der Genehmigung durch die Weko. Die Genehmigung durch die Weko erfolgt durch Verfügung (Art. 30 Abs. 1). Die Genehmigung durch die Weko ist Gültigkeitsvoraussetzung. Sie kann mittels Verwaltungsbeschwerde bei der Reko für Wettbewerbsfragen angefochten werden (vgl. Art. 44).

Art. 30 Entscheid

[1] **Die Wettbewerbskommission entscheidet auf Antrag des Sekretariats mit Verfügung über die zu treffenden Massnahmen oder die Genehmigung einer einvernehmlichen Regelung.**

[2] **Die am Verfahren Beteiligten können schriftlich zum Antrag des Sekretariats Stellung nehmen. Die Wettbewerbskommission kann eine Anhörung beschliessen und das Sekretariat mit zusätzlichen Untersuchungsmassnahmen beauftragen.**

Art. 30 Entscheid

³ Haben sich die tatsächlichen oder rechtlichen Verhältnisse wesentlich geändert, so kann die Wettbewerbskommission auf Antrag des Sekretariats oder der Betroffenen den Entscheid widerrufen oder ändern.

1 Nach Art. 30 Abs. 1 entscheidet die Weko auf Antrag des Sekretariates mittels Verfügung über zu treffende Massnahmen oder die Genehmigung einer einvernehmlichen Regelung (vgl. Art. 29). Die Verfügung richtet sich an die Urheber der beurteilten Wettbewerbsbeschränkung, ist jedoch auch den weiteren am Verfahren Beteiligten zur Kenntnis zu bringen (vgl. Art. 43; SCHMIDHAUSER, KG-Kommentar, Art. 30 N 15).

2 Gemäss Art. 30 Abs. 2 können die am Verfahren Beteiligten zum Antrag des Sekretariates schriftlich Stellung nehmen. Daraus wird abgeleitet, dass das Sekretariat den Antrag den Beteiligten ebenfalls zuzustellen hat (SCHMIDHAUSER, KG-Kommentar, Art. 30 N 9). Stellungnahmen der Beteiligten, die beim Sekretariat eingereicht werden, müssen vom Sekretariat unverändert und unmittelbar an die Kommission weitergeleitet werden (BORER, Kommentar, Art. 30 N 5). Wenn das Sekretariat zu den Stellungnahmen der Beteiligten einen Kommentar oder eine Ergänzung ihres Antrages verfasst, so muss den Beteiligten auch hierzu Gelegenheit zur Stellungnahme gegeben werden (BORER, Kommentar, Art. 30 N 5).

3 Nach Art. 30 Abs. 2 kann die Weko zudem die Anhörung der am Verfahren Beteiligten beschliessen. Ein Rechtsanspruch auf eine Anhörung besteht jedoch nicht bzw. nur bedingt. Nur wenn dem Anspruch auf rechtliches Gehör nicht auf andere Weise genügt werden kann, besteht unter Umständen eine Pflicht zur Anhörung durch die Kommission (BORER, Kommentar, Art. 30 N 6).

4 Die Weko kann gemäss Art. 30 Abs. 2 das Sekretariat mit zusätzlichen Untersuchungsmassnahmen beauftragen. Wiederum besteht allenfalls eine Pflicht der Weko, das Sekretariat mit

zusätzlichen Untersuchungsmassnahmen zu beauftragen, wenn nur dadurch dem Anspruch auf rechtliches Gehör der Beteiligten Genüge getan werden kann (BORER, Kommentar, Art. 30 N 8). Den Beteiligten steht kein Recht zu, zusätzliche Untersuchungshandlungen zu verlangen. Die Weko hat keine Möglichkeit, selbst unmittelbar an Untersuchungshandlungen mitzuwirken (BORER, Kommentar, Art. 30 N 8).

5 Art. 30 Abs. 3 gewährt die Möglichkeit des Widerrufs oder der Abänderung des Entscheides durch die Weko, falls sich die tatsächlichen oder rechtlichen Verhältnisse wesentlich geändert haben. Der Widerruf setzt einen entsprechenden Antrag des Sekretariates oder der durch den früheren Entscheid Betroffenen voraus. Die Ablehnung eines Antrages durch einen Betroffenen erfolgt ebenfalls durch eine beschwerdefähige Verfügung (vgl. Art. 44). Dem Sekretariat steht bei Ablehnung seines Antrages kein Beschwerderecht zu (SCHMIDHAUSER, KG-Kommentar, Art. 30 N 25).

Art. 31 Ausnahmsweise Zulassung

[1] Hat die Wettbewerbskommission entschieden, dass eine Wettbewerbsbeschränkung unzulässig ist, so können die Beteiligten innerhalb von 30 Tagen beim Departement eine ausnahmsweise Zulassung durch den Bundesrat aus überwiegenden öffentlichen Interessen beantragen. Ist ein solcher Antrag gestellt, so beginnt die Frist für die Einreichung einer Beschwerde an die Rekurskommission für Wettbewerbsfragen erst mit der Eröffnung des Entscheides des Bundesrates zu laufen.

[2] Der Antrag auf ausnahmsweise Zulassung durch den Bundesrat kann auch innerhalb von 30 Tagen seit Eintritt der Rechtskraft eines Entscheides der Rekurskommission für Wettbewerbsfragen oder des Bundesgerichts aufgrund einer Verwaltungsgerichtsbeschwerde gestellt werden.

Art. 31 Ausnahmsweise Zulassung

³ Die Zulassung ist zeitlich zu beschränken; sie kann mit Bedingungen und Auflagen verbunden werden.

⁴ Der Bundesrat kann eine Zulassung auf Gesuch hin verlängern, wenn die Voraussetzungen dafür weiterhin erfüllt sind.

1   Art. 31 regelt die verwaltungsrechtlichen Verfahrensbestimmungen für die ausnahmsweise Zulassung durch den Bundesrat (vgl. Art. 8). Gemäss Art. 31 Abs. 1 können die an einer für unzulässig erklärten Wettbewerbsbeschränkung Beteiligten innerhalb von dreissig Tagen seit dem Entscheid der Weko beim Eidgenössischen Volkswirtschaftsdepartement die ausnahmsweise Zulassung durch den Bundesrat beantragen. Der Antrag an den Bundesrat soll die Beschwerdemöglichkeit an die Reko bzw. das Bundesgericht nicht verhindern. Die Frist für die Einreichung der Beschwerde bei der Reko beginnt deshalb erst mit der Eröffnung des Entscheides des Bundesrates zu laufen.

2   Der Antrag an den Bundesrat kann auch erst nach dem Entscheid der Reko für Wettbewerbsfragen oder nach dem Entscheid des Bundesgerichts erfolgen. In diesem Fall muss das Gesuch an den Bundesrat spätestens innert 30 Tagen seit Eintritt der Rechtskraft gestellt werden (Art. 31 Abs. 2). Die Rechtskraft eines Entscheides der Reko tritt nach Ablauf der Rechtsmittelfrist für die Verwaltungsgerichtsbeschwerde ans Bundesgericht ein, die gemäss Art. 106 Abs. 1 OG dreissig Tage beträgt. Entscheide des Bundesgerichts werden gemäss Art. 38 OG mit der Ausfällung rechtskräftig.

3   Nach Art. 31 Abs. 3 hat der Bundesrat die Zulassung zeitlich zu beschränken. Die Zulassung kann zudem mit Auflagen und Bedingungen verbunden werden. Falls die Voraussetzungen von Art. 8 weiterhin vorliegen, kann der Bundesrat die Zulassung auf Gesuch hin verlängern (Art. 31 Abs. 4). Durch die zwingende zeitliche Beschränkung soll der Ausnahmecharakter des Verfahrens verdeutlicht werden (Botschaft 94, 606).

Die Festsetzung der zeitlichen Dauer liegt im Ermessen des Bundesrates. Der Entscheid des Bundesrates ist endgültig.

4 Berechtigt, einen Antrag an den Bundesrat zu stellen, sind gemäss Art. 31 Abs. 1 die Beteiligten. Darunter sind in erster Linie die Adressaten der Verfügung der Weko zu verstehen. Beteiligte Dritte gemäss Art. 43 können unter gewissen Umständen ebenfalls ein entsprechendes Interesse haben und damit antragsberechtigt sein (vgl. BORER, Kommentar, Art. 31 N 4; SCHMIDHAUSER, KG-Kommentar, Art. 31 N 9).

3. Abschnitt: Prüfung von Unternehmenszusammenschlüssen

Art. 32 Einleitung des Prüfungsverfahrens

¹ **Wird ein Vorhaben über einen Unternehmenszusammenschluss gemeldet (Art. 9), so entscheidet die Wettbewerbskommission, ob eine Prüfung durchzuführen ist. Sie hat die Einleitung dieser Prüfung den beteiligten Unternehmen innerhalb eines Monats seit der Meldung mitzuteilen. Erfolgt innerhalb dieser Frist keine Mitteilung, so kann der Zusammenschluss ohne Vorbehalt vollzogen werden.**

² **Die beteiligten Unternehmen dürfen den Zusammenschluss innerhalb eines Monats seit der Meldung des Vorhabens nicht vollziehen, es sei denn, die Wettbewerbskommission habe dies auf Antrag dieser Unternehmen aus wichtigen Gründen bewilligt.**

1 Wird eine Zusammenschlussmeldung eingereicht, so bestätigt das Sekretariat den meldenden Unternehmen innert zehn Tagen schriftlich den Eingang der Meldung und deren Vollständigkeit. Sind die Angaben oder Beilagen in einem wesentlichen Punkt unvollständig, fordert das Sekretariat die meldenden Unternehmen innert der gleichen Frist auf, die Meldung zu ergänzen (Art. 14 VKU). Als wesentliche Punkte gelten insbe-

sondere die Angaben in Art. 11 VKU, die auch im Meldeformular stipuliert werden. Wird innert der Zehn-Tage-Frist die Vollständigkeit der Meldung (siehe Anhang) festgestellt, so beginnt die Frist für die Vorprüfung am Tag nach Eingang der (vollständigen) Meldung (Art. 20 Abs. 1 VKU) mithin nicht erst am Tag nach Bestätigung der Vollständigkeit. Sie endet mit Ablauf des Tages im Folgemonat, dessen Datum dieselbe Tageszahl trägt wie der Tag des Fristbeginns (Art. 20 Abs. 1 VKU). Gibt es diesen Tag im Folgemonat nicht, so endet die Frist am letzten Tag des Folgemonats. Ist die Meldung unvollständig, beginnt die Frist am Tag nach Eingang der vollständigen Meldung. Nach Art. 15 VKU kann das Sekretariat der Weko ungeachtet der Vollständigkeit einer Meldung und des Fristenlaufs sowohl von den beteiligten Unternehmen als auch von Dritten weiter gehende Informationen verlangen.

2   Die Zweiteilung des Verfahrens in eine einmonatige Vorprüfungs- und eine viermonatige Prüfungsphase, welche im KG 95 eingeführt wurde, ist vom EG-Fusionskontrollverfahren übernommen worden (DUCREY, Kontrolle, 307, FN 407; ZURKINDEN, Fusionskontrolle, 69). Diese Gleichschaltung hat die Koordinierung bei parallelen Verfahren zwischen Bern und Brüssel auf Seiten der Unternehmen im Grundsatz erleichtert. Allerdings muss bei parallelen Verfahren berücksichtigt werden, dass in der Schweiz nach der Eingabe der Meldung bei der Weko immer die Gefahr der Mitteilung der Unvollständigkeit besteht, was eine Verzögerung des schweizerischen Verfahrens zur Folge hat. Ebenso ist zu berücksichtigen, dass die Bestimmungen des Verwaltungsverfahrensgesetzes (VwVG) über den Stillstand der Fristen (Art. 22a VwVG) ausgeschlossen sind (Art. 20 Abs. 1 VKU), während im EG-Fusionskontrollverfahren bei bestimmten Feiertagen eine Unterbrechung der Fristen erfolgt. Die Koordinierung von schweizerischen und EG-Fusionskontrollverfahren wurde ab dem 1. Mai 2004 weiter erschwert, da mit Einführung der Verordnung (EG) Nr. 139/2004 vom 20.1.2004 über die Kon-

Art. 32 Einleitung des Prüfungsverfahrens

trolle von Unternehmenszusammenschlüssen (EG-Fusionskontrollverordnung, ABl. 2004, Nr. L 24, 1 ff. vom 29.1.2004) dort neue Fristen gelten (vgl. Art. 10 der revidierten EG-Fusionskontrollverordnung).

3   Während der einmonatigen Frist untersucht das Sekretariat, ob Anhaltspunkte für die Begründung oder Verstärkung einer marktbeherrschenden Stellung im Sinne von Art. 10 Abs. 2 bestehen. Das Sekretariat muss den Sachverhalt nach Eingang der vollständigen Meldung von Amtes wegen abklären und trägt die Beweisführungslast. Es muss allenfalls beantragte Beweismittel nur zulassen, wenn sie zur Abklärung des entscheidrelevanten Sachverhaltes tauglich sind, und es kann auch nicht beantragte Beweise erheben. Die knappe Frist lässt allerdings nur eine summarische Prüfung zu (DUCREY, 306). Ist der Zusammenschluss unbedenklich, teilt der mit dem Fall befasste Dienst des Sekretariats dies der zuständigen Kammer innert ca. zehn Tagen nach Eingang der vollständigen Meldung mit. Falls der Kammerpräsident nicht einen ausführlichen Antrag an die Kammer verlangt, teilt das Sekretariat den Parteien die Unbedenklichkeit mit (Art. 16 Abs. 1 VKU). Andernfalls verfasst das Sekretariat einen ausführlichen Antrag, in welchem u.U. auch Ergebnisse von Befragungen (Konkurrenten, Marktgegenseite usw.) enthalten sind und über welche die Kammer dann entscheidet. Verlangen mindestens drei Weko-Mitglieder die Behandlung des Falles im Weko-Plenum, so wird das Zusammenschlussvorhaben von der Weko als Gesamtbehörde beurteilt (Art. 4 Abs. 4 VKU; zum Ablauf im Einzelnen vgl. DUCREY, Kontrolle, 305 ff. und 309 f.).

4   Auflagen und Bedingungen sind bereits im Rahmen der Vorprüfung möglich (Art. 16 Abs. 2 VKU). Die Mitteilung zur Einleitung eines Prüfungsverfahrens muss den beteiligten Unternehmen vor Ablauf der einmonatigen Frist gemacht werden, ansonsten das Zusammenschlussvorhaben als bewilligt gilt (Art. 20 Abs. 2 VKU i.V.m. Art. 34). Die Frage, ob der Ent-

scheid, eine Prüfung einzuleiten oder nicht, eine anfechtbare Verfügung darstelle, ist umstritten (vgl. etwa BOVET, Commentaire Romand, Art. 32 N 71 und 72). Nach der hier vertretenen Meinung handelt es sich entsprechend der Situation im Bereich der Verhaltenskontrolle nicht um eine anfechtbare Verfügung (ZURKINDEN, Fusionskontrolle, 41 f. gl.M. DUCREY, Kontrolle, 309 f., FN 423). Die Unbedenklichkeit kann den Unternehmen auch vor Ablauf der Frist mitgeteilt werden, was in der Praxis regelmässig gemacht wird, damit die beteiligten Unternehmen mit dem Vollzug nicht bis zum Ablauf der Frist warten müssen. Die Erledigung der Beurteilung eines Zusammenschlussvorhabens wird in der RPW veröffentlicht, wobei die Parteien zum zu veröffentlichenden Text Stellung nehmen und vor allem die Streichung von allfälligen Geschäftsgeheimnissen fordern können.

5   Auf das Verfahren nach Art. 32 ff. sind Art. 39 ff. VwVG anwendbar. Gemäss Art. 40 sind somit die am Zusammenschluss Beteiligten und Dritte zur Auskunft verpflichtet, wobei sich die Auskunftspflichtigen nicht auf Art. 16 Abs. 2 VwVG berufen können (Botschaft 94, 615). Im Gegenzug ist die Behörde gemäss Art. 25 zur Wahrung des Amts- und der Geschäftsgeheimnisse verpflichtet. Art. 42 wäre grundsätzlich anwendbar, wird in der Praxis aber kaum angewendet. Parteirechte haben gemäss Art. 43 Abs. 4 nur die am Zusammenschluss beteiligten Unternehmen. Entgegen vereinzelten Lehrmeinungen (BOVET, Commentaire Romand, Art. 32 N 60) gilt das Akteneinsichtsrecht bereits in der Vorprüfungsphase. Einen expliziten Ausschluss der Akteneinsicht, wie in Art. 26 für die Vorabklärung vorgesehen, gibt es im Fusionskontrollverfahren nicht. Allerdings wird dieses Recht in der Praxis nur in den seltensten Fällen wahrgenommen. Hausdurchsuchungen können in der Vorprüfungsphase nicht stattfinden. Diese einschneidende Ermittlungsbefugnis ist nur gegeben, wenn begründeter Verdacht auf eine Wettbewerbsverletzung besteht.

Ein solcher begründeter Verdacht dürfte aber erst nach der Einleitung einer Prüfung nach Art. 33 aktuell werden.

6 Während des Vorprüfungsverfahrens gilt das Vollzugsverbot. Davon nicht berührt sind Vorbereitungshandlungen, soweit sie nicht Handlungen beinhalten, die den Zusammenschluss definitiv vollziehen (DUCREY, Kontrolle, 308). Das Verbot bleibt ohne Einfluss auf die zivilrechtliche Verbindlichkeit von Vereinbarungen zwischen den beteiligten Unternehmen, die vor dem Vollzug ergehen (Botschaft 94, 609). Eine Verletzung des Vollzugsverbots ist mit Sanktionen nach Art. 51 und 55 bedroht.

7 Die beteiligten Unternehmen können bei der Weko den Antrag auf vorzeitigen Vollzug stellen (Art. 32 Abs. 2). Hierzu sind allerdings wichtige Gründe vorzubringen. Die Botschaft erwähnt Sanierungsfusionen und Zusammenschlussvorhaben im Zusammenhang mit öffentlichen Übernahmeangeboten (Botschaft 94, 608). Generell sollen aber alle Gründe für die Bewilligung des vorzeitigen Vollzugs vorgebracht werden können, die eine Dringlichkeit zur Realisierung des Vorhabens derart indizieren, dass der Zusammenschluss andernfalls nicht mehr sinnvoll vollzogen werden kann oder Dritten mit der Verzögerung Schaden zugefügt wird (vgl. Entscheide der Weko i.S. Publicitas/Gasser/Tschudi Druck, RPW 1997/2, 179 ff. und i.S. Schweizerische Post/BEVO, RPW 1998/2, 272 ff.). Selbstverständlich müssen solche Gründe immer im Verhältnis zur Gefahr der (negativen) Auswirkungen des Zusammenschlusses geprüft werden. Da während der Vorprüfungsphase die genauen Auswirkungen des Zusammenschlusses unter Umständen noch nicht bekannt sind, wird von dieser Möglichkeit im Rahmen der Vorprüfung nur selten Gebrauch gemacht. Es spricht nichts dagegen, dass die Weko, falls sie die Auswirkungen des Wettbewerbs im Rahmen eines solchen Antrags prüft, gegebenenfalls auch gleich den Zusammenschluss definitiv bewilligt bzw. eine Prüfung einleitet, ohne einen Ent-

scheid über den vorläufigen Vollzug vorzuschalten (vgl. zu dieser Problematik den Entscheid i.S. UBS/SBV, RPW 1998/2, 265 und ZURKINDEN, Fusionskontrolle, 38 f.).

8 Der vorzeitige Vollzug kann gemäss Art. 16 Abs. 2 VKU auch mit Bedingungen und Auflagen versehen werden (vgl. wiederum den Entscheid i.S. UBS/SBV, in welchem auch die Problematik, in diesem frühen Verfahrensstand über die Notwendigkeit von Auflagen und Bedingungen zu beschliessen, sichtbar wird.). Die Problematik der Beurteilung besteht umso mehr dann, wenn derartige Gesuche analog zu Art. 17 VKU bereits vor Einreichung der Meldung erfolgen (DUCREY, Kontrolle, 309). Nach der hier vertretenen Meinung sollten daher Gesuche um vorzeitigen Vollzug ausser in Fällen nach Art. 17 VKU frühestens gleichzeitig mit der Zusammenschlussmeldung möglich sein.

9 Der Entscheid über den vorzeitigen Vollzug ergeht in Form einer beschwerdefähigen Zwischenverfügung nach Art. 45 VwVG (DUCREY, Kontrolle, 309; vgl. auch BOVET, Commentaire Romand, Art. 32 N 66). Es handelt sich um eine provisorische Vollzugsentscheidung, die den Parteien keine Rechtssicherheit gibt. Die Weko hat auch im Fall der Gutheissung des vorzeitigen Vollzugs die Möglichkeit, diesen am Ende des Verfahrens zu untersagen oder die Erlaubnis mit Auflagen und Bedingungen zu versehen.

Art. 33 Prüfungsverfahren

[1] Beschliesst die Wettbewerbskommission die Durchführung einer Prüfung, so veröffentlicht das Sekretariat den wesentlichen Inhalt der Meldung des Zusammenschlusses und gibt die Frist bekannt, innerhalb welcher Dritte zum gemeldeten Zusammenschluss Stellung nehmen können.

² Zu Beginn der Prüfung entscheidet die Wettbewerbskommission, ob der Zusammenschluss ausnahmsweise vorläufig vollzogen werden kann oder aufgeschoben bleibt.

³ Sie führt die Prüfung innerhalb von vier Monaten durch, sofern sie nicht durch Umstände gehindert wird, die von den beteiligten Unternehmen zu verantworten sind.

1 Die Durchführung der Prüfung eines Zusammenschlusses wird den am Zusammenschluss beteiligten Unternehmen schriftlich mitgeteilt und ist zusammen mit dem wesentlichen Inhalt der Meldung, d.h. Firma, Sitz und Geschäftätigkeit der beteiligten Unternehmen, einer kurzen Beschreibung des Zusammenschlusses sowie der Angabe einer Frist, innerhalb welcher Dritte zum gemeldeten Zusammenschluss Stellung nehmen können, zu veröffentlichen (Art. 33 Abs. 1 i.V.m. Art. 18 VKU). Die Veröffentlichung muss mindestens im Bundesblatt und im SHAB erfolgen (Art. 18 VKU) und darf keine Geschäftsgeheimnisse enthalten (Art. 25). Die Publikation soll es Dritten ermöglichen, sich zum Zusammenschlussvorhaben schriftlich zu äussern. Nur in konkreten Einzelfällen kann das Sekretariat eine mündliche Anhörung anordnen (Art. 19 VKU). Die Frist zur Stellungnahme Dritter ist im Gesetz der Verordnung nicht umschrieben und kann von der Weko unter Beachtung der allgemeinen Verfahrensregeln nach pflichtgemässem Ermessen festgelegt werden. Sie hat auf den Fristenlauf der Prüfung keinen Einfluss. Dritte, die eine Stellungnahme abgegeben, erlangen damit keine Parteirechte (Art. 43 Abs. 4). Es steht im Ermessen der Weko, inwiefern sie die Stellungnahmen Dritter bei der wettbewerbsrechtlichen Beurteilung berücksichtigt (DUCREY, Kontrolle, 311).

2 Die Prüfung ist grundsätzlich innerhalb von vier Monaten durchzuführen (Art. 33 Abs. 3). Die Frist beginnt am Tag nach der Zustellung des Beschlusses der Weko, wonach sie eine Prüfung vornehme (Art. 20 Abs. 4 VKU). Für die Fristberechnung gilt Art. 20 Abs. 1 VKU sinngemäss, d.h., die viermona-

tige Prüfungsfrist endet mit Ablauf des Tages im vierten darauf folgenden Monat, dessen Datum dieselbe Tageszahl trägt wie der Tag des Fristbeginns; gibt es diesen Tag in diesem Monat nicht, so endet die Frist am letzten Tag des Folgemonats. Ein Fristenstillstand findet auch hier nicht statt, da Art. 22a VwVG nicht anwendbar ist (Art. 20 Abs. 1 i.V.m. Abs. 4 VKU). Die viermonatige Prüfungsfrist kann gemäss Art. 33 Abs. 3 ausschliesslich durch Umstände, die von den beteiligten Unternehmen zu verantworten sind, verlängert werden. Die Verlängerung erfolgt mit anfechtbarer Zwischenverfügung (vgl. Zusammenschlussfall Revisuisse Price Waterhouse/STG-C&L, RPW 1998/2, 215 f.). Ein «Wiederaufleben der Frist» (DUCREY, Kontrolle, 313) erfolgt bei wesentlichen Änderungen der in der Meldung beschriebenen Tatsachen (Art. 21 VKU); zum Ablauf des Verfahrens vgl. DUCREY, Kontrolle, 312 f.).

3 Wie im Verfahren der Vorprüfung ist auch im Prüfungsverfahren gemäss Art. 39 das VwVG anwendbar. Parteirechte kommen aber aufgrund von Art. 43 Abs. 4 nur den am Zusammenschluss beteiligten Unternehmen zu. Eine Ausnahme muss für kollektiv marktbeherrschende Unternehmen gelten, die zwar nicht Zusammenschlusspartei sind, die aber an der Transaktion zumindest indirekt beteiligt sind, indem sie mit zumindest einer der Zusammenschlussparteien aufgrund kollusiven Parallelverhaltens verbunden sind (Frage der Beschwerdebefugnis offen gelassen bei DUCREY, Kontrolle, 311 f. FN 432).

4 Das Vollzugsverbot nach Art. 32 Abs. 2 bleibt grundsätzlich auch während der Prüfungsverfahrens bestehen. Die Weko entscheidet zu Beginn der Prüfung, ob der Zusammenschluss ausnahmsweise vorläufig vollzogen werden kann oder aufgeschoben bleibt (Art. 33 Abs. 2; zu den Gründen, wann ein vorzeitiger Vollzug gewährt werden kann, vgl. Erläuterungen oben zu Art. 32). Hierbei handelt es sich um eine provisorische Vollzugsentscheidung, die den Parteien keine Rechtssicherheit

gibt. Die Weko hat auch im Fall der Genehmigung des vorläufigen Vollzugs die Möglichkeit, den Zusammenschluss im Anschluss an die Prüfung zu untersagen, oder die Erlaubnis mit Auflagen und Bedingungen zu versehen. Das Recht, einen Antrag auf vorzeitigen Vollzug des Zusammenschlusses zu stellen, verbleibt den beteiligten Unternehmen während der ganzen Dauer des Prüfungsverfahrens (Art. 16 Abs. 2 VKU).

5 Das Prüfungsverfahren kann auf vier Arten beendet werden. Wenn die Weko nach Ablauf der Frist von vier Monaten (bzw. der aufgrund von Art. 33 Abs. 3 verlängerten Frist) den Parteien keine Mitteilung macht, gilt der Zusammenschluss als zugelassen. Ebenfalls uneingeschränkt zugelassen werden kann der Zusammenschluss mit einer förmlichen Entscheidung. Als dritte Möglichkeit der Verfahrenserledigung gilt die an Bedingungen und Auflagen geknüpfte Zulassung (vgl. Art. 10 Abs. 2). Bedingungen müssen zeitlich vor, Auflagen erst nach dem Vollzug erfüllt werden (BOVET, Commentaire Romand, Art. 33 N 25). Die Weko ordnet in ihrer Praxis Auflagen und Bedingungen an, die entweder struktureller Natur sind oder das Verhalten nach der Transaktion regulieren (BOVET, Commentaire Romand, Art. 33 N 26 ff., Entscheid i.S. UBS/SBV, RPW 1998/2, 314). Gemäss der hier vertretenen Meinung ist aber die Weko, entsprechend der Eigenart der Fusionskontrolle als Strukturkontrolle, lediglich befugt, Auflagen und Bedingungen struktureller Natur anzuordnen. Wenn die Voraussetzungen von Art. 10 Abs. 2 vorliegen und eine marktbeherrschende Stellung, durch die wirksamer Wettbewerb beseitigt werden kann, begründet oder verstärkt wird und keine Verbesserung der Wettbewerbsverhältnisse in einem anderen Markt resultiert, welche die Nachteile der marktbeherrschenden Stellung überwiegt, und die Weko dem nicht mit Auflagen oder Bedingungen beikommen kann, so hat sie den Zusammenschluss zu untersagen.

Art. 34   Rechtsfolgen

6   Die nach Inkrafttreten des KG 95 zunächst umstrittenen Fragen, ob der Entscheid über die Zulassung des Zusammenschlusses eine Verfügung im Sinne von Art. 5 VwVG darstellt oder nicht und ob Dritte trotz fehlender Parteistellung (Art. 43 Abs. 4) gegen eine Zulassung Beschwerde nach Art. 44 erheben können, werden mittlerweile von der Lehre grösstenteils bejaht (BOVET, Commentaire Romand, Vorbemerkungen zu den Art. 32-38 N 18 ff.; DUCREY, Kontrolle, 311 f. FN 432; ZURKINDEN, Fusionskontrolle, 43 f. FN 219).

7   Der Ausgang der Prüfungsverfahren ist im Bundesblatt und im SHAB zu publizieren (Art. 23 VKU). Weiter wird im Normalfall der Entscheid bzw. eine Zusammenfassung hiervon in der RPW veröffentlicht. Zum zu veröffentlichenden Text können die Parteien insbesondere unter dem Blickwinkel von Art. 25 Stellung nehmen.

Art. 34   Rechtsfolgen

Die zivilrechtliche Wirksamkeit eines meldepflichtigen Zusammenschlusses bleibt, unter Vorbehalt des Fristablaufs gemäss Artikel 32 Absatz 1 und der Bewilligung zum vorläufigen Vollzug, aufgeschoben. Trifft die Wettbewerbskommission innerhalb der in Artikel 33 Absatz 3 genannten Frist keine Entscheidung, so gilt der Zusammenschluss als zugelassen, es sei denn, die Wettbewerbskommission stelle mit einer Verfügung fest, dass sie bei der Prüfung durch Umstände gehindert worden ist, die von den beteiligten Unternehmen zu verantworten sind.

1   Art. 32 Abs. 2 statuiert ein Vollzugsverbot für Zusammenschlussvorhaben während der Dauer des Vorprüfungsverfahrens und, wenn ein solches eingeleitet wird, auch während der Dauer des Prüfungsverfahrens. Art. 34 regelt die zivilrechtlichen Folgen dieses Vollzugsverbots.

2   Die Bestimmung hält fest, dass «die zivilrechtliche Wirksamkeit eines meldepflichtigen Zusammenschlusses (…) aufge-

schoben» bleibt. Dieser Artikel stipuliert damit eine conditio juris, d.h. eine Rechtsbedingung, die gleich einer aufschiebenden Bedingung wirkt (DUCREY, Kontrolle, 265; Botschaft 94, 609 f.).

3   Von der Bedingung erfasst ist grundsätzlich das Verfügungsgeschäft (Botschaft 94, 609 f.). Im Effekt bedeutet dies, dass der Vertrag über das Zusammenschlussvorhaben (Verpflichtungsgeschäft) ohne weiteres gültig ist, er jedoch erst mit der Genehmigung der Weko, sei es durch Ablauf der Fristen oder durch eine Verfügung (einschliesslich der Gewährung des vorzeitigen Vollzugs), vollzogen werden kann (Verfügungsgeschäft). Es ist damit den Parteien überlassen, das Verpflichtungsgeschäft unter dem Vorbehalt der Zustimmung der Weko abzuschliessen. Vollzugshandlungen, die während des Vollzugsverbots abgeschlossen werden, sind nicht nichtig, sondern schwebend unwirksam (DUCREY, Kontrolle, 265; ausführlich BOVET, Commentaire Romand, Art. 34 N 5 ff.) und erlangen ex tunc Gültigkeit nach Genehmigung des Zusammenschlusses. Das Vollzugsverbot und die zivilrechtliche Unwirksamkeit gelten bis zum Entscheid der Rechtsmittelinstanzen, ohne das Verfahren vor dem Bundesrat (BOVET, Commentaire Romand, Art. 34 N 4).

Art. 35   Verletzung der Meldepflicht

Wurde ein meldepflichtiger Unternehmenszusammenschluss ohne Meldung vollzogen, so wird das Verfahren nach den Artikeln 32–38 von Amtes wegen eingeleitet. In einem solchen Fall beginnt die Frist nach Artikel 32 Absatz 1 zu laufen, sobald die Behörde im Besitz der Informationen ist, die eine Meldung enthalten muss.

1   Der Vollzug eines meldepflichtigen Zusammenschlusses ohne Meldung hat nicht nur Sanktionen im Sinne von Art. 51 und 55 zur Folge, sondern führt auch zur Nachholung des Verfah-

rens nach Art. 32 ff. von Amtes wegen. Dabei werden die Zusammenschlussparteien zunächst schriftlich auf die mögliche Meldepflicht hingewiesen (DUCREY, Kontrolle, 264, FN 155 mit Verweisung auf die Kasuistik). Die Weko entscheidet über die Einleitung des Verfahrens. Bei dieser Entscheidung handelt es sich um eine anfectbare Zwischenverfügung nach Art. 45 VwVG (BOVET, Commentaire Romand, Art. 35 N 4). Die Frage, ob die Zusammenschlussparteien ein Feststellungsinteresse am Bestand der Meldepflicht haben oder nicht, stellt sich damit nicht (vgl. aber DUCREY, Kontrolle, 264 FN 155).

2   Ein Sanktionsverfahren in Anwendung von Art. 51 und 55 bedarf vorgängig der Einleitung des Verfahrens nach Art. 32 ff. (BOVET, Commentaire Romand, Art. 35 N 5).

3   Am Tag nachdem alle Informationen nach Art. 11 VKU beim Sekretariat eingetroffen sind, beginnt das Verfahren nach Art. 32 ff.

Art. 36   Verfahren der Ausnahmegenehmigung

¹ Hat die Wettbewerbskommission den Zusammenschluss untersagt, so können die beteiligten Unternehmen innerhalb von 30 Tagen beim Departement eine ausnahmsweise Zulassung durch den Bundesrat aus überwiegenden öffentlichen Interessen beantragen. Ist ein solcher Antrag gestellt, so beginnt die Frist für die Einreichung einer Beschwerde an die Rekurskommission für Wettbewerbsfragen erst mit der Eröffnung des Entscheides des Bundesrates zu laufen.

² Der Antrag auf ausnahmsweise Zulassung durch den Bundesrat kann auch innerhalb von 30 Tagen seit Eintritt der Rechtskraft eines Entscheides der Rekurskommission für Wettbewerbsfragen oder des Bundesgerichts aufgrund einer Verwaltungsgerichtsbeschwerde gestellt werden.

³ Der Bundesrat entscheidet über den Antrag möglichst innerhalb von vier Monaten seit Eingang des Antrages.

1 Beteiligte Unternehmen haben in zeitlicher Hinsicht verschiedene Möglichkeiten, um nach der Untersagung eines Zusammenschlusses eine Ausnahmegenehmigung nach Art. 11 beim Bundesrat zu verlangen. Der Antrag muss an das EVD gerichtet sein und darlegen, welche öffentlichen Interessen vom Zusammenschluss betroffen sind, warum sie durch ihn verwirklicht werden können und inwiefern deren Verwirklichung die wettbewerbsschädlichen Wirkungen überwiegt (DUCREY, Kontrolle, 315).

2 Der Antrag muss grundsätzlich nicht von allen beteiligten Unternehmen gemeinsam gestellt werden (BOVET, Commentaire Romand, Art. 36 N 7; siehe aber Erläuterungen zu Art. 11 unten). Er hat, wie der Antrag nach Art. 31, keine aufschiebende Wirkung.

3 Der Bundesrat entscheidet im Kollegium, wobei das EVD die Entscheidung vorbereitet; Art. 39 KG bzw. das VwVG ist anwendbar (DUCREY, Kontrolle, 315).

4 Der Bundesrat hat bis anhin noch nie über ein Ausnahmegesuch nach Art. 11 KG entscheiden müssen.

5 Der Entscheid des Bundesrates ist endgültig (DUCREY, Kontrolle, 316).

Art. 37 *Wiederherstellung wirksamen Wettbewerbs*

¹ Wird ein untersagter Zusammenschluss vollzogen oder ein vollzogener Zusammenschluss untersagt und für den Zusammenschluss keine ausnahmsweise Zulassung beantragt oder erteilt, so sind die beteiligten Unternehmen verpflichtet, die Massnahmen durchzuführen, die zur Wiederherstellung wirksamen Wettbewerbs erforderlich sind.

² Die Wettbewerbskommission kann die beteiligten Unternehmen auffordern, verbindliche Vorschläge darüber zu machen,

wie wirksamer Wettbewerb wiederhergestellt wird. Sie setzt dafür eine Frist fest.

³ Billigt die Wettbewerbskommission die Vorschläge, so kann sie verfügen, wie und innert welcher Frist die beteiligten Unternehmen die Massnahmen durchführen müssen.

⁴ Machen die beteiligten Unternehmen trotz Aufforderung der Wettbewerbskommission keine Vorschläge oder werden diese von der Wettbewerbskommission nicht gebilligt, so kann die Wettbewerbskommission folgende Massnahmen verfügen:

a. die Trennung der zusammengefassten Unternehmen oder Vermögenswerte;

b. die Beendigung des kontrollierenden Einflusses;

c. andere Massnahmen, die geeignet sind, wirksamen Wettbewerb wiederherzustellen.

1   Das Verfahren nach Art. 37 wird dann eingeleitet, wenn entweder ein vollzogener Zusammenschluss rechtskräftig untersagt und keine ausnahmsweise Zulassung beantragt oder gewährt wurde oder wenn ein untersagter Zusammenschluss vollzogen wird. Die Eröffnung des Verfahrens wird den beteiligten Unternehmen mitgeteilt, und sie werden aufgefordert, innerhalb einer bestimmten Frist Vorschläge zur Wiederherstellung wirksamen Wettbewerbs zu machen (DUCREY, Kontrolle, 317).

2   Zur Einleitung des Verfahrens bedarf es einer rechtskräftigen Untersagung (vgl. auch die bei BOVET, Commentaire Romand, Art 37 N 1 ff. aufgeführten Sachverhalte). Entsprechend der Eigenart des Verfahrens (Strukturkontrolle) dürfen die Massnahmen zur Wiederherstellung wirksamen Wettbewerbs nur struktureller Natur sein (vgl. DUCREY, Kontrolle, 316, und die Beispiele bei BOVET, Commentaire Romand, Art. 37 N 111. Letzterer verweist allerdings auch auf seine Erläuterungen zu Art. 33, in welchen er auch Verhaltensregulierungen als zuläs-

3 Die Eröffnung des Verfahrens nach Art. 37 erfolgt durch die Weko und stellt nach der hier vertretenen Meinung, gleich wie die Eröffnung des Verfahrens nach Art. 35, eine anfechtbare Verfügung dar.

4 Abs. 2 und 4 sind insofern widersprüchlich, als Abs. 2 dem Wortlaut nach eine «Kann-Vorschrift» darstellt, während Abs. 4 die Befugnis zur Anordnung der Massnahmen dann als gegeben ansieht, wenn die beteiligten Unternehmen trotz Aufforderung nicht reagieren oder wenn deren Vorschläge ungenügend sind. Nach der hier vertretenen Meinung kann die Weko derart einschneidende Massnahmen nicht direkt verfügen, sondern muss in jedem Fall vorgängig die beteiligten Unternehmen auffordern, Vorschläge zur Wiederherstellung des Wettbewerbs zu machen (siehe aber BOVET, Commentaire Romand, Art. 37 N 7).

5 Das Verfahren nach Art. 37 ist unabhängig von der Frage der zivilrechtlichen Wirksamkeit im Sinne von Art. 34 und auch unabhängig von den Verfahren nach Art. 35 oder Art. 51 bzw. 55 (BOVET, Commentaire Romand, Art. 37 N 14).

Art. 38 Widerruf und Revision

¹ **Die Wettbewerbskommission kann eine Zulassung widerrufen oder die Prüfung eines Zusammenschlusses trotz Ablauf der Frist von Artikel 32 Absatz 1 beschliessen, wenn:**

a. **die beteiligten Unternehmen unrichtige Angaben gemacht haben;**

b. **die Zulassung arglistig herbeigeführt worden ist; oder**

Art. 38 Widerruf und Revision

c. die beteiligten Unternehmen einer Auflage zu einer Zulassung in schwerwiegender Weise zuwiderhandeln.

² Der Bundesrat kann eine ausnahmsweise Zulassung aus denselben Gründen widerrufen.

1 Unter bestimmten Voraussetzungen hat die Weko das Recht, eine Zulassung zu widerrufen oder die Prüfung eines Zusammenschlusses trotz Ablaufs der Frist von Art. 32 Abs. 1 (d.h. Ablauf der vorläufigen Prüfung ohne Mitteilung an die beteiligten Unternehmen über die Durchführung einer Prüfung, was grundsätzlich die Zulassung des Zusammenschlussvorhabens bewirkt) zu beschliessen. Obwohl im Zusammenhang mit der Zulassung in der Vorprüfungsphase lediglich der Ablauf der Frist erwähnt wird, dürfte auch die Zulassung per Mitteilung der Unbedenklichkeit an die Parteien vor Ablauf der einmonatigen Frist hinzuzuzählen sein. Der Widerruf nach Art. 38 hat keinen pönalen Charakter, sondern ausschliesslich das Ziel, wirksamen Wettbewerb zu garantieren (BOVET, Commentaire Romand, Art. 38 N 4 ff.).

2 Die Tatbestände, welche einen Widerruf oder eine Revision nach sich ziehen, sind in Art. 38 Abs. 1 einzeln und abschliessend umschrieben (BOVET, Commentaire Romand, Art. 38 N 20). Bei deren Anwendung ist der Grundsatz der Verhältnismässigkeit zu beachten. So können «unrichtige» Angaben nur dann einen Widerruf nach sich ziehen, wenn sie für die Zulassung des Zusammenschlusses (zusammen mit anderen Gründen) kausal waren und wenn deren Berichtigung zu einer negativen Beurteilung des Zusammenschlusses führt. Lit. a von Abs. 1 betrifft nicht nur Angaben, welche in der Meldung gemacht werden, sondern auch solche, die später, beispielsweise aufgrund von Art. 15 VKU nachgereicht werden (BOVET, Commentaire Romand, Art. 38 N 17). Die unrichtigen Angaben müssen von den beteiligten Unternehmen selber gemacht werden, d.h. unrichtige Angaben, die von Dritten stammen, fallen nicht unter diese Bestimmung. Ebenso wenig können In-

formationen, bei denen von den beteiligten Unternehmen angezeigt wird, dass man sich über deren Richtigkeit nicht sicher ist (beispielsweise Vermutungen oder Schätzungen) – und deren Richtigkeit daher das Sekretariat von Amtes wegen untersuchen muss zu einem Widerruf nach Art. 38 führen. Ob allerdings wie bei DUCREY, Kontrolle, 318 angedeutet, auch ein subjektives Element auf Seiten der beteiligten Unternehmen gegeben sein muss, ist zweifelhaft. Vielmehr ist mit BOVET davon auszugehen, dass dies nicht vorausgesetzt werden kann, da es sich hier nicht um ein Sanktionsverfahren handelt, sondern um ein Verfahren mit dem ausschliesslichen Zweck, wirksamen Wettbewerb zu garantieren (BOVET, Commentaire Romand, Art. 38 N 4 ff.). Zuwiderhandlungen gegen Auflagen müssen ebenfalls schwerwiegender Natur sein, damit ein Widerruf nach Art. 38 gerechtfertigt ist (DUCREY, Kontrolle, 318). Sie müssen insbesondere negative Auswirkungen auf den Wettbewerb zeitigen. Es reicht allerdings, wenn ein einziges Unternehmen gegen die Auflagen verstösst (BOVET, Commentaire Romand, Art. 38 N 19).

3   Die arglistige Herbeiführung der Zulassung des Zusammenschlussvorhabens stellt den zweiten Tatbestand des Artikels dar. Der Ausdruck «arglistig» in lit. b kann in Verwaltungsverfahren unabhängig vom Strafrecht ausgelegt werden (BOVET, Commentaire Romand, Art. 38 N 18).

4   Der Widerruf erfolgt mittels Verfügung und ordnet die Aufhebung des Zulassungsentscheides an. Die Weko eröffnet daraufhin wiederum ein Verfahren nach Art. 32 ff., um eine erneute Beurteilung vorzunehmen. Eventuell folgt daraufhin ein weiteres Verfahren nach Art. 37. In jedem Fall drohen bei unrichtigen Angaben oder Verstössen gegen Auflagen Sanktionsverfahren nach Art. 50 ff. Auch der Beschluss, eine Prüfung nach Art. 33 «nachzuholen», erfolgt in Form einer selbständig anfechtbaren Verfügung.

5   Die Möglichkeit des Widerrufs in Art. 38 lässt das Recht der beteiligten Unternehmen auf Wiedererwägung (beispielsweise einer angeordneten Auflage) unberührt, sofern eine wesentliche Änderung des Sachverhaltes erfolgt ist (BOVET, Commentaire Romand, Art. 38 N 12).

4. Abschnitt: Verfahren und Rechtsschutz

Art. 39 Grundsatz

Auf die Verfahren sind die Bestimmungen des Verwaltungsverfahrensgesetzes anwendbar, soweit dieses Gesetz nicht davon abweicht.

1   Die Anerkennung der Verfügungskompetenz der Weko (Art. 18 Abs. 3) führte bereits im KG 95 zur Unterstellung des Kartellverwaltungsverfahrens unter die Regeln des VwVG. Durch die generelle Anwendung des VwVG, unter dem Vorbehalt von Sonderregelungen im KG, sollte das Verfahren «an Transparenz und Effizienz bei gleichzeitigem Ausbau der Rechte der Beteiligten» gewinnen (Botschaft 94, 525).

2   Das VwVG findet auf sämtliche (verwaltungsrechtliche) Verfahrensarten des 4. Kapitels Anwendung. Im Anwendungsbereich von Art. 39 unterstehen alle Behörden und Verfahrensbeteiligten dem VwVG. Auch die kooperativen Verfahren haben den Anforderungen des VwVG, insb. dem Anspruch auf rechtliches Gehör, dem Untersuchungsgrundsatz und der Auskunfts- und Mitwirkungspflicht der Parteien zur Feststellung des Sachverhalts, zu genügen (vgl. DIETRICH, KG-Kommentar, Art. 39 N 31; ZÄCH, Kartellrecht, 369). Ob das informelle Verfahren der Vorabklärung gemäss Art. 26 ebenfalls dem VwVG untersteht, war umstritten. Heute bejahen die überwiegende Lehre und die Rechtsprechung die Anwendung des VwVG bereits in diesem Verfahrensstadium (vgl. Beschwerdeentscheid der Reko vom 14. Dezember 2000, RPW

2000, 703 ff. E. 3.3.1; DIETRICH, KG-Kommentar, Art. 39 N 21; a.M. BILGER, 151 ff.; RICHLI, Verfahren und Rechtsschutz 1996, 167).

3   Ausnahmen von der Anwendung des VwVG sind nur dort möglich, wo das KG selbst eine Abweichung vorsieht. Diese Ausnahmen sind VwVG-konform auszulegen (DIETRICH, KG-Kommentar, Art. 39 N 85). Ausnahmen ergeben sich in erster Linie aus den speziellen Verfahrensvorschriften in Art. 40 – 44 sowie in den besonderen Verfahrensarten der Prüfung von Unternehmenszusammenschlüssen (Art. 32–38 KG und VKU), und der Verhaltenskontrolle (Art. 26–30). Im Verfahren zur Ausfällung von Verwaltungssanktionen (Art. 50–53) ist grundsätzlich auch das VwVG anwendbar. In den «Verfahren» nach Art. 45 ff. ist das VwVG nicht anwendbar.

4   Die generelle Verweisung in Art. 39 umfasst das gesamte VwVG und bewirkt, dass «die verfassungsmässigen Grundprinzipien des Verwaltungsrechts im allgemeinen und die verfassungsmässigen Verfahrensgarantien im besonderen als Mindestgarantien auf das gesamte Kartellverwaltungsverfahren integral anwendbar sind» (DIETRICH, KG-Kommentar, Art. 39 N 49). Die Verweisung auf das VwVG schliesst auch die in Lehre und Rechtsprechung entwickelte Zulässigkeit vorsorglicher Massnahmen im Verwaltungsverfahren ein. Zuständig für den Erlass vorsorglicher Massnahmen, die nicht der Beweissicherung sondern der Sicherung der Wirksamkeit des Endentscheides dienen, ist die Weko und nicht das Sekretariat (Beschwerdeentscheide der Reko vom 4. November 1999, RPW 1999/4, 618 ff. und vom 25. April 1997, RPW 1997, 243 ff. E. 3.2.3 und E. 3.3.4, vom Bundesgericht bestätigt mit Urteil vom 3. November 1997, RPW 1997, 618 ff.; vgl. auch den Entscheid der Weko vom 18. Januar 1999, RPW 1999/3, 391 ff.). Vom Verweis ebenfalls umfasst werden die Verfahrensgarantien der EMRK, soweit sie den Schutz der verfas-

sungsmässigen Verfahrengarantien übersteigen (vgl. BILGER, 75).

5 Verfahrensfragen ergaben sich bisher insbesondere in den Bereichen rechtlichen Gehörs, Akteneinsicht, Feststellung des Sachverhalts und Begründung der Verfügungen. Die Reko deckte dabei teilweise gravierende Mängel auf (vgl. HANGARTNER, Rechtsgutachten, 541 f.). In Bezug auf das Akteneinsichtsrecht gemäss Art. 26 VwVG (Ausfluss des Anspruchs auf rechtliches Gehör) sind gemäss Reko im Wettbewerbsrecht erhöhte Anforderungen geboten. Die Weko bzw. das Sekretariat hat die Parteien über die Entwicklung des Aktenstandes zu informieren und ihnen unter Berücksichtigung von Geheimhaltungsinteressen (Art. 27 VwVG) zur wirksamen Vorbereitung der Akteneinsicht gleichzeitig mit der Zustellung des Verfügungsentwurfs ein vollständiges Verzeichnis der Untersuchungsakten zu übermitteln, damit sie Gelegenheit haben, zu beweiserheblichen Akten Stellung zu nehmen (Beschwerdeentscheid der Reko vom 12. November 1998, RPW 1998, 655 ff. E. 3). Um diesen Anforderungen Rechnung zu tragen, wird ein chronologisches Aktenverzeichnis erstellt, das Aufschluss gibt über Datum, Akteninhalt, Geschäftsgeheimnisse und verwaltungsinterne Akten. In dieses Verzeichnis und in die Akten können die Parteien während des Verfahrens Einsicht nehmen (ZÄCH, Kartellrecht, 374 ff.; HANGARTNER, Rechtsgutachten, 545). Befragungen von Drittpersonen (sog. «Hearings») unterliegen denselben Mitwirkungsrechten wie Zeugeneinvernahmen. Als Ausfluss des Untersuchungsgrundsatzes obliegt der Wettbewerbsbehörde die Pflicht zur Beweisabnahme und Beweiswürdigung (Beschwerdeentscheid der Reko vom 12. November 1998, RPW 1998, 655 ff. E. 3). Zum rechtlichen Gehör bzw. Akteneinsichtsrecht vgl. auch Entscheid der Reko vom 4. November 1999: Von einer Telefonnotiz, die als massgebliches Beweismittel verwendet wird, ist den Parteien auch im Verfahren zum Erlass einer vorsorgli-

chen Massnahme Kenntnis zu geben, sofern die Dringlichkeit dies zulässt (RPW 1999, 618 ff. E. 4.5).

Art. 40 Auskunftspflicht

Beteiligte an Abreden, marktmächtige Unternehmen, Beteiligte an Zusammenschlüssen sowie betroffene Dritte haben den Wettbewerbsbehörden alle für deren Abklärungen erforderlichen Auskünfte zu erteilen und die notwendigen Urkunden vorzulegen. Das Recht zur Verweigerung der Auskunft richtet sich nach Artikel 16 des Verwaltungsverfahrensgesetzes.

1   Der im Kartellverwaltungsverfahren geltende Untersuchungsgrundsatz (Art. 12 VwVG i.V.m. Art. 39 KG) und die Mitwirkungspflicht der Parteien bei der Feststellung des Sachverhaltes (Art. 13 VwVG i.V.m. Art. 39 KG) werden durch die umfassende Auskunftspflicht in Art. 40 ergänzt. Keine Anwendung findet die Auskunftspflicht gemäss Art. 40 in Verfahren zur Ausfällung von Verwaltungs- (Art. 50–53) und Strafsanktionen (Art. 54–57); die Sachverhaltsermittlung in diesen Verfahren richtet sich nach dem VStrR (DIETRICH, KG-Kommentar, Art. 40 N 16).

2   Die Auskunftspflicht in Art. 40 geht über jene in Art. 13 VwVG hinaus. Erfasst werden nicht nur die Parteien, sondern sowohl die an einer Wettbewerbsbeschränkung im Sinne von Art. 5 und 7 oder einem Unternehmenszusammenschluss unmittelbar Beteiligten wie auch weitere dadurch irgendwie betroffene Dritte, deren Betroffenheit aber nicht für die Erlangung der Parteistellung ausreicht. Das Gesetz stellt an die Betroffenheit der Dritten keine besonderen Anforderungen (BORER, Kommentar, Art. 40 N 3). Betroffene Dritte sind beispielsweise Unternehmen, die mit einem an einer Abrede oder einem Zusammenschluss Beteiligten in Geschäftsbeziehung stehen. Der Begriff des marktmächtigen Unternehmens hat in

Bezug auf Art. 40 keine selbständige Bedeutung (DIETRICH, KG-Kommentar, Art. 40 N 11).

3 Allen Adressaten der Auskunftspflicht kommt im Verfahren der Auskunftserteilung (aber nicht notwendigerweise im Hauptverfahren) Parteistellung im Sinne von Art. 6 VwVG zu (DIETRICH, KG-Kommentar, Art. 40 N 12; BILGER, 241). Holt die Behörde Auskünfte von Parteien oder Dritten ein, besteht im Gegensatz zu Zeugeneinvernahmen kein Anspruch auf Parteiöffentlichkeit (Verfügung der Weko vom 7. Juni 2000, RPW 2000, 320 ff. E. 25). Um Personen zur Auskunftserteilung oder Urkundenedition zu verpflichten, muss die Wettbewerbsbehörde einen gewissen «Anfangsverdacht» haben, dass eine unzulässige Wettbewerbsbeschränkung vorliegt. Diese Anhaltspunkte müssen die Wettbewerbsbehörden offen legen, damit das Auskunftsverweigerungsrecht ausgeübt werden kann (RICHLI, Verfahren und Rechtsschutz 2000, 151 f.; BORER, Kommentar, Art. 40 N 8; BILGER, 249; DIETRICH, KG-Kommentar, Art. 40 N 13; Verfügung des Sekretariats vom 28. Februar 2000, RPW 2000, 87 ff. E. 16; BGE vom 6. März 1995, Pra 85 Nr. 170 E. 5).

4 Gegenstand der Auskunftspflicht sind Informationen, die mit einer wettbewerbsrechtlichen Abklärung in Zusammenhang stehen und für diese Abklärung erforderlich und notwendig sind. Die Behörden haben dabei den Grundsatz der Verhältnismässigkeit zu beachten, d.h., zwischen dem Untersuchungsziel und dem Eingriff in die Freiheit der auskunftspflichtigen Person muss ein vernünftiges Verhältnis bestehen. Dies bedeutet, dass sich der Umfang der Auskunftspflicht je nach Untersuchungsziel anders beurteilt. Die Auskunftspflicht im Vorabklärungsverfahren geht weniger weit als im Untersuchungsverfahren und die Auskunftspflicht von Beteiligten an Wettbewerbsbeschränkungen oder Unternehmenszusammenschlüssen reicht weiter als jene Drittbetroffener (vgl. BGE vom 6. März 1995, in: Pra 85 Nr. 170 E. 4c; DIETRICH, KG-

Kommentar, Art. 40 N 19 f.; BILGER, 245; RICHLI, Verfahren und Rechtsschutz 2000, 151).

5 Die Verweigerung der Auskunft steht denjenigen Personen zu, die sich gemäss Art. 40 KG i.V.m. Art. 16 VwVG auf das Zeugnisverweigerungsrecht gemäss Art. 42 des Bundesgesetzes über den Bundeszivilprozess (BZP) berufen können. Personen, die aufgrund von Art. 42 zur Beweisaussage verpflichtet sind, steht ebenfalls das Auskunftsverweigerungsrecht zu (DIETRICH, KG-Kommentar, Art. 40 N 31). Gemäss Art. 42 Abs. 1 und 3 BZP können (natürliche) Personen die Aussage über Fragen verweigern, deren Beantwortung sie selbst oder nahe Verwandte oder Verschwägerte den Gefahren strafrechtlicher Verfolgung oder schwerer Benachteiligung der Ehre aussetzen kann oder einen unmittelbaren Vermögensschaden verursachen würde. Neben Medienschaffenden im Sinne von Art. 27bis StGB (Art. 42 Abs. 1 lit. abis BZP i.V.m. Art. 16 Abs. 1 VwVG und Art. 40 KG) können sich insbesondere auch Träger eines Berufsgeheimnisses im Sinne von Art. 321 Ziff. 1 StGB auf das Auskunftsverweigerungsrecht berufen, sofern der Berechtigte nicht in die Offenbarung des Geheimnisses eingewilligt hat (Art. 42 Abs. 1 lit. b BZP). Hingegen sind Berufsgeheimnisträger, die nicht unter Art. 321 Ziff. 1 StGB fallen, sowie Träger von Geschäftsgeheimnissen zur Auskunft verpflichtet, wenn sie gemäss Art. 40 auskunftspflichtig sind (Art. 16 Abs. 2 VwVG i.V.m. Art. 42 Abs. 2 BZP und Art. 40 KG; Botschaft 94, 615; DIETRICH, KG-Kommentar, Art. 40 N 35). Der Träger eines Geschäftsgeheimnisses im Sinne von Art. 162 StGB kann sich somit nicht auf Art. 16 Abs. 2 VwVG berufen, da die in Art. 40 statuierte Informationspflicht auch Geschäftsgeheimnisse umfasst (Beschwerdeentscheid der Reko vom 26. September 2002, RPW 2002, 698 ff. E. 3; BGE, in: Pra 85 Nr. 170 E. 6). Im Gegenzug haben die Wettbewerbsbehörden ihrerseits das Amts- und Geschäftsgeheimnis zu wahren (Art. 25).

Art. 41 Amtshilfe

6   Werden Bestand oder Umfang der Auskunftspflicht bestritten, hat die Wettbewerbsbehörde eine Verfügung zur Erteilung gewisser Auskünfte zu erlassen (BILGER, 248). Die Auskunftspflicht bzw. die Auskunftsverfügung wird gemäss Art. 39 ff. VwVG vollstreckt. Die Nicht- oder nicht richtige Erfüllung der Auskunftspflicht kann gegenüber Unternehmen mit Verwaltungssanktionen gemäss Art. 52 und gegenüber natürlichen Personen mit Strafsanktionen gemäss Art. 55 geahndet werden. Zudem können gemäss Art. 19 i.V.m. Art. 60 VwVG Ordnungsbussen ausgefällt werden (DIETRICH, KG-Kommentar, Art. 40 N 27 f.).

Art. 41   Amtshilfe

Amtsstellen des Bundes und der Kantone sind verpflichtet, an Abklärungen der Wettbewerbsbehörden mitzuwirken und die notwendigen Unterlagen zur Verfügung zu stellen.

1   In Ergänzung zu Art. 40 können nach Art. 41 auch Amtsstellen des Bundes und der Kantone zur Mitwirkung verpflichtet werden. Bei der Einführung der Mitwirkungspflicht der Kantone im KG 95 war ausschlaggebend, dass viele Wettbewerbsbeschränkungen zwar auf nationaler Ebene koordiniert, aber auf kantonaler oder regionaler Ebene organisiert sind (Botschaft 94, 615).

2   Art. 41 ist umfassender als Art. 19 VwVG i.V.m. Art. 49 BZP und schliesst auch die Mitwirkungspflicht der Behörden bei der Vornahme von Untersuchungshandlungen ein (BILGER, 252).

3   Das allgemeine Amtsgeheimnis nach Art. 320 StGB wird durch Art. 41 durchbrochen. Die Grenzen der Mitwirkungspflicht von Art. 41 liegen einerseits dort, wo spezialgesetzliche Vorschriften (beispielsweise das Post- oder Bankgeheimnis) die Weitergabe von Informationen beschränken (BILGER, 252). Andererseits dürfen Bundesorgane Personendaten nur unter

den Voraussetzungen von Art. 19 DSG herausgeben. Die Behörden müssen auch bei der Amtshilfe das Verhältnismässigkeitsprinzip wahren. Wesentliche öffentliche oder schutzwürdige private Interessen können die Amtshilfe beschränken oder ausschliessen (GROSS, KG-Kommentar, Art. 41 N 15).

4 Sind Unternehmen des öffentlichen Rechts an Wettbewerbsbeschränkungen oder Unternehmenszusammenschlüssen beteiligt (Art. 2) oder als betroffene Dritte in ein kartellrechtliches Verfahren miteinbezogen, findet auf sie die Auskunftspflicht gemäss Art. 40 Anwendung.

Art. 42 *Untersuchungsmassnahmen*

[1] Die Wettbewerbsbehörden können Dritte als Zeugen einvernehmen und die von einer Untersuchung Betroffenen zur Beweisaussage verpflichten. Artikel 64 des Bundesgesetzes vom 4. Dezember 1947 über den Bundeszivilprozess ist sinngemäss anwendbar.

[2] Die Wettbewerbsbehörden können Hausdurchsuchungen anordnen und Beweisgegenstände sicherstellen. Für diese Zwangsmassnahmen sind die Artikel 45-50 des Bundesgesetzes vom 22. März 1974 über das Verwaltungsstrafrecht sinngemäss anwendbar. Hausdurchsuchungen und Beschlagnahmen werden aufgrund eines Antrages des Sekretariats von einem Mitglied des Präsidiums angeordnet.

1 Art. 42 KG wurde in der KG-Revision 2003 geändert und umfasst neu zwei Absätze. Die Hausdurchsuchungen und Beschlagnahmen sind in einem neuen Abs. 2 geregelt und den Bestimmungen des VStrR unterstellt. Mit dieser Regelung sollen für Hausdurchsuchungen und Sicherstellungen präzisere rechtsstaatliche Garantien vorgesehen werden, da mit der Einführung direkter Sanktionen die Zwangsmassnahmen eine grössere Bedeutung erhalten werden (Botschaft 01, 2044 und 2047). Damit dürfte der Forderung der Lehre nach einer genü-

Art. 42   Untersuchungsmassnahmen

genden gesetzlichen Grundlage für diese Zwangsmassnahmen entsprochen werden (BORER, Kommentar, Art. 42 N 7; DIETRICH, KG-Kommentar, Art. 42 N 15; BILGER, 261 f.). Die Untersuchungsmassnahmen in Art. 42 ergänzen den an sich abschliessenden Katalog von Beweismitteln in Art. 12 VwVG (Botschaft 94, 615 f.).

2   Die vorgesehenen Untersuchungsmassnahmen sind aufgrund des Verhältnismässigkeitsprinzips nur zulässig, wenn der Sachverhalt nicht anders festgestellt werden kann und klare Hinweise auf eine unzulässige Wettbewerbsbeschränkung vorliegen (vgl. in Bezug auf Zeugenaussagen Art. 14 Abs. 1 VwVG i.V.m. Art. 39; DIETRICH, KG-Kommentar, Art. 42 N 7). Aus diesem Grund sind im Gegensatz zur Auskunftspflicht nach Art. 40 und zur Mitwirkungspflicht nach Art. 41 die Untersuchungsmassnahmen gemäss Art. 42, insb. die Zwangsmassnahmen in Art. 42 Abs. 2, im formlosen Verfahren der Vorabklärung (Art. 26) u.E. nicht anwendbar (gl.M. BILGER, 253 f.; DIETRICH, KG-Kommentar, Art. 42 N 16).

3   Während «die von einer Untersuchung Betroffenen» neben der Auskunftspflicht gemäss Art. 40 zur Beweisaussage verpflichtet werden können, unterliegen die Nicht-Betroffenen der Zeugnispflicht gemäss Art. 42 Abs. 1. Diesen nicht betroffenen Dritten stehen keine Parteirechte zu (DIETRICH, KG-Kommentar, Art. 42 N 8). Die Zeugeneinvernahme richtet sich nach Art. 14–19 VwVG i.V.m. Art. 39. Für das Zeugnisverweigerungsrecht gilt Art. 16 VwVG i.V.m. Art. 42 BZP entsprechend dem Auskunftsverweigerungsrecht im Rahmen von Art. 40. Steht das Zeugnisverweigerungsrecht zur Verfügung, kann auch die Mitwirkung an der Erhebung anderer Beweise wie beispielsweise die Urkundenedition verweigert werden (Art. 17 VwVG e contrario). Auf die Beweisaussage der Parteien ist sinngemäss («sinngemäss» wurde in der Revision 2003 neu eingefügt) Art. 64 BZP anwendbar.

4   Art. 42 Abs. 2 verweist in Bezug auf Hausdurchsuchungen und Beschlagnahmen auf Art. 45–50 VStrR. Beschlagnahmt werden dürfen grundsätzlich Gegenstände, die als Beweismittel von Bedeutung sein oder der Einziehung unterliegen können (Art. 46 Abs. 1 VStrR). Bei der Beschlagnahme und Durchsuchung sind Auskunfts- und Zeugnisverweigerungsrechte der Betroffenen nach Art. 40 zu beachten (vgl. Art. 50 Abs. 2 VStrR; BILGER, 264).

5   Neu geregelt ist die Zuständigkeit zur Anordnung von Hausdurchsuchungen und Beschlagnahmen. Diese prozessualen Zwangsmassnahmen können nur von einem Mitglied des Präsidiums aufgrund eines Antrags des Sekretariats angeordnet werden. Gegen die Anordnung steht die Beschwerde an die Reko gemäss Art. 44 zur Verfügung.

Art. 42a Untersuchungen in Verfahren nach dem LVA (Luftverkehrsabkommen Schweiz-EG)

[1] Die Wettbewerbskommission ist die schweizerische Behörde, die für die Zusammenarbeit mit den Organen der europäischen Gemeinschaft nach Artikel 11 des Abkommens zwischen der Europäischen Gemeinschaft und der Schweizerischen Eidgenossenschaft über den Luftverkehr zuständig ist.

[2] Widersetzt sich ein Unternehmen in einem auf Artikel 11 des Abkommens gestützten Verfahren der Nachprüfung, so können auf Ersuchen der Kommission der Europäischen Gemeinschaft Untersuchungsmassnahmen nach Artikel 42 vorgenommen werden; Artikel 44 ist anwendbar.

1   Art. 42a fand in der KG-Revision 2003 Aufnahme ins Gesetz.

2   Die Ergänzung des Kartellgesetzes durch Art. 42a steht im Zusammenhang mit der Umsetzung des Abkommens vom 21. Juni 1999 zwischen der Europäischen Gemeinschaft und der Schweizerischen Eidgenossenschaft über den Luftverkehr

Art. 42a Untersuchungen in Verfahren nach dem LVA

(Luftverkehrsabkommen, LVA; SR 0.748.127.192.68) bzw. dessen wettbewerbsrechtlichen Bestimmungen nach den Art. 8 ff. Gemäss Art. 11 Abs. 1 LVA hat die Schweiz die Untersuchungszuständigkeit für Sachverhalte, welche sich auf den Wettbewerb innerhalb der Gemeinschaft auswirken, an die EG-Wettbewerbsbehörden abgegeben (vgl. Zusatzbotschaft 02, 5508 f.).

3   Art. 42a Abs. 1 regelt die Zuständigkeit der Weko zur Zusammenarbeit mit den europäischen Wettbewerbsbehörden im Rahmen von Art. 11 LVA. Auf Ersuchen der Kommission der Europäischen Gemeinschaft können gemäss Art. 42a Abs. 2 Untersuchungshandlungen und Zwangsmassnahmen im Sinne von Art. 42 KG angeordnet werden. Zwangsmassnahmen sind nur aufgrund des Entscheides eines Mitglieds des Weko-Präsidiums möglich. Dieser Entscheid umfasst keine Prüfung, ob klare Hinweise auf eine Wettbewerbsbeschränkung bestehen. Die Zulassung von Zwangsmassnahmen ist einzig davon abhängig, ob das Gesuch der Kommission der Europäischen Gemeinschaft den formellen Anforderungen entspricht und die Untersuchungsmassnahmen nicht unverhältnismässig oder willkürlich sind (vgl. Zusatzbotschaft 02, 5511).

4   Gegen die Anordnung von Untersuchungsmassnahmen durch die Weko können die betroffenen Unternehmen Rechtsmittel nach Art. 44 ergreifen. Damit kann lediglich die formelle Richtigkeit des Ersuchens der Kommission der Europäischen Gemeinschaft sowie die Verhältnismässigkeit der Massnahmen überprüft werden.

Art. 43 Beteiligung Dritter an der Untersuchung

¹ Ihre Beteiligung an der Untersuchung einer Wettbewerbsbeschränkung können anmelden:

a. Personen, die aufgrund der Wettbewerbsbeschränkung in der Aufnahme oder in der Ausübung des Wettbewerbs behindert sind;

b. Berufs- und Wirtschaftsverbände, die nach den Statuten zur Wahrung der wirtschaftlichen Interessen ihrer Mitglieder befugt sind, sofern sich auch Mitglieder des Verbands oder eines Unterverbands an der Untersuchung beteiligen können;

c. Organisationen von nationaler oder regionaler Bedeutung, die sich statutengemäss dem Konsumentenschutz widmen.

² Das Sekretariat kann verlangen, dass Gruppen von mehr als fünf am Verfahren Beteiligten mit gleichen Interessen eine gemeinsame Vertretung bestellen, falls die Untersuchung sonst übermässig erschwert würde. Es kann in jedem Fall die Beteiligung auf eine Anhörung beschränken; vorbehalten bleiben die Parteirechte nach dem Verwaltungsverfahrensgesetz.

³ Die Absätze 1 und 2 gelten sinngemäss auch im Verfahren der ausnahmsweisen Zulassung einer unzulässigen Wettbewerbsbeschränkung durch den Bundesrat (Art. 8).

⁴ Im Verfahren der Prüfung von Unternehmenszusammenschlüssen haben nur die beteiligten Unternehmen Parteirechte.

1 Das Kartellgesetz unterscheidet zwischen den potenziellen Adressaten einer Verfügung, d.h. den unmittelbar an einer Wettbewerbsbeschränkung oder an einem Unternehmenszusammenschluss beteiligten Unternehmen, Dritten, welchen Parteiqualität im Sinne des VwVG zukommt und den Dritten gemäss Art. 43. Die in Art. 43 Abs. 1 abschliessend aufgezählten Dritten können dem Sekretariat innerhalb von 30 Tagen ab Bekanntgabe einer Untersuchung (Art. 28 Abs. 2) mitteilen, dass

sie sich am Verfahren – nicht bereits an der Vorabklärung – beteiligen wollen. Die Absätze 2 bis 4 enthalten Bestimmungen zur Verfahrensbeschleunigung und Effizienzsicherung (Botschaft 94, 616).

2   Die Beurteilung, ob einer Person Parteistellung im Sinne von Art. 6 VwVG und damit die Parteirechte gemäss VwVG zukommen, ist unabhängig von der Frage des Teilnahmerechts an der Untersuchung gemäss Art. 43 zu beurteilen. Die Parteistellung richtet sich allein nach Art. 6 i.V.m. Art. 48 VwVG (Beschwerdeentscheid der Reko vom 25. April 1997, in: RPW 1997, 243 ff. E. 1.7.1), das Teilnahmerecht hingegen nach Art. 43.

3   Gemäss Art. 43 Abs. 1 lit. a können sich Personen, die aufgrund einer Wettbewerbsbeschränkung in der Aufnahme oder Ausübung des Wettbewerbs behindert sind, an der Untersuchung beteiligen. Der Dritte muss eine besondere Nähe zum Untersuchungsgegenstand haben, durch die potenzielle Verfügung berührt sein und ein schutzwürdiges Interesse an deren Aufhebung haben. Wie im Beschwerdeverfahren muss der Dritte in einer besonderen, nahen Beziehung zum Streitgegenstand stehen und stärker als jedermann betroffen sein (KÖLZ/HÄNER, Verwaltungsverfahren, N 262 und 547). Bei Konkurrenten wird die geforderte Beziehungsnähe regelmässig gegeben sein (BORER, Kommentar, Art. 43 N 6). Diese Personen sind bereits aufgrund von Art. 6 i.V.m. Art. 48 VwVG als Parteien berechtigt, am Verfahren teilzunehmen (Botschaft 94, 616).

4   Berufs- und Wirtschaftsverbände können sich unter den Voraussetzungen von Art. 43 Abs. 1 lit. b im Interesse ihrer Mitglieder an der Untersuchung beteiligen. Diese Voraussetzungen lehnen sich an die bundesgerichtliche Praxis zur egoistischen Verbandsbeschwerde nach Art. 48 lit. a VwVG an. In diesem Sinne können sich Verbände an der Untersuchung

Art. 43 Beteiligung Dritter an der Untersuchung

beteiligen, wenn sie juristische Persönlichkeit besitzen, statutarisch zur Wahrung der wirtschaftlichen Interessen ihrer Mitglieder verpflichtet sind, diese Interessen den Mitgliedern gemeinsam sind und die Mehrheit oder zumindest eine grosse Zahl dieser Mitglieder sich auch persönlich an der Untersuchung beteiligen könnte (BGE 123 I 221, 225; vgl. KÖLZ/HÄNER, Verwaltungsverfahren, N 562 ff.). Im Gegensatz zur Beschwerdelegitimation nach Art. 48 VwVG genügt es indessen nach Art. 43 Abs. 1 lit. b, dass sich «einzelne» Mitglieder nach Art. 43 Abs. 1 lit. a beteiligen könnten. Das Teilnahmerecht des Verbandes besteht unabhängig davon, ob einzelne Teilnehmer ebenfalls an der Untersuchung teilnehmen (GROSS, KG-Kommentar, Art. 43 N 19).

5   Das Beschwerderecht der Konsumentenschutzorganisationen setzt voraus, dass die Organisation mindestens regionale Bedeutung hat und statutengemäss, d.h. auf Dauer, einen Zweck im Bereich des Konsumentenschutzes verfolgt.

6   Art. 43 Abs. 2 Satz 1 verschärft die Bestimmung von Art. 11a VwVG betreffend Vertretung. Zur Bestellung einer gemeinsamen Vertretung sind bereits Gruppen ab sechs Personen verpflichtet, die dieselben Interessen verfolgen. Das Sekretariat kann gemäss Art. 11a Abs. 2 VwVG i.V.m. Art. 39 einen gemeinsamen Vertreter bestellen.

7   Gemäss Art. 43 Abs. 2 Satz 2 kann die Beteiligung Dritter auf eine Anhörung beschränkt werden. Diese Bestimmung ist in der Praxis von nur geringer Bedeutung. Soweit den Dritten Parteistellung im Sinne von Art. 6 VwVG zukommt, findet keine Beschränkung ihrer Parteirechte statt (GROSS, KG-Kommentar, Art. 43 N 35; BORER, Kommentar, Art. 43 N 12).

8   In Abs. 4 werden allen Personen, mit Ausnahme der «beteiligten Unternehmen» (vgl. Art. 3 VKU) die Parteirechte abgesprochen, um das Verfahren der Fusionskontrolle nicht zu behindern. Dies bedeutet jedoch keine Beschränkung der Be-

schwerdelegitimation (BORER, Kommentar, Art. 43 N 14). Zu den beteiligten Unternehmen gehören auch der Veräusserer einer Beteiligung sowie diejenigen Betroffenen, die sich über eine besondere Beziehungsnähe nach Art. 48 VwVG ausweisen (BGE 124 II 499, 503 f.; GROSS, KG-Kommentar, Art. 43 N 39 und Art. 44 N 55 f.). Konkurrenten dürften daher zur Beschwerdeführung (nur) in Anwendung der restriktiven Praxis des Bundesgerichts zur Konkurrentenbeschwerde zugelassen sein (vgl. BGE 125 I 7). Alle nicht am Unternehmenszusammenschluss beteiligten Personen können sich immerhin schriftlich zum Zusammenschluss äussern, wenn eine vertiefte Prüfung eingeleitet wird (Art. 33 Abs. 1).

Art. 44 Beschwerde an die Rekurskommission

Gegen Verfügungen der Wettbewerbskommission oder ihres Sekretariates sowie gegen Zwangsmassnahmen nach Artikel 42 Abs. 2 kann bei der Rekurskommission für Wettbewerbsfragen Beschwerde erhoben werden.

1 Die neue Fassung von Art. 44 steht im Zusammenhang mit der neu geschaffenen Möglichkeit in Art. 42 Abs. 2 KG, wonach ein Mitglied des Präsidiums auf Antrag des Sekretariats Hausdurchsuchungen und Beschlagnahmen anordnen kann (Amtl. Bull. SR 2003, 332).

2 Zusammen mit der Einführung der Verfügungskompetenz der Weko wurde im KG 95 ein zweistufiger Rechtsmittelweg vorgesehen. Die Verfügungen der Weko unterliegen zunächst der Beschwerde an die Reko. Die Reko ist eine verwaltungsunabhängige Beschwerdeinstanz im Sinne von Art. 71a ff. VwVG und hat bei der Überprüfung der Verfügungen der Weko eine umfassende Kognition (Art. 49 VwVG). Gegen Entscheide der Reko steht gemäss Art. 98 lit. e OG die Verwaltungsgerichtsbeschwerde an das Bundesgericht zur Verfügung. Das Verfahren vor Bundesgericht richtet sich nach dem OG. Die Kogniti-

on des Bundesgerichts beschränkt sich auf Rechtsfragen (Art. 104 OG). Die Überprüfung des Sachverhalts ist nur im Rahmen von Art. 105 Abs. 2 OG möglich.

3   Aus dem Recht zur Teilnahme an der Untersuchung gemäss Art. 43 Abs. 1 folgt nicht das Recht zur Beschwerdeführung (BGE 124 II 499, 503 f.). Vielmehr richtet sich die Legitimation zur Beschwerde an die Reko nach Art. 48 VwVG i.V.m. Art. 39 (Beschwerdeentscheid der Reko vom 14. Dezember 2000, RPW 2000, 716 ff. E. 2; Beschwerdeentscheid der Reko vom 25. April 1997, RPW 1997, 243 ff. E. 1.7.1). Gleichermassen folgt aus dem Entzug der Parteirechte im Fusionskontrollverfahren gemäss Art. 43 Abs. 4 nicht auch der Entzug der Beschwerdelegitimation (GROSS, KG-Kommentar, Art. 44 N 54; BORER, Kommentar, Art. 44 N 7).

4   Beschwerdeberechtigt sind neben den Verfügungsadressaten auch Dritte, die eine besondere Nähe zur Verfügung bzw. ein aktuelles rechtliches oder tatsächliches Interesse an deren Änderung oder Aufhebung haben (BGE 125 I 7, 8 f.). Zur Legitimation genügt nicht, dass die Betroffenen in einem Konkurrenzverhältnis stehen. Sie müssen darüber hinaus eine besondere Beziehungsnähe zum Streitgegenstand haben oder zumindest durch die angefochtene Verfügung mit einer deutlich spürbaren Verschlechterung ihrer wirtschaftlichen Position rechnen müssen (vgl. Beschwerdeentscheid der Reko vom 14. Dezember 2000, RPW 2000, 716 ff. E. 2; KÖLZ/HÄNER, Verwaltungsverfahren, N 554). Dies trifft in der Regel auf jene Personen zu, die gemäss Art. 43 Abs. 1 lit. a am Verfahren teilnehmen können. Diese Personen sind nur dann zur Beschwerde legitimiert, wenn sie sich am Untersuchungsverfahren beteiligt bzw. ohne eigenes Verschulden nicht teilgenommen haben (formelle Beschwer; BGE 108 Ib 92; KÖLZ/HÄNER, Verwaltungsverfahren, N 542). Wer gestützt auf Art. 43 Abs. 1 nicht am Untersuchungsverfahren teilnehmen konnte, ist damit aber nicht von der Beschwerde ausgeschlossen, sofern die

Art. 44　Beschwerde an die Rekurskommission

Voraussetzungen nach Art. 48 VwVG im Übrigen erfüllt sind (GROSS, KG-Kommentar, Art. 44 N 49).

5　Verbände sind im Rahmen der sog. egoistischen Verbandsbeschwerde beschwerdelegitimiert. Deren Voraussetzungen sind strenger als jene zur Teilnahme an der Untersuchung gemäss Art. 43 Abs. 1 lit. b. Die egoistische Verbandsbeschwerde setzt neben dem statutarischen Zweck u.a. voraus, dass die Mehrheit oder zumindest eine grosse Anzahl der Mitglieder des Verbandes selber gemäss Art. 48 lit. a VwVG zur Beschwerde legitimiert wäre (BGE 123 I 221, 225; KÖLZ/HÄNER, Verwaltungsverfahren, N 560 ff.).

6　Konsumentenschutzorganisationen, die gemäss Art. 43 Abs. 1 lit. c unabhängig von einer speziellen Beziehungsnähe an der Untersuchung teilnehmen können, steht das Beschwerderecht zu, ohne dass sie ein besonderes aktuelles Interesse nachzuweisen hätten (sog. ideelle Verbandsbeschwerde; KÖLZ/HÄNER, Verwaltungsverfahren, N 598; GROSS, KG-Kommentar, Art. 44 N 52; BORER, Kommentar, Art. 44 N 6).

7　Mit Beschwerde anfechtbar sind einerseits Verfügungen der Weko und andererseits Verfügungen eines ihrer Mitglieder sowie des Sekretariats. Anfechtbar sind sowohl die Endentscheide als auch die Zwischenentscheide. Letztere können selbständig angefochten werden, sofern sie einen nicht wieder gutzumachenden Nachteil bewirken können (Art. 45 VwVG i.V.m. Art. 39). Dieser Nachteil muss nicht rechtlicher Natur sein. Es genügt ein schutzwürdiges Interesse, das auch wirtschaftlicher Natur sein kann (BGE 120 Ib 97, 99 f.).

5. Abschnitt: Übrige Aufgaben und Befugnisse der Wettbewerbsbehörden

Art. 45 Empfehlungen an Behörden

¹ **Die Wettbewerbskommission beobachtet laufend die Wettbewerbsverhältnisse.**

² **Sie kann den Behörden Empfehlungen zur Förderung von wirksamem Wettbewerb unterbreiten, insbesondere hinsichtlich der Schaffung und Handhabung wirtschaftsrechtlicher Vorschriften.**

1 Gemäss Art. 45 Abs. 1 beobachtet die Weko laufend die Wettbewerbsverhältnisse. Diese Tätigkeit bildet die Grundlage einer systematischen Wettbewerbspolitik. Im Zusammenhang mit den dem Sekretariat der Wettbewerbskommission eingeräumten Kompetenzen zu Vorabklärungen von Amtes wegen (Art. 26) und der Eröffnung von Untersuchungen (Art. 27) obliegt dem Sekretariat eine entsprechende Pflicht zur Marktbeobachtung.

2 Von wettbewerbspolitischer Bedeutung ist weiter Art. 45 Abs. 2, wonach die Weko den Behörden Empfehlungen zur Förderung wirksamen Wettbewerbs unterbreiten kann, insbesondere im Zusammenhang mit wirtschaftsrechtlichen Vorschriften. Die Empfehlungen der Weko sind dabei für die Behörden rechtlich nicht verbindlich. Art. 45 Abs. 2 kommt insbesondere im Zusammenhang mit Art. 3 Abs. 1 KG eine besondere Bedeutung zu. Die unverbindliche Empfehlungskompetenz stellt die einzige Möglichkeit (zusammen mit Art. 46 KG s. unten) der Weko dar, Einfluss auf die Gestaltung der die Anwendung des KGs ausschliessenden öffentlich-rechtlichen Vorschriften, die eine staatliche Markt- oder Preisordnung begründen oder ein Unternehmen mit besonderen Rechten ausstatten, auszuüben.

3   Als Beispiel einer Empfehlung vgl. z.B. RPW 2003/1, 212 ff. betreffend Parallelimporte/Patentrecht.

Art. 46   Stellungnahmen

¹ **Entwürfe von wirtschaftsrechtlichen Erlassen des Bundes oder anderen Bundeserlassen, die den Wettbewerb beeinflussen können, sind dem Sekretariat vorzulegen. Es prüft diese auf Wettbewerbsverfälschungen oder übermässige Wettbewerbsbeschränkungen hin.**

² **Die Wettbewerbskommission nimmt im Vernehmlassungsverfahren Stellung zu Entwürfen von rechtsetzenden Erlassen des Bundes, die den Wettbewerb beschränken oder auf andere Weise beeinflussen. Sie kann zu kantonalen rechtsetzenden Erlassesentwürfen Stellung nehmen.**

1   In Ergänzung zu den Bestimmungen von Art. 45 sieht Art. 46 vor, dass die Wettbewerbsbehörden in Gesetzgebungsverfahren auf Bundesebene Stellungnahmen aus wettbewerbspolitischer Sicht abgeben können.

2   Gemäss Art. 46 Abs. 1 ist das Sekretariat der Weko zuständig, Entwürfe von Bundeserlassen, die den Wettbewerb beeinflussen können, auf Wettbewerbsverfälschungen oder Wettbewerbsbeschränkungen hin zu überprüfen. Damit soll darauf hingewirkt werden, dass der Wettbewerb durch die entsprechenden Bundeserlasse nicht mehr als absolut erforderlich eingeschränkt wird.

3   Gemäss Art. 46 Abs. 2 nimmt die Weko im Vernehmlassungsverfahren zu rechtsetzenden Entwürfen des Bundes, welche den Wettbewerb beschränken könnten, Stellung; Gesetzes- und Verordnungsentwürfe, die den freien Wettbewerb beschränken oder beeinflussen, sind zwingend der Weko zur Stellungnahme zu unterbreiten. Die Schwierigkeit besteht darin, dass die

Wettbewerbsrelevanz einzelner Bestimmungen im Voraus nicht immer absehbar ist.

4 Die kantonalen Gesetzgeber sind nach dem Wortlaut von Art. 46 Abs. 2 nicht verpflichtet, ihre allenfalls wettbewerbsbeschränkenden Erlasse der Weko zu unterbreiten. Diese kann jedoch von sich aus den Kantonen im Hinblick auf einen kantonalen Gesetzesentwurf eine Stellungnahme unterbreiten.

5 Die Statistik weist für das Jahr 2001 38 Stellungnahmen und für das Jahr 2002 7 Stellungnahmen aus (RPW 2003/1, 16).

Art. 47 Gutachten

[1] Die Wettbewerbskommission verfasst für andere Behörden Gutachten zu Wettbewerbsfragen von grundsätzlicher Bedeutung. Sie kann das Sekretariat in Fällen von untergeordneter Bedeutung beauftragen, an ihrer Stelle Gutachten zu erstatten.

[2] (Aufgehoben)

1 Nach Abs. 1 verfasst die Weko für andere Behörden (also nicht für Private) Gutachten zu Wettbewerbsfragen von grundsätzlicher Bedeutung. Ob eine Wettbewerbsfrage von grundsätzlicher Bedeutung vorliegt und ob die Weko ein Gutachten erstellt, entscheidet sie nach pflichtgemässem Ermessen. Es besteht kein Anspruch auf eine Gutachtertätigkeit der Weko. Gegen einen ablehnenden Entscheid der Weko steht denn auch kein Rechtsmittel zur Verfügung (ausgenommen in den Fällen einer Ermessensüberschreitung oder eines Ermessensmissbrauchs) (SCHMIDHAUSER, KG-Kommentar, Art. 47 N 7 f.).

2 Die Weko soll nur Gutachten zu Wettbewerbsfragen von grundsätzlicher Bedeutung verfassen. Die Gutachtertätigkeit zu Fällen mit untergeordneter Bedeutung kann an das Sekretariat delegiert werden.

3 Der frühere Abs. 2 von Art. 47, der die Erhebung von Gebühren für Gutachten der Wettbewerbsbehörde regelte, wurde durch die Revision von 2003 aufgehoben. Die Erhebung von Gebühren durch die Wettbewerbsbehörden wird nun neu in Art. 53a in genereller Weise geregelt.

4 Im Jahre 2001 wurden vier Gutachten nach Massgabe von Art. 47 erstellt, im Jahre 2002 zwei Gutachten und im Jahre 2003 ebenfalls zwei (vgl. RPW 2003/1, 16 und 2004/1, 19).

Art. 48 Veröffentlichung von Entscheiden und Urteilen

¹ **Die Wettbewerbsbehörden können ihre Entscheide veröffentlichen.**

² **Die Gerichte stellen dem Sekretariat die Urteile, die in Anwendung dieses Gesetzes gefällt werden, unaufgefordert und in vollständiger Abschrift zu. Das Sekretariat sammelt diese Urteile und kann sie periodisch veröffentlichen.**

1 Art. 48 Abs. 1 ist eine Kann-Vorschrift, d.h., die Wettbewerbsbehörden (Weko und Sekretariat) *können* ihre Entscheide veröffentlichen, sind dazu jedoch nicht verpflichtet. Jedoch ist zu beachten, dass gemäss Art. 23 VKU ein im Verfahren der Fusionskontrolle ergangener förmlicher Entscheid nach Abschluss der Prüfung im Bundesblatt und im Schweizerischen Handelsblatt veröffentlicht werden *muss*.

2 Nach Abs. 2 haben die Gerichte Urteile, die in Anwendung des Kartellgesetzes ergehen, unaufgefordert und in vollständiger Abschrift dem Sekretariat zuzustellen. Das Sekretariat sammelt diese Urteile und kann sie periodisch veröffentlichen.

3 Die Weko und ihr Sekretariat publizieren ihre Praxis in der Regel umfassend. Mit dem KG 95 wurde eine neue Publikationsreihe der Weko «Recht und Politik des Wettbewerbs» (RPW) geschaffen, welche neben den formellen Entscheiden

der Wettbewerbsbehörden auch Stellungnahmen veröffentlicht, um die Praxis der Wettbewerbsbehörden transparent zu machen.

Art. 49 *Informationspflichten*

¹ Das Sekretariat und die Wettbewerbskommission orientieren die Öffentlichkeit über ihre Tätigkeit.

² Die Wettbewerbskommission erstattet dem Bundesrat jährlich einen Tätigkeitsbericht.

1 Während sich Art. 48 auf die Veröffentlichung von Entscheiden der Wettbewerbsbehörden und Urteile der Gerichte bezieht, statuiert Art. 49 die allgemeine Pflicht der Weko bzw. des Sekretariates, die Öffentlichkeit über ihre Tätigkeit zu informieren und dem Bundesrat einen jährlichen Tätigkeitsbericht abzuliefern.

2 Dieser Pflicht wird ebenfalls in der Zeitschrift «Recht und Politik des Wettbewerbs» (RPW) entsprochen.

3 Neben Art. 49 bestehen detailliertere Informationspflichten im Zusammenhang mit der Kontrolle von Unternehmenszusammenschlüssen (vgl. Art. 22 und 23 VKU) und in Art. 28 im Rahmen der Verhaltenskontrolle.

6. Abschnitt: *Verwaltungssanktionen*

Art. 49a *Sanktion bei unzulässigen Wettbewerbsbeschränkungen*

¹ Ein Unternehmen, das an einer unzulässigen Abrede nach Artikel 5 Absätze 3 und 4 beteiligt ist oder sich nach Artikel 7 unzulässig verhält, wird mit einem Betrag bis zu 10 Prozent des in den letzten drei Geschäftsjahren in der Schweiz erzielten Umsatzes belastet. Artikel 9 Abs. 3 ist sinngemäss anwendbar. Der Betrag bemisst sich nach der Dauer und der Schwere des unzu-

lässigen Verhaltens. Der mutmassliche Gewinn, den das Unternehmen dadurch erzielt hat, ist angemessen zu berücksichtigen.

² Wenn das Unternehmen an der Aufdeckung und der Beseitigung der Wettbewerbsbeschränkung mitwirkt, kann auf eine Belastung ganz oder teilweise verzichtet werden.

³ Die Belastung entfällt, wenn:

a. das Unternehmen die Wettbewerbsbeschränkung meldet, bevor diese Wirkung entfaltet. Wird dem Unternehmen innert fünf Monaten nach der Meldung die Eröffnung eines Verfahrens nach den Artikeln 26–30 mitgeteilt und hält es danach an der Wettbewerbsbeschränkung fest, entfällt die Belastung nicht;

b. die Wettbewerbsbeschränkung bei Eröffnung der Untersuchung länger als fünf Jahre nicht mehr ausgeübt worden ist;

c. der Bundesrat eine Wettbewerbsbeschränkung nach Artikel 8 zugelassen hat.

Zu Abs. 1

1   Diese Bestimmung beinhaltet den Kernpunkt der Revision von 2003: Die Statuierung von Sanktionen bei Vorliegen unzulässiger Abreden im Sinne von Art. 5 Abs. 3 und 4 oder missbräuchlicher Verhaltensweisen gemäss Art. 7.

2   Für die strittige Frage, ob im Falle von Art. 5 Abs. 3 und 4 KG Bussen lediglich dann drohen, wenn die Vermutungen in den Abs. 3 und 4 nicht widerlegt werden, oder ob sie auch dann verhängt werden können, wenn eine nicht gerechtfertigte erhebliche Wettbewerbsbeschränkung im Sinne von Art. 5 Abs. 1 KG vorliegt, vgl. die Kommentierung zu Art. 5.

Art. 49a Sanktion bei unzulässigen Wettbewerbsbeschränkungen

3   Die Höhe der Geldbussen ist auch für europäische Verhältnisse hoch. Damit beabsichtigt der Gesetzgeber eine abschreckende Wirkung (DÄHLER/KRAUSKOPF, 10/11; KRAUSKOPF, 125). Die Bemessung wird in der Verordnung über die Sanktionen bei unzulässigen Wettbewerbsabreden vom 12. März 2004 (SVKG, SR 251.2) konkretisiert. Ähnlich wie im EG-Wettbewerbsrecht wird zunächst von einem Basisbetrag ausgegangen, der je nach Schwere und Art des Verstosses bis zu 10% des Umsatzes des betreffenden Unternehmens auf den relevanten Märkten in der Schweiz ausmachen kann (Art. 3 SVKG). Je nach Dauer des Verstosses (Art. 4 SVKG) und des Bestehens der in der SVKG beispielhaft aufgezählten erschwerenden Umstände (Art. 5 SVKG), kann der Basisbetrag erhöht werden. Mildernde Umstände sind ebenfalls aufgeführt und können zu einer Reduktion der Busse führen (Art. 6 SVKG). In jedem Fall kann die Busse nicht höher ausfallen als der im Gesetz festgelegte Höchstwert von 10% des in den letzten drei Geschäftsjahren in der Schweiz erzielten Umsatzes des betreffenden Unternehmens. Aufgrund des pönalen Charakters der Sanktionen muss das Verschulden berücksichtigt werden.

4   Die Verweisung auf Art. 9 Abs. 3 betrifft die speziellen Umsatzberechnungsregeln für Versicherungsunternehmen und Banken bzw. Finanzintermediäre.

5   Die Tatsache, dass der im Gesetz angegebene Höchstwert an die inländischen Umsätze und der Basisbetrag in Art. 3 SVKG an die auf den relevanten Märkten erzielten inländischen Umsätze der letzten drei Jahre anknüpft, bewirkt zwangsläufig eine Benachteiligung von kleineren und mittleren Unternehmen, die ihre Geschäftstätigkeiten vor allem in der Schweiz und vorwiegend auf einem besonderen Markt erzielen, gegenüber international tätigen schweizerischen Unternehmen (zu den Auswirkungen der Revision auf KMU vgl. auch STOFFEL, 5).

6 Die SVKG beseitigt die erheblichen Unsicherheiten bei der konkreten Bemessung von Geldbussen nicht. Die Auswahl und Umschreibung der erschwerenden bzw. mildernden Umstände lehnen sich an das EG-Recht an (vgl. Leitlinien für die Festsetzung von Geldbussen nach Massgabe der EWR-Wettbewerbsregeln ABl. 2003 Nr. C 10 vom 16.1.2003, 16 f. und Leitlinien für das Verfahren zur Festsetzung von Geldbussen, die gemäss Art. 15 Abs. 2 der Verordnung Nr. 17 und gemäss Art. 65 Abs. 2 EGKS-Vertrag festgesetzt werden ABl. 1998 Nr. C 9/3 vom 14.1.1998, 3 ff.). Die Erfahrung im Zusammenhang mit der Bussenpraxis der Europäischen Kommission hat aber gezeigt, dass die Umschreibung der einzelnen erschwerenden Umstände und vor allem das Ausmass der Erhöhung der Wettbewerbsbehörden einen (zu) hohen Ermessensspielraum einräumen. Es bleibt zu hoffen, dass die Weko diesen Ermessensspielraum sachgerecht ausüben und dem Legalitätsprinzip entsprechen wird (vgl. auch HOFFET/NEFF, 130).

Zu Abs. 2

7 Die in der parlamentarischen Debatte hart umstrittene Kronzeugenregelung lehnt sich an das EG-Wettbewerbsrecht an (vgl. «Leitlinien über den Erlass und die Ermässigung von Geldbussen in Kartellsachen», ABl. 2003 Nr. 10/13 vom 16.1.2003, 13 ff. und «Mitteilung der Kommission über den Erlass und die Ermässigung von Geldbussen in Kartellsachen», ABl. 2002 Nr. C 45/3 vom 19.2.2002, 3 ff.) und bedeutet ein Novum in der schweizerischen Rechtstradition (DÄHLER/KRAUSKOPF, 12).

8 Es werden zwei Arten des Sanktionserlasses unterschieden. Zum einen soll dasjenige Unternehmen belohnt werden, das genügend Informationen liefert, damit die Weko eine Untersuchung nach Art. 27 eröffnen kann, ohne dass sie vor der Beibringung der Informationen genügend Indizien gehabt haben darf, um eine Vorabklärung im Sinne von Art. 26 zu eröffnen.

Art. 49a Sanktion bei unzulässigen Wettbewerbsbeschränkungen

Im zweiten Fall kommt dasjenige Unternehmen in den Genuss eines Erlasses der gesamten Busse, das, unabhängig davon, ob bereits ein Verfahren in gleicher Sache läuft oder nicht, den Wettbewerbsbehörden diejenigen Informationen liefert, die zur Feststellung des Verstosses nach Art. 5 Abs. 3 oder 4 ausreichen. Es profitiert nur dasjenige Unternehmen, welches die gestellten Bedingungen als erstes erfüllt, was einen Wettlauf der Unternehmen zur Folge haben kann (KRAUSKOPF, 125/126). Die Voraussetzungen, die zum vollständigen Erlass einer Busse berechtigen, werden im Art. 8 SVKG präzisiert. Die Form und der Inhalt der Selbstanzeige sind in Art. 9 SVKG geregelt. Sie kann ausnahmsweise auch mündlich zu Protokoll gegeben werden, falls die Gefahr besteht, dass Dokumente, die der Selbstanzeiger beilegt, in vorab ausländischen Verfahren über denselben Gegenstand herausgegeben werden müssten.

9 Von einer Reduktion der Busse kann ein Unternehmen dann profitieren, wenn es unaufgefordert mit der Wettbewerbsbehörde kooperiert und spätestens bei Vorlage der Beweismittel die unzulässigen Verhaltensweisen aufgibt. Die Reduktion kann bis zu 50%, bei Vorlegen von Beweismitteln über weitere Verstösse nach Art. 5 Abs. 3 oder 4 sogar bis zu 80% betragen. Mit den «weiteren Verstössen» können nur sanktionsverschärfende neue Aspekte im Zusammenhang mit dem bereits zu beurteilenden Untersuchungsgegenstand gemeint sein. Würde es sich um völlig neue Verstösse handeln, müsste das betreffende Unternehmen einen Erlass von 100% in Anspruch nehmen können. Vgl. im weiteren Art. 12 ff. SVKG.

10 Die Regelung zum ganzen oder teilweisen Erlass der Geldbusse belässt der Weko bzw. ihrem Sekretariat ein hohes Mass an Ermessen. Die zur Anzeige und/oder Kooperation bereiten Unternehmen sollten bestrebt sein, jeden Schritt im Rahmen der Selbstanzeige und der Kooperation sorgfältig zu bedenken, um das Maximum an Entlastung zu erhalten. Hilfreich ist dabei insbesondere die Möglichkeit einer «hypothetischen» Selbst-

anzeige (KRAUSKOPF, 126), welche in Art. 9 Abs. 2 SVKG eröffnet wird und bedeutet, dass ein Unternehmen die Selbstanzeige auch in anonymisierter Form stellen kann.

Zu Abs. 3

11 Unternehmen können eine Wettbewerbsbeschränkung melden, bevor sie umgesetzt wird, um Rechtssicherheit darüber zu erhalten, ob die betreffende Verhaltensweise von der neuen Sanktionsdrohung in Art. 49a Abs. 1 erfasst wird. Die Wettbewerbsbehörde hat nach der Meldung fünf Monate Zeit, um zu beurteilen, ob ein Verfahren nach Art. 26 ff. eröffnet werden soll. Wird innerhalb der fünf Monate kein Verfahren eröffnet, so entfällt die Sanktionsdrohung für den gemeldeten Sachverhalt (KRAUSKOPF, 125). Wird innerhalb der fünfmonatigen Frist die Eröffnung einer Vorabklärung oder Untersuchung eingeleitet, so kann eine Sanktion nur angeordnet werden, wenn das betreffende Unternehmen mit der gemeldeten Verhaltensweise auch nach der Mitteilung weiterfährt und die Weko die Unzulässigkeit der Abrede nach Art. 5 Abs. 3 oder 4 bzw. der Verhaltensweise nach Art. 7 im Rahmen des eröffneten Verfahrens feststellt. Die Einzelheiten werden in Art. 15 ff. SVKG geregelt.

12 Die Meldung der Verhaltensweise erfolgt über ein Meldeformular, das als Entwurf vorliegt und zurzeit im Anhang abgedruckt ist. Die Unternehmen müssen bestrebt sein, das Formular so präzis wie möglich auszufüllen, da die Sanktionslosigkeit nur insoweit gilt, als der Sachverhalt auch tatsächlich gemeldet und beschrieben wurde. Zur erleichterten Meldung vgl. Art. 17 SVKG.

13 Der Ablauf der fünfmonatigen Frist oder eine allenfalls früher erfolgende Mitteilung, wonach kein Verfahren nach Art. 26 ff. eröffnet werde, beseitigt die Sanktionsdrohung nach Art. 49a. Die Weko behält sich aber das Recht vor, auch solche gemeldete Sachverhalte noch auf deren Zulässigkeit zu beurteilen,

ohne dass aber eine Busse im Sinn von Art. 49a Abs. 1 angeordnet werden kann. Das Melde- bzw. Widerspruchsverfahren sagt nur etwas über die Frage der Anwendung der neuen Sanktionsordnung aus, hingegen nichts Definitives über die Zulässigkeit bzw. Unzulässigkeit der betreffenden Verhaltensweise (DÄHLER/KRAUSKOPF, 12). Damit unterstehen auch gemeldete Sachverhalte, wie bisher, der indirekten Sanktionsdrohung in Art. 50, selbst wenn innerhalb der fünfmonatigen Frist nach der Meldung kein Verfahren eröffnet wurde.

14 Die Beurteilung der Zulässigkeit (also nicht «lediglich» der Anwendung von Art. 49a Abs. 1) kann gemäss den Erläuterungen zur SVKG im Rahmen einer Beratung nach Art. 23 Abs. 1 veranlasst werden. Hierzu ist allerdings zu bemerken, dass eine solche Beurteilung durch das Sekretariat die Weko nicht bindet (siehe Erläuterungen zu Art. 23). Zudem müsste eine solche gebührenpflichtige Beratung parallel mit einer Meldung nach Art. 49a Abs. 3 erfolgen, da andernfalls die Sanktionslosigkeit bei Umsetzung der in Frage stehenden Massnahmen nicht garantiert wäre.

15 Das Aufgreifen von Fällen gemäss Art. 49a Abs. 3 lit. b durch die Weko ist etwa in denjenigen Fällen denkbar, in welchen unzulässige Verträge bestehen, welche in der Praxis nicht mehr angewendet werden und die man nie der Realität angepasst hat.

16 Art. 49a Abs. 3 lit. c bedeutet eine Selbstverständlichkeit, die sich bereits aus Art. 8 ergibt.

Art. 50 *Verstösse gegen einvernehmliche Regelungen und behördliche Anordnungen*

Verstösst ein Unternehmen zu seinem Vorteil gegen eine einvernehmliche Regelung, eine rechtskräftige Verfügung der Wettbewerbsbehörden oder einen Entscheid der Rechtsmittelinstanzen, so wird es mit einem Betrag bis zu 10 Prozent des

Art. 50 Verstösse gegen einvernehmliche Regelungen

in den letzten drei Geschäftsjahren in der Schweiz erzielten Umsatzes belastet. Artikel 9 Absatz 3 ist sinngemäss anwendbar. Bei der Bemessung des Betrages ist der mutmassliche Gewinn, den das Unternehmen durch das unzulässige Verhalten erzielt hat, angemessen zu berücksichtigen.

1 Art. 50 statuiert die Verwaltungssanktionen, die bis zur Einführung von Art. 49a für alle Verstösse gegen Anordnungen der Wettbewerbsbehörden gegolten haben (Botschaft 94, 609). Sie haben weiterhin Geltung für Verstösse gegen Verfügungen und einvernehmliche Regelungen, die andere unzulässige Verhaltensweisen zum Gegenstand haben als diejenigen, welche unter die Sanktionsdrohung von Art. 49a fallen. Sollten, wie hier vertreten, nur diejenigen Abreden nach Art. 5 Abs. 3 und 4 unter die Sanktionsdrohung fallen, bei denen die Vermutung nicht widerlegt werden kann, ist es möglich, dass, falls nach einer Meldung gemäss Art. 49a Abs. 3 lit. a innert der fünfmonatigen Frist keine Mitteilung der Eröffnung eines Verfahrens nach Art. 26 ff. erfolgt, der gleiche Abredesachverhalt später trotzdem Gegenstand eines Verfahrens nach Art. 26 ff. werden kann. Bei einem Verstoss gegen eine allfällige in diesem späteren Verfahren ergangene Verfügung wäre dann Art. 50 anwendbar. Wären auch bei Erheblichkeit einer nicht gerechtfertigten Abrede nach Art. 5 Abs. 3 und 4 direkte Sanktionen aufzuerlegen, dann wäre nicht einzusehen, weshalb nach unterbliebener Mitteilung der Verfahrenseröffnung nach Art. 26 ff. innert der Fünfmonatsfrist später dennoch ein Verfahren in Anwendung von Art. 26 ff. und eine allfällige Sanktionsdrohung nach Art. 50 möglich wäre. Die gleiche Überlegung gilt für Verhaltensweisen nach Art. 7 (a.M. offenbar DÄHLER/KRAUSKOPF, 12).

2 Art. 50 bildet das verwaltungssanktionsrechtliche Pendant zu Art. 54. Die Bestimmung ist ausschliesslich auf das Verfahren nach Art. 26 ff. anwendbar (ZURKINDEN, Sanktionen, 517). Im Rahmen der Revision von 2003 wurde der Bussenrahmen an

Art. 50   Verstösse gegen einvernehmliche Regelungen

denjenigen im neuen Art. 49a angepasst. Somit dürften auch die im Zusammenhang mit Art. 49a KG erlassenen Bussenberechnungsleitlinien in der SVKG zur Anwendung kommen. Da es sich aber bei den unter die Bussendrohung von Art. 50 fallenden Wettbewerbsverstössen um in der Regel geringfügige Verstösse handelt, die Bussen deutlich weniger streng ausgelegt werden als bei Abreden nach Art. 5 Abs. 3 und 4.

3   Bussen wegen Wettbewerbsverstössen können unter Art. 50 nur im Falle von Verletzungen vorgängig ergangener rechtskräftiger Verfügungen, einvernehmlicher Regelungen oder Entscheiden von Rechtsmittelinstanzen ergehen. Angesichts des hier geltenden Missbrauchsprinzips dürfen somit die vor der betreffenden Entscheidung oder Regelung erfolgten Massnahmen bei der Berechnung der Busse nicht berücksichtigt werden. Primäres Ziel der Änderung von Art. 27 Abs. 1 (oben) war es, den bisherigen Rechtszustand zu beheben, wonach es die Unternehmen selber in der Hand hatten, eine formelle Unzulässigkeitsverfügung zu verhindern (Botschaft 01, 2047). Art. 50 ist indessen nicht anders auszulegen als bisher.

4   Bei einem Bussenverfahren nach Art. 50 kann die sachliche Richtigkeit der verletzten Entscheidung oder einvernehmlichen Regelung nicht mehr überprüft werden (MOREILLON, Commentaire Romand, 981/982). Voraussetzung einer Busse bildet, dass der Verstoss gegen die Entscheidung oder die einvernehmliche Regelung zum eigenen Vorteil erfolgte. Die Frage, wie schwer das betreffende Unternehmen gegen die Entscheidung oder gegen die einvernehmliche Regelung verstiess, ist bei der Berechnung der Busse insofern zu berücksichtigen, als ein Verstoss gegen nur einzelne Punkte der Entscheidung oder Regelung eine weniger erhebliche Verletzung des Wettbewerbs bedeutet, als wenn alle Elemente einer Verfügung missachtet werden.

5   Aufgrund des abschreckenden und vergeltenden Charakters der Sanktionen sind letztere strafrechtlicher Natur, und Art. 6 EMRK ist anwendbar. Entsprechend muss ein Verschulden für die Anwendung von Art. 50 vorliegen, obwohl Sinn und Zweck dieser Bestimmung derjenige war, Unternehmen ohne Nachweis eines Verschuldens büssen zu können (ZURKINDEN, Sanktionen, 520). Die Frage des Verschuldens dürfte, da ohnehin ein eigener Vorteil vorausgesetzt wird, in den allermeisten Fällen nur theoretischer Natur sein. Ergänzend ist das Verschulden auch bei der Bemessung der Sanktion zu berücksichtigen. Primäres Bemessungskriterium muss allerdings der Grad und die Dauer der Beeinträchtigung des Wettbewerbs bleiben (ZURKINDEN, Sanktionen, 520/521).

Art. 51   Verstösse i.Z.m. Unternehmenszusammenschlüssen

[1] **Ein Unternehmen, das einen meldepflichtigen Zusammenschluss ohne Meldung vollzieht oder das vorläufige Vollzugsverbot missachtet, gegen eine mit der Zulassung erteilte Auflage verstösst, einen untersagten Zusammenschluss vollzieht oder eine Massnahme zur Wiederherstellung wirksamen Wettbewerbs nicht durchführt, wird mit einem Betrag bis zu einer Million Franken belastet.**

[2] **Bei wiederholtem Verstoss gegen eine mit der Zulassung erteilte Auflage wird das Unternehmen mit einem Betrag bis zu 10 Prozent des auf die Schweiz entfallenden Gesamtumsatzes der beteiligten Unternehmen belastet. Artikel 9 Absatz 3 ist sinngemäss anwendbar.**

Art. 52   Andere Verstösse

Ein Unternehmen, das die Auskunftspflicht oder die Pflichten zur Vorlage von Urkunden nicht oder nicht richtig erfüllt, wird mit einem Betrag bis zu 100 000 Franken belastet.

Art. 52 Andere Verstösse

1 Art. 51 und 52 bilden Spezialvorschriften, indem sie bestimmte Verstösse einer speziellen Bussendrohung unterstellen. Die Verstosshandlungen sind im Gesetz klar definiert und bedürfen keiner Erläuterung. Im Unterschied zu Art. 50 ist nicht erforderlich, dass die fehlbaren Unternehmen den Verstoss zum eigenen Vorteil begehen.

2 Die Reko hat in ihrem Urteil i. S. Rhône-Poulenc/S.A. Merck & Co. Inc. (RPW 2002/2, 298) festgestellt, dass bei der Auferlegung einer Sanktion nach Art. 51 auch das Verschulden mit berücksichtigt werden müsse und hat damit diesen Verwaltungssanktionen strafrechtliche Natur zuerkannt. Gemäss Urteil der Reko liegt ein Verschulden dann vor, wenn der Täter wissentlich eine Handlung vornimmt bzw. unterlässt, obwohl man dies von einer vernünftigen und mit den notwendigen Fachkenntnissen ausgestatteten Person hätte erwarten können. Die Weko hat in ihrem kurze Zeit später ergangenen Sanktionsentscheid i. S. Zusammenschluss schweizerische National-Versicherungs-Gesellschaft/Coop Leben (vgl. RPW 2002/3, 524 f.) festgelegt, dass zumindest eine Sorgfaltspflichtverletzung gegeben sein müsse, um eine Sanktion auferlegen zu können (N 51 ff.). Bei Sanktionen im Zusammenhang mit Art. 51 und Art. 52 ist Art. 6 EMRK anwendbar (zumindest für Art. 50 und 51 bejaht bei ZURKINDEN, Sanktionen, 531/532; vgl. auch MOREILLON, Commentaire Romand, Vorbemerkungen zu Art. 52 N 14).

3 Bei der Berechnung der Sanktionen besteht einzig bei den Fällen einer Verletzung der Meldepflicht eine Praxis, wobei grundsätzlich folgende Kriterien angewendet werden (vgl. RPW 2002/3):

- die Bedeutung des die Meldepflicht verletzenden Unternehmens auf dem Markt;
- die potenzielle Gefahr des Zusammenschlussvorhabens für den Wettbewerb;

- die Möglichkeit der Beseitigung wirksamen Wettbewerbs im Sinne von Art. 10 Abs. 2;
- die Schwere der Sorgfaltspflichtverletzung.

4 Die Pflicht zur Auskunft bzw. zur Vorlage von Urkunden ergibt sich aus Art. 40. Aufgrund der Beziehung von Art. 52 zur Sanktionsdrohung in Art. 55, hat auch im Zusammenhang mit Art. 52 vorgängig eine entsprechende Verfügung zu ergehen, die nicht befolgt wird (MOREILLON, Commentaire Romand, Art. 52 N 4; vgl. auch RPW 2000/1, 87 ff.) Nicht unter diese Bussendrohung dürfte die Verletzung der für die Fusionskontrolle speziell eingeführten Auskunfts- und Herausgabepflichten (Art. 11 und 15 VKU) fallen (ZURKINDEN, Sanktionen, 524/525).

5 Ausgangspunkt der Bussenberechnung nach Art. 52 bildet zunächst ein Grundbetrag für den Tatbestand der Nicht-Herausgabe von Informationen und/oder Dokumenten, wobei die Nicht-Herausgabe immer wissentlich erfolgt, da das Unternehmen im Besitz einer Verfügung zur Herausgabe der betreffenden Informationen ist. Je nach Natur der verlangten Informationen und der Wettbewerbsschädlichkeit des Sachverhalts und je nach Verschulden kann der Sanktionsendbetrag variieren. Werden bei einer schweizerischen Tochtergesellschaft Informationen über ihre ausländische Muttergesellschaft eingefordert und besitzt die schweizerische Unternehmung diese Informationen nicht, bzw. muss sie nach üblichem Geschäftsgang diese Informationen auch nicht besitzen, so sind nach der hier vertretenen Meinung Sanktionen ausgeschlossen.

Art. 53 Verfahren und Rechtsmittel

[1] Verstösse werden vom Sekretariat im Einvernehmen mit einem Mitglied des Präsidiums untersucht. Sie werden von der Wettbewerbskommission beurteilt.

Art. 53 Verfahren und Rechtsmittel

² Entscheide der Wettbewerbskommission unterliegen der Beschwerde an die Rekurskommission für Wettbewerbsfragen.

1 Bei Verstössen im Sinne von Art. 50 bis 52 wird vom Sekretariat im Einvernehmen mit einem Mitglied des Weko-Präsidiums ein selbständiges Verfahren eröffnet. Die Arbeitsteilung zwischen dem Sekretariat als Instruktionsbehörde und der Weko als Entscheidbehörde entspricht der für die Anwendung des KGs generell vorgesehenen Arbeitsteilung zwischen den beiden Behörden (vgl. Art. 18 ff.).

2 Auf die strafrechtliche Natur der Sanktionen in Art. 50 bis 52 wurde bereits hingewiesen. Die damit auftretende Frage, ob anstelle – wie es die Botschaft zum KG 95 vorsieht – des VwVG nicht sachgerechterweise das Bundesgesetz über das Verwaltungsstrafrecht Anwendung finden sollte (VStrR; SR 313.0; vgl. auch MOREILLON, Commentaire Romand, Art. 53 N 3) erhält mit den per 1. Oktober 2003 in Kraft getretenen Art. 100quater und 100quinques StGB noch weitere Nahrung. Im Ergebnis kommt es zu keinen grossen Unterschieden, da das schweizerische VwVG die Verfahrensgarantien allesamt erfüllen dürfte (MOREILLON, Commentaire Romand, Art. 53 N 3).

3 Aufgrund der erwähnten Änderungen im schweizerischen StGB erscheint es heute legitim, die Verjährungsvorschriften des allgemeinen Teils (Art. 101 bis 109 StGB) auch im Zusammenhang mit Art. 53 anzuwenden (MOREILLON, Commentaire Romand, Art. 53 N 17).

4 Die Bedeutung von Art. 53 wird trotz Einführung von Art. 49a nicht abnehmen, zumal unter dem KG 95 kein einziges Unternehmen wegen Verletzung einer Verfügung, welche die Unzulässigkeit einer Abrede oder einer Verhaltensweise eines marktbeherrschenden Unternehmens feststellte, gebüsst wurde. Der Hauptschwerpunkt lag bisher auf der Ahndung von Verletzungen der Meldepflicht.

7. Abschnitt: Gebühren

Art. 53a

¹ Die Wettbewerbsbehörden erheben Gebühren für:

a. Verfügungen über die Untersuchung von Wettbewerbsbeschränkungen nach den Artikeln 26–31;

b. die Prüfung von Unternehmenszusammenschlüssen nach den Artikeln 32–38;

c. Gutachten und sonstige Dienstleistungen.

² Die Gebühr bemisst sich nach dem Zeitaufwand.

³ Der Bundesrat legt die Gebührensätze fest und regelt die Gebührenerhebung. Er kann vorsehen, dass für bestimmte Verfahren oder Dienstleistungen, namentlich bei der Einstellung der Verfahren, keine Gebühren erhoben werden.

1   Die Rechtsgrundlage der unter dem KG 95 erlassenen Gebührenverordnung (Art. 47 Abs. 2, das BG über Massnahmen zur Verbesserung des Bundeshaushalts) hat in der Vergangenheit grosse Fragen aufgeworfen (vgl. das Urteil des Bundesgerichts i.S. BKW FMB Energie AG, RPW 2002/3, 538 ff.). Um diese Unsicherheiten aufzuheben wurde eine neue gesetzliche Grundlage geschaffen (Botschaft 01, 2045 f. und 2048).

2   Gestützt auf den neuen Art. 53a und Art. 4 des Bundesgesetzes vom 4. Oktober 1974 über Massnahmen zur Verbesserung des Bundeshaushalts wurde auch die bisherige Gebührenverordnung (GebVO, SR 251.2) geändert. Neu ist insbesondere, dass Beteiligte an einer Wettbewerbsbeschränkung auch dann von der Gebührenpflicht befreit werden, wenn sie zwar eine Untersuchung verursacht haben, die zu Beginn vorliegenden Anhaltspunkte für eine unzulässige Wettbewerbsverletzung sich aber nicht erhärtet haben (Art. 3 Abs. 2 GebVO). Ebenso ist im Rahmen der Fusionskontrollverfahren neu auch die Vorprüfung gebührenpflichtig (Art. 4 Abs. 3). Zudem wird der Stun-

denansatz der mit der Behandlung des Falles betrauten Sekretariatsmitarbeiter erheblich erhöht (Art. 4 Abs. 1). Verfahren vor der Weko können damit teuer werden.

3 Übergangsrechtlich wird bei den zum Zeitpunkt des Inkrafttretens der revidierten Gebührenverordnung hängigen Verfahren derjenige Teil des Verfahrens, der vor Inkrafttreten erfolgte, nach der alten Gebührenverordnung beurteilt, während für den nach Inkrafttreten der Gebührenverordnung durchgeführten Verfahrensteil die neue Verordnung Anwendung findet (vgl. Übergangsbestimmung in der GebVO).

5. Kapitel: Strafsanktionen

Art. 54 Widerhandlungen gegen einvernehmliche Regelungen und behördliche Anordnungen

Wer vorsätzlich einer einvernehmlichen Regelung, einer rechtskräftigen Verfügung der Wettbewerbsbehörden oder einem Entscheid der Rechtsmittelinstanzen zuwiderhandelt, wird mit Busse bis zu 100 000 Franken bestraft.

Art. 55 Andere Widerhandlungen

Wer vorsätzlich Verfügungen der Wettbewerbsbehörden betreffend die Auskunftspflicht (Art. 40) nicht oder nicht richtig befolgt, einen meldepflichtigen Zusammenschluss ohne Meldung vollzieht oder Verfügungen im Zusammenhang mit Unternehmenszusammenschlüssen zuwiderhandelt, wird mit Busse bis zu 20 000 Franken bestraft.

Art. 56 Verjährung

[1] **Die Strafverfolgung für Widerhandlungen gegen einvernehmliche Regelungen und behördliche Anordnungen (Art. 54) verjährt nach fünf Jahren. Die Verjährungsfrist kann durch Un-**

terbrechung um nicht mehr als die Hälfte hinausgeschoben werden.

² Die Strafverfolgung für andere Widerhandlungen (Art. 55) verjährt nach zwei Jahren.

Art. 57 Verfahren und Rechtsmittel

¹ Für die Verfolgung und die Beurteilung der strafbaren Handlung gilt das Bundesgesetz über das Verwaltungsstrafrecht.

² Verfolgende Behörde ist das Sekretariat im Einvernehmen mit einem Mitglied des Präsidiums. Urteilende Behörde ist die Wettbewerbskommission.

1   Die Regelungen zu den Strafsanktionen haben unter dem KG 95 keine praktische Bedeutung erlangt. Art. 54 und 55 bilden das strafrechtliche Pendant für natürliche Personen zu den Verwaltungssanktionen für Unternehmen in Art. 50 bis 52. Die Auswirkungen der kürzlich erfolgten Einführung von Art. 100quater und 100quinquies StGB sind schwer absehbar. Es ist zu erwarten, dass die Bedeutung der Strafsanktionen nach Art. 54 und 55 zunehmen wird.

2   Die objektiven Tatbestände entsprechen denjenigen in Art. 50 bis 52, mit Ausnahme des Vollzugs eines gemeldeten Zusammenschlussvorhabens ohne Zustimmung der Weko. Dass es sich hier um ein Versehen des Gesetzgebers handelt, ist offensichtlich. Nach der hier vertretenen Meinung erfordert die Sanktion nicht eine explizite Verfügung der Weko, wonach der Zusammenschluss nicht (provisorisch bzw. vorzeitig) vollzogen werden kann (ZURKINDEN, Sanktionen, 527, vgl. aber MOREILLON, Commentaire Romand, Art. 57 N 7, mit Verweisung auf Art. 51 N 6, 9, 11). Die praktische Relevanz dieses Versehens ist allerdings insofern begrenzt als es nur während der Vorprüfungsphase der Beurteilung eines Zusammenschlussvorhabens relevant werden könnte. Bei der Einleitung eines Prüfungsverfahrens im Sinne von Art. 33 muss die Weko

in jedem Fall verfügungsweise über die Frage des ausnahmsweisen vorzeitigen Vollzugs entscheiden, womit ein späterer Vollzug während des Prüfungsverfahrens ohne entsprechende ausnahmsweise Bewilligung eine Verletzung dieser Verfügung darstellen würde. Eine Verletzung von Verfügungen im Zusammenhang mit Unternehmenszusammenschlüssen stellen auch der Verstoss gegen eine mit der Zulassung erteilte Auflage, der Vollzug eines untersagten Zusammenschlusses und die Nicht-Durchführung einer Massnahme zur Wiederherstellung wirksamen Wettbewerbs dar. Art. 55 nennt, im Unterschied zu Art. 52, ausdrücklich die Pflicht zur Vorlage von Dokumenten. Nach der hier vertretenen Meinung ist diese Pflicht in der Auskunftspflicht mit enthalten (gl.M. MOREILLON, Commentaire Romand, Art. 55 N 2).

3   Der Kreis derjenigen natürlichen Personen, die von Art. 54 und 55 erfasst sind, ist weit gefasst. Die Botschaft zum KG 95 nennt nicht nur diejenigen Gesellschaftsorgane, die offizielle Geschäftsführungsfunktionen ausüben, sondern auch diejenigen Personen, welche die Geschäfte des betreffenden Unternehmens faktisch führen (Botschaft 94, 611).

4   Das subjektive Tatbestandselement ist sowohl bei Art. 54 als auch bei Art. 55 der Vorsatz. Zu beachten gilt in diesem Zusammenhang, dass auch die Handlungen von Hilfspersonen erfasst werden, selbst wenn diesen selber kein Vorsatz nachgewiesen werden kann (MOREILLON, Commentaire Romand, Vorbemerkungen zu Art. 54 N 20).

5   Für die Beurteilung der strafbaren Handlungen sowie für den Rechtsmittelweg verweist Art. 57 auf das Bundesgesetz über das Verwaltungsstrafrecht (VStrR; SR 513.0). Die Bemessung der Strafsanktionen hat demgemäss den Grundsätzen im StGB (insb. Art. 48 Abs. 2 und 63 ff. StGB) zu entsprechen, auf welche Art. 2 VStrR und 333 StGB verweisen (vgl. im übrigen MOREILLON, Commentaire Romand, Art. 54 N 4 ff.). Das Ver-

fahren muss den Grundsätzen von Art. 6 EMRK entsprechen (vgl. MOREILLON, Commentaire Romand, Art. 57 N 6 ff.).

6 Die Verfolgungsverjährung ist in Art. 56 normiert. Die absolute Verjährung für Verstösse im Sinne von Art. 55 beträgt in Anwendung von Art. 72 Abs. 2 StGB vier Jahre (dazu näher MOREILLON, Commentaire Romand, Art. 56 N 3 ff.).

6. Kapitel: Ausführung internationaler Übereinkommen

Art. 58 Feststellung des Sachverhalts

¹ Macht eine Vertragspartei eines internationalen Abkommens geltend, eine Wettbewerbsbeschränkung sei mit dem Abkommen unvereinbar, so kann das Departement das Sekretariat mit einer entsprechenden Vorabklärung beauftragen.

² Das Departement entscheidet auf Antrag des Sekretariats über das weitere Vorgehen. Es hört zuvor die Beteiligten an.

Art. 59 Beseitigung von Unvereinbarkeiten

¹ Wird bei der Ausführung eines internationalen Abkommens festgestellt, dass eine Wettbewerbsbeschränkung mit dem Abkommen unvereinbar ist, so kann das Departement im Einvernehmen mit dem Eidgenössischen Departement für auswärtige Angelegenheiten den Beteiligten eine einvernehmliche Regelung über die Beseitigung der Unvereinbarkeit vorschlagen.

² Kommt eine einvernehmliche Regelung nicht rechtzeitig zustande und drohen der Schweiz von der Vertragspartei Schutzmassnahmen, so kann das Departement im Einvernehmen mit dem Eidgenössischen Departement für auswärtige Angelegenheiten die Massnahmen verfügen, die zur Beseitigung der Wettbewerbsbeschränkung erforderlich sind.

1 Art. 58 und 59 verweisen primär auf internationale Abkommen der Schweiz, welche Wettbewerbsregeln enthalten, die nicht direkt anwendbar sind (METZGER, Comentaire Romand, 1014). Der Zweck dieser Bestimmungen besteht darin, derartige Vorschriften umzusetzen, um nicht politischen Retorsionsmassnahmen der anderen Vertragsparteien ausgesetzt zu sein. In erster Linie ist hier an den EFTA-Vertrag und an das Freihandelsabkommen zwischen der Schweiz und der EU zu denken (METZGER, Commentaire Romand, Vorbemerkungen zu Art.

58-59 N 2 nennt noch weitere Abkommen). Die wettbewerbsrechtlichen Bestimmungen im Luftverkehrsabkommen zwischen der Schweiz und der EU (LVA) sind direkt anwendbar und es besteht eine klare Zuständigkeitsordnung mit grenzüberschreitenden Ermittlungsbefugnissen durch die Europäische Kommission (vgl. Art. 42a), womit Art. 58 und 59 nicht angerufen werden müssen (ZURKINDEN, Ausführung, 541; vgl. zu den Beihilferegeln im LVA ZURKINDEN/SCHOLTEN).

2   Die Art. 58 und 59 hatten unter dem KG 95 keine praktische Bedeutung, da insbesondere die in Frage stehenden Abkommen keine grösseren Probleme aufwarfen (vgl. dazu METZGER, Commentaire Romand, Art 58 N 4 ff.).

3   Die praktische Umsetzung von Art. 58, d.h. die Gestaltung der in Art. 58 erwähnten Vorabklärung nach Art. 26 ff., muss allfällige Besonderheiten des internationalen Vertrages berücksichtigen (vgl. METZGER, Commentaire Romand, Art. 58 N 48ff.).

4   Ob die Bestimmungen als Rechtsgrundlage zur Durchführung der «positive comity» in der Schweiz zugunsten eines ausländischen Vertragspartners dienen können, hängt vom Inhalt des in Frage stehenden internationalen Abkommens ab. Eine gewichtige Bedeutung besitzen zudem allfällige nationale Geheimhaltungsvorschriften und gesetzliche Barrieren zur grenzüberschreitenden Information. Ebenso muss klargestellt werden, ob die im Rahmen einer Vorabklärung im Sinne von Art. 58 i.V. mit 26 KG erlangten Informationen und Beweismittel auch in Kartellverfahren verwendet werden dürfen. (Zu den Rechtsproblemen der Zusammenarbeit im Wettbewerbsbereich vgl. etwa die Ausführugen bei GUGLER/ZURKINDEN und ZURKINDEN, Rechtsprobleme, sowie ZURKINDEN, Ausführung, 539/540).

6a. Kapitel: Evaluation

Art. 59a

[1] Der Bundesrat sorgt für die Evaluation der Wirksamkeit der Massnahmen und des Vollzugs dieses Gesetzes.

[2] Der Bundesrat erstattet nach Abschluss der Evaluation, spätestens aber fünf Jahre nach Inkrafttreten dieser Bestimmung, dem Parlament Bericht und unterbreitet Vorschläge für das weitere Vorgehen.

1 Art. 170 BV beinhaltet den Auftrag, die Massnahmen des Bundes auf ihre Wirksamkeit zu überprüfen. Gemäss KG-Botschaft 2001 besteht das Hauptziel der Revision von 2003 darin, die Präventivwirkung des KG durch die Einführung direkter Sanktionen bei Vorliegen besonders wettbewerbsbeschränkender Sachverhalte zu erhöhen (Botschaft 01, 2048). Der Bundesrat hat die Erreichung dieses Ziels zu evaluieren und bis spätestens fünf Jahre nach Inkrafttreten der Revision dem Parlament einen entsprechenden Bericht und Vorschläge für das weitere Vorgehen zu unterbreiten.

7. Kapitel: Schlussbestimmungen

Art. 60 Ausführungsbestimmungen

Der Bundesrat erlässt die Ausführungsbestimmungen.

Art. 61 Aufhebung bisherigen Rechts

Das Kartellgesetz vom 20. Dezember 1985 wird aufgehoben.

Art. 62 Übergangsbestimmungen

[1] Laufende Verfahren der Kartellkommission über Wettbewerbsabreden werden mit Inkrafttreten dieses Gesetzes sistiert; nötigenfalls werden sie nach Ablauf von sechs Monaten nach neuem Recht weitergeführt.

[2] Neue Verfahren der Wettbewerbskommission über Wettbewerbsabreden können frühestens sechs Monate nach Inkrafttreten des Gesetzes eingeleitet werden, es sei denn, mögliche Verfügungsadressaten verlangten eine frühere Untersuchung. Vorabklärungen sind jederzeit möglich.

[3] Rechtskräftige Verfügungen und angenommene Empfehlungen nach dem Kartellgesetz vom 20. Dezember 1985 unterstehen auch bezüglich der Sanktionen dem bisherigen Recht.

Art. 63 Referendum und Inkrafttreten

[1] Dieses Gesetz untersteht dem fakultativen Referendum.

[2] Der Bundesrat bestimmt das Inkrafttreten.

Übergangsbestimmung zur Änderung vom 20. Juni 2003

Wird eine bestehende Wettbewerbsbeschränkung innert eines Jahres nach Inkrafttreten von Artikel 49a gemeldet oder aufgelöst, so entfällt eine Belastung nach dieser Bestimmung.

Übergangsbestimmung zur Änderung vom 20. Juni 2003

Datum des Inkrafttretens:

Artikel 18–25 am 1. Februar 1996

Alle übrigen Bestimmungen am 1. Juli 1996

1 Der Bundesrat hat gestützt auf Art. 60 die Verordnung über die Kontrolle von Unternehmenszusammenschlüssen (SR 251.4, VKU) und die Gebührenverordnung (SR 251.2) erlassen. Mit der Revision 2003 wurden diese beiden Verordnungen revidiert und das Ausführungsrecht gleichzeitig durch die Sanktionsverordnung (SVKG) ergänzt.

2 Das neue Recht findet nach allgemeinen intertemporalrechtlichen Grundsätzen auch auf bestehende Wettbewerbsbeschränkungen Anwendung, soweit diese nach Inkrafttreten des neuen Rechts fortgesetzt werden. Bestehende Wettbewerbsbeschränkungen wären daher grundsätzlich nach neuem Recht zu beurteilen, auch wenn dieses strenger ist als das alte Recht. Um diese Härte zu mildern und das Kontinuitätsvertrauen der beteiligten Parteien zu schützen, hat der Gesetzgeber eine Übergangsbestimmung vorgesehen. Diese ermöglicht, bestehende Wettbewerbsbeschränkungen innerhalb eines Jahres nach Inkrafttreten der revidierten Bestimmungen (im Vorschlag des Bundesrats war die Frist noch auf 6 Monate beschränkt) entweder aufzugeben oder dem Sekretariat der Weko zu melden.

3 Wird eine Beschränkung innerhalb der Jahresfrist aufgegeben, so führt dies zum Wegfall der Sanktionen ab Inkrafttreten des neuen Rechts bis zur tatsächlichen Beendigung der Wettbewerbsbeschränkung. Nicht vollständig klar ist, wie Wettbewerbsbeschränkungen nach Art. 5 Abs. 3 und 4 bzw. Art. 7 zu behandeln sind, die Gegenstand eines Verfahrens bilden, das

vor dem 1. April 2004 eröffnet wurde, und innerhalb eines Jahres nach Inkrafttreten des revidierten Rechts von der Weko für unzulässig erklärt werden. Es wäre nach der hier vertretenen Meinung sachlich nicht gerechtfertigt, wenn Unternehmen, die an einer nach Art. 5 Abs. 3 oder 4 bzw. Art. 7 klar unzulässigen Wettbewerbsbeschränkung beteiligt sind, diese aber nach Inkrafttreten der revidierten Bestimmungen nicht melden, besser gestellt werden sollen als diejenigen Unternehmen, welche die möglicherweise unzulässige Abrede oder Verhaltensweise melden oder die bereits vor dem 1. April 2004 in ein Verfahren involviert wurden und die Unzulässigkeit der Abrede/Verhaltensweise bestreiten. In allen diesen Fällen sollte die gleiche Lösung gelten, wonach den betroffenen Unternehmen Zeit bis zum 31. März 2005 gewährt wird, um die unzulässige Abrede oder Verhaltensweise aufzugeben.

4   Die Meldung hat analog zur Meldung neuer Wettbewerbsbeschränkungen im Sinne von Art. 49a Abs. 3 lit. a zu erfolgen, wobei jeweils ein- und dasselbe Meldeformular verwendet werden kann (FN 2 des Formularentwurfs; siehe hinten, Kapitel C.6). Sie unterscheidet sich davon aber in wesentlichen Punkten. Insbesondere findet die Übergangsbestimmung auf bereits umgesetzte Wettbewerbsbeschränkungen Anwendung, während Art. 49a nur eine Meldung noch nicht wirksamer Beschränkungen ermöglicht.

5   Entgegengetreten sei an dieser Stelle der im Vorfeld des Inkrafttretens verschiedentlich geäusserten Ansicht, bei den gemeldeten Tatsachen müsse es sich um echte Nova handeln, die der Weko bisher nicht bekannt waren. Eine solche Einschränkung lässt sich dem Gesetzestext nicht entnehmen. Rechtsstaatliche Grundsätze verbieten es, die Reichweite der Sanktionsbestimmungen durch aussergesetzliche Kriterien zu erweitern. Im Ergebnis wird man über das Wissen oder «Wissen-Müssen» trefflich streiten können, ohne dass in der Sache etwas gewonnen wäre. Lässt sich ein Unternehmen beispiels-

weise vor einer Meldung durch das Sekretariat im Sinne von Art. 23 beraten, so wird dadurch eine nachfolgende, fristgemässe Meldung nicht ausgeschlossen.

6   Die Rechtsfolgen einer Meldung sind in der Übergangsbestimmung nur undeutlich geregelt. Der Gesetzeswortlaut liesse sich dahingehend verstehen, dass mit einer Meldung alle Probleme der an einer Wettbewerbsbeschränkung beteiligten Parteien gelöst seien, unabhängig von einer allfälligen Reaktion der Weko. Ein solches «Grandfathering» bestehender Wettbewerbsbeschränkungen widerspräche freilich nicht nur Sinn und Zweck der gesetzlichen Regel, sondern auch den verfassungsrechtlichen Prinzipien der Legalität und Gleichbehandlung. Die Übergangsbestimmung ist richtigerweise als «Schonfrist» zu verstehen, die mit Ablauf eines Jahres nach Inkrafttreten der neuen Sanktionsregeln bzw. einem ablehnenden Entscheid der Weko endet, je nachdem was später erfolgt.

7   Auch zu den Modalitäten der Behandlung eingehender Meldungen schweigt sich das Gesetz aus. In Analogie zu Art. 49a wird man auch hier von einer maximal fünfmonatigen Behandlungsfrist ausgehen müssen. Zustimmende Kenntnisnahme durch die Weko bedeutet einen qualifizierten Vertrauenstatbestand, der zum Wegfall direkter Sanktionen führt, wobei die Einleitung von Verfahren zur Prüfung der Unzulässigkeit (ohne direkte Sanktion) weiterhin möglich bleibt. Schweigen der Weko innerhalb der fünfmonatigen Frist ist in gleichem Sinne zu verstehen.

8   Die Weko kann den Meldenden ihren ablehnenden Entscheid auf verschiedene Weise eröffnen. Denkbar, aber nicht dem Sinn der Schonfrist entsprechend, wäre die direkte Mitteilung, wonach eine Untersuchung eröffnet werde. Richtig erschiene demgegenüber ein Vorgehen, bei dem die Weko den Parteien formlos mitteilt, dass wettbewerbsrechtliche Bedenken vorliegen und daher mit der Eröffnung einer Untersuchung zu rech-

nen sei. Den Beteiligten ist dann eine angemessene Frist zur Beendigung der Wettbewerbsbeschränkung anzusetzen, die frühestens mit Ablauf der Übergangsfrist endet. Erst wenn sie trotz dieser Mitteilung an der Wettbewerbsbeschränkung festhalten, entfällt der Schutz, dies allerdings nur pro futuro. M.a.W. können bei einem allenfalls später zu eröffnenden Verfahren Sanktionen drohen, wobei die Zeit vor Ablauf der Übergangsfrist bzw. der Frist zur Beendigung der Wettbewerbsbeschränkung bei der Bemessung einer allfälligen Sanktion nicht berücksichtigt werden darf.

B. Kartellgesetz und Ausführungserlasse

1a. Bundesgesetz über Kartelle und andere Wettbewerbsbeschränkungen (Kartellgesetz, KG)

vom 6. Oktober 1995 (Stand am 1. April 2004)

Die Bundesversammlung der Schweizerischen Eidgenossenschaft,

gestützt auf die Artikel 27 Absatz 1, 96[1], 97 Absatz 2 und 122[2] der Bundesverfassung[3],[4]

in Ausführung der wettbewerbsrechtlichen Bestimmungen internationaler Abkommen,

nach Einsicht in die Botschaft des Bundesrates vom 23. November 1994[5]

beschliesst:

1. Kapitel: Allgemeine Bestimmungen

Art. 1 Zweck

Dieses Gesetz bezweckt, volkswirtschaftlich oder sozial schädliche Auswirkungen von Kartellen und anderen Wettbewerbsbeschrän-

---

AS **1996** 546

[1] Dieser Bestimmung entspricht Artikel 31bis der BV vom 29. Mai 1874 [BS **1** 3].

[2] Dieser Bestimmung entspricht Artikel 64 der BV vom 29. Mai 1874 [BS **1** 3].

[3] SR **101**

[4] Fassung gemäss Ziff. I des BG vom 20. Juni 2003, in Kraft seit 1. April 2004 (AS **2004** 1385 1390; BBl **2002** 2022 5506).

[5] BBl **1995** 1468

kungen zu verhindern und damit den Wettbewerb im Interesse einer freiheitlichen marktwirtschaftlichen Ordnung zu fördern.

Art. 2 Geltungsbereich

¹ Das Gesetz gilt für Unternehmen des privaten und des öffentlichen Rechts, die Kartell- oder andere Wettbewerbsabreden treffen, Marktmacht ausüben oder sich an Unternehmenszusammenschlüssen beteiligen.

¹ᵇⁱˢ Als Unternehmen gelten sämtliche Nachfrager oder Anbieter von Gütern und Dienstleistungen im Wirtschaftsprozess, unabhängig von ihrer Rechts- oder Organisationsform.[6]

² Das Gesetz ist auf Sachverhalte anwendbar, die sich in der Schweiz auswirken, auch wenn sie im Ausland veranlasst werden.

Art. 3 Verhältnis zu anderen Rechtsvorschriften

¹ Vorbehalten sind Vorschriften, soweit sie auf einem Markt für bestimmte Waren oder Leistungen Wettbewerb nicht zulassen, insbesondere Vorschriften:

a. die eine staatliche Markt- oder Preisordnung begründen;

b. die einzelne Unternehmen zur Erfüllung öffentlicher Aufgaben mit besonderen Rechten ausstatten.

² Nicht unter das Gesetz fallen Wettbewerbswirkungen, die sich ausschliesslich aus der Gesetzgebung über das geistige Eigentum ergeben. Hingegen unterliegen Einfuhrbeschränkungen, die sich auf

---

[6] Eingefügt durch Ziff. I des BG vom 20. Juni 2003, in Kraft seit 1. April 2004 (AS **2004** 1385 1390; BBl **2002** 2022 5506).

Rechte des geistigen Eigentums stützen, der Beurteilung nach diesem Gesetz.[7]

[3] Verfahren zur Beurteilung von Wettbewerbsbeschränkungen nach diesem Gesetz gehen Verfahren nach dem Preisüberwachungsgesetz vom 20. Dezember 1985[8] vor, es sei denn, die Wettbewerbskommission und der Preisüberwacher treffen gemeinsam eine gegenteilige Regelung.

Art. 4 Begriffe

[1] Als Wettbewerbsabreden gelten rechtlich erzwingbare oder nicht erzwingbare Vereinbarungen sowie aufeinander abgestimmte Verhaltensweisen von Unternehmen gleicher oder verschiedener Marktstufen, die eine Wettbewerbsbeschränkung bezwecken oder bewirken.

[2] Als marktbeherrschende Unternehmen gelten einzelne oder mehrere Unternehmen, die auf einem Markt als Anbieter oder Nachfrager in der Lage sind, sich von anderen Marktteilnehmern (Mitbewerbern, Anbietern oder Nachfragern) in wesentlichem Umfang unabhängig zu verhalten[9].

[3] Als Unternehmenszusammenschluss gilt:

a. die Fusion von zwei oder mehr bisher voneinander unabhängigen Unternehmen;

b. jeder Vorgang, wie namentlich der Erwerb einer Beteiligung oder der Abschluss eines Vertrages, durch den ein oder mehre-

---

[7] Satz eingefügt durch Ziff. I des BG vom 20. Juni 2003, in Kraft seit 1. April 2004 (AS **2004** 1385 1390; BBl **2002** 2022 5506).
[8] SR **942.20**
[9] Fassung gemäss Ziff. I des BG vom 20. Juni 2003, in Kraft seit 1. April 2004 (AS **2004** 1385 1390; BBl **2002** 2022 5506).

re Unternehmen unmittelbar oder mittelbar die Kontrolle über ein oder mehrere bisher unabhängige Unternehmen oder Teile von solchen erlangen.

2. Kapitel: Materiellrechtliche Bestimmungen

1. Abschnitt: Unzulässige Wettbewerbsbeschränkungen

Art. 5 Unzulässige Wettbewerbsabreden

[1] Abreden, die den Wettbewerb auf einem Markt für bestimmte Waren oder Leistungen erheblich beeinträchtigen und sich nicht durch Gründe der wirtschaftlichen Effizienz rechtfertigen lassen, sowie Abreden, die zur Beseitigung wirksamen Wettbewerbs führen, sind unzulässig.

[2] Wettbewerbsabreden sind durch Gründe der wirtschaftlichen Effizienz gerechtfertigt, wenn sie:

a. notwendig sind, um die Herstellungs- oder Vertriebskosten zu senken, Produkte oder Produktionsverfahren zu verbessern, die Forschung oder die Verbreitung von technischem oder beruflichem Wissen zu fördern oder um Ressourcen rationeller zu nutzen; und

b. den beteiligten Unternehmen in keinem Fall Möglichkeiten eröffnen, wirksamen Wettbewerb zu beseitigen.

[3] Die Beseitigung wirksamen Wettbewerbs wird bei folgenden Abreden vermutet, sofern sie zwischen Unternehmen getroffen werden, die tatsächlich oder der Möglichkeit nach miteinander im Wettbewerb stehen:

a. Abreden über die direkte oder indirekte Festsetzung von Preisen;

b. Abreden über die Einschränkung von Produktions-, Bezugs- oder Liefermengen;

c. Abreden über die Aufteilung von Märkten nach Gebieten oder Geschäftspartnern.

[4] Die Beseitigung wirksamen Wettbewerbs wird auch vermutet bei Abreden zwischen Unternehmen verschiedener Marktstufen über Mindest- oder Festpreise sowie bei Abreden in Vertriebsverträgen über die Zuweisung von Gebieten, soweit Verkäufe in diese durch gebietsfremde Vertriebspartner ausgeschlossen werden.[10]

Art. 6 Gerechtfertigte Arten von Wettbewerbsabreden

[1] In Verordnungen oder allgemeinen Bekanntmachungen können die Voraussetzungen umschrieben werden, unter denen einzelne Arten von Wettbewerbsabreden aus Gründen der wirtschaftlichen Effizienz in der Regel als gerechtfertigt gelten. Dabei werden insbesondere die folgenden Abreden in Betracht gezogen:

a. Abreden über die Zusammenarbeit bei der Forschung und Entwicklung;

b. Abreden über die Spezialisierung und Rationalisierung, einschliesslich diesbezügliche Abreden über den Gebrauch von Kalkulationshilfen;

c. Abreden über den ausschliesslichen Bezug oder Absatz bestimmter Waren oder Leistungen;

d. Abreden über die ausschliessliche Lizenzierung von Rechten des geistigen Eigentums.

---

[10] Eingefügt durch Ziff. I des BG vom 20. Juni 2003, in Kraft seit 1. April 2004 (AS **2004** 1385 1390; BBl **2002** 2022 5506).

Kartellgesetz

e.[11] Abreden mit dem Zweck, die Wettbewerbsfähigkeit kleiner und mittlerer Unternehmen zu verbessern, sofern sie nur eine beschränkte Marktwirkung aufweisen.

² Verordnungen und allgemeine Bekanntmachungen können auch besondere Kooperationsformen in einzelnen Wirtschaftszweigen, namentlich Abreden über die rationelle Umsetzung von öffentlich-rechtlichen Vorschriften zum Schutze von Kunden oder Anlegern im Bereich der Finanzdienstleistungen, als in der Regel gerechtfertigte Wettbewerbsabreden bezeichnen.

³ Allgemeine Bekanntmachungen werden von der Wettbewerbskommission im Bundesblatt veröffentlicht. Verordnungen im Sinne der Absätze 1 und 2 werden vom Bundesrat erlassen.

Art. 7 Unzulässige Verhaltensweisen marktbeherrschender Unternehmen

¹ Marktbeherrschende Unternehmen verhalten sich unzulässig, wenn sie durch den Missbrauch ihrer Stellung auf dem Markt andere Unternehmen in der Aufnahme oder Ausübung des Wettbewerbs behindern oder die Marktgegenseite benachteiligen.

² Als solche Verhaltensweisen fallen insbesondere in Betracht:

a. die Verweigerung von Geschäftsbeziehungen (z. B. die Liefer- oder Bezugssperre);

b. die Diskriminierung von Handelspartnern bei Preisen oder sonstigen Geschäftsbedingungen;

c. die Erzwingung unangemessener Preise oder sonstiger unangemessener Geschäftsbedingungen;

---

[11] Eingefügt durch Ziff. I des BG vom 20. Juni 2003, in Kraft seit 1. April 2004 (AS **2004** 1385 1390; BBl **2002** 2022 5506).

d. die gegen bestimmte Wettbewerber gerichtete Unterbietung von Preisen oder sonstigen Geschäftsbedingungen;

e. die Einschränkung der Erzeugung, des Absatzes oder der technischen Entwicklung;

f. die an den Abschluss von Verträgen gekoppelte Bedingung, dass die Vertragspartner zusätzliche Leistungen annehmen oder erbringen.

Art. 8 Ausnahmsweise Zulassung aus überwiegenden öffentlichen Interessen

Wettbewerbsabreden und Verhaltensweisen marktbeherrschender Unternehmen, die von der zuständigen Behörde für unzulässig erklärt wurden, können vom Bundesrat auf Antrag der Beteiligten zugelassen werden, wenn sie in Ausnahmefällen notwendig sind, um überwiegende öffentliche Interessen zu verwirklichen.

2. Abschnitt: Unternehmenszusammenschlüsse

Art. 9 Meldung von Zusammenschlussvorhaben

¹ Vorhaben über Zusammenschlüsse von Unternehmen sind vor ihrem Vollzug der Wettbewerbskommission zu melden, sofern im letzten Geschäftsjahr vor dem Zusammenschluss:

a. die beteiligten Unternehmen einen Umsatz von insgesamt mindestens 2 Milliarden Franken oder einen auf die Schweiz entfallenden Umsatz von insgesamt mindestens 500 Millionen Franken erzielten; und

b. mindestens zwei der beteiligten Unternehmen einen Umsatz in der Schweiz von je mindestens 100 Millionen Franken erzielten.

Kartellgesetz

² ...¹²

³ Bei Versicherungsgesellschaften treten an die Stelle des Umsatzes die jährlichen Bruttoprämieneinnahmen, bei Banken und übrigen Finanzintermediären die Bruttoerträge, sofern sie den Rechnungslegungsschriften gemäss dem Bankengesetz vom 8. November 1934[13] unterstellt sind.[14]

⁴ Die Meldepflicht besteht ungeachtet der Absätze 1–3, wenn am Zusammenschluss ein Unternehmen beteiligt ist, für welches in einem Verfahren nach diesem Gesetz rechtskräftig festgestellt worden ist, dass es in der Schweiz auf einem bestimmten Markt eine beherrschende Stellung hat, und der Zusammenschluss diesen Markt oder einen solchen betrifft, der ihm vor- oder nachgelagert oder benachbart ist.

⁵ Die Bundesversammlung kann mit allgemeinverbindlichem, nicht referendumspflichtigem Bundesbeschluss:

a. die Grenzbeträge in den Absätzen 1–3 den veränderten Verhältnissen anpassen;

b. für die Meldpflicht von Unternehmenszusammenschlüssen in einzelnen Wirtschaftszweigen besondere Voraussetzungen schaffen.

---

[12] Aufgehoben durch Ziff. I des BG vom 20. Juni 2003, mit Wirkung seit 1. April 2004 (AS **2004** 1385 1390; BBl **2002** 2022 5506).
[13] SR **952.0**
[14] Fassung gemäss Ziff. I des BG vom 20. Juni 2003, in Kraft seit 1. April 2004 (AS **2004** 1385 1390; BBl **2002** 2022 5506).

Art. 10 Beurteilung von Zusammenschlüssen

¹ Meldepflichtige Zusammenschlüsse unterliegen der Prüfung durch die Wettbewerbskommission, sofern sich in einer vorläufigen Prüfung (Art. 32 Abs. 1) Anhaltspunkte ergeben, dass sie eine marktbeherrschende Stellung begründen oder verstärken.

² Die Wettbewerbskommission kann den Zusammenschluss untersagen oder ihn mit Bedingungen und Auflagen zulassen, wenn die Prüfung ergibt, dass der Zusammenschluss:

a. eine marktbeherrschende Stellung, durch die wirksamer Wettbewerb beseitigt werden kann, begründet oder verstärkt; und

b. keine Verbesserung der Wettbewerbsverhältnisse in einem anderen Markt bewirkt, welche die Nachteile der marktbeherrschenden Stellung überwiegt.

³ Bei Zusammenschlüssen von Banken im Sinne des Bundesgesetzes über die Banken und Sparkassen vom 8. November 1934[15], die der Eidgenössischen Bankenkommission aus Gründen des Gläubigerschutzes als notwendig erscheinen, können die Interessen der Gläubiger vorrangig Berücksichtigung finden. In diesen Fällen tritt die Bankenkommission an die Stelle der Wettbewerbskommission; sie lädt die Wettbewerbskommission zur Stellungnahme ein.

⁴ Bei der Beurteilung der Auswirkungen eines Zusammenschlusses auf die Wirksamkeit des Wettbewerbs berücksichtigt die Wettbewerbskommission auch die Marktentwicklung sowie die Stellung der Unternehmen im internationalen Wettbewerb.

---

[15] SR **952.0**

Kartellgesetz

Art. 11 Ausnahmsweise Zulassung aus überwiegenden öffentlichen Interessen

Unternehmenszusammenschlüsse, die nach Art. 10 untersagt wurden, können vom Bundesrat auf Antrag der beteiligten Unternehmen zugelassen werden, wenn sie in Ausnahmefällen notwendig sind, um überwiegende öffentliche Interessen zu verwirklichen.

3. Kapitel: Zivilrechtliches Verfahren

Art. 12 Ansprüche aus Wettbewerbsbehinderung

[1] Wer durch eine unzulässige Wettbewerbsbeschränkung in der Aufnahme oder Ausübung des Wettbewerbs behindert wird, hat Anspruch auf:

a. Beseitigung oder Unterlassung der Behinderung;

b. Schadenersatz und Genugtuung nach Massgabe des Obligationenrechts[16];

c. Herausgabe eines unrechtmässig erzielten Gewinns nach Massgabe der Bestimmungen über die Geschäftsführung ohne Auftrag.

[2] Als Wettbewerbsbehinderung fallen insbesondere die Verweigerung von Geschäftsbeziehungen sowie Diskriminierungsmassnahmen in Betracht.

[3] Die in Absatz 1 genannten Ansprüche hat auch, wer durch eine zulässige Wettbewerbsbeschränkung über das Mass hinaus behindert wird, das zur Durchsetzung der Wettbewerbsbeschränkung notwendig ist.

---

[16] SR **220**

Art. 13 Durchsetzung des Beseitigungs- und Unterlassungsanspruchs

Zur Durchsetzung des Beseitigungs- und Unterlassungsanspruchs kann das Gericht auf Antrag des Klägers namentlich anordnen, dass:

a. Verträge ganz oder teilweise ungültig sind;

b. der oder die Verursacher der Wettbewerbsbehinderung mit dem Behinderten marktgerechte oder branchenübliche Verträge abzuschliessen haben.

Art. 14 Gerichtsstand

¹ Die Kantone bezeichnen für Klagen aufgrund einer Wettbewerbsbeschränkung ein Gericht, welches für das Kantonsgebiet als einzige kantonale Instanz entscheidet. Es beurteilt auch andere zivilrechtliche Ansprüche, wenn sie gleichzeitig mit der Klage geltend gemacht werden und mit ihr sachlich zusammenhängen.

² ...[17]

Art. 15 Beurteilung der Zulässigkeit einer Wettbewerbsbeschränkung

¹ Steht in einem zivilrechtlichen Verfahren die Zulässigkeit einer Wettbewerbsbeschränkung in Frage, so wird die Sache der Wettbewerbskommission zur Begutachtung vorgelegt.

² Wird geltend gemacht, eine an sich unzulässige Wettbewerbsbeschränkung sei zur Verwirklichung überwiegender öffentlicher Interessen notwendig, so entscheidet der Bundesrat.

---

[17] Aufgehoben durch Anhang Ziff. 15 des Gerichtsstandsgesetzes vom 24. März 2000 (SR **272**).

Kartellgesetz

Art. 16 Wahrung von Geschäftsgeheimnissen

[1] In Streitigkeiten über Wettbewerbsbeschränkungen sind die Fabrikations- und Geschäftsgeheimnisse der Parteien zu wahren.

[2] Beweismittel, durch die solche Geheimnisse offenbart werden können, dürfen der Gegenpartei nur so weit zugänglich gemacht werden, als dies mit der Wahrung der Geheimnisse vereinbar ist.

Art. 17 Vorsorgliche Massnahmen

[1] Zum Schutze von Ansprüchen, die aufgrund einer Wettbewerbsbeschränkung entstehen, kann das Gericht auf Antrag einer Partei die notwendigen vorsorglichen Massnahmen anordnen.

[2] Auf vorsorgliche Massnahmen sind die Art. 28c–28f des Schweizerischen Zivilgesetzbuches[18] sinngemäss anwendbar.

4. Kapitel: Verwaltungsrechtliches Verfahren

1. Abschnitt: Wettbewerbsbehörden

Art. 18 Wettbewerbskommission

[1] Der Bundesrat bestellt die Wettbewerbskommission und bezeichnet die Mitglieder des Präsidiums[19].

[2] Die Wettbewerbskommission besteht aus 11–15 Mitgliedern. Die Mehrheit der Mitglieder müssen unabhängige Sachverständige sein.

---

[18] SR **210**
[19] Fassung gemäss Ziff. I des BG vom 20. Juni 2003, in Kraft seit 1. April 2004 (AS **2004** 1385 1390; BBl **2002** 2022 5506).

[2bis] Die Mitglieder der Wettbewerbskommission legen ihre Interessen in einem Interessenbindungsregister offen[20].

[3] Die Wettbewerbskommission trifft die Entscheide und erlässt die Verfügungen, die nicht ausdrücklich einer anderen Behörde vorbehalten sind. Sie gibt Empfehlungen (Art. 45 Abs. 2) und Stellungnahmen (Art. 46 Ab. 2) an die politischen Behörden ab und erstattet Gutachten (Art. 47 Abs. 1).

Art. 19 Organisation

[1] Die Wettbewerbskommission ist von den Verwaltungsbehörden unabhängig. Sie kann sich in Kammern mit selbständiger Entscheidungsbefugnis gliedern. Sie kann ein Mitglied des Präsidiums im Einzelfall ermächtigen, dringliche Fälle oder Fälle untergeordneter Bedeutung direkt zu erledigen.

[2] Die Wettbewerbskommission ist administrativ dem Eidgenössischen Volkswirtschaftsdepartement (Departement) zugeordnet.

Art. 20 Geschäftsreglement

[1] Die Wettbewerbskommission erlässt ein Geschäftsreglement; darin regelt sie insbesondere die Einzelheiten der Organisation, namentlich die Zuständigkeiten des Präsidiums, der einzelnen Kammern und der Gesamtkommission.

[2] Das Geschäftsreglement bedarf der Genehmigung durch den Bundesrat.

---

[20] Eingefügt durch Ziff. I des BG vom 20. Juni 2003, in Kraft seit 1. April 2004 (AS **2004** 1385 1390; BBl **2002** 2022 5506).

Art. 21 Beschlussfassung

¹ Die Wettbewerbskommission und die Kammern sind beschlussfähig, wenn mindestens die Hälfte der Mitglieder, in jedem Fall aber mindestens drei Mitglieder, anwesend sind.

² Sie fassen ihre Beschlüsse mit dem einfachen Mehr der anwesenden Mitglieder; bei Stimmengleichheit gibt der Präsident oder die Präsidentin den Stichentscheid.

Art. 22 Ausstand von Kommissionsmitgliedern

¹ Ein Mitglied der Wettbewerbskommission tritt in den Ausstand, wenn ein Ausstandsgrund nach Artikel 10 des Verwaltungsverfahrensgesetzes vom 20. Dezember 1968[21] vorliegt.

² Ein persönliches Interesse oder ein anderer Grund der Befangenheit ist in der Regel nicht gegeben, wenn ein Mitglied der Wettbewerbskommission einen übergeordneten Verband vertritt.

³ Ist der Ausstand streitig, so entscheidet die Wettbewerbskommission oder die entsprechende Kammer unter Ausschluss des betreffenden Mitgliedes.

Art. 23 Aufgaben des Sekretariats

¹ Das Sekretariat bereitet die Geschäfte der Wettbewerbskommission vor, führt die Untersuchungen durch und erlässt zusammen mit einem Mitglied des Präsidiums die notwendigen verfahrensleitenden Verfügungen. Es stellt der Wettbewerbskommission Antrag und vollzieht ihre Entscheide. Es verkehrt mit Beteiligten, Dritten und Behörden direkt.

---

[21] SR **172.021**

² Es gibt Stellungnahmen ab (Art. 46 Abs. 1) und berät Amtsstellen und Unternehmen bei Fragen zu diesem Gesetz.

Art. 24 Personal des Sekretariats

¹ Der Bundesrat wählt die Direktion, die Wettbewerbskommission wählt das übrige Personal des Sekretariats.

² Das Dienstverhältnis richtet sich nach der Personalgesetzgebung des Bundes.

Art. 25 Amts- und Geschäftsgeheimnis

¹ Die Wettbewerbsbehörden wahren das Amtsgeheimnis.

² Sie dürfen Kenntnisse, die sie bei ihrer Tätigkeit erlangen, nur zu dem mit der Auskunft oder dem Verfahren verfolgten Zweck verwerten.

³ Dem Preisüberwacher dürfen die Wettbewerbsbehörden diejenigen Daten weitergeben, die er für die Erfüllung seiner Aufgaben benötigt.

⁴ Die Veröffentlichungen der Wettbewerbsbehörden dürfen keine Geschäftsgeheimnisse preisgeben.

2. Abschnitt: Untersuchung von Wettbewerbsbeschränkungen

Art. 26 Vorabklärung

¹ Das Sekretariat kann Vorabklärungen von Amtes wegen, auf Begehren von Beteiligten oder auf Anzeige von Dritten hin durchführen.

² Das Sekretariat kann Massnahmen zur Beseitigung oder Verhinderung von Wettbewerbsbeschränkungen anregen.

³ Im Verfahren der Vorabklärung besteht kein Recht auf Akteneinsicht.

Art. 27 Eröffnung einer Untersuchung

¹ Bestehen Anhaltspunkte für eine unzulässige Wettbewerbsbeschränkung, so eröffnet das Sekretariat im Einvernehmen mit einem Mitglied des Präsidiums eine Untersuchung. Eine Untersuchung wird in jedem Fall eröffnet, wenn das Sekretariat damit von der Wettbewerbskommission oder vom Departement beauftragt wird[22].

² Die Wettbewerbskommission entscheidet, welche der eröffneten Untersuchungen vorrangig zu behandeln sind.

Art. 28 Bekanntgabe

¹ Das Sekretariat gibt die Eröffnung einer Untersuchung durch amtliche Publikation bekannt.

² Die Bekanntmachung nennt den Gegenstand und die Adressaten der Untersuchung. Sie enthält zudem den Hinweis, dass Dritte sich innert 30 Tagen melden können, falls sie sich an der Untersuchung beteiligen wollen.

³ Die fehlende Publikation hindert Untersuchungshandlungen nicht.

Art. 29 Einvernehmliche Regelung

¹ Erachtet das Sekretariat eine Wettbewerbsbeschränkung für unzulässig, so kann es den Beteiligten eine einvernehmliche Regelung über die Art und Weise ihrer Beseitigung vorschlagen.

---

[22] Fassung gemäss Ziff. I des BG vom 20. Juni 2003, in Kraft seit 1. April 2004 (AS **2004** 1385 1390; BBl **2002** 2022 5506).

Kartellgesetz

² Die einvernehmliche Regelung wird schriftlich abgefasst und bedarf der Genehmigung durch die Wettbewerbskommission.

Art. 30 Entscheid

¹ Die Wettbewerbskommission entscheidet auf Antrag des Sekretariats mit Verfügung über die zu treffenden Massnahmen oder die Genehmigung einer einvernehmlichen Regelung.

² Die am Verfahren Beteiligten können schriftlich zum Antrag des Sekretariats Stellung nehmen. Die Wettbewerbskommission kann eine Anhörung beschliessen und das Sekretariat mit zusätzlichen Untersuchungsmassnahmen beauftragen.

³ Haben sich die tatsächlichen oder rechtlichen Verhältnisse wesentlich geändert, so kann die Wettbewerbskommission auf Antrag des Sekretariats oder der Betroffenen den Entscheid widerrufen oder ändern.

Art. 31 Ausnahmsweise Zulassung

¹ Hat die Wettbewerbskommission entschieden, dass eine Wettbewerbsbeschränkung unzulässig ist, so können die Beteiligten innerhalb von 30 Tagen beim Departement eine ausnahmsweise Zulassung durch den Bundesrat aus überwiegenden öffentlichen Interessen beantragen. Ist ein solcher Antrag gestellt, so beginnt die Frist für die Einreichung einer Beschwerde an die Rekurskommission für Wettbewerbsfragen erst mit der Eröffnung des Entscheides des Bundesrates zu laufen.

² Der Antrag auf ausnahmsweise Zulassung durch den Bundesrat kann auch innerhalb von 30 Tagen seit Eintritt der Rechtskraft eines Entscheides der Rekurskommission für Wettbewerbsfragen oder des Bundesgerichts aufgrund einer Verwaltungsgerichtsbeschwerde gestellt werden.

[3] Die Zulassung ist zeitlich zu beschränken; sie kann mit Bedingungen und Auflagen verbunden werden.

[4] Der Bundesrat kann eine Zulassung auf Gesuch hin verlängern, wenn die Voraussetzungen dafür weiterhin erfüllt sind.

3. Abschnitt: Prüfung von Unternehmenszusammenschlüssen

Art. 32 Einleitung des Prüfungsverfahrens

[1] Wird ein Vorhaben über einen Unternehmenszusammenschluss gemeldet (Art. 9), so entscheidet die Wettbewerbskommission, ob eine Prüfung durchzuführen ist. Sie hat die Einleitung dieser Prüfung den beteiligten Unternehmen innerhalb eines Monats seit der Meldung mitzuteilen. Erfolgt innerhalb dieser Frist keine Mitteilung, so kann der Zusammenschluss ohne Vorbehalt vollzogen werden.

[2] Die beteiligten Unternehmen dürfen den Zusammenschluss innerhalb eines Monats seit der Meldung des Vorhabens nicht vollziehen, es sei denn, die Wettbewerbskommission habe dies auf Antrag dieser Unternehmen aus wichtigen Gründen bewilligt.

Art. 33 Prüfungsverfahren

[1] Beschliesst die Wettbewerbskommission die Durchführung einer Prüfung, so veröffentlicht das Sekretariat den wesentlichen Inhalt der Meldung des Zusammenschlusses und gibt die Frist bekannt, innerhalb welcher Dritte zum gemeldeten Zusammenschluss Stellung nehmen können.

[2] Zu Beginn der Prüfung entscheidet die Wettbewerbskommission, ob der Zusammenschluss ausnahmsweise vorläufig vollzogen werden kann oder aufgeschoben bleibt.

[3] Sie führt die Prüfung innerhalb von vier Monaten durch, sofern sie nicht durch Umstände gehindert wird, die von den beteiligten Unternehmen zu verantworten sind.

Art. 34 Rechtsfolgen

Die zivilrechtliche Wirksamkeit eines meldepflichtigen Zusammenschlusses bleibt, unter Vorbehalt des Fristablaufs gemäss Artikel 32 Absatz 1 und der Bewilligung zum vorläufigen Vollzug, aufgeschoben. Trifft die Wettbewerbskommission innerhalb der in Artikel 33 Absatz 3 genannten Frist keine Entscheidung, so gilt der Zusammenschluss als zugelassen, es sei denn, die Wettbewerbskommission stelle mit einer Verfügung fest, dass sie bei der Prüfung durch Umstände gehindert worden ist, die von den beteiligten Unternehmen zu verantworten sind.

Art. 35 Verletzung der Meldepflicht

Wurde ein meldepflichtiger Unternehmenszusammenschluss ohne Meldung vollzogen, so wird das Verfahren nach den Artikeln 32–38 von Amtes wegen eingeleitet. In einem solchen Fall beginnt die Frist nach Artikel 32 Absatz 1 zu laufen, sobald die Behörde im Besitz der Informationen ist, die eine Meldung enthalten muss.

Art. 36 Verfahren der Ausnahmegenehmigung

[1] Hat die Wettbewerbskommission den Zusammenschluss untersagt, so können die beteiligten Unternehmen innerhalb von 30 Tagen beim Departement eine ausnahmsweise Zulassung durch den Bundesrat aus überwiegenden öffentlichen Interessen beantragen. Ist ein solcher Antrag gestellt, so beginnt die Frist für die Einreichung einer Beschwerde an die Reko für Wettbewerbsfragen erst mit der Eröffnung des Entscheides des Bundesrates zu laufen.

[2] Der Antrag auf ausnahmsweise Zulassung durch den Bundesrat kann auch innerhalb von 30 Tagen seit Eintritt der Rechtskraft eines

Kartellgesetz

Entscheides der Reko für Wettbewerbsfragen oder des Bundesgerichts aufgrund einer Verwaltungsgerichtsbeschwerde gestellt werden.

³ Der Bundesrat entscheidet über den Antrag möglichst innerhalb von vier Monaten seit Eingang des Antrages.

Art. 37 Wiederherstellung wirksamen Wettbewerbs

¹ Wird ein untersagter Zusammenschluss vollzogen oder ein vollzogener Zusammenschluss untersagt und für den Zusammenschluss keine ausnahmsweise Zulassung beantragt oder erteilt, so sind die beteiligten Unternehmen verpflichtet, die Massnahmen durchzuführen, die zur Wiederherstellung wirksamen Wettbewerbs erforderlich sind.

² Die Wettbewerbskommission kann die beteiligten Unternehmen auffordern, verbindliche Vorschläge darüber zu machen, wie wirksamer Wettbewerb wiederhergestellt wird. Sie setzt dafür eine Frist fest.

³ Billigt die Wettbewerbskommission die Vorschläge, so kann sie verfügen, wie und innert welcher Frist die beteiligten Unternehmen die Massnahmen durchführen müssen.

⁴ Machen die beteiligten Unternehmen trotz Aufforderung der Wettbewerbskommission keine Vorschläge oder werden diese von der Wettbewerbskommission nicht gebilligt, so kann die Wettbewerbskommission folgende Massnahmen verfügen:

a. die Trennung der zusammengefassten Unternehmen oder Vermögenswerte;

b. die Beendigung des kontrollierenden Einflusses;

c. andere Massnahmen, die geeignet sind, wirksamen Wettbewerb wiederherzustellen.

Art. 38 Widerruf und Revision

¹ Die Wettbewerbskommission kann eine Zulassung widerrufen oder die Prüfung eines Zusammenschlusses trotz Ablauf der Frist von Artikel 32 Absatz 1 beschliessen, wenn:

a. die beteiligten Unternehmen unrichtige Angaben gemacht haben;

b. die Zulassung arglistig herbeigeführt worden ist; oder

c. die beteiligten Unternehmen einer Auflage zu einer Zulassung in schwerwiegender Weise zuwiderhandeln.

² Der Bundesrat kann eine ausnahmsweise Zulassung aus denselben Gründen widerrufen.

4. Abschnitt: Verfahren und Rechtsschutz

Art. 39 Grundsatz

Auf die Verfahren sind die Bestimmungen des Verwaltungsverfahrensgesetzes vom 20. Dezember 1968[23] anwendbar, soweit dieses Gesetz nicht davon abweicht.

Art. 40 Auskunftspflicht

Beteiligte an Abreden, marktmächtige Unternehmen, Beteiligte an Zusammenschlüssen sowie betroffene Dritte haben den Wettbewerbsbehörden alle für deren Abklärungen erforderlichen Auskünfte zu erteilen und die notwendigen Urkunden vorzulegen. Das Recht zur Verweigerung der Auskunft richtet sich nach Artikel 16 des Verwaltungsverfahrensgesetzes vom 20. Dezember 1968[24].

---

[23] SR **172.021**
[24] SR **172.021**

Kartellgesetz

Art. 41 Amtshilfe

Amtsstellen des Bundes und der Kantone sind verpflichtet, an Abklärungen der Wettbewerbsbehörden mitzuwirken und die notwendigen Unterlagen zur Verfügung zu stellen.

Art. 42[25] Untersuchungsmassnahmen

[1] Die Wettbewerbsbehörden können Dritte als Zeugen einvernehmen und die von einer Untersuchung Betroffenen zur Beweisaussage verpflichten. Artikel 64 des Bundesgesetzes vom 4. Dezember 1947[26] über den Bundeszivilprozess ist sinngemäss anwendbar.

[2] Die Wettbewerbsbehörden können Hausdurchsuchungen anordnen und Beweisgegenstände sicherstellen. Für diese Zwangsmassnahmen sind die Artikel 45-50 des Bundesgesetzes vom 22. März 1974[27] über das Verwaltungsstrafrecht sinngemäss anwendbar. Hausdurchsuchungen und Beschlagnahmen werden auf Grund eines Antrages des Sekretariats von einem Mitglied des Präsidiums angeordnet.

Art. 42a[28] Untersuchungen in Verfahren nach dem Luftverkehrsabkommen Schweiz–EG

[1] Die Wettbewerbskommission ist die schweizerische Behörde, die für die Zusammenarbeit mit den Organen der Europäischen Gemeinschaft nach Artikel 11 des Abkommens zwischen der Europäi-

---

[25] Fassung gemäss Ziff. I des BG vom 20. Juni 2003, in Kraft seit 1. April 2004 (AS **2004** 1385 1390; BBl **2002** 2022 5506).
[26] SR **273**
[27] SR **313.0**
[28] Eingefügt durch Ziff. I des BG vom 20. Juni 2003, in Kraft seit 1. April 2004 (AS **2004** 1385 1390; BBl **2002** 2022 5506).

schen Gemeinschaft und der Schweizerischen Eidgenossenschaft vom 21. Juni 1999[29] über den Luftverkehr zuständig ist.

[2] Widersetzt sich ein Unternehmen in einem auf Artikel 11 des Abkommens gestützten Verfahren der Nachprüfung, so können auf Ersuchen der Kommission der Europäischen Gemeinschaft Untersuchungsmassnahmen nach Artikel 42 vorgenommen werden; Artikel 44 ist anwendbar.

Art. 43 Beteiligung Dritter an der Untersuchung

[1] Ihre Beteiligung an der Untersuchung einer Wettbewerbsbeschränkung können anmelden:

a. Personen, die aufgrund der Wettbewerbsbeschränkung in der Aufnahme oder in der Ausübung des Wettbewerbs behindert sind;

b. Berufs- und Wirtschaftsverbände, die nach den Statuten zur Wahrung der wirtschaftlichen Interessen ihrer Mitglieder befugt sind, sofern sich auch Mitglieder des Verbands oder eines Unterverbands an der Untersuchung beteiligen können;

c. Organisationen von nationaler oder regionaler Bedeutung, die sich statutengemäss dem Konsumentenschutz widmen.

[2] Das Sekretariat kann verlangen, dass Gruppen von mehr als fünf am Verfahren Beteiligten mit gleichen Interessen eine gemeinsame Vertretung bestellen, falls die Untersuchung sonst übermässig erschwert würde. Es kann in jedem Fall die Beteiligung auf eine Anhörung beschränken; vorbehalten bleiben die Parteirechte nach dem Verwaltungsverfahrensgesetz vom 20. Dezember 1968[30].

---

[29] SR **0.748.127.192.68**
[30] SR **172.021**

Kartellgesetz

³ Die Absätze 1 und 2 gelten sinngemäss auch im Verfahren der ausnahmsweisen Zulassung einer unzulässigen Wettbewerbsbeschränkung durch den Bundesrat (Art. 8).

⁴ Im Verfahren der Prüfung von Unternehmenszusammenschlüssen haben nur die beteiligten Unternehmen Parteirechte.

Art. 44[31] Beschwerde an die Rekurskommission

Gegen Verfügungen der Wettbewerbskommission oder ihres Sekretariats sowie gegen Zwangsmassnahmen nach Artikel 42 Absatz 2 kann bei der Rekurskommission für Wettbewerbsfragen Beschwerde erhoben werden.

5. Abschnitt: Übrige Aufgaben und Befugnisse der Wettbewerbsbehörden

Art. 45 Empfehlungen an Behörden

¹ Die Wettbewerbskommission beobachtet laufend die Wettbewerbsverhältnisse.

² Sie kann den Behörden Empfehlungen zur Förderung von wirksamem Wettbewerb unterbreiten, insbesondere hinsichtlich der Schaffung und Handhabung wirtschaftsrechtlicher Vorschriften.

Art. 46 Stellungnahmen

¹ Entwürfe von wirtschaftsrechtlichen Erlassen des Bundes oder andern Bundeserlassen, die den Wettbewerb beeinflussen können, sind dem Sekretariat vorzulegen. Es prüft diese auf Wettbewerbsverfälschungen oder übermässige Wettbewerbsbeschränkungen hin.

---

[31] Fassung gemäss Ziff. I des BG vom 20. Juni 2003, in Kraft seit 1. April 2004 (AS **2004** 1385 1390; BBl **2002** 2022 5506).

² Die Wettbewerbskommission nimmt im Vernehmlassungsverfahren Stellung zu Entwürfen von rechtsetzenden Erlassen des Bundes, die den Wettbewerb beschränken oder auf andere Weise beeinflussen. Sie kann zu kantonalen rechtsetzenden Erlassesentwürfen Stellung nehmen.

Art. 47 Gutachten

¹ Die Wettbewerbskommission verfasst für andere Behörden Gutachten zu Wettbewerbsfragen von grundsätzlicher Bedeutung. Sie kann das Sekretariat in Fällen von untergeordneter Bedeutung beauftragen, an ihrer Stelle Gutachten zu erstatten.

² ...[32]

Art. 48 Veröffentlichung von Entscheiden und Urteilen

¹ Die Wettbewerbsbehörden können ihre Entscheide veröffentlichen.

² Die Gerichte stellen dem Sekretariat die Urteile, die in Anwendung dieses Gesetzes gefällt werden, unaufgefordert und in vollständiger Abschrift zu. Das Sekretariat sammelt diese Urteile und kann sie periodisch veröffentlichen.

Art. 49 Informationspflichten

¹ Das Sekretariat und die Wettbewerbskommission orientieren die Öffentlichkeit über ihre Tätigkeit.

² Die Wettbewerbskommission erstattet dem Bundesrat jährlich einen Tätigkeitsbericht.

---

[32] Aufgehoben durch Ziff. I des BG vom 20. Juni 2003, mit Wirkung seit 1. April 2004 (AS **2004** 1385 1390; BBl **2002** 2022 5506).

6. Abschnitt: Verwaltungssanktionen[33]

Art. 49a[34] Sanktion bei unzulässigen Wettbewerbsbeschränkungen

[1] Ein Unternehmen, das an einer unzulässigen Abrede nach Artikel 5 Absätze 3 und 4 beteiligt ist oder sich nach Artikel 7 unzulässig verhält, wird mit einem Betrag bis zu 10 Prozent des in den letzten drei Geschäftsjahren in der Schweiz erzielten Umsatzes belastet. Artikel 9 Absatz 3 ist sinngemäss anwendbar. Der Betrag bemisst sich nach der Dauer und der Schwere des unzulässigen Verhaltens. Der mutmassliche Gewinn, den das Unternehmen dadurch erzielt hat, ist angemessen zu berücksichtigen.

[2] Wenn das Unternehmen an der Aufdeckung und der Beseitigung der Wettbewerbsbeschränkung mitwirkt, kann auf eine Belastung ganz oder teilweise verzichtet werden.

[3] Die Belastung entfällt, wenn:

a. das Unternehmen die Wettbewerbsbeschränkung meldet, bevor diese Wirkung entfaltet. Wird dem Unternehmen innert fünf Monaten nach der Meldung die Eröffnung eines Verfahrens nach den Artikeln 26–30 mitgeteilt und hält es danach an der Wettbewerbsbeschränkung fest, entfällt die Belastung nicht;

b. die Wettbewerbsbeschränkung bei Eröffnung der Untersuchung länger als fünf Jahre nicht mehr ausgeübt worden ist;

---

[33] Ursprünglich vor Art. 50.
[34] Eingefügt durch Ziff. I des BG vom 20. Juni 2003, in Kraft seit 1. April 2004 (AS **2004** 1385 1390; BBl **2002** 2022 5506). Siehe auch die SchlB am Ende dieses Erlasses.

c. der Bundesrat eine Wettbewerbsbeschränkung nach Artikel 8 zugelassen hat.

Art. 50[35] Verstösse gegen einvernehmliche Regelungen und behördliche Anordnungen

Verstösst ein Unternehmen zu seinem Vorteil gegen eine einvernehmliche Regelung, eine rechtskräftige Verfügung der Wettbewerbsbehörden oder einen Entscheid der Rechtsmittelinstanzen, so wird es mit einem Betrag bis zu 10 Prozent des in den letzten drei Geschäftsjahren in der Schweiz erzielten Umsatzes belastet. Artikel 9 Absatz 3 ist sinngemäss anwendbar. Bei der Bemessung des Betrages ist der mutmassliche Gewinn, den das Unternehmen durch das unzulässige Verhalten erzielt hat, angemessen zu berücksichtigen.

Art. 51 Verstösse im Zusammenhang mit Unternehmenszusammenschlüssen

[1] Ein Unternehmen, das einen meldepflichtigen Zusammenschluss ohne Meldung vollzieht oder das vorläufige Vollzugsverbot missachtet, gegen eine mit der Zulassung erteilte Auflage verstösst, einen untersagten Zusammenschluss vollzieht oder eine Massnahme zur Wiederherstellung wirksamen Wettbewerbs nicht durchführt, wird mit einem Betrag bis zu einer Million Franken belastet.

[2] Bei wiederholtem Verstoss gegen eine mit der Zulassung erteilte Auflage wird das Unternehmen mit einem Betrag bis zu 10 Prozent des auf die Schweiz entfallenden Gesamtumsatzes der beteiligten Unternehmen belastet. Artikel 9 Absatz 3 ist sinngemäss anwendbar.

---

[35] Fassung gemäss Ziff. I des BG vom 20. Juni 2003, in Kraft seit 1. April 2004 (AS **2004** 1385 1390; BBl **2002** 2022 5506).

Art. 52 Andere Verstösse

Ein Unternehmen, das die Auskunftspflicht oder die Pflichten zur Vorlage von Urkunden nicht oder nicht richtig erfüllt, wird mit einem Betrag bis zu 100 000 Franken belastet.

Art. 53 Verfahren und Rechtsmittel

[1] Verstösse werden vom Sekretariat im Einvernehmen mit einem Mitglied des Präsidiums untersucht. Sie werden von der Wettbewerbskommission beurteilt.

[2] Entscheide der Wettbewerbskommission unterliegen der Beschwerde an die Rekurskommission für Wettbewerbsfragen.

7. Abschnitt: [36] Gebühren

Art. 53a

[1] Die Wettbewerbsbehörden erheben Gebühren für:

a. Verfügungen über die Untersuchung von Wettbewerbsbeschränkungen nach den Artikel 26-31;

b. die Prüfung von Unternehmenszusammenschlüssen nach den Artikeln 32-38;

c. Gutachten und sonstige Dienstleistungen.

[2] Die Gebühr bemisst sich nach dem Zeitaufwand.

[3] Der Bundesrat legt die Gebührensätze fest und regelt die Gebührenerhebung. Er kann vorsehen, dass für bestimmte Verfahren oder

---

[36] Eingefügt durch Ziff. I des BG vom 20. Juni 2003, in Kraft seit 1. April 2004 (AS **2004** 1385 1390; BBl **2002** 2022 5506).

Dienstleistungen, namentlich bei der Erstellung der Verfahren, keine Gebühren erhoben werden.

5. Kapitel: Strafsanktionen

Art. 54 Widerhandlungen gegen einvernehmliche Regelungen und behördliche Anordnungen

Wer vorsätzlich einer einvernehmlichen Regelung, einer rechtskräftigen Verfügung der Wettbewerbsbehörden oder einem Entscheid der Rechtsmittelinstanzen zuwiderhandelt, wird mit Busse bis zu 100 000 Franken bestraft.

Art. 55 Andere Widerhandlungen

Wer vorsätzlich Verfügungen der Wettbewerbsbehörden betreffend die Auskunftspflicht (Art. 40) nicht oder nicht richtig befolgt, einen meldepflichtigen Zusammenschluss ohne Meldung vollzieht oder Verfügungen im Zusammenhang mit Unternehmenszusammenschlüssen zuwiderhandelt, wird mit Busse bis zu 20 000 Franken bestraft.

Art. 56 Verjährung

^{1} Die Strafverfolgung für Widerhandlungen gegen einvernehmliche Regelungen und behördliche Anordnungen (Art. 54) verjährt nach fünf Jahren. Die Verjährungsfrist kann durch Unterbrechung um nicht mehr als die Hälfte hinausgeschoben werden.

^{2} Die Strafverfolgung für andere Widerhandlungen (Art. 55) verjährt nach zwei Jahren.

Kartellgesetz

Art. 57 Verfahren und Rechtsmittel

¹ Für die Verfolgung und die Beurteilung der strafbaren Handlung gilt das Bundesgesetz über das Verwaltungsstrafrecht vom 22. März 1974[37].

² Verfolgende Behörde ist das Sekretariat im Einvernehmen mit einem Mitglied des Präsidiums. Urteilende Behörde ist die Wettbewerbskommission.

6. Kapitel: Ausführung internationaler Abkommen

Art. 58 Feststellung des Sachverhalts

¹ Macht eine Vertragspartei eines internationalen Abkommens geltend, eine Wettbewerbsbeschränkung sei mit dem Abkommen unvereinbar, so kann das Departement das Sekretariat mit einer entsprechenden Vorabklärung beauftragen.

² Das Departement entscheidet auf Antrag des Sekretariats über das weitere Vorgehen. Es hört zuvor die Beteiligten an.

Art. 59 Beseitigung von Unvereinbarkeiten

¹ Wird bei der Ausführung eines internationalen Abkommens festgestellt, dass eine Wettbewerbsbeschränkung mit dem Abkommen unvereinbar ist, so kann das Departement im Einvernehmen mit dem Eidgenössischen Departement für auswärtige Angelegenheiten den Beteiligten eine einvernehmliche Regelung über die Beseitigung der Unvereinbarkeit vorschlagen.

² Kommt eine einvernehmliche Regelung nicht rechtzeitig zustande und drohen der Schweiz von der Vertragspartei Schutzmassnahmen,

---

[37] SR **313.0**

so kann das Departement im Einvernehmen mit dem Eidgenössischen Departement für auswärtige Angelegenheiten die Massnahmen verfügen, die zur Beseitigung der Wettbewerbsbeschränkung erforderlich sind.

6a. Kapitel: [38] *Evaluation*

Art. 59a

[1] Der Bundesrat sorgt für die Evaluation der Wirksamkeit der Massnahmen und des Vollzugs dieses Gesetzes.

[2] Der Bundesrat erstattet nach Abschluss der Evaluation, spätestens aber fünf Jahre nach Inkrafttreten dieser Bestimmung, dem Parlament Bericht und unterbreitet Vorschläge für das weitere Vorgehen.

7. Kapitel: Schlussbestimmungen

Art. 60 Ausführungsbestimmungen

Der Bundesrat erlässt die Ausführungsbestimmungen.

Art. 61 Aufhebung bisherigen Rechts

Das Kartellgesetz vom 20. Dezember 1985[39] wird aufgehoben.

Art. 62 Übergangsbestimmungen

[1] Laufende Verfahren der Kartellkommission über Wettbewerbsabreden werden mit Inkrafttreten dieses Gesetzes sistiert; nötigenfalls

---

[38] Eingefügt durch Ziff. I des BG vom 20. Juni 2003, in Kraft seit 1. April 2004 (AS **2004** 1385 1390; BBl **2002** 2022 5506).
[39] [AS **1986** 874, **1992** 288 Anhang Ziff. 12]

werden sie nach Ablauf von sechs Monaten nach neuem Recht weitergeführt.

² Neue Verfahren der Wettbewerbskommission über Wettbewerbsabreden können frühestens sechs Monate nach Inkrafttreten des Gesetzes eingeleitet werden, es sei denn, mögliche Verfügungsadressaten verlangten eine frühere Untersuchung. Vorabklärungen sind jederzeit möglich.

³ Rechtskräftige Verfügungen und angenommene Empfehlungen nach dem Kartellgesetz vom 20. Dezember 1985[40] unterstehen auch bezüglich der Sanktionen dem bisherigen Recht.

Art. 63 Referendum und Inkrafttreten

¹ Dieses Gesetz untersteht dem fakultativen Referendum.

² Der Bundesrat bestimmt das Inkrafttreten.

Schlussbestimmung zur Änderung vom 20. Juni 2003[41]

Wird eine bestehende Wettbewerbsbeschränkung innert des Jahres nach Inkrafttreten von Artikel 49*a* gemeldet oder aufgelöst, so entfällt eine Belastung nach dieser Bestimmung.

Datum des Inkrafttretens:

Art. 18-25 am 1. Februar 1996[42]
alle übrigen Bestimmungen am 1. Juli 1996[43]

---

[40] [AS **1986** 874, **1992** 288 Anhang Ziff. 12]
[41] AS **2004** 1385; BBl **2002** 2022 5506
[42] BRB vom 24. Jan. 1996 (AS **1996** 562)
[43] V vom 17. Juni **1996** (AS 1996 1805)

1b. Federal Act on Cartels and Other Restraints of Competition (Act on Cartels, Acart)

of 6 October 1995 (unofficial translation, state as of 1 April 2004)

The Federal Assembly of the Swiss Confederation,

having regard to Articles 27 par. 1, 96, 97 par. 2 and 122 of the constitution,

in application of the competition law provisions of international agreements,

having regard to the Federal Council reports of 23 November 1994, 7 November 2001 and 14 June 2002,

hereby resolves:

Chapter 1: General Provisions

Art. 1 Purpose

The purpose of the present Act is to prevent harmful economic or social effects of cartels and other restraints of competition and, by doing so, to promote competition in the interests of a market economy based on liberal principles.

Art. 2 Scope

[1] The present Act applies to private or public enterprises that are parties to cartels or to other agreements affecting competition, have market power or take part in concentrations of enterprises.

[1bis] Whoever requests or offers goods or services in the marketplace, independent of the legal or organizational structure, shall be deemed to be an «enterprise».

[2] The present Act applies to practices if the effects are felt in Switzerland, even if they originate in another country.

Art. 3 Relationship to other legal provisions

[1] To the extent that provisions of law do not allow competition in a market for certain goods or services, such provisions take precedence over the provisions of this Act, including in particular provisions:

a) which establish an official market or price system;

b) which entrust certain enterprises with the performance of public interest tasks, granting them special rights.

[2] The present Act does not apply to effects on competition that result exclusively from laws governing intellectual property. However, import restrictions which are based on intellectual property rights fall within the scope of this Act.

[3] The procedures set forth herein regarding assessment of restraints of competition shall take precedence over the procedures set forth in the law of 20 December 1985 on the monitoring of prices except in the event of a decision to the contrary taken by mutual consent of the Competition Commission and the Price Inspector.

Art. 4 Definitions

[1] The term «agreements affecting competition» means binding or non-binding agreements and concerted practices between enterprises operating at the same or at different levels of the market, the aim or effect of which is to restrain competition.

² The term «enterprises having a dominant position in the market» means one or more enterprises being able, as regards supply or demand, to behave in a substantially independent manner with regard to the other participants (competitors, offerors or offerees) in the market.

³ The term «concentration of enterprises» means:

a. the merger of two or more enterprises hitherto independent of each other;

b. any transaction whereby one or more enterprises acquire, in particular by the acquisition of an equity interest or conclusion of an agreement, direct or indirect control of one or more hitherto independent enterprises or of a part thereof.

Chapter 2: Substantive Provisions

Section 1: Illicit restraints of competition

Art. 5   Illicit agreements affecting competition

¹ Agreements that significantly affect competition in the market for certain goods or services and are not justified on grounds of economic efficiency as well as agreements that lead to the elimination of effective competition are illicit.

² An agreement is deemed to be justified on grounds of economic efficiency if:

a. it is necessary in order to reduce production or distribution costs, improve products or production processes, promote research into or dissemination of technical or professional know-how, or exploit resources more rationally; and

b. such agreement under no circumstances will allow the enterprises concerned to eliminate effective competition.

[3] The following agreements among actual or potential competitors are presumed to lead to the elimination of effective competition if they:

a. directly or indirectly fix prices; or

b. restrict the quantities of goods or services to be produced, obtained or supplied; or

c. allocate markets geographically or among trading partners.

[4] In addition, the elimination of effective competition shall be presumed in case of agreements among enterprises belonging to different *market levels* and which relate to minimum or fixed prices, as well as in case of provisions in distribution agreements relating to the allocation of territories, to the extent that other distributors are enjoined from selling into such territories.

Art. 6 Categories of agreements deemed to be justified

[1] The conditions under which agreements affecting competition are in general deemed to be justified on grounds of economic efficiency may be determined by virtue of ordinances or communications. Thereby, the following agreements in particular will be taken into consideration:

a. cooperation agreements relating to research and development;

b. specialisation and rationalisation agreements, including agreements concerning the use of schemes for calculating costs;

c. agreements granting exclusive rights to deal in certain goods or services;

Act on Cartels

d. agreements granting exclusive licences for intellectual property rights.

e. agreements which aim at improving the competitiveness of small and medium sized enterprises, if and to the extent such agreements have only a non substantial effect on competition.

² Such ordinances and communications may also recognize particular forms of cooperation specific to certain branches of the economy as being deemed to be justified, in particular agreements concerning the effective implementation of legal provisions for the protection of customers or creditors in the field of financial services.

³ Communications shall be published in the Federal Bulletin by the Competition Commission. The Federal Council shall issue the ordinances provided for in paragraphs 1 and 2 above.

Art. 7 Illicit practices of enterprises having a dominant position

¹ Practices of enterprises having a dominant position are deemed illicit if such enterprises, through the abuse of their position, prevent other enterprises from entering or competing in the market or if they discriminate against trading partners.

² Such illicit practices may in particular include:

a. a refusal to enter into a transaction (e.g. refusal to supply or buy goods);

b. a discrimination of trading partners with regard to prices or other conditions of trade;

c. the imposition of unfair prices or other unfair conditions of trade;

Act on Cartels

d. the under-cutting of prices or other conditions directed against a specific competitor;

e. a restriction on production, outlets or technical development;

f. the conclusion of contracts on the condition that partners agree to receive or supply additional goods or services.

Art. 8 Exceptional authorisation on grounds of compelling public interests

Agreements affecting competition and practices of enterprises having a dominant position which have been found illicit by the competent authority may be authorised by the Federal Council at the request of the enterprises concerned if, in exceptional cases, they are necessary in order to safeguard compelling public interests.

Section 2: Concentrations of enterprises

Art. 9 Notification of concentrations

[1] The Competition Commission shall be notified of concentrations of enterprises before they are implemented when, in the last accounting period prior to the concentration:

a. the enterprises concerned reported a joint turnover of at least 2 billion Swiss francs or a turnover in Switzerland of at least 500 million Swiss francs, and

b. at least two of the enterprises concerned reported an individual turnover in Switzerland of at least 100 million Swiss francs each.

[2] ...[1]

---

[1] Deleted

Act on Cartels

³ In the case of insurance companies, turnover shall be replaced by the total amount of gross annual premiums; in the case of banks and other financial intermediaries the gross annual revenues, if they are subject to the accounting rules as per the Federal Banking Act of 8 November 1934.

⁴ Notwithstanding paragraphs 1 and 3 above, notification is mandatory if it has been finally established by virtue of a procedure initiated pursuant to the present law that a participating enterprise has a dominant position in a specific market in Switzerland, and if the concentration concerns either that market or an adjacent market or an upstream or downstream market.

⁵ The Federal Assembly may, by virtue of a decree not subject to a referendum:

a. adjust the amounts set forth in paragraphs 1 and 3 above according to changed circumstances;

b. establish special criteria for notification of concentrations in certain branches of the economy.

Art. 10 Assessment of concentrations of enterprises

¹ Concentrations of enterprises subject to notification shall be investigated by the Competition Commission if a preliminary review (Article 32, paragraph 1) indicates that they create or strengthen a dominant position.

² The Competition Commission may prohibit the concentration or authorise it subject to conditions or obligations if it transpires from the investigation that the concentration:

a. creates or strengthens a dominant position liable to eliminate effective competition, and

Act on Cartels

b. does not lead to a strengthening of competition in another market which outweighs the harmful effects of the dominant position.

³ If a concentration of banks within the meaning of the Federal Banking Act is deemed necessary by the Federal Banking Commission in order to protect the interests of creditors, such interests may be given priority. In such case, the Federal Banking Commission shall take the place of the Competition Commission, which it shall invite to submit an opinion.

⁴ In assessing the effects of a concentration of enterprises on the effectiveness of competition, the Competition Commission shall also take into account market developments and the situation with regard to international competition.

Art. 11 Exceptional authorization on grounds of compelling public interests

A concentration of enterprises prohibited pursuant to Article 10 may be authorized by the Federal Council at the request of the enterprises taking part if, in exceptional cases, it is necessary in order to safeguard compelling public interests.

Chapter 3: Provisions relating to civil procedure

Art. 12 Actions arising from an obstacle to competition

¹ A person constrained by an illicit restraint of competition from entering or competing in a market may request:

a. removal or injunction of the constraint;

b. damages and compensation for pain and suffering in accordance with the Code of Obligations;

c. reimbursement of illicitly earned profits in accordance with the provisions on conducting business without a mandate.

² Constraints on competition include in particular the refusal to deal as well as discriminatory practices.

³ In addition, the remedies set forth in paragraph 1 above are available to a person which, on account of a lawful restraint of competition, is impaired excessively, i.e. more than is warranted by the implementation of such restraint.

Art. 13 Exercise of actions for removal or cessation of the obstacle

In order to ensure removal or injunction of the restraint on competition, the courts may, at the claimant's request, rule that:

a. contracts are null and void in whole or in part;

b. the person causing the restraint on competition must conclude contracts on market terms or on customary terms with the person so impaired.

Art. 14 Jurisdiction

¹ Cantons shall designate for their territory a court with sole jurisdiction within the canton in suits brought for restraints of competition. Such court shall also have jurisdiction in other civil suits if they are brought concurrently with the suit for restraint of competition and are related thereto.

¹ ... ²

---

[2] Deleted

Art. 15 Assessment of the lawfulness of a restraint of competition

¹ If the legitimacy of a restraint of competition is being challenged in a civil proceeding, the case shall be submitted to the Competition Commission for rendering an opinion.

² If a restraint of competition, being illicit as such, is said to be necessary for the safeguard of compelling public interests, the matter shall be referred to the Federal Council for its decision.

Art. 16 Protection of business secrets

¹ In disputes concerning restraints of competition, the parties' manufacturing or business secrets shall be protected.

² The adverse party may have access to means of evidence which reveal such secrets only to the extent it is compatible with the protection of the secrets.

Art. 17 Provisional measures

¹ In order to protect justified claims arising from a restraint of competition, the courts may order provisional measures at a party's request.

² Articles 28c to 28f of the Swiss Civil Code shall apply by analogy to such provisional measures.

Chapter 4: Provisions relating to administrative procedure

Section 1: Competition authorities

Art. 18 Competition Commission

[1] The Federal Council shall appoint the Competition Commission (hereinafter the «Commission») and shall designate the members of the presiding body.

[1bis] The members of the Commission shall disclose their special interests and ties in the appropriate register.

[2] The Commission shall comprise between eleven and fifteen members, the majority of whom shall be independent experts.

[3] The Commission shall take all decisions and issue all orders which are not expressly reserved assigned to another body. It shall submit recommendations (Article 45, paragraph 2) and opinions (Article 46, paragraph 2) to the political authorities and shall give expert advice (Article 47, paragraph 1).

Art. 19 Organisation

[1] The Commission shall be independent of the administrative authorities. It may consist of chambers, each empowered to take decisions on its own. It may, in specific cases, instruct a member of the presiding body to settle urgent business or matters of minor importance.

[2] For administrative purposes, the Commission shall be assigned to the Federal Department of Public Economy (hereinafter the «Department»).

Art. 20 Internal regulations

¹ The Commission shall draw up regulations setting out the details of its organization, including in particular its own powers, those of the members of its presiding body and those of each chamber.

² The regulations shall be subject to the approval of the Federal Council.

Art. 21 Decisions

¹ The Commission and the chambers shall constitute a quorum when at least half the members are present; such number may not under any circumstances be less than three.

² Decisions shall be taken by a simple majority of members present; in the event of a tie, the president shall have the casting vote.

Art. 22 Disqualification of members of the Commission

¹ Members of the Commission shall disqualify themselves if grounds for disqualification exist pursuant to Article 10 of the Federal Law on Administrative Procedure.

² As a general rule, a member of the Commission is neither deemed to have a personal interest in a case nor to be subject to any other grounds for disqualification by the mere fact of representing an umbrella organisation.

³ If the disqualification is challenged, the Commission or chamber concerned shall rule in the absence of the member in question.

Art. 23 Duties of the Secretariat

¹ The Secretariat shall prepare the Commission's business, conduct investigations and, with a member of the presiding body, take pro-

cedural decisions. It shall make proposals to the Commission and carry out its decisions. It shall deal directly with interested parties, third parties and the authorities.

² The Secretariat shall draw up opinions (Article 46, paragraph 1) and advise officials and enterprises on matters relating to the application of this Act.

Art. 24 Secretariat staff

¹ The Federal Council shall appoint the Secretariat's directors, and the Commission the remainder of the staff.

² Conditions of service shall be governed by the laws applicable to federal government employees.

Art. 25 Professional and business secrecy

¹ The competition authorities shall be bound by professional secrecy.

² Information collected in performance of their duties may be used only for the purpose of the investigation.

³ The competition authorities may provide the Price Inspector with all information necessary for the accomplishment of his duties.

⁴ The competition authorities' publications may not disclose any business secrets.

Act on Cartels

Section 2: Investigations concerning restraints of competition

Art. 26 Preliminary investigations

¹ The Secretariat may conduct preliminary investigations on its own initiative, at the request of enterprises concerned or upon a notice received from third parties.

² The Secretariat may propose measures to suppress or prevent restraints of competition.

³ The preliminary investigation procedure does not imply the right to consult files.

Art. 27 Opening of an investigation

¹ If signs of an illicit restraint of competition exist, the Secretariat shall open an investigation, with the consent of a member of the Commission's presiding body. It shall open an investigation in all events if asked to do so by the Commission or by the Department.

² The Commission shall determine the order in which investigations that have been opened shall be conducted.

Art. 28 Notice

¹ The Secretariat shall give notice of the opening of an investigation in an official publication.

² Such notice shall state the purpose of the investigation and the parties concerned. It shall further invite concerned third parties to come forward within 30 days if they wish to take part in the investigation.

³ Non-publication shall not prevent the investigation from being conducted.

Art. 29 Amicable settlement

¹ Should the Secretariat consider that a restraint of competition is illicit, it may propose an amicable settlement to the enterprises involved concerning ways of removing the restraint.

² Such settlement shall be in writing and must be approved by the Commission.

Art. 30 Decision

¹ On a proposal from the Secretariat, the Commission shall take its decision on measures to be taken or on approval of an amicable settlement.

² The participants in the investigation may furnish in writing their opinions on the Secretariat's proposal. The Commission may conduct hearings and instruct the Secretariat to undertake additional investigations.

³ Should a significant change have occurred in the legal or factual circumstances, the Commission may, on a proposal from the Secretariat or the interested parties, revoke or amend its decision.

Art. 31 Exceptional authorisation

¹ If the Commission has taken a decision acknowledging the illicit nature of a restraint of competition, the interested parties may, within 30 days, submit to the Department an application for exceptional authorisation by the Federal Council on grounds of compelling public interest. If such application is submitted, the period in which an appeal may be lodged with the Appeals Commission for Competition Matters shall begin to run only after notification of the Federal Council's decision.

Act on Cartels

[2] Applications for exceptional authorization from the Federal Council may also be submitted within 30 days of the entry into effect of a decision of the Appeals Commission for Competition Matters or a judgment of the Federal Court following an appeal under administrative law.

[3] The exceptional authorization shall be of limited duration and may be subject to restrictions and conditions.

[4] On request, the Federal Council may extend the term of the exceptional authorisation if the conditions therefore are still met.

Section 3: Investigation of concentrations of enterprises

Art. 32   Institution of the Proceedings

[1] On receiving notice of a concentration of enterprises (Article 9), the Commission shall decide if there are grounds for investigating such concentration. The Commission shall inform the enterprises concerned of the opening of the investigation procedure within one month of receiving notice of the planned concentration. Should the Commission fail to do so, the concentration may proceed without reservation.

[2] The participating enterprises shall refrain from implementing the concentration during one month following notification unless, at their request, the Commission has authorized them to do so for important reasons.

Art. 33   Investigation proceedings

[1] Should the Commission decide to conduct an investigation, the Secretariat shall publish the principal terms of the concentration notice and state the time within which third parties may comment on the notified concentration.

² The Commission shall decide, at the outset of the investigation, whether the concentration may be carried out provisionally by way of an exception or whether it should remain suspended.

³ The Commission must complete its investigation within four months unless prevented from doing so for reasons attributable to the participating enterprises.

Art. 34 Legal effects

Inter partes, i.e. as regards the contractual relations, the effects of a concentration which is subject to a notification shall be suspended, without prejudice to expiry of the deadline as set forth in Article 32, paragraph 1 and the authorization to provisionally implement the concentration. Should the Commission fail to take a decision before the deadline set forth at Article 33, paragraph 3, the concentration shall be deemed to have been authorized, unless the Commission states in a decision that it has been prevented from conducting the investigation for reasons attributable to the participating enterprises.

Art. 35 Violation of the notification requirement

If a concentration of enterprises has been implemented without due notification, the procedure set forth in Articles 32 to 38 shall be initiated ex officio. In such case, the period set forth at Article 32, paragraph 1 shall begin to run as soon as the competition authority is in possession of the information that should be provided in a notification of concentration.

Art. 36 Exceptional authorisation proceedings

¹ If the Commission prohibits a concentration, the enterprises taking part may, within 30 days, submit to the Department an application for authorisation from the Federal Council on the grounds of compelling public interest. If such application is made, the period within which an appeal may be lodged with the Appeals Commission for

Competition Matters shall begin to run only after notification of the Federal Council's decision.

² Applications for exceptional authorisation from the Federal Council may also be submitted within 30 days from the entry into effect of the decision of the Appeals Commission for Competition Matters or the judgment of the federal court following an appeal under administrative law.

³ The Federal Council shall take its decision if possible within four months following receipt of the application.

Art. 37 Re-establishment of effective competition

¹ If a prohibited concentration has been implemented or if a concentration is prohibited after implementation and exceptional authorization for the concentration has not been requested or granted, the participating enterprises are required to take the necessary measures to re-establish effective competition.

² The Commission may solicit binding proposals from the participating enterprises with a view to re-establishing effective competition and it may set them a deadline to this end.

³ If the Commission accepts the proposed measures, it may decide on how and by when the participating enterprises shall implement them.

⁴ If the Commission does not receive the proposals it has requested or if it rejects them, it may order:

a. the separation of the concentrated enterprises or assets;

b. the cessation of the effects of control;

c. any other measures to re-establish effective competition.

Art. 38   Revocation and revision

¹ The Commission may revoke an authorisation or decide to investigate a concentration despite expiry of the deadline set forth in Article 32, paragraph 1, if:

a. the participating enterprises have furnished inaccurate information;

b. the authorisation was obtained fraudulently;

c. the participating enterprises are in material breach of a condition attached to the authorisation.

² The Federal Council may revoke an exceptional authorisation on the same grounds.

Section 4: Procedure and remedies

Art. 39   Principles

The Federal Act on Administrative Procedure applies to all proceedings, insofar as this Act does not provide otherwise.

Art. 40   Requirement to provide information

Members of cartels, enterprises with market power, enterprises participating in concentrations and concerned third parties are required to provide the competition authorities with all relevant information and to produce all necessary documents. The right to refuse disclosure is governed by Article 16 of the Federal Act on Administrative Procedure.

Art. 41 Mutual assistance

The administrative services of the Confederation and the Cantons are required to cooperate with the competition authorities in their investigations and to provide the necessary documents.

Art. 42 Investigative measures

¹ The competition authorities may hear third parties as witnesses and require the parties to the investigation to make witness statements. Article 64 of the Federal Act of 4 December 1947 on Federal Civil Procedure applies.

² The above mentioned authorities may order searches and seize evidence. In respect of such coercive measures, Art. 45 through 50 of the Federal Act of 22 March 1974 on Administrative Sanctions shall apply by analogy. Searches and seizures are ordered by a member or the presiding body of the Commission on application from the Secretariat.

Art. 42a Investigations in Proceedings under the Air Transport Treaty with the European Union

¹ The Commission is the designated Swiss body for the cooperation with the bodies of the European Community in accordance with Art. 11 of the Treaty between the European Community and the Swiss Confederation of 21 June 1999 on Air Transport.

² If an enterprise refuses to cooperate in the verification proceedings as per Art. 11 of the Treaty, investigative measures as per Article 42 may be undertaken on request of the European Commission. Article 44 is applicable.

Art. 43 Participation of third parties in the investigation

¹ The following may apply to take part in an investigation concerning a restraint of competition:

a. persons who cannot gain access to or exercise competition because of a restraint of competition;

b. professional or economic associations whose by-laws authorize them to defend their members' economic interests, if their members or the members of one of their sections could as well take part in the investigation;

c. organizations of national or regional importance which are dedicated to consumer protection issues in accordance with the terms of their Articles.

² The Secretariat may require groups of more than five participants with identical interests to appoint a common representative if, failing to do so, would excessively complicate the investigation. In all cases, it may limit the participation of third parties to a hearing; the statutory rights of parties as per the Act on Administrative Procedure are reserved.

³ Paragraphs 1 and 2 above are applicable by analogy to the procedure whereby the Federal Council grants exceptional authorisation for an illicit restraint of competition (Article 8).

⁴ In the investigation proceedings for concentrations of enterprises, only participating enterprises taking part have the status of parties.

Art. 44 Appeals to the Appeals Commission

Appeals against decisions of the Commission or its Secretariat and against coercive measures as per Article 42 paragraph 2 may be lodged with the Appeals Commission for Competition Matters.

Section 5: Other duties and powers of the competition authorities

Art. 45   Recommendations to the authorities

[1] The Commission shall continuously monitor the competition situation.

[2] The Commission may address recommendations to the authorities, the purpose of such recommendations being to promote effective competition, especially with regard to the drafting and enforcement of laws relating to economic affairs.

Art. 46   Opinions

[1] The Secretariat shall review draft legislation of the Confederation, especially in economic matters, that is likely to affect competition. It shall determine whether the effect of such legislation is to introduce distortions or excessive restraints of competition.

[2] In the consultation procedure, the Commission shall adopt a position with regard to draft legislation of the Confederation that limits or influences competition in any way whatsoever. It may issue opinions on draft legislation of the Cantons.

Art. 47   Expert advice

[1] The Commission shall provide expert advice to other authorities on questions of principle relating to competition. In cases of minor importance, it may instruct the Secretariat to carry out this task.

[2] ...[3]

---

[3]   Deleted

Art. 48 Publication of decisions and judgments

¹ The competition authorities may publish their decisions.

² The courts shall, without being asked to do so, furnish a complete copy of any judgments they may render pursuant to the present Act. The Secretariat shall collect such judgments and may publish them periodically.

Art. 49 Duty of information

¹ The Secretariat and the Commission shall inform the public of their activities.

² The Commission shall draw up an annual report for the Federal Council.

Section 6: Administrative Sanctions

Art. 49a Sanctions against illicit Restraints of Competition

¹ An enterprise which participates in an illicit agreement as per Article 5 paragraphs 3 and 4 or which commits illicit practices as per Article 7 shall be fined with an amount of up to 10 per cent of the turnover achieved in Switzerland over the last three business years. Article 9 par. 3 is applicable by analogy. The amount of the fine depends on the duration and gravity of the illicit practices. The presumed profit which the enterprise has achieved by virtue of its illicit practices shall be adequately taken into account.

² If the enterprise cooperates in the disclosure and elimination of the restraint of competition, it may be fully or partially relieved from paying a fine.

Act on Cartels

³ No fines shall be imposed if:

a. the enterprise notifies the restrain of competition before it entails any effect. If the enterprise learns, within a period of five months following the notification, that proceedings in accordance with Articles 26 through 30 haven been initiated and it subsequently upholds the restraint of competition, the fines shall not be forfeited;

b. the restraint of competition has not been put to action in the five or more years preceding the initiation of an investigation;

c. the Federal Council has authorized the restrain of competition under Article 8.

Art. 50 Non-compliance with amicable settlements and administrative decisions

An enterprise that contravenes to its benefit an amicable settlement, a legally enforceable decision of the competition authorities or a decision of an appeals body shall be required to pay an amount of up to 10 per cent of the turnover achieved in Switzerland over the last three business years. Article 9 par. 3 is applicable by analogy. The amount of the fine depends on the duration and gravity of the illicit practices. The presumed profit which the enterprise has achieved by virtue of its illicit practices shall be adequately taken into account.

Art. 51 Non-compliance related to a concentration of enterprises

¹ An enterprise that carries out a concentration without giving due notice thereof or fails to comply with a provisional ban on implementing the concentration or fails to comply with a condition attached to the authorisation or implements a prohibited concentration or fails to implement a measure intended to reestablish effective

competition shall incur a fine not exceeding one million Swiss francs.

² Should an enterprise repeat its failure to comply with a condition attached to the authorisation, it shall be required to pay an amount of up to 10 per cent of the aggregate turnover in Switzerland of all participating enterprises. Article 9 paragraph 3 applies by analogy.

Art. 52   Other cases of non-compliance

An enterprise which fails to comply with its obligations to provide information or produce documents or which complies only partially therewith shall be required to pay an amount of up to 100 000 Swiss francs.

Art. 53   Procedure and recourse

¹ Breaches shall be investigated by the Secretariat, with the consent of a member of the presiding body. The Commission shall issue a decision.

² Appeals against the Commission's decisions may be lodged with the Appeals Commission for Competition Matters.

Section 7: Fees

Art. 53a

¹ The competition authorities collect fees for:

a. orders regarding an investigation of restraints of competition as per Articles 26 through 31;

b. the review of concentrations of enterprises as per Articles 32 through 38;

c. expert opinions and other services.

² The amount of the fee depends on the time incurred.

³ The Federal Council establishes the rates for the fees and regulates the collection thereof. The Federal Council may rule that no fees shall be levied for specific proceedings or services, in particular if proceedings have been closed.

Chapter 5: Criminal penalties

Art. 54 Breach of amicable settlements and administrative decisions

Any person which intentionally breaches an amicable settlement, a legally enforceable decision of the competition authorities or a decision of an appeals body shall be required to pay a fine not exceeding 100 000 Swiss francs.

Art. 55 Other Breaches

Any person which intentionally fails to comply or complies only partially with a decision of the competition authorities concerning the obligation to provide information (Article 40) or implements a concentration of enterprises without giving due notice thereof or breaches decisions relating to concentrations of enterprises shall be required to pay a fine of at most 20 000 Swiss francs.

Art. 56 Limitation of actions

¹ Criminal action is barred at the end of five years for breaches of amicable settlements and administrative decisions (Article 54). It is barred in all events if, because of an interruption, such period is exceeded by one half.

² Criminal action is barred at the end of two years for other violations (Article 55).

Art. 57 Procedure and recourse

¹ The Federal Act on Administrative Sanctions applies to actions and judgments for breaches.

² Actions shall be brought by the Secretariat, with the consent of a member of the presiding body. The Commission shall issue a decision.

Chapter 6: Implementation of international agreements

Art. 58 Establishment of the facts

¹ If a party to an international agreement asserts that a restraint of competition is incompatible with such agreement, the Department may instruct the Secretariat to conduct a preliminary investigation.

² On a proposal from the Secretariat, the Department shall decide what further action to take, if any, after first hearing the interested parties.

Art. 59 Removal of incompatibilities

¹ If, in implementation of an international agreement, it is found that a restraint of competition is incompatible with such agreement the Department may, with the consent of the Federal Department of Foreign Affairs, propose an amicable settlement to the parties concerned with a view to removing the incompatibility.

² If an amicable settlement cannot be reached in time and one party to the agreement threatens to take measures against Switzerland the Department may, with the consent of the Federal Department of

Foreign Affairs, order the necessary measures to remove the restraint of competition.

Chapter 6a: Evaluation

Art. 59a

[1] The Federal Council shall arrange for the evaluation of the effectiveness of the measures and the implementation of this Act.

[2] Upon completion of the evaluation, but not later than five years after enactment of this provision, the Federal Council shall address a report to the parliament and submit proposals for further measures.

Chapter 7: Final provisions

Art. 60 Implementation

The Federal Council shall enact the provisions for implementation.

Art. 61 Repeal of the law in force

The Act of 20 December 1985 on cartels and similar organizations is hereby repealed.

Art. 62 Transitional provisions

[1] Current procedures before the Cartel Commission relating to agreements affecting competition shall be suspended as of the entry into effect of the present law; if necessary, they shall be continued under the new law on expiry of a six month period.

[2] New procedures before the Commission relating to agreements affecting competition may be introduced only after expiry of a six

month period as of the entry into effect of the present law, unless the potential recipients of a decision have asked for an investigation to be conducted sooner. Preliminary investigations may be conducted at any time.

[3] Decisions in force and recommendations accepted pursuant to the Federal Act of 20 December 1985 on cartels and similar organizations shall continue to be governed by the former law, including matters regarding penalties.

Art. 63   Referendum and entry into effect

[1] The present Act is subject to optional referendum.

[2] The Federal Council shall set the date of entry into effect.

Transitional Provision applicable to the Amendment of 20 June 2003

If an existing restraint of competition is being notified or terminated within one year after Art. 49a came into effect, no fines will be imposed pursuant to this provision.

2. Geschäftsreglement der Wettbewerbskommission

vom 1. Juli 1996 (Stand am 1. Januar 1997)

vom Bundesrat genehmigt am 30. September 1996

Die Wettbewerbskommission,

gestützt auf Artikel 20 Absatz 1 des Kartellgesetzes vom 6. Oktober 1995[1] (KG),

verordnet:

1. Kapitel: Organisation der Wettbewerbskommission

1. Abschnitt: Organe

Art. 1   Entscheidungsorgan

[1] Entscheidungen im Namen der Wettbewerbskommission treffen:

    a.   die Kommission;

    b.   die drei Kammern;

    c.   das Präsidium;

    d.   die einzelnen Präsidiumsmitglieder.

AS **1996** 2870
[1] SR **251**

² Im Zusammenhang mit Geschäften, die von einer bestimmten Kammer erledigt werden, beziehen sich die im Gesetz verwendeten Ausdrücke «Kommission» oder «Präsidium» auf die betreffende Kammer oder auf deren Präsidenten oder Präsidentin.

Art. 2 Zusammensetzung und Organisation der Kammern

¹ Jede Kammer besteht aus dem Kammerpräsidenten oder der Kammerpräsidentin, vier Mitgliedern und vier Ersatzmitgliedern. Zwei Mitglieder und zwei Ersatzmitglieder müssen unabhängige Sachverständige sein.

² Eine Kammer ist beschlussfähig, wenn mindestens drei Mitglieder anwesend sind, von denen die Mehrheit unabhängige Sachverständige sind.

³ Der Kammerpräsident oder die Kammerpräsidentin führt den Vorsitz.

⁴ Der Kammerpräsident oder die Kammerpräsidentin organisiert die Stellvertretung selbst. Ein Mitglied kann sich für das betreffende Verfahren durch ein Ersatzmitglied vertreten lassen.

⁵ Ein Kommissionsmitglied kann mit Bewilligung des Präsidiums mit beratender Stimme an den Sitzungen einer Kammer teilnehmen, der es nicht angehört.

⁶ Das Präsidium kann vorübergehend einer Kammer zusätzliche Mitglieder zuweisen.

Art. 3 Zusammensetzung des Sekretariates

Das Sekretariat setzt sich zusammen aus:

    a.   dem Direktor oder der Direktorin;

b. dem stellvertretenden Direktor oder der stellvertretenden Direktorin;

c. den Bereichsleitern und Bereichsleiterinnen;

d. den Mitarbeitern und Mitarbeiterinnen, die in Bereichen zusammengefasst werden.

2. Abschnitt: Zuständigkeiten

Art. 4 Kommission

[1] Die Kommission trifft die Entscheide und erlässt die Verfügungen, die nicht ausdrücklich einem andern Organ zugewiesen sind.

[2] Sie entscheidet Rechtsfragen von grundsätzlicher Bedeutung nach dem KG, dem Binnenmarktgesetz vom 6. Oktober 1995[2] (BGBM) und dem Preisüberwachungsgesetz vom 20. Dezember 1985[3] (PüG).

[3] Im weiteren ist sie zuständig für:

a. die Anordnung einer Untersuchung (Art. 27 Abs. 1 KG) und die Prioritätensetzung bei den eröffneten Untersuchungen (Art. 27 Abs. 2 KG);

b. die Behandlung des Jahresberichts (Art. 49 Abs. 2 KG) und die Verabschiedung des Voranschlages;

c. die Zuteilung der Kommissionsmitglieder auf die Kammern und deren allfällige Umteilung (Art. 19 KG);

---

[2] SR **943.02**
[3] SR **942.20**

d. den Erlass von Bekanntmachungen und die Antragstellung an den Bundesrat zum Erlass von Verordnungen (Art. 6 KG);

e. die Antragstellung an den Bundesrat zur Wahl der Direktion des Sekretariates (Art. 24 Abs. 1 KG);

f. die Wahl des übrigen Personals des Sekretariates ab der Lohnklasse 18 (Art. 24 Abs. 1 KG);

g. die Stellungnahme in Verfahren nach den Artikeln 8 und 11 KG sowie in Verfahren vor der Rekurskommission oder dem Bundesgericht;

h. den Entscheid über Sanktionen nach den Artikeln 53 und 57 KG.

[4] Sie entscheidet überdies auf Begehren von mindestens drei Kommissionsmitgliedern oder auf Begehren der zuständigen Kammer im Einzelfall über Fragen, die in den Zuständigkeitsbereich einer Kammer fallen.

[5] Sie kann eine Kammer, besondere Ausschüsse oder einzelne Mitglieder mit der Prüfung bestimmter Geschäfte oder Geschäftskategorien betrauen.

Art. 5 Kammern

[1] Massgebend für die Zuständigkeit der drei Kammern ist der von der Wettbewerbsbeschränkung oder vom Zusammenschluss schwergewichtig betroffene sachliche Markt oder Wirtschaftsbereich. Unter Vorbehalt von Artikel 4 Absatz 4 ist für Geschäfte zuständig:

a. die erste Kammer für Märkte im Bereich der industriellen Produktion und des Gewerbes;

b. die zweite Kammer für Märkte im Bereich der Dienstleistungen;

c. die dritte Kammer für Märkte im Bereich der Infrastruktur.

² Von der Verteilung der Geschäfte nach Absatz 1 kann aufgrund der besonderen Natur des Geschäfts, aufgrund des Zusammenhangs mit andern Geschäften sowie zur Ausgleichung der Geschäftslast abgewichen werden.

³ Die zuständigen Kammerpräsidenten oder -präsidentinnen einigen sich in den Fällen nach Absatz 2 über die Geschäftsverteilung. Bei Meinungsverschiedenheiten entscheidet der Präsident oder die Präsidentin der Kommission.

Art. 6 Grundsätzliche Rechtsfragen

¹ Grundsätzliche Rechtsfragen, insbesondere Praxisänderungen, legt jede Kammer der Kommission zum Entscheid vor.

² Der Entscheid der Kommission bindet die Kammer für ihren Entscheid nach Abschluss der Untersuchung oder der Prüfung, die Verfassung des Gutachtens sowie für die Stellungnahme oder die Empfehlung.

Art. 7 Präsidium

¹ Das Präsidium pflegt die Beziehungen mit der Wirtschaft, mit den Verwaltungen und mit ausländischen Wettbewerbsbehörden.

² Die Mitglieder des Präsidiums führen je den Vorsitz in einer Kammer.

³ Die Kommission oder die zuständige Kammer kann im Einzelfall ihren Präsidenten oder ihre Präsidentin ermächtigen, dringliche Fälle oder Fälle untergeordneter Bedeutung direkt zu erledigen (Art. 19

Abs. 1 KG). Bei besonderer Dringlichkeit kann das zuständige Mitglied des Präsidiums das Nötige anordnen; es orientiert die Kommission oder die Kammer sofort.

[4] Das Präsidium begründet, verändert und beendet auf Vorschlag des Direktors das Dienstverhältnis der Beamten und Angestellten des Sekretariates ab der Lohnklasse 18; vorbehalten bleibt Artikel 4 Absatz 3 Buchstabe f.

Art. 8 Präsident oder Präsidentin

Der Präsident oder die Präsidentin

a. leitet die Verhandlungen der Kommission;

b. beaufsichtigt die Geschäftsführung des Sekretariates;

c. sorgt für die Koordination zwischen den Kammern einerseits und zwischen den Kammern und dem Sekretariat andererseits;

d. ist verantwortlich für die Kontakte mit den Medien.

Art. 9 Kostenentscheid

Das in der Sache entscheidende Organ entscheidet auch über die Kosten.

3. Abschnitt: Sitzungen

Art. 10 Einberufung und Beschlussfassung

[1] Die Kommission und die Kammern werden durch den Präsidenten oder die Präsidentin einberufen. Sie müssen einberufen werden, falls es für die Kommission fünf Mitglieder oder für die Kammer ein Mitglied, jeweils unter Angabe der Gründe, verlangen.

² Die Kommission und die Kammern können auf dem Zirkulationsweg beschliessen, soweit nicht für die Kommission drei Mitglieder oder für die Kammer ein Mitglied, jeweils unter Angabe der Gründe, Beratung verlangen.

³ Die Verhandlungen sind nicht öffentlich.

Art. 11 Teilnahme des Preisüberwachers oder der Preisüberwacherin

Der Preisüberwacher oder die Preisüberwacherin

a. nimmt mit beratender Stimme an den Sitzungen der Kommission teil;

b. kann mit beratender Stimme auch an den Sitzungen der Kammern teilnehmen oder sich schriftlich vernehmen lassen;

c. kann sich durch den Stellvertreter oder die Stellvertreterin vertreten lassen.

2. Kapitel: Tätigkeiten der Wettbewerbskommission

1. Abschnitt: Tätigkeiten des Sekretariates

Art. 12 Aufgaben des Sekretariates

¹ Das Sekretariat bereitet die Geschäfte der Kommission vor, stellt ihr Anträge und vollzieht ihre Entscheide. Es führt diese Aufgaben unter Vorbehalt der Kompetenzen der Kommission selbständig durch. Insbesondere:

a. führt es die Vorabklärungen durch und informiert die zuständige Kammer über den Abschluss einer Vorabklärung;

b. leitet es die Untersuchungshandlungen;

c. legt es die Dossiers der Kommission oder der Kammer mit einem begründeten Antrag zum Entscheid vor;

d. berät es Amtsstellen und Unternehmen, informiert in Fragen zu diesem Gesetz (Art. 23 Abs. 2 KG) und gibt Stellungnahmen nach Artikel 46 Absatz 1 KG ab.

^{2} Es kann wichtige Fragen schon vor oder unabhängig von einer Antragstellung mit der Kommission, der Kammer oder dem Präsidium diskutieren.

^{3} Es gibt der Kommission an, wenn der Antrag nach Absatz 1 Buchstabe c ein Präjudiz oder eine Praxisänderung beinhaltet.

Art. 13 Aufgaben des Direktors oder der Direktorin

^{1} Der Direktor oder die Direktorin:

a. leitet die Sekretariatsgeschäfte und ist für die Tätigkeiten des Sekretariates verantwortlich;

b. begründet, verändert oder beendet die Dienstverhältnisse der Beamten und Beamtinnen und der Angestellten bis zu Lohnklasse 17;

c. organisiert die Arbeiten im Rahmen der von der Kommission gesetzten Prioritäten;

d. nimmt ohne gegenteiligen Beschluss der Kommission oder der Kammer zusammen mit den von ihm oder ihr bestimmten Mitarbeiterinnen und Mitarbeitern an den Beratungen über den Antrag teil und liefert alle verlangten Informationen;

e. regelt die Unterschriftsbefugnis und bezeichnet die Mitarbeiterinnen und Mitarbeiter des Sekretariats, die zu Zeugeneinvernahmen und zur Leitung von Anhörungen befugt sind.

² Der stellvertretende Direktor oder die stellvertretende Direktorin kann alle in diesem Reglement dem Direktor oder der Direktorin übertragenen Funktionen ausüben, wenn dieser oder diese verhindert ist.

Art. 14 Interne Information

¹ Der Direktor oder die Direktorin sorgt gestützt auf ein Konzept der Kommission für den Informationsfluss innerhalb der Kommission.

² Das Sekretariat informiert die Entscheidorgane so, dass diese ihre Aufgaben wahrnehmen können.

³ Es erteilt den Kommissionsmitgliedern auf Verlangen jederzeit Auskünfte über laufende Geschäfte, die in die Entscheidkompetenz der Kommission oder der Kammern fallen.

Art. 15 Beziehungen des Sekretariates nach aussen

Der Direktor oder die Direktorin pflegt, in Absprache mit dem Präsidium, die Beziehungen mit der Wirtschaft, den Verwaltungen und mit ausländischen Wettbewerbsbehörden sowie, nach den Weisungen des Präsidenten oder der Präsidentin, mit den Medien.

Zweiter Abschnitt:
Tätigkeit der Kommission und der Kammern

Art. 16 Verfügungen

¹ Verfügungen tragen die Unterschrift des zuständigen Präsidiumsmitgliedes und des Direktors oder der Direktorin.

² Das zuständige Präsidiumsmitglied genehmigt die redaktionelle Ausfertigung aller Beschlüsse.

Art. 17 Vorabklärungen und Untersuchungen

¹ Die Kommission oder eine Kammer kann eine Untersuchung eröffnen, wie auch immer die Vorabklärung des Sekretariats ausfällt.

² Die Kommissionsmitglieder können an den Untersuchungshandlungen des Sekretariats, insbesondere an Anhörungen und Zeugeneinvernahmen, teilnehmen.

³ Die Kommission oder die Kammer kann das Sekretariat mit zusätzlichen Untersuchungsmassnahmen beauftragen.

⁴ Die Kommission oder eine Kammer kann die Verfahrensbeteiligten selbst anhören.

Art. 18 Einleitung des Prüfungsverfahrens bei Unternehmenszusammenschlüssen

Die Kammer entscheidet, ob im Zusammenhang mit Unternehmenszusammenschlüssen (Art. 32 KG) ein Prüfungsverfahren eingeleitet werden soll oder nicht.

Art. 19 Expertinnen und Experten

Die Kommission, die Kammern und das Sekretariat können in allen Verfahren Expertinnen und Experten beiziehen.

Art. 20 Informationskonzept

Die Kommission erarbeitet ein Konzept über die internen Informationsabläufe.

3. Kapitel: Informationspolitik, Publikationen, Rechnungswesen

Art. 21 Informationspolitik

Die Kommission legt die Grundsätze ihrer Informationspolitik fest. Verfügungen werden in der Regel publiziert.

Art. 22 Bekanntgabe einer Untersuchung

[1] Das Sekretariat veranlasst die Publikation der Eröffnung einer Untersuchung (Art. 28 KG) im Bundesblatt und im Schweizerischen Handelsamtsblatt.

[2] Die Eröffnung kann auch anderweitig publiziert werden, wenn der Zweck der Untersuchung dies erfordert.

Art. 23 Jahresbericht

[1] Der Jahresbericht wird vom Sekretariat redigiert, vom Präsidium vorberaten und von der Kommission verabschiedet.

[2] Er gibt den Behörden und der Öffentlichkeit eine Übersicht über die Tätigkeiten in Anwendung des KG und des BGBM[4].

Art. 24 Rechnungswesen

Die Kommission gilt für die Rechnungsführung als Verwaltungseinheit des Eidgenössischen Volkswirtschaftsdepartements; dieses stellt Personal- und Sachkosten in den Voranschlag ein.

---

[4] SR **943.02**

4. Kapitel: Schlussbestimmungen

Art. 25 Aufhebung bisherigen Rechts

Das Reglement der Kartellkommission vom 24. Februar 1986[5] wird aufgehoben.

Art. 26 Übergangsbestimmung

Bis zum 31. Dezember 1997 sind nicht nur grundsätzliche Rechtsfragen nach Artikel 6, sondern alle Geschäfte der Kommission zum Entscheid vorzulegen. Die Kommission kann im Einzelfall den Entscheid der Kammer überlassen; Artikel 4 Absatz 4 ist in diesem Fall nicht anwendbar.

Art. 27 Inkrafttreten

Dieses Reglement tritt am 1. November 1996 in Kraft.

---

[5] [AS **1986** 977]

3. Verordnung über die Erhebung von Gebühren im Kartellgesetz (KG-Gebührenverordnung)

vom 25. Februar 1998 (Stand am 1. April 2004)

Der Schweizerische Bundesrat,

gestützt auf Artikel 53*a* des Kartellgesetzes vom 6. Oktober 1995[1] (KG)

sowie auf Artikel 4 des Bundesgesetzes vom 4. Oktober 1974[2] über Massnahmen zur Verbesserung des Bundeshaushaltes,[3]

verordnet:

Art. 1 Geltungsbereich

[1] Diese Verordnung regelt die Erhebung von Gebühren durch die Wettbewerbskommission und ihr Sekretariat für:

a. Verfügungen über die Untersuchung von Wettbewerbsbeschränkungen nach den Artikeln 26–30 des Kartellgesetzes (KG);

b. die Behandlung einer Meldung im Widerspruchsverfahren nach Artikel 49*a* Absatz 3 Buchstabe a KG;

c. die Prüfung von Unternehmenszusammenschlüssen nach den Artikeln 32–38 KG;

AS **1198** 919
[1] SR **251**
[2] SR **611.010**
[3] Fassung gemäss Ziff. I der V vom 12. März 2004 (AS **2004** 1391).

d. Gutachten und sonstige Dienstleistungen.[4]

[2] Die Gebühren für Strafverfahren gemäss den Artikeln 54 und 55 KG richten sich nach den Bestimmungen der Verordnung vom 25. November 1974[5] über Kosten und Entschädigungen im Verwaltungsstrafverfahren.

Art. 2 Gebührenpflicht

[1] Gebührenpflichtig ist, wer Verwaltungsverfahren verursacht oder Gutachten und sonstige Dienstleistungen nach Artikel 1 veranlasst.

[2] Sind mehrere Unternehmen gebührenpflichtig, so haften sie solidarisch.[6]

Art. 3 Gebührenfreiheit

[1] Behörden des Bundes und, im Falle des Gegenrechts, der Kantone und Gemeinden bezahlen keine Gebühren. Vorbehalten bleiben Gebühren für Gutachten.

[2] Keine Gebühren bezahlen ferner:

a. Dritte, auf deren Anzeige hin ein Verfahren nach den Artikeln 26-30 KG durchgeführt wird;

b. Beteiligte, die eine Vorabklärung verursacht haben, sofern diese keine Anhaltspunkte für eine unzulässige Wettbewerbsbeschränkung ergibt;

c. Beteiligte, die eine Untersuchung verursacht haben, sofern sich die zu Beginn vorliegenden Anhaltspunkte nicht erhärten und das Verfahren aus diesem Grund eingestellt wird.[7]

---

[4] Fassung gemäss Ziff. I der V vom 12. März 2004 (AS **2004** 1391).
[5] SR **313.32**
[6] Eingefügt durch Ziff. I der V vom 12. März 2004 (AS **2004** 1391).
[7] Fassung gemäss Ziff. I der V vom 12. März 2004 (AS **2004** 1391).

Art. 4 Gebührenbemessung

¹ Die Gebühr bemisst sich nach dem Zeitaufwand.

² Es gilt ein Stundenansatz von 100-400 Franken. Dieser richtet sich namentlich nach der Dringlichkeit des Geschäfts und der Funktionsstufe des ausführenden Personals.[8]

³ Für die vorläufige Prüfung gemäss Artikel 32 KG erhebt das Sekretariat statt der Gebühr nach Zeitaufwand eine Pauschalgebühr von 5000 Franken.[9]

⁴ Auslagen für Porti sowie Telefon- und Kopierkosten sind sowohl in den Gebühren nach Aufwand als auch in den Pauschalgebühren eingeschlossen.[10]

Art. 5[11] Auslagen

Neben dem Aufwand nach Artikel 4 hat der Gebührenpflichtige folgende zusätzliche Auslagen der Wettbewerbskommission und des Sekretariates zu erstatten:

a. Reisespesen;

b. Kosten, die durch Beweiserhebung, besondere Untersuchungsmassnahmen oder für die Beschaffung von Unterlagen verursacht werden;

c. Kosten für Arbeiten, welche durch Experten oder sonstige Beauftragte erstellt werden.

---

[8] Fassung gemäss Ziff. I der V vom 12. März 2004 (AS **2004** 1391).
[9] Fassung gemäss Ziff. I der V vom 12. März 2004 (AS **2004** 1391).
[10] Eingefügt durch Ziff. I der V vom 12. März 2004 (AS **2004** 1391).
[11] Fassung gemäss Ziff. I der V vom 12. März 2004 (AS **2004** 1391).

Art. 6 Gebührenerlass

Für die Erbringung von Dienstleistungen kleineren Umfangs kann die Gebühr erlassen werden.

Art. 7 Vorschuss

Das Sekretariat kann in begründeten Fällen (z.B. Wohnsitz im Ausland, Zahlungsrückstände und umfangreiche Beweisanträge usw.) einen angemessenen Vorschuss verlangen.

Art. 8 Aufhebung bisherigen Rechts

Die Verordnung vom 17. Juni 1996[12] über Gebühren für Gutachten der Wettbewerbskommission wird aufgehoben.

Art. 9[13]

Art. 10 Inkrafttreten

Diese Verordnung tritt am 1. April 1998 in Kraft.

Schlussbestimmung zur Änderung vom 12. März 2004[14]

Bei Verwaltungsverfahren und Dienstleistungen, die beim Inkrafttreten dieser Änderungen noch nicht abgeschlossen sind, gilt für die Bemessung der Gebühren und Auslagen für denjenigen Teil der Aufwendungen, der vor dem Inkrafttreten der Änderung erfolgt ist, das bisherige Recht.

---

[12] [AS **1996** 1806]
[13] Aufgehoben durch Ziff. I der V vom 12. März 2004 (AS **2004** 1391)
[14] AS **2004** 1391

4. Verordnung über die Sanktionen bei unzulässigen Wettbewerbsbeschränkungen (KG-Sanktionsverordnung, SVKG)

vom 12. März 2004 (Stand am 1. April 2004)

Der Schweizerische Bundesrat,

gestützt auf Artikel 60 des Kartellgesetzes vom 6. Oktober 1995[1] KG),

verordnet:

1. Abschnitt: Allgemeines

Art. 1

Diese Verordnung regelt:

a. die Bemessungskriterien bei der Verhängung von Sanktionen gemäss Artikel 49*a* Absatz 1 KG;

b. die Voraussetzungen und das Verfahren beim gänzlichen oder teilweisen Verzicht auf eine Sanktion gemäss Artikel 49*a* Absatz 2 KG;

c. die Voraussetzungen und das Verfahren der Meldung nach Artikel 49*a* Absatz 3 Buchstabe a KG.

AS **2004** 1397
[1] SR **251**

2. Abschnitt: Sanktionsbemessung

Art. 2   Grundsätze

[1] Die Sanktion bemisst sich nach der Dauer und der Schwere des unzulässigen Verhaltens. Der mutmassliche Gewinn, den das Unternehmen dadurch erzielt hat, ist angemessen zu berücksichtigen.

[2] Bei der Festsetzung der Sanktion ist das Prinzip der Verhältnismässigkeit zu beachten.

Art. 3   Basisbetrag

Der Basisbetrag der Sanktion bildet je nach Schwere und Art des Verstosses bis zu 10 Prozent des Umsatzes, den das betreffende Unternehmen in den letzten drei Geschäftsjahren auf den relevanten Märkten in der Schweiz erzielt hat.

Art. 4   Dauer

Dauerte der Wettbewerbsverstoss zwischen ein und fünf Jahren, so wird der Basisbetrag um bis zu 50 Prozent erhöht. Dauerte der Wettbewerbsverstoss mehr als fünf Jahre, so wird der Basisbetrag für jedes zusätzliche Jahr mit einem Zuschlag von je bis zu 10 Prozent erhöht.

Art. 5   Erschwerende Umstände

[1] Bei erschwerenden Umständen wird der Betrag nach den Artikeln 3 und 4 erhöht, insbesondere wenn das Unternehmen:

a.   wiederholt gegen das Kartellgesetz verstossen hat;

b.   mit einem Verstoss einen Gewinn erzielt hat, der nach objektiver Ermittlung besonders hoch ausgefallen ist;

c. die Zusammenarbeit mit den Behörden verweigert oder versucht hat, die Untersuchungen sonst wie zu behindern.

² Bei Wettbewerbsbeschränkungen nach Artikel 5 Absätze 3 und 4 KG wird der Betrag nach den Artikeln 3 und 4 zusätzlich erhöht, wenn das Unternehmen:

a. zur Wettbewerbsbeschränkung angestiftet oder dabei eine führende Rolle gespielt hat;

b. zur Durchsetzung der Wettbewerbsabrede gegenüber anderen an der Wettbewerbsbeschränkung Beteiligten Vergeltungsmassnahmen angeordnet oder durchgeführt hat.

Art. 6 Mildernde Umstände

¹ Bei mildernden Umständen, insbesondere wenn das Unternehmen die Wettbewerbsbeschränkung nach dem ersten Eingreifen des Sekretariats der Wettbewerbskommission, spätestens aber vor der Eröffnung eines Verfahrens nach den Artikeln 26–30 KG beendet, wird der Betrag nach den Artikeln 3 und 4 vermindert.

² Bei Wettbewerbsbeschränkungen gemäss Artikel 5 Absätze 3 und 4 KG wird der Betrag nach den Artikeln 3 und 4 vermindert, wenn das Unternehmen:

a. dabei ausschliesslich eine passive Rolle gespielt hat;

b. Vergeltungsmassnahmen, die zur Durchsetzung der Wettbewerbsabrede vereinbart waren, nicht durchgeführt hat.

Art. 7 Maximale Sanktion

Die Sanktion beträgt in keinem Fall mehr als 10 Prozent des in den letzten drei Geschäftsjahren in der Schweiz erzielten Umsatzes des Unternehmens (Art. 49*a* Abs. 1 KG).

3. Abschnitt: Vollständiger Erlass der Sanktion

Art. 8 Voraussetzungen

[1] Die Wettbewerbskommission erlässt einem Unternehmen die Sanktion vollständig, wenn es seine Beteiligung an einer Wettbewerbsbeschränkung im Sinne von Artikel 5 Absätze 3 und 4 KG anzeigt und als Erstes:

a. Informationen liefert, die es der Wettbewerbsbehörde ermöglichen, ein kartellrechtliches Verfahren gemäss Artikel 27 KG zu eröffnen; oder

b. Beweismittel vorlegt, welche der Wettbewerbsbehörde ermöglichen, einen Wettbewerbsverstoss gemäss Artikel 5 Absätze 3 oder 4 KG festzustellen.

[2] Sie erlässt die Sanktion nur, wenn das Unternehmen:

a. kein anderes Unternehmen zur Teilnahme an dem Wettbewerbsverstoss gezwungen hat und nicht die anstiftende oder führende Rolle im betreffenden Wettbewerbsverstoss eingenommen hat;

b. der Wettbewerbsbehörde unaufgefordert sämtliche in seinem Einflussbereich liegenden Informationen und Beweismittel betreffend den Wettbewerbsverstoss vorlegt;

c. während der gesamten Dauer des Verfahrens ununterbrochen, uneingeschränkt und ohne Verzug mit der Wettbewerbsbehörde zusammenarbeitet;

d. seine Beteiligung am Wettbewerbsverstoss spätestens zum Zeitpunkt der Selbstanzeige oder auf erste Anordnung der Wettbewerbsbehörde einstellt.

³ Der Erlass der Sanktion gemäss Absatz 1 Buchstabe a wird nur gewährt, sofern die Wettbewerbsbehörde nicht bereits über ausreichende Informationen verfügt, um ein Verfahren nach den Artikeln 26 und 27 KG betreffend die angezeigte Wettbewerbsbeschränkung zu eröffnen.

⁴ Der Erlass der Sanktion gemäss Absatz 1 Buchstabe b wird nur gewährt, sofern:

a. nicht bereits ein anderes Unternehmen die Voraussetzungen für einen Erlass gemäss Absatz 1 Buchstabe a erfüllt; und

b. die Wettbewerbsbehörde nicht bereits über ausreichende Beweismittel verfügt, um den Wettbewerbsverstoss zu beweisen.

Art. 9 Form und Inhalt der Selbstanzeige

¹ Die Selbstanzeige enthält die nötigen Informationen zum anzeigenden Unternehmen, zur Art des angezeigten Wettbewerbsverstosses, zu den an diesem Verstoss beteiligten Unternehmen und zu den betroffenen bzw. relevanten Märkten. Die Selbstanzeige kann auch mündlich zu Protokoll gegeben werden.

² Das Unternehmen kann die Selbstanzeige unter Einreichung der Informationen in anonymisierter Form stellen. Das Sekretariat regelt die Modalitäten im Einzelfall im Einvernehmen mit einem Mitglied des Präsidiums der Wettbewerbskommission.

³ Das Sekretariat bestätigt den Eingang der Selbstanzeige unter Angabe der Eingangszeit. Es teilt dem anzeigenden Unternehmen im Einvernehmen mit einem Mitglied des Präsidiums mit:

a. inwieweit es die Voraussetzungen für einen vollständigen Erlass der Sanktion nach Artikel 8 Absatz 1 als gegeben erachtet;

b. welche Informationen das anzeigende Unternehmen zusätzlich einzureichen hat, insbesondere um die Voraussetzungen von Artikel 8 Absatz 1 zu erfüllen; und

c. im Falle einer anonymen Selbstanzeige, binnen welcher Frist das Unternehmen seine Identität offen legen muss.

Art. 10 Verfahren bei mehreren Selbstanzeigen

Die Wettbewerbsbehörde prüft später eingegangene Selbstanzeigen erst, wenn sie über früher eingegangene Selbstanzeigen nach Massgabe von Artikel 9 Absatz 3 befunden hat.

Art. 11 Entscheid über den vollständigen Erlass der Sanktion

[1] Die Wettbewerbskommission entscheidet über die Gewährung des vollständigen Erlasses der Sanktion.

[2] Die Wettbewerbskommission kann von einer Mitteilung des Sekretariats gemäss Artikel 9 Absatz 3 Buchstabe a nur abweichen, wenn ihr nachträglich Tatsachen bekannt werden, die dem Erlass der Sanktion entgegenstehen.

4. Abschnitt: Reduktion der Sanktion

Art. 12 Voraussetzungen

[1] Die Wettbewerbskommission reduziert die Sanktion, wenn ein Unternehmen an einem Verfahren unaufgefordert mitgewirkt und im Zeitpunkt der Vorlage der Beweismittel die Teilnahme am betreffenden Wettbewerbsverstoss eingestellt hat.

[2] Die Reduktion beträgt bis zu 50 Prozent des nach den Artikeln 3–7 berechneten Sanktionsbetrags. Massgebend ist die Wichtigkeit des Beitrags des Unternehmens zum Verfahrenserfolg.

³ Die Reduktion beträgt bis zu 80 Prozent des nach den Artikeln 3–7 berechneten Sanktionsbetrags, wenn ein Unternehmen unaufgefordert Informationen liefert oder Beweismittel vorlegt über weitere Wettbewerbsverstösse gemäss Artikel 5 Absatz 3 oder 4 KG.

Art. 13 Form und Inhalt der Kooperation

¹ Das Unternehmen legt der Wettbewerbsbehörde die nötigen Informationen zum anzeigenden Unternehmen, zur Art des angezeigten Wettbewerbsverstosses, zu den an diesem Verstoss beteiligten Unternehmen und zu den betroffenen bzw. relevanten Märkten vor.

² Das Sekretariat bestätigt den Eingang der Beweismittel unter Angabe der Eingangszeit.

Art. 14 Entscheid über die Reduktion

¹ Die Wettbewerbskommission entscheidet darüber, um wie viel die Sanktion gegen das kooperierende Unternehmen reduziert wird.

² Legt das kooperierende Unternehmen der Wettbewerbskommission Beweismittel über die Dauer des Wettbewerbsverstosses vor, von welchen diese keine Kenntnis hatte, so berechnet sie die Sanktion ohne Berücksichtigung dieses Zeitraumes.

5. Abschnitt: Meldung und Widerspruchsverfahren

Art. 15 Meldung einer möglicherweise unzulässigen Wettbewerbsbeschränkung

Die Meldung gemäss Artikel 49*a* Absatz 3 Buchstabe a KG ist in einer der Amtssprachen in dreifacher Ausfertigung beim Sekretariat einzureichen.

Art. 16 Meldeformulare und Erläuterungen

[1] Die Wettbewerbskommission umschreibt die für die Meldung erforderlichen Angaben in einem Meldeformular. Sie gibt bekannt, inwieweit eine bei einer ausländischen Behörde eingereichte Meldung für die Meldung in der Schweiz verwendet werden kann.

[2] Sie veranlasst die Veröffentlichung der Meldeformulare und der Erläuterungen im Bundesblatt.

Art. 17 Erleichterte Meldung

Das Sekretariat und das meldende Unternehmen können vor der Meldung einer Wettbewerbsbeschränkung Einzelheiten des Inhalts der Meldung einvernehmlich festlegen. Das Sekretariat kann dabei das Unternehmen von der Vorlage von einzelnen Angaben oder Unterlagen befreien, wenn es der Ansicht ist, dass diese für die Beurteilung des Falles nicht notwendig sind.

Art. 18 Bestätigung des Eingangs der Meldung

Das Sekretariat bestätigt dem meldenden Unternehmen den Eingang der Meldung. Sind die Angaben oder Beilagen in einem wesentlichen Punkt unvollständig, so fordert das Sekretariat das meldende Unternehmen auf, die Meldung zu ergänzen.

Art. 19 Widerspruchsverfahren

Wird dem Unternehmen innerhalb von fünf Monaten nach Eingang der Meldung keine Eröffnung eines Verfahrens nach den Artikeln 26–30 KG mitgeteilt, so entfällt für den gemeldeten Sachverhalt eine Sanktion nach Artikel 49*a* Absatz 1 KG.

6. Abschnitt: Inkrafttreten

Art. 20

Diese Verordnung tritt am 1. April 2004 in Kraft.

5a. Verordnung über die Kontrolle von Unternehmenszusammenschlüssen (VKU)

vom 17. Juni 1996 (Stand am 1. April 2004)

Der Schweizerische Bundesrat,

gestützt auf Artikel 60 des Kartellgesetzes vom 6. Oktober 1995[1] (Gesetz),

verordnet:

Art. 1 Erlangung der Kontrolle

Ein Unternehmen erlangt im Sinne von Artikel 4 Absatz 3 Buchstabe b des Gesetzes die Kontrolle über ein bisher unabhängiges Unternehmen, wenn es durch den Erwerb von Beteiligungsrechten oder auf andere Weise die Möglichkeit erhält, einen bestimmenden Einfluss auf die Tätigkeit des andern Unternehmens auszuüben. Mittel zur Kontrolle können, einzeln oder in Kombination, insbesondere sein:

a. Eigentums- oder Nutzungsrechte an der Gesamtheit oder an Teilen des Vermögens des Unternehmens;

b. Rechte oder Verträge, die einen bestimmenden Einfluss auf die Zusammensetzung, die Beratungen oder Beschlüsse der Organe des Unternehmens gewähren.

AS **1996** 1658
[1] SR **251**

Art. 2 Gemeinschaftsunternehmen

¹ Ein Vorgang, durch den zwei oder mehr Unternehmen gemeinsam die Kontrolle über ein Unternehmen erlangen, das sie bisher nicht gemeinsam kontrollierten, stellt einen Unternehmenszusammenschluss im Sinne von Artikel 4 Absatz 3 Buchstabe b des Gesetzes dar, wenn das Gemeinschaftsunternehmen auf Dauer alle Funktionen einer selbständigen wirtschaftlichen Einheit erfüllt.

² Gründen zwei oder mehr Unternehmen ein Unternehmen, das sie gemeinsam kontrollieren wollen, so liegt ein Unternehmenszusammenschluss vor, wenn das Gemeinschaftsunternehmen die Funktionen nach Absatz 1 erfüllt und in es Geschäftstätigkeiten von mindestens einem der kontrollierenden Unternehmen einfliessen.

Art. 3 Beteiligte Unternehmen

¹ Für die Berechnung der Grenzbeträge nach Artikel 9 Absätze 1–3 des Gesetzes sind die Umsätze der am Zusammenschluss beteiligten Unternehmen massgebend. Als beteiligte Unternehmen im Sinne dieser Verordnung gelten:

a. bei der Fusion: die fusionierenden Unternehmen;

b. bei der Erlangung der Kontrolle: die kontrollierenden und die kontrollierten Unternehmen.

² Ist Gegenstand des Zusammenschlusses ein Teil eines Unternehmens, so gilt dieser Teil als beteiligtes Unternehmen.

Art. 4 Berechnung des Umsatzes

¹ Für die Berechnung des Umsatzes sind von den Erlösen, die die beteiligten Unternehmen während des letzten Geschäftsjahres mit Waren und Leistungen in ihrem normalen geschäftlichen Tätigkeitsbereich erzielt haben, Erlösminderungen wie Skonti und Rabat-

te, Mehrwertsteuern und andere Verbrauchssteuern sowie weitere unmittelbar auf den Umsatz bezogene Steuern abzuziehen.

[2] Geschäftsjahre, die nicht zwölf Monate umfassen, sind nach dem Durchschnitt der erfassten Monate auf volle zwölf Monate umzurechnen. Umsätze in ausländischen Währungen sind nach den in der Schweiz geltenden Grundsätzen ordnungsmässiger Rechnungslegung in Schweizer Franken umzurechnen.

[3] Finden zwischen denselben Unternehmen innerhalb von zwei Jahren zwei oder mehr Vorgänge zur Erlangung der Kontrolle über Teile von diesen Unternehmen statt, so sind diese Vorgänge für die Umsatzberechnung als einziger Zusammenschluss anzusehen. Der Zeitpunkt des letzten Geschäftes ist massgebend.

Art. 5 Umsatz eines beteiligten Unternehmens

[1] Der Umsatz eines beteiligten Unternehmens setzt sich zusammen aus den Umsätzen aus eigener Geschäftstätigkeit und den Umsätzen:

a. der Unternehmen, bei denen es mehr als die Hälfte des Kapitals oder der Stimmrechte besitzt oder mehr als die Hälfte der Mitglieder der zur gesetzlichen Vertretung berufenen Organe bestellen kann oder auf andere Weise das Recht hat, die Geschäfte des Unternehmens zu führen (Tochterunternehmen);

b. der Unternehmen, die bei ihm einzeln oder gemeinsam die Rechte oder Einflussmöglichkeiten nach Buchstabe a haben (Mutterunternehmen);

c. der Unternehmen, bei denen ein Unternehmen nach Buchstabe b die Rechte oder Einflussmöglichkeiten nach Buchstabe a hat (Schwesterunternehmen);

d. der Unternehmen, bei denen mehrere der in diesem Absatz aufgeführten Unternehmen die Rechte oder Einflussmöglichkeiten nach Buchstabe a jeweils gemeinsam haben (Gemeinschaftsunternehmen).

² Bei der Berechnung des Gesamtumsatzes eines beteiligten Unternehmens sind die Umsätze aus Geschäften zwischen den in Absatz 1 genannten Unternehmen nicht zu berücksichtigen.

³ Umsätze eines Gemeinschaftsunternehmens, das von den beteiligten Unternehmen gemeinsam kontrolliert wird, sind diesen Unternehmen zu gleichen Teilen zuzurechnen. Absatz 2 ist sinngemäss anwendbar.

Art. 6 Berechnung der Bruttoprämieneinnahmen bei Versicherungsgesellschaften

¹ Die Bruttoprämieneinnahmen umfassen die im letzten Geschäftsjahr in Rechnung gestellten Prämien im Erst- und im Rückversicherungsgeschäft, einschliesslich der in Rückdeckung gegebenen Anteile und abzüglich der auf den Erstversicherungsprämien eingenommenen Steuern oder sonstigen Abgaben für die Berechnung des auf die Schweiz entfallenden Anteils ist auf die Bruttoprämieneinnahmen abzustellen, die von in der Schweiz ansässigen Personen gezahlt werden.

² Artikel 4 Absätze 2 und 3 sowie Artikel 5 sind sinngemäss anwendbar.

Art. 7[2]

Art. 8[3] Ermittlung der Grenzwerte bei Beteiligung von Banken

[1] Die Bruttoerträge umfassen sämtliche im letzten Geschäftsjahr erwirtschafteten Erträge aus der ordentlichen Geschäftstätigkeit gemäss den Bestimmungen des Bundesgesetzes vom 8. November 1934[4] über Banken und Sparkassen und dessen Ausführungserlasse, einschliesslich:

a. des Zins- und Diskontertrages;

b. des Zins- und Dividendenertrages aus den Handelsbeständen;

c. des Zins- und Dividendenertrages aus Finanzanlagen;

d. des Kommissionsertrages aus dem Kreditgeschäft;

e. des Kommissionsertrages aus dem Wertschriften- und Anlagegeschäfts;

f. des Kommissionsvertrages aus dem übrigen Dienstleistungsgeschäft;

g. des Erfolges aus dem Handelsgeschäft;

h. des Erfolges aus Veräusserungen von Finanzanlagen;

i. des Beteiligungsertrages;

j des Liegenschaftenerfolges; und

k. anderer ordentlicher Erträge.

[2] Mehrwertsteuern und andere unmittelbar auf die Bruttoerträge bezogene Steuern dürfen davon abgezogen werden.

---

[2] Aufgehoben durch Ziffer I der V vom 12. März 2004 (AS **2004** 1395).
[3] Fassung gemäss Ziff. I der V vom 12. März 2004 (AS **2004** 1395).
[4] SR **952.0**

³ Banken und übrige Finanzintermediäre, welche internationale Rechnungslegungsvorschriften anwenden, berechnen die Bruttoerträge analog den vorstehenden Bestimmungen.

⁴ Sind an einem Zusammenschluss Unternehmen beteiligt, von denen nur ein Teil Banken oder Finanzintermediäre sind oder die nur teilweise solche Tätigkeiten betreiben, so sind zur Ermittlung des Erreichens der Grenzwerte die Bruttoerträge dieser Unternehmen oder Unternehmensteile zu veranschlagen und zum Umsatz beziehungsweise zu den Bruttoprämieneinnahmen der übrigen beteiligten Unternehmen oder Unternehmensteile hinzuzuzählen.

⁵ Artikel 4 Absätze 2 und 3 sowie Artikel 5 sind sinngemäss anwendbar.

Art. 9 Meldung eines Zusammenschlussvorhabens

¹ Die Meldung eines Zusammenschlussvorhabens ist in fünffacher Ausfertigung beim Sekretariat der Wettbewerbskommission (Sekretariat) einzureichen, und zwar:

a. bei der Fusion durch die beteiligten Unternehmen gemeinsam;

b. bei der Erlangung der Kontrolle durch das Unternehmen, welches die Kontrolle erlangt, beziehungsweise gemeinsam durch die Unternehmen, welche die Kontrolle erlangen.

² Bei gemeinsamer Meldung haben die meldenden Unternehmen mindestens einen gemeinsamen Vertreter zu bestellen.

³ Meldende Unternehmen oder ihre Vertreter mit Wohnsitz oder Sitz im Ausland haben in der Schweiz ein Zustellungsdomizil zu bezeichnen.

Art. 10 Benachrichtigung der Bankenkommission

Die Wettbewerbskommission informiert die Eidgenössische Bankenkommission unverzüglich über die Meldung von Zusammenschlussvorhaben von Banken im Sinne des Bundesgesetzes vom 8. November 1934[5] über die Banken und Sparkassen.

Art. 11 Inhalt der Meldung

[1] Die Meldung muss folgende Angaben enthalten

a. Firma, Sitz und Kurzbeschreibung der Geschäftstätigkeit der Unternehmen. die nach den Artikeln 4–8 zur Feststellung des Erreichens der Grenzwerte mit einzubeziehen sind, sowie der Veräusserer der Beteiligungen;

b. eine Beschreibung des Zusammenschlussvorhabens, der relevanten Tatsachen und Umstände sowie der Ziele, die mit dem Zusammenschlussvorhaben verfolgt werden;

c. die nach dem Artikel 4 berechneten Umsätze beziehungsweise Bilanzsummen oder Bruttoprämieneinnahmen sowie die auf die Schweiz entfallenden Anteile der beteiligten Unternehmen;

d. die Angabe aller sachlichen und räumlichen Märkte, die von dem Zusammenschluss betroffen sind und in denen der gemeinsame Marktanteil in der Schweiz von zwei oder mehr der beteiligten Unternehmen 20 Prozent oder mehr beträgt oder der Marktanteil in der Schweiz von einem der beteiligten Unternehmen 30 Prozent oder mehr beträgt, und eine Beschreibung dieser Märkte, die zumindest über die Vertriebs- und Nachfragestrukturen sowie die Bedeutung von Forschung und Entwicklung Auskunft gibt;

---

[5] SR **952.0**

e. hinsichtlich der nach Buchstabe d erfassten Märkte für die letzten drei Jahre die Marktanteile der am Zusammenschluss beteiligten Unternehmen und, soweit bekannt, von jedem der drei wichtigsten Wettbewerber sowie eine Erläuterung der Grundlagen für die Berechnung der Marktanteile;

f. für die nach Buchstabe d erfassten Märkte die Angabe der in den letzten fünf Jahren neu eingetretenen Unternehmen sowie derjenigen Unternehmen, die in den nächsten drei Jahren in diese Märkte eintreten könnten, und, nach Möglichkeit, die Kosten, die ein Markteintritt verursacht.

² Der Meldung sind ferner folgende Unterlagen beizulegen:

a. Kopien der neuesten Jahresrechnungen und Jahresberichte der beteiligten Unternehmen;

b. Kopien der Verträge, die den Zusammenschluss bewirken oder sonst mit ihm in einem Zusammenhang stehen, soweit sich deren wesentlicher Inhalt nicht bereits aus den Angaben nach Absatz 1 Buchstabe b ergibt;

c. im Falle eines öffentlichen Kaufangebots Kopien der Angebotsunterlagen;

d. Kopien der Berichte, Analysen und Geschäftspläne, die im Hinblick auf den Zusammenschluss erstellt wurden, soweit sie für die Beurteilung des Zusammenschlusses wichtige Angaben enthalten, die sich nicht bereits aus der Beschreibung nach Absatz 1 Buchstabe b ergeben.

³ Die sachlichen und räumlichen Märkte nach Absatz 1 Buchstaben d–f bestimmen sich wie folgt:

a. Der sachliche Markt umfasst alle Waren oder Leistungen, die von der Marktgegenseite hinsichtlich ihrer Eigenschaften und ihres vorgesehenen Verwendungszwecks als substituierbar angesehen werden.

b. Der räumliche Markt umfasst das Gebiet, in welchem die Marktgegenseite die den sachlichen Markt umfassenden Waren oder Leistungen nachfragt oder anbietet.

[4] Die Meldung ist in einer der Amtssprachen einzureichen. Das Verfahren wird in dieser Sprache durchgeführt, sofern nichts anderes vereinbart wird. Die Beilagen können auch in englischer Sprache eingereicht werden.

Art. 12 Erleichterte Meldung

Die beteiligten Unternehmen und das Sekretariat können vor der Meldung eines Zusammenschlusses Einzelheiten des Inhalts der Meldung einvernehmlich festlegen. Das Sekretariat kann dabei von der Pflicht zur Vorlage von einzelnen Angaben oder Unterlagen nach Artikel 11 Absätze 1 und 2 befreien, wenn es der Ansicht ist, dass diese für die Prüfung des Falles nicht notwendig sind. Vorbehalten bleibt die Pflicht zur Vorlage von zusätzlichen Angaben und Unterlagen nach Artikel 15.

Art. 13 Meldeformulare und Erläuterungen

[1] Die Wettbewerbskommission kann die Angaben nach Artikel 11 in Meldeformularen umschreiben und die Anmeldeerfordernisse in Erläuterungen näher bezeichnen. Sie kann festlegen, inwieweit eine bei einer ausländischen Behörde eingereichte Meldung für die Meldung eines Zusammenschlussvorhabens in der Schweiz verwendet werden kann.

[2] Die Wettbewerbskommission veranlasst die Veröffentlichung der Meldeformulare und der Erläuterungen im Bundesblatt.

Art. 14 Bestätigung der Vollständigkeit der Meldung

Das Sekretariat bestätigt den meldenden Unternehmen innert zehn Tagen schriftlich den Eingang der Meldung und deren Vollständigkeit. Sind die Angaben oder Beilagen in einem wesentlichen Punkt unvollständig, so fordert das Sekretariat die meldenden Unternehmen innert der gleichen Frist auf, die Meldung zu ergänzen.

Art. 15 Zusätzliche Angaben und Unterlagen

^{1} Beteiligte Unternehmen und mit ihm im Sinne von Artikel 5 verbundene Unternehmen sowie Veräusserer von Beteiligungen müssen auch nach der Bestätigung der Vollständigkeit der Meldung dem Sekretariat binnen einer von ihm gesetzten Frist zusätzliche Angaben machen und Unterlagen einreichen, die für die Prüfung des Zusammenschlussvorhabens von Bedeutung sein können. Insbesondere müssen sie Auskunft erteilen über bisherige oder geplante Absatz- oder Umsatzzahlen sowie über die Marktentwicklung und ihre Stellung im internationalen Wettbewerb.

^{2} Das Sekretariat kann bei betroffenen Dritten Auskünfte einholen, die für die Beurteilung des Zusammenschlussvorhabens von Bedeutung sein können. Es kann dabei Dritten unter Wahrung der Geschäftsgeheimnisse der beteiligten Unternehmen und der mit ihnen im Sinne von Artikel 5 verbundenen Unternehmen sowie der Veräusserer vom Zusammenschlussvorhaben in geeigneter Weise Kenntnis geben.

Art. 16 Bewilligung des Vollzugs

^{1} Die beteiligten Unternehmen dürfen den Zusammenschluss vor Ablauf der Monatsfrist nach Artikel 32 Absatz 2 des Gesetzes vollziehen, wenn ihnen die Wettbewerbskommission mitteilt, dass sie den Zusammenschluss für unbedenklich hält.

² Bewilligt die Wettbewerbskommission den Vollzug nach Artikel 32 Absatz 2 und 33 Absatz 2 des Gesetzes, so kann sie diesen mit Bedingungen und Auflagen verbinden. Im Falle der Bewilligung des Vollzugs im Zusammenhang mit einem öffentlichen Kaufangebot kann sie insbesondere anordnen, dass die durch die übernehmende Gesellschaft erworbenen Stimmrechte nur zur Erhaltung des Werts der getätigten Investition ausgeübt werden dürfen.

Art. 17 Bewilligung des Vollzugs bei Banken

Erachtet die Eidgenössische Bankenkommission einen Zusammenschluss von Banken aus Gründen des Gläubigerschutzes als notwendig, so kann sie auf Ersuchen der beteiligten Banken oder von Amtes wegen in jedem Zeitpunkt des Verfahrens und nötigenfalls vor Eingang der Meldung des Zusammenschlussvorhabens den Vollzug nach den Artikeln 32 Absatz 2 und 33 Absatz 2 in Verbindung mit Artikel 10 Absatz 3 des Gesetzes bewilligen. Sie lädt vor ihrem Entscheid die Wettbewerbskommission zur Stellungnahme ein.

Art. 18 Veröffentlichung der Einleitung eines Prüfungsverfahrens

Beschliesst die Wettbewerbskommission, ein Prüfungsverfahren nach Artikel 32 des Gesetzes einzuleiten, so ist dies in der nächstmöglichen Ausgabe des Bundesblattes und des Schweizerischen Handelsamtsblattes zu veröffentlichen. Die Veröffentlichung enthält Firma, Sitz und Geschäftstätigkeit der beteiligten Unternehmen und eine kurze Beschreibung des Zusammenschlusses sowie die Angabe der Frist, innert welcher Dritte zum gemeldeten Zusammenschlussvorhaben Stellung nehmen können.

Art. 19 Stellungnahme Dritter

Die Stellungnahme Dritter im Sinne von Artikel 33 Absatz 1 des Gesetzes erfolgt in schriftlicher Form. Das Sekretariat kann im Einzelfall eine Anhörung anordnen.

Art. 20 Fristen

[1] Die Frist von einem Monat für die Einleitung des Prüfungsverfahrens nach Artikel 32 Absatz 1 des Gesetzes beginnt am Tag nach Eingang der vollständigen Meldung und endet mit Ablauf des Tages im Folgemonat, dessen Datum dieselbe Tageszahl trägt wie der Tag des Fristbeginns; gibt es diesen Tag im Folgemonat nicht, so endet die Frist am letzten Tag des Folgemonats. Artikel 22a des Verwaltungsverfahrensgesetzes vom 20. Dezember 1968[6] findet keine Anwendung.

[2] Der Beschluss über die Einleitung der Prüfung ist den beteiligten Unternehmen innerhalb der Monatsfrist nach Artikel 32 Absatz 1 des Gesetzes zuzustellen.

[3] Die Frist für die Durchführung einer Prüfung nach Artikel 33 Absatz 3 des Gesetzes beginnt am Tag nach der Zustellung des Beschlusses der Wettbewerbskommission zur Durchführung der Prüfung nach Artikel 10 des Gesetzes. Für die Fristberechnung gilt Absatz 1 sinngemäss.

Art. 21 Wesentliche Änderungen der Verhältnisse

Wesentliche Änderungen der in der Meldung beschriebenen tatsächlichen Verhältnisse sind dem Sekretariat unaufgefordert und umgehend mitzuteilen. Können diese Änderungen erhebliche Auswirkungen auf die Beurteilung des Zusammenschlussvorhabens haben, so kann das Sekretariat vor Einleitung des Prüfungsverfahrens oder die Wettbewerbskommission nach Einleitung des Prüfungsverfahrens beschliessen, dass die Frist nach Artikel 20 erst am Tag nach Eingang der Mitteilung über die wesentlichen Änderungen beim Sekretariat zu laufen beginnt.

---

[6] SR **172.021**

Art. 22 Berichterstattung über unbedenkliche Zusammenschlüsse

Die Wettbewerbskommission erstattet dem Eidgenössischen Volkswirtschaftsdepartement laufend Bericht über die von ihr als unbedenklich erachteten Zusammenschlüsse. Sie bezeichnet die beteiligten Unternehmen und begründet in kurzer Form, warum hinsichtlich eines meldepflichtigen Zusammenschlusses kein Prüfungsverfahren eingeleitet wurde (Art. 32 Abs. 1 des Gesetzes) beziehungsweise weder eine Untersagung noch eine Zulassung mit Bedingungen oder Auflagen ausgesprochen wurde.

Art. 23 Veröffentlichung des Entscheides nach Abschluss der Prüfung

Das Sekretariat veranlasst die Veröffentlichung des Entscheides der Wettbewerbskommission nach Abschluss der Prüfung im Bundesblatt und im Schweizerischen Handelsamtsblatt. Die Veröffentlichung enthält Firma und Sitz der beteiligten Unternehmen, eine kurze Beschreibung des Zusammenschlussvorhabens, eine summarische Wiedergabe der Entscheidgründe und des Dispositivs des Entscheides.

Art. 24 Übergangsbestimmung

^{1} Unternehmenszusammenschlüsse im Sinne des Gesetzes sind bis vier Monate nach dem Inkrafttreten des Gesetzes nicht meldepflichtig, sofern:

a. der dem Zusammenschluss zugrundeliegende Vertrag vor dem Inkrafttreten des Gesetzes abgeschlossen worden ist;

b. ein öffentliches Kaufangebot vor dem Inkrafttreten des Gesetzes veröffentlicht worden ist.

^{2} Wird der Vollzug in der Schweiz durch ein vorläufiges Vollzugsverbot verhindert, das sich aus einem öffentlich-rechtlichen Bewilligungsverfahren einschliesslich eines ausländischen Fusionskontrollverfahrens ergibt, so steht die Frist von vier Monaten bis zum Wegfall dieses Vollzugsverbots still.

Art. 25 Inkrafttreten

Diese Verordnung tritt am 1. Juli 1996 in Kraft.

5b. Ordinance on the Control of the Merger of Enterprises (Merger Control Ordinance)

of 17 June 1996 (unofficial translation, state as of 1 April 2004)

Art. 1 Obtaining Control

An enterprise may obtain control in the sense of Article 4 para. 3 lit. b Cartel Act over a previously independent enterprise if it is able to exercise a controlling influence over the activities of the other enterprise by virtue or the acquisition of participation rights or other means. The means by which control may be obtained include, in particular, either individually or in combination:

a. acquisition of ownership rights or rights of use in respect of all or parts of the assets of an enterprise;

b. obtaining rights or entering into agreements which grant the possibility to exercise a controlling influence over the composition, the deliberations or the resolution marking processes of the corporate bodies of an enterprise.

Art. 2 Joint Ventures

[1] The circumstances in which two or more enterprises obtain joint control over an enterprise which previously was not under their joint control shall be deemed a merger in the sense used in Article 4 para. 3 lit. b Cartel Act, if the joint venture performs all functions of an independent economic entity on a permanent basis.

[2] The formation of an enterprise by two or more enterprises which shall come under their joint control shall be deemed a merger, if the joint venture performs the functions according to para. 1 and if the

business activities of at least one of the controlling enterprises shall be contributed to it.

Art. 3 Enterprises Involved

¹ The relevant thresholds according to Article 9 paras. 1-3 Cartel Act shall be calculated by using the turnover of the enterprises involved to the merger. Pursuant to this Ordinance, enterprises involved shall be

a. in cases of a merger: the merging enterprises;

b. in cases of acquiring control: the controlling enterprises and the controlled enterprises.

² If only a part of an enterprise is subject to a merger, only such part shall be deemed an involved enterprise.

Art. 4 Calculation of Turnover

¹ For the calculation of the turnover, all reductions on earnings such as discounts, rebates, value added tax and other use taxes as well as other taxes directly allocated on the turnover shall be deducted from the proceeds earned by the enterprises involved through their ordinary business activity for goods and services during the last business year.

² Business years which do not extend to a full twelve month period shall be brought forward to a full twelve month period by taking the average of the turnover of the months available. Turnover in foreign currencies shall be converted into Swiss Francs in accordance with generally accepted accounting principles in Switzerland.

³ If within a period of two years, two or more events occur which result in the acquisition of control over part of these enterprises, these events shall be treated as one merger of the purpose of the

calculation of the turnover. The date of the last event shall be relevant.

Art. 5 Turnover of an Enterprise Involved

¹ The turnover of an enterprise involved shall consist of the turnover from its own business activity and the turnover of:

a. the enterprises in which it owns more than one half of the capital or voting rights or is entitled to designate more than one half of the members of the executive body or otherwise has the right to direct the business of the enterprise (subsidiary enterprise);

b. the enterprises which alone or collectively have the right or the ability to exercise an influence in it pursuant to lit. a (parent enterprises);

c. the enterprises, in which an enterprise as set out in lit. b has the right or ability to exercise an influence pursuant to lit. a (sister enterprises);

d. the enterprises over which more than one enterprise listed in this paragraph may jointly have the right or ability to exercise an influence pursuant to lit. a (joint venture enterprises).

² In calculating the aggregate turnover of an enterprise involved, the turnover from business activities inbetween the enterprises set forth in para. 1 shall not be taken into account.

³ The turnover of a joint venture, which is jointly controlled by the enterprises involved, shall be allocated to these enterprises in equal parts. Para. 2 shall apply accordingly.

Merger Control Ordinance

Art. 6 Calculation of the Gross Premium Income of Insurance Companies

[1] The Gross Annual Premium Income shall include all premiums invoiced from direct insurance or reinsurance business during the last business year, including those from the portions which are reinsured outwards and after deduction of taxes or other levies on the direct insurance premiums. In calculating the relevant portion allocated to Switzerland, the gross premium income paid by persons residing in Switzerland shall be relevant.

[2] Article 4 paras. 2 and 3 and Article 5 shall apply accordingly.

Art. 7

[1] ...[1]

Art. 8 Calculation of Thresholds if Banks and other financial intermediaries are Involved

[1] The gross proceeds include all proceeds from the prior business year which have been earned from regular operations as per the provisions of the Federal Statute on Banks and Savings Institutions of 8 November 1934 and the ancillary regulations thereto, such earnings to include:

a. interest and discount proceeds;

b. interest and dividend proceeds on the trading accounts;

c. interest and dividend proceeds on financial investments;

d. commission proceeds of loan transactions;

e. commission proceeds of securities and investment transactions;

---

[1] Deleted

f. commission proceeds of other services;

g. income from trading accounts;

h. income from the divestments of financial investments;

i. income from investments;

j. income from real estate holdings and transactions;

k. other regular income.

² Value added tax and other taxes directly levied on the gross proceeds may be deducted therefrom.

³ Banks and other financial intermediaries subject to international accounting standards calculate the gross proceeds in analogy to the foregoing.

⁴ If only part of the enterprises participating in a merger are banks or financial intermediaries, or if the participating enterprises only partially carry on such business, the thresholds shall be calculated by adding the gross proceeds of such enterprises or parts thereof to the turnover or gross annual premium income of the other enterprises or parts thereof.

⁵ Article 4 paras. 2 and 3 and Article 5 shall apply accordingly.

Art. 9 Notification of Merger Plans

¹ The notification of a merger plan must be filed with the Secretariat of the Competition Commission (Secretariat) in five copies:

a. in the case of a merger jointly by the enterprises involved;

b. in the case of acquiring control by the enterprise acquiring control, respectively jointly by the enterprises which are acquiring control.

² In the case of joint notification, the notifying enterprises have to designate at least one joint representative.

³ Notifying enterprises or their representatives domiciled or residing abroad must designate a domicile in Switzerland for notification purposes and service of documents.

Art. 10 Notification of the Banking Commission

The Competition Commission shall notify the Federal Banking Commission forthwith on merger plans involving banks as defined in the Federal Law on Banks and Savings Institutions.

Art. 11 Content of Notification

¹ The notification must contain the following:

a. Name, domicile and brief description of the business activities of the enterprises, which in accordance with Articles 4-8 must been taken into consideration in the calculation of the relevant thresholds as well as of the sellers of the participations;

b. a description of the merger plan, the relevant facts and circumstances as well as of the purposes to be achieved through the merger plan;

c. the turnover, respectively the balance sheet totals or gross premium income of the enterprises involved calculated in accordance with Articles 4-8 as well as the portion allocated to Switzerland;

d. information pertaining to all relevant product and geographical markets which are affected by the merger and in which two or more of the enterprises involved jointly hold a market share in Switzerland of 20 per cent or more or in which one of the enterprises involved holds a market share in Switzerland of 30 per cent or more, and a description of these markets, which contains at least information on the distribution and demand side structures as well as on the importance of research and development;

e. the market share of the relevant markets referred to under lit. d which have been held by the enterprises involved for the past three years and, if available, of each of the three main competitors as well as an explanation of the basis used for the calculation of the market share;

f. for the markets referred to under lit. d. information regarding enterprises that have entered the market during the past five years as well as on enterprises which may enter these markets within the next three years and, if available, the costs associated with such an entry into the market.

[2] The notification must be accompanied by the following documents:

a. Copies of the latest annual accounts and annual reports of the enterprises involved;

b. copies of the agreements, through which the merger is achieved or otherwise pertain thereto, insofar as the relevant content does not already flow from the information disclosed in accordance with para. 1 lit. b;

c. copies of the offer in case of a public offer;

d. copies of the reports, analysis, business plans made in view of the merger insofar as they contain relevant information for the assessment of the merger which is not already contained in the information disclosed in accordance with para. 1 lit. b.

[3] The product and geographic markets pursuant to para. 1 lit. d-f shall be determined as follows:

a. The product market shall include all goods or services, which by the other market side are considered to be a substitute in view of their characteristics and foreseeable use.

b. The geographical market shall include the territory in which the other market side offers or demands the goods and services of the product market.

[4] Notification must be made in one of the official languages. The proceedings will be conducted in this language unless otherwise agreed. Appendices may also be submitted in the English language.

Art. 12 Facilitated Notification

Prior of the notification of a merger, the enterprises involved and the Secretariat may mutually agree on particulars of the contents of a notification. The Secretariat may grant an exemption from the duty to submit particular information or documents set out in Article 11 paras. 1 and 2. if it is of the opinion that such information is not required for the assessment of the case. The duty to disclose additional information and documents in accordance with Article 15 shall be reserved.

Art. 13 Notification Forms and Explanations

[1] The information required to be given under Article 11 may be described by the Competition Commission in notification forms and the notification requirements explained in more detail. It may decide to what extent a notification submitted to a foreign authority may be used for the notification of merger plans in Switzerland.

[2] The Competition Commission publishes the notification forms and explanations in the Federal Bulletin.

Art. 14 Confirmation of Completeness of Notification

The Competition Commission shall within ten days give the notifying enterprises a written confirmation of the receipt of the notification and its completeness. In cases where the information or documents are incomplete in any material point, the Secretariat shall within the same period require the notifying enterprises to amend the notification.

Art. 15 Additional Information and Documents

[1] Even after confirmation that the notification is complete, the enterprises involved and associated in accordance with Article 5 as well as the sellers of participations are under a duty to disclose to the Secretariat, within the periods specified, such additional information and documents as may be relevant for the examination of the merger plan. In particular, information on past sale or turnover figures and their projections as well as information on market developments and their position in the international competitive environment must be disclosed.

[2] The Secretariat may request information from third parties concerned that may be relevant for the assessment of the merger plan. The Secretariat may inform third parties of the merger plan in an appropriate manner while protecting the business secrets of the enterprises involved, the enterprises associated thereto in accordance with Article 5 and the sellers.

Art. 16 Permission for Consummation

[1] The enterprises involved may consummate the merger prior to the expiration of the one month period in accordance with Article 32 para. 2 Cartel Act, upon notification by the Competition Commission that it finds the merger admissible.

² If the Competition Commission permits the consummation in accordance with Articles 32 para. 2 and 33 para. 2 Cartel Act, it may, subject the consummation to certain conditions and directions. In cases where a permission is granted in respect of a public offer, it may order that the voting rights acquired by the offer or be used solely for the preservation of the value of its investment.

Art. 17 Permission for Consummation in the case of Banks

In the event that the Federal Banking Commission is of the opinion that a merger is necessary for the protection of the creditors' interests, it may, upon motion of the banks involved or ex officio, permit the consummation in accordance with Articles 32 para. 2 and 33 para. 2 in connection with Article 10 para. 3 Cartel Act at any stage of the proceedings and, if required, prior to the receipt of the notification of the merger. Prior to its decision, the Competition Commission shall be invited to comment.

Art. 18 Publication of the Commencement of Examination Procedures

In the event that the Competition Commission resolves to commence an examination in accordance with Article 32 of the Cartel Act, such resolution shall be published in the immediately following edition of the Federal Bulletin (BBl) and the Swiss Commercial Gazette. The publication shall contain the name, domicile and business activities of the enterprises involved and a brief description of the merger and the period during which third parties may comment on the merger plan notified.

Art. 19 Third Parties Comments

Comments by third parties according to Article 33 para. 1 Cartel Act shall be made in writing. The Secretariat may order a hearing in any single case.

Art. 20 Periods

¹ The one month period for the commencement of the examination procedure according to Article 32 para. 1 Cartel Act shall commence on the day following the receipt of the complete notification and shall expire the following month at the end of the same numerical day as the day upon which the period commenced; should this day not exist in the month that immediately follows, then the period shall expire on the last day of such month. Article 22a of the Federal Law on Administrative Procedure shall not apply.

² The enterprises involved shall be notified of the resolution to conduct an examination within the one month period set forth in Article 32 para. 1 Cartel Act.

³ The period during which the examination in accordance with Article 33 para. 3 Cartel Act shall be conducted, shall commence on the day after the resolution of the Competition Commission to commence an examination in accordance with Article 10 Cartel Act has been served. Para. 1 shall apply accordingly to the calculation of the period.

Art. 21 Material Changes in the Circumstances

The Secretariat must be notified forthwith of any material changes of the circumstances described in the notification. If these changes have a considerable effect upon the assessment of a merger plan, the Secretariat may, prior to the commencement of the examination procedure or the Competition Commission may subsequent to the commencement of the examination procedure, resolve that the period according to Article 20 shall commence only upon the receipt of the information on the material changes by the Secretariat.

Art. 22 Reporting on Acceptable Mergers

The Competition Commission shall continuously report to the Federal Department of Economics on the mergers which it has deemed acceptable. It shall identify the enterprises involved and briefly describe the reasons why no examination procedure was commenced in respect of the merger which is subject to notification (Art. 32 para. 1 Cartel Act), why the merger was not prohibited or why no conditions or directions were attached to a permission, respectively.

Art. 23 Publication of the Decision after Termination of the Examination

Upon termination of the examination procedure the Secretariat shall publish the decision of the Competition Commission in the Federal Bulletin (BBl) and the Swiss Commercial Gazette. The publication shall contain the name and seat of the enterprises involved, a brief description of the merger plan, a summary of the arguments and the holdings of the decision.

Art. 24 Transitory Provisions

[1] Mergers in the sense of the Cartel Act shall not be subject to notification pursuant for a period of four months after its coming into effect, provided:

a. The merger agreement has been entered into prior to the promulgation of the Cartel Act;

b. A public offer was published prior to the promulgation of the Cartel Act.

[2] If the consummation in Switzerland is not permitted due to a preliminary prohibition of the consummation in a public administrative permission procedure, including foreign merger control, the four

month period shall be stayed until the preliminary prohibition of the consummation is removed.

Art. 25   Entering Into Effect

This ordinance shall enter into effect on 1 July 1996.

C. Bekanntmachungen und Formulare

1. Bekanntmachung über die wettbewerbsrechtliche Behandlung vertikaler Abreden

Beschluss der Wettbewerbskommission vom 18. Februar 2002

Die Schweizerische Wettbewerbskommission erlässt die folgende allgemeine Bekanntmachung in Erwägung nachstehender Gründe:

- Gemäss Art. 6 KG kann die Wettbewerbskommission in allgemeinen Bekanntmachungen die Voraussetzungen umschreiben, unter denen einzelne Arten von Wettbewerbsabreden aus Gründen der wirtschaftlichen Effizienz im Sinne von Art. 5 Abs. 2 KG in der Regel als gerechtfertigt gelten. Wenn ein Bedürfnis nach mehr Rechtssicherheit es erfordert, kann sie in analoger Anwendung von Art. 6 KG auch andere Grundsätze der Rechtsanwendung in allgemeinen Bekanntmachungen veröffentlichen.

- Die vorliegende Bekanntmachung soll verdeutlichen, unter welchen Voraussetzungen anzunehmen ist, dass eine vertikale Wettbewerbsabrede eine erhebliche Beeinträchtigung des Wettbewerbs im Sinne von Art. 5 Abs. 1 KG darstellt. Insbesondere wird aufgezeigt, welche vertikalen Wettbewerbsabreden die Wettbewerbskommission unabhängig vom Anteil der Beteiligten an den relevanten Märkten als erheblich betrachtet. Damit sollen insbesondere Praktiken von Unternehmen erfasst werden, welche den schweizerischen Markt gegen ausländische Märkte abschotten.

- Aus der Aufzählung der erheblichen Abreden in Ziffer 3 kann nicht geschlossen werden, dass andere vertikale Wettbewerbsabreden grundsätzlich als nicht erheblich zu betrachten sind. Unerheblichkeit ist in der Regel vielmehr nur dann anzunehmen, wenn eine solche Abrede die in Ziffer 4 Absatz 1 der Bekanntmachung genannte Marktanteilsschwelle unterschreitet und sich nicht kumulativ mit anderen Abreden auf den Markt auswirkt. Die vorliegende Bekanntmachung sagt zudem nichts aus über die Beurteilung der Zulässigkeit eines Verhaltens unter Art. 7 KG.

- Mit der vorliegenden Bekanntmachung gibt die Wettbewerbskommission bekannt, nach welchen Kriterien sie die Erheblichkeit von vertikalen Wettbewerbsabreden im Lichte von Art. 5 Abs. 1 KG beurteilen wird. Diese Bekanntmachung bindet weder die Reko für Wettbewerbsfragen noch das Schweizerische Bundesgericht bei der Auslegung der kartellrechtlichen Bestimmungen.

A. Begriffe

Ziffer 1   Vertikale Wettbewerbsabreden

Als vertikale Wettbewerbsabreden gelten erzwingbare oder nicht erzwingbare Vereinbarungen sowie auf einander abgestimmte Verhaltensweisen (vgl. Art. 4 Abs. 1 KG) von zwei oder mehr Unternehmen verschiedener Marktstufen, welche die Geschäftsbedingungen betreffen, zu denen die beteiligten Unternehmen bestimmte Waren oder Dienstleistungen beziehen, verkaufen oder weiterverkaufen können.

Ziffer 2   Selektive Vertriebssysteme

Ein selektives Vertriebssystem liegt vor, wenn zwischen Lieferant und Händler eine Vereinbarung getroffen wird, wonach:

- der Lieferant die Vertragswaren oder -dienstleistungen nur an Händler verkaufen darf, die aufgrund festgelegter Merkmale ausgewählt werden, und

- diese Händler die betreffenden Waren oder Dienstleistungen nicht an Händler weiter verkaufen dürfen, die nicht zum Vertrieb zugelassen sind.

B. Regeln

Ziffer 3   Erheblichkeit aufgrund des Gegenstands

Die Wettbewerbskommission erachtet vertikale Wettbewerbsabreden grundsätzlich als erhebliche Beeinträchtigung des Wettbewerbs im Sinne von Art. 5 Abs. 1 KG, wenn sie namentlich Folgendes zum Gegenstand haben:

a) Direkte oder indirekte Fixierung von Fest- oder Mindestverkaufspreisen für den Weiterverkauf der bezogenen Waren oder Dienstleistungen durch den Händler;

b) Direkte oder indirekte Beschränkungen des geographischen Absatzgebietes oder des Kundenkreises für den Weiterverkauf durch den Händler;

c) Beschränkungen des Verkaufs an Endverbraucher, sofern diese Beschränkungen Händlern innerhalb selektiver Vertriebsysteme auferlegt werden;

d) Beschränkungen von Querlieferungen innerhalb eines selektiven Vertriebsystems zwischen zugelassenen Händlern, auch wenn es sich um Händler unterschiedlicher Marktstufen handelt;

e) Beschränkungen, die den Lieferanten hindern, Bestand- bzw. Ersatzteile an andere (Endverbraucher, Reparaturwerkstätten etc.) als den an der Abrede beteiligten Händler zu liefern;

Bekanntmachung vertikale Abreden

f) Wettbewerbsverbote, welche für eine Dauer von mehr als fünf Jahren oder für mehr als ein Jahr nach Beendigung der vertikalen Wettbewerbsabrede vereinbart werden.

Ziffer 4   Bagatellfälle

Andere vertikale Wettbewerbsabreden betrachtet die Wettbewerbskommission in der Regel nicht als erhebliche Beeinträchtigung des Wettbewerbs, wenn die von allen beteiligten Unternehmen gehaltenen Marktanteile auf keinem der relevanten Märkte eine Schwelle von 10 % überschreiten.

Ausgenommen sind Fälle, in denen der Wettbewerb auf dem relevanten Markt durch die kumulativen Auswirkungen mehrerer gleichartiger, nebeneinander bestehender vertikaler Vertriebsnetze beschränkt wird, sofern die beteiligten Lieferanten bzw. Händler tatsächlich oder der Möglichkeit nach miteinander im Wettbewerb stehen.

Ziffer 5   Rechtfertigung

Ergibt sich aufgrund der Kriterien gemäss Ziffern 3 und 4, dass eine vertikale Wettbewerbsabrede als erhebliche Wettbewerbsbeeinträchtigung im Sinne von Art. 5 Abs. 1 KG zu betrachten ist, ist zu prüfen, ob die Abrede gemäss Art. 5 Abs. 2 KG gerechtfertigt ist. Ist dies nicht der Fall, so ist die vertikale Wettbewerbsabrede unzulässig.

Ein Rechtfertigungsgrund kann insbesondere vorliegen, wenn eine Abrede eine effizientere Vertriebsgestaltung erlaubt und die Wettbewerbsbeeinträchtigung notwendig ist, um dieses Ziel zu erreichen. Dies kann namentlich der Fall sein bei Beschränkungen des geographischen Absatzgebiets oder des Kundenkreises für den Weiterverkauf durch den Händler, die

a) Gebiete oder Kundengruppen betreffen, in Bezug auf welche sich der Lieferant vorbehält, diese selbst zu beliefern. Vorausgesetzt ist, dass es dem Händler belassen bleibt, unaufgeforderte Bestellungen individueller Kunden zu erfüllen, und dass die Weiterverkäufe durch die Kunden des Händlers nicht ebenfalls begrenzt werden.

b) Gebiete oder Kundengruppen betreffen, die aufgrund eines Vertrages mit dem Lieferanten einem andern Händler exklusiv zugeordnet sind. Vorausgesetzt ist, dass es dem Händler belassen bleibt, unaufgeforderte Bestellungen individueller Kunden zu erfüllen, und dass die Weiterverkäufe durch die Kunden des Händlers nicht ebenfalls begrenzt werden.

c) Grossisten in ihrer Freiheit einschränken, direkt an die Endverbraucher zu verkaufen.

d) einen innerhalb eines selektiven Vertriebssystems zugelassenen Händler in seiner Freiheit einschränken, die bezogenen Waren oder Dienstleistungen an nicht zugelassene Händler weiterzuverkaufen.

e) den Händler in seiner Freiheit einschränken, Bestandteile, die ihm der Lieferant zur Einfügung in andere Produkte liefert, an Dritte weiterzuverkaufen, welche diese Bestandteile zur Herstellung von Konkurrenzprodukten verwenden.

2. Bekanntmachung über die wettbewerbsrechtliche Behandlung von vertikalen Abreden im Kraftfahrzeughandel

vom 21. Oktober 2002

Beschluss der Wettbewerbskommission vom 21. Oktober 2002

Die Schweizerische Wettbewerbskommission erlässt die folgende Bekanntmachung in Erwägung nachstehender Gründe:

- Gemäss Art. 6 Kartellgesetz (KG; SR 251) kann die Wettbewerbskommission in allgemeinen Bekanntmachungen die Voraussetzungen umschreiben, unter denen einzelne Arten von Wettbewerbsabreden aus Gründen der wirtschaftlichen Effizienz im Sinne von Art. 5 Abs. 2 KG in der Regel als gerechtfertigt gelten. Wenn ein Bedürfnis nach mehr Rechtssicherheit es erfordert, kann sie in analoger Anwendung von Art. 6 KG auch andere Grundsätze der Rechtsanwendung in allgemeinen Bekanntmachungen veröffentlichen.

- Die vorliegende Bekanntmachung nimmt Bezug auf die Verordnung (EG) Nr. 400/2002 der Kommission vom 31. Juli 2002 über die Anwendung von Art. 81 Abs. 3 des Vertrages auf Gruppen von vertikalen Vereinbarungen und aufeinander abgestimmten Verhaltensweisen im Kraftfahrzeugsektor, die am 1. Oktober 2002 für den EWR-Raum in Kraft getreten ist (im Folgenden: Gruppenfreistellungsverordnung). Sie berücksichtigt die in der Schweiz herrschenden ökonomischen und rechtlichen Bedingungen. Die Wettbewerbskommission will damit Preisbindungen und Abschottungen des schweizerischen Marktes verhindern sowie den markeninternen Wettbewerb fördern. Sie will damit auch den Wettbewerb auf dem Kundendienstmarkt stimulieren.

- Diese Bekanntmachung gilt ab dem 1. November 2002. Sie ersetzt den am 20. Januar 1997 erlassenen Entscheid der Wettbewerbskommission über die Exklusivvertriebsverträge im Kraftfahrzeuggewerbe (RPW 1997/1, 55 und RPW 1997/2, 178).

- Die (allgemeine) Bekanntmachung über die wettbewerbsrechtliche Behandlung vertikaler Abreden vom 18. Februar 2002 findet auf vertikale Abreden im Kraftfahrzeughandel insoweit Anwendung, als die vorliegende Bekanntmachung keine Vorschriften enthält.

- Die vorliegende Bekanntmachung bindet weder die Reko für Wettbewerbsfragen noch das Schweizerische Bundesgericht bei der Auslegung der kartellrechtlichen Bestimmungen.

A. Begriffe

Ziffer 1 Kraftfahrzeuge

^{1} Kraftfahrzeuge sind Fahrzeuge mit Selbstantrieb und mindestens drei Rädern, die für den Verkehr auf öffentlichen Strassen bestimmt sind.

^{2} Kraftfahrzeuge im Sinne der vorliegenden Bekanntmachung sind namentlich:

a) Personenkraftwagen, die der Beförderung von Personen dienen und zusätzlich zum Fahrersitz nicht mehr als acht Sitze aufweisen.

b) Leichte Nutzfahrzeuge, die der Beförderung von Waren oder Personen dienen und deren zulässige Gesamtmasse 3,5 Tonnen nicht überschreitet.

c) Lastkraftwagen, die der Beförderung von Waren dienen und deren zulässige Gesamtmasse 3,5 Tonnen überschreitet.

d) Busse, die der Beförderung von Personen dienen.

Ziffer 2 Kraftfahrzeuglieferant

Unter Kraftfahrzeuglieferant ist der Hersteller oder der Importeur von Kraftfahrzeugen zu verstehen.

Ziffer 3 Vertriebssysteme

[1] Unter Vertriebssystemen sind selektive und exklusive Vertriebssysteme zu verstehen.

[2] Selektive Vertriebssysteme sind Vertriebssysteme, in denen sich der Kraftfahrzeuglieferant verpflichtet, die Vertragswaren oder Dienstleistungen unmitttelbar oder mittelbar nur an Händler oder Werkstätten zu verkaufen, die aufgrund festgelegter Merkmale ausgewählt werden, und in denen sich diese Händler oder Werkstätten verpflichten, die betreffenden Waren oder Dienstleistungen nicht an nicht zugelassene Händler oder unabhängige Werkstätten zu verkaufen. Dies gilt unbeschadet der Möglichkeit des Ersatzteilverkaufs an unabhängige Werkstätten und der Pflicht, unabhängigen Marktbeteiligten sämtliche für die Instandsetzung und Wartung der Kraftfahrzeuge und für Umweltschutzmassnahmen erforderlichen technischen Informationen, Diagnoseausrüstung, Geräte und fachliche Unterweisung zur Verfügung zu stellen.

[3] Exklusive Vertriebssysteme sind Vertriebssysteme, bei denen jeder vom Kraftfahrzeuglieferant zugelassene Händler ein eigenes Verkaufsgebiet zugewiesen bekommt.

Ziffer 4 Aktiver Verkauf

Die Möglichkeit des aktiven Verkaufs ist gegeben, wenn sich ein Mitglied eines Vertriebssystems beim Verkauf oder der Werbung für seine Kraftfahrzeuge direkt an den Endverbraucher wenden darf.

Ziffer 5 Einschränkungen

Einschränkungen im Sinne der vorliegenden Bekanntmachung sind namentlich:

a) Vereinbarungen zwischen Kraftfahrzeuglieferanten und Händlern, die den Verkauf von Kraftfahrzeugen durch Händler an Endverbraucher einschränken, indem beispielsweise die Vergütung des Händlers oder der Verkaufspreis vom Bestimmungsort des Fahrzeugs oder dem Wohnort des Endverbrauchers abhängig gemacht wird.

b) Vereinbarungen zwischen Kraftfahrzeuglieferanten und Händlern, die den Verkauf durch Händler an Endverbraucher einschränken, indem beispielsweise eine auf den Bestimmungsort des Fahrzeugs bezogene Prämienregelung oder irgendeine Form einer diskriminierenden Produktlieferung an Händler vereinbart wird.

c) Vereinbarungen zwischen Kraftfahrzeuglieferanten und Händlern, die zugelassene Werkstätten im Vertriebssystem eines Kraftfahrzeuglieferanten nicht verpflichten, Gewähr, unentgeltlichen Kundendienst und Kundendienst im Rahmen von Rückrufaktionen in Bezug auf jedes in der Schweiz oder im Europäischen Wirtschaftsraum (EWR) verkaufte Kraftfahrzeug der betroffenen Marke zu leisten.

Ziffer 6 Zugelassene Werkstatt

Eine zugelassene Werkstatt ist ein Erbringer von Instandsetzungs- und Wartungsdienstleistungen für Kraftfahrzeuge, der einem vom Kraftfahrzeuglieferanten errichteten Vertriebssystem angehört.

Ziffer 7 Unabhängige Werkstatt

[1] Eine unabhängige Werkstatt ist ein Erbringer von Instandsetzungs- und Wartungsdienstleistungen für Kraftfahrzeuge, der nicht dem von einem Kraftfahrzeuglieferanten, dessen Kraftfahrzeuge er in Stand setzt oder wartet, errichteten Vertriebssystem angehört.

[2] Als unabhängige Werkstätten im Sinne dieser Bekanntmachung gelten auch zugelassene Werkstätten im Vertriebssystem eines Kraftfahrzeuglieferanten hinsichtlich der Instandsetzungs- und Wartungsdienstleistungen für Kraftfahrzeuge anderer Lieferanten, deren Vertriebssystem sie nicht angehören.

Ziffer 8 Ersatzteile

Ersatzteile sind Waren, die in ein Kraftfahrzeug eingebaut oder an ihm angebracht werden und ein Bauteil dieses Fahrzeugs ersetzen. Dazu zählen auch Waren wie Schmieröle, die für den Betrieb des Kraftfahrzeugs erforderlich sind (wenn diese für Unterhalts- oder Reparaturleistungen verwendet werden), mit Ausnahme von Treibstoffen.

Ziffer 9 Original-Ersatzteile

[1] Original-Ersatzteile sind Bauteile, die von gleicher Qualität sind wie die Bauteile, welche bei der Montage des Neufahrzeugs Verwendung finden, sofern sie nach den Spezifizierungen und Produktionsanforderungen hergestellt wurden, die vom Kraftfahrzeughersteller für die Herstellung der Bauteile oder Ersatzteile des fraglichen Kraftfahrzeugs vorgegeben werden.

Bekanntmachung Kraftfahrzeughandel

[2] Als Original-Ersatzteile gelten auch solche Ersatzteile, die auf der gleichen Produktionsanlage hergestellt wurden wie die Bauteile.

[3] Es wird bis zum Beweis des Gegenteils vermutet, dass Ersatzteile Original-Ersatzteile sind, wenn der Hersteller bescheinigt, dass diese Teile von gleicher Qualität sind wie die für die Herstellung des betreffenden Fahrzeugs verwendeten Bauteile, und dass sie nach den Spezifizierungen und Produktionsanforderungen des Kraftfahrzeugherstellers hergestellt wurden.

Ziffer 10 Qualitativ gleichwertige Ersatzteile

Wenn ein Hersteller von Ersatzteilen jederzeit bescheinigen kann, dass die von ihm hergestellten Ersatzteile qualitativ den bei der Montage der Fahrzeuge verwendeten Bauteilen entsprechen, so gelten diese Ersatzteile als qualitativ gleichwertig.

B. Regeln

Ziffer 11 Grundsatz

Die Wettbewerbskommission erachtet Vertriebsvereinbarungen grundsätzlich als erhebliche Beeinträchtigung des Wettbewerbs im Sinne von Art. 5 Abs. 1 KG, die nicht aus Gründen der wirtschaftlichen Effizienz gerechtfertigt werden können, wenn sie eine der in den Ziffern 12 bis 17 aufgeführten Klauseln zum Gegenstand haben.

Ziffer 12 Preisbindungen

Nachfolgende Klauseln sind in der Regel erhebliche Wettbewerbsbeschränkungen und nicht gerechtfertigt:

Beschränkung der Möglichkeiten des Händlers oder Werkstatt, den Verkaufspreis selbst festzusetzen; der Kraftfahrzeuglieferant kann

Bekanntmachung Kraftfahrzeughandel

jedoch Höchstverkaufspreise festsetzen oder Preisempfehlungen aussprechen, sofern sich diese nicht infolge der Ausübung von Druck oder der Gewährung von Anreizen durch eine der Vertragsparteien tatsächlich wie Fest- oder Mindestverkaufspeise auswirken.

Ziffer 13 Verkauf im Rahmen eines Exklusivvertriebssystems

Nachfolgende Klauseln sind in der Regel erhebliche Wettbewerbsbeschränkungen und nicht gerechtfertigt:

a) Beschränkung der Möglichkeit der Endverbraucher in der Schweiz oder der unabhängigen Verkäufer in der Schweiz, Kraftfahrzeuge ohne Einschränkung bei einem in der Schweiz zugelassenen oder im Europäischen Wirtschaftsraum (EWR) tätigen Händler zu beziehen.

b) Beschränkung des Verkaufs von Kraftfahrzeugen durch Mitglieder eines Exklusivvertriebssystems in der Schweiz an Endverbraucher im Europäischen Wirtschaftsraum (EWR) und an unabhängige Verkäufer im EWR.

c) Beschränkung des aktiven und passiven Verkaufs von Kraftfahrzeugen durch Mitglieder eines Exklusivvertriebssystems an Endverbraucher oder nicht zugelassene Händler, die sich in Märkten befinden, in denen selektiver Vertrieb verwendet wird.

Ziffer 14 Verkauf im Rahmen eines Selektivvertriebssystems

Nachfolgende Klauseln sind in der Regel erhebliche Wettbewerbsbeschränkungen und nicht gerechtfertigt:

a) Beschränkung der Möglichkeit der Endverbraucher in der Schweiz, der Mitglieder eines Selektivvertriebssystems in der Schweiz oder der Verkäufer in der Schweiz, die von einem

Bekanntmachung Kraftfahrzeughandel

Endverbraucher in der Schweiz beauftragt worden sind, Kraftfahrzeuge ohne Einschränkungen bei einem in der Schweiz zugelassenen oder im Europäischen Wirtschaftsraum (EWR) tätigen Händler zu beziehen.

b) Beschränkung des Verkaufs von Kraftfahrzeugen durch Mitglieder eines Selektivvertriebssystems in der Schweiz an Endverbraucher im Europäischen Wirtschaftsraum (EWR), an zugelassene Händler im EWR und an Verkäufer, die von einem Endverbraucher im EWR beauftragt worden sind.

c) Beschränkung des aktiven Verkaufs von Kraftfahrzeugen, Ersatzteilen für sämtliche Kraftfahrzeuge oder Instandsetzungs- und Wartungsdienstleistungen an in der Schweiz oder im Europäischen Wirtschaftsraum (EWR) wohnhafte Endverbraucher durch Mitglieder eines Selektivvertriebssystems in der Schweiz oder durch Mitglieder eines Selektivvertriebssystems im EWR, welche auf der Einzelhandelsstufe tätig sind.

d) Beschränkung der Möglichkeit von Mitgliedern eines Selektivvertriebssystems, den aktiven Verkauf von Personenkraftwagen oder leichten Nutzfahrzeugen durch zusätzliche Verkaufs- oder Auslieferungsstellen in der Schweiz oder im Europäischen Wirtschaftsraum (EWR), wo selektiver Vertrieb verwendet wird, zu betreiben.

e) Beschränkung des passiven Verkaufs durch Mitglieder eines Selektivvertriebssystems an Endverbraucher oder nicht zugelassene Händler, die sich in Märkten befinden, in denen exklusive Gebiete zugeteilt wurden.

Ziffer 15 Kundendienst

[1] Nachfolgende Klauseln sind in der Regel erhebliche Wettbewerbsbeschränkungen und nicht gerechtfertigt:

a) Beschränkung des Rechts einer zugelassenen Werkstatt, ihre Tätigkeit auf die Erbringung von Instandsetzungs- und Wartungsdienstleistungen sowie auf den Ersatzteilvertrieb zu begrenzen.

b) Beschränkung der Möglichkeit des Händlers, die Erbringung von Instandsetzungs- und Wartungsdienstleistungen an zugelassene Werkstätten untervertraglich weiterzuvergeben; der Kraftfahrzeuglieferant kann jedoch verlangen, dass der Händler dem Endverbraucher vor Abschluss des Kaufvertrages den Namen und die Anschrift der zugelassenen Werkstatt oder der zugelassenen Werkstätten mitteilt und, sollte sich eine der zugelassenen Werkstätten nicht in der Nähe der Verkaufsstelle befinden, den Endverbraucher über die Entfernung der fraglichen Werkstatt oder Werkstätten von der Verkaufsstelle unterrichtet.

c) Beschränkung des Verkaufs von Kraftfahrzeugersatzteilen durch Mitglieder eines Selektivvertriebssystems an unabhängige in der Schweiz oder im Europäischen Wirtschaftsraum (EWR) tätige Werkstätten, welche diese Teile für die Instandsetzung und Wartung eines Kraftfahrzeugs verwenden.

d) Beschränkung der Möglichkeit eines Lieferanten von Original-Ersatzteilen oder qualitativ gleichwertigen Ersatzteilen, Instandsetzungsgeräten, Diagnose- oder Ausrüstungsgegenständen, diese Waren an zugelassene oder unabhängige in der Schweiz oder im Europäischen Wirtschaftsraum (EWR) ansässige Händler sowie zugelassene oder unabhängige, in der Schweiz oder im Europäischen Wirtschaftsraum tätige Werkstätten oder an Endverbraucher zu verkaufen.

e) Beschränkung der Möglichkeit eines Händlers oder einer zugelassenen Werkstatt, Original-Ersatzteile oder qualitativ gleichwertige Ersatzteile von einem dritten in der Schweiz oder im Europäischen Wirtschaftsraum (EWR) ansässigen Unternehmen ihrer Wahl zu erwerben und diese Teile für die Instandsetzung oder Wartung von Kraftfahrzeugen zu verwenden; davon unberührt bleibt das Recht der Lieferanten neuer Kraftfahrzeuge, für Arbeiten im Rahmen der Gewährleistung, des unentgeltlichen Kundendienstes oder von Rückrufaktionen die Verwendung von Original-Ersatzteilen, die vom Fahrzeughersteller bezogen wurden, vorzuschreiben.

f) Weigerung von Kraftfahrzeuglieferanten, unabhängigen Marktbeteiligten den Zugang zu den für die Instandsetzung und Wartung ihrer Kraftfahrzeuge oder für Umweltschutzmassnahmen erforderlichen technischen Informationen, Diagnose- und anderen Geräten und Werkzeugen nebst einschlägiger Software oder die fachliche Unterweisung zu gewähren.

[2] Der Zugang gemäss Absatz 1 Buchstabe f muss insbesondere die uneingeschränkte Nutzung der elektronischen Kontroll- und Diagnosesysteme eines Kraftfahrzeugs[1], deren Programmierung gemäss den Standardverfahren des Kraftfahrzeuglieferanten, die Instandsetzungs- und Wartungsanleitungen und die für die Nutzung von Diagnose- und Wartungsgeräten sowie sonstiger Ausrüstung erforderlichen Informationen beinhalten. Unabhängigen Marktbeteiligten ist dieser Zugang unverzüglich in nicht diskriminierender und verhältnismässiger Form zu gewähren. Die Angaben müssen verwendbar sein. Der Zugang zu Gegenständen, die durch geistige Eigentumsrechte geschützt sind oder Know-how darstellen, darf nicht missbräuchlich verweigert werden.

---

[1] Ein Kraftfahrzeuglieferant ist jedoch berechtigt, technische Angaben vorzuenthalten, die Dritten die Umgehung oder Ausschaltung eingebauter Diebstahlschutzvorrichtungen, die Neueichung elektronischer Anlagen oder die Manipulierung beispielsweise von Geschwindigkeitsbegrenzungsvorrichtungen ermöglichen könnten, soweit ein Schutz gegen Umgehung, Ausschaltung, Neueichung oder Manipulierung solcher Vorrichtungen nicht durch andere weniger restriktive Mittel verwirklicht werden kann.

Ziffer 16 Mehrmarkenvertrieb

Nachfolgende Klauseln sind in der Regel erhebliche Wettbewerbsbeschränkungen und nicht gerechtfertigt:

Unmittelbare oder mittelbare Verpflichtungen[2], welche die Mitglieder eines Vertriebssystems veranlassen, Kraftfahrzeuge oder Ersatzteile konkurrierender Kraftfahrzeuglieferanten nicht zu verkaufen oder Instandsetzungs- und Wartungsdienstleistungen für Kraftfahrzeuge konkurrierender Kraftfahrzeuglieferanten nicht zu erbringen.

Ziffer 17 Vertragsauflösung

Bestimmungen über Vertragsauflösungen sind in der Regel erhebliche Wettbewerbsbeschränkungen und nicht gerechtfertigt, wenn die Kündigung nicht schriftlich begründet ist und wenn sie den folgenden Kündigungsmodalitäten nicht entsprechen:

a) Laufzeit der Verträge von mindestens fünf Jahren; Verpflichtung der Vertragsparteien, die Nichtverlängerung mehr als sechs Monate im Voraus anzukündigen.

b) Bei unbefristeten Verträgen eine Kündigungsfrist von mindestens zwei Jahren.

---

[2] Dies trifft namentlich auf Verpflichtungen des Händlers zu, den Vertrieb für jede einzelne Marke über eine eigene unabhängige juristische Personen zu organisieren, Kraftfahrzeuge anderer Kraftfahrzeuglieferanten in verschiedenen Ausstellungsräumen zu verkaufen und für verschiedene Kraftfahrzeugmarken markenspezifisches Verkaufspersonal zu beschäftigen. Eine Verpflichtung des Händlers, Kraftfahrzeuge anderer Kraftfahrzeuglieferanten in gesonderten Bereichen des Ausstellungsraums zu verkaufen, um eine Verwechslung der Marken zu vermeiden, wird von der Wettbewerbskommission nicht als erhebliche Wettbewerbsbeschränkung erachtet.

c) Bei unbefristeten Verträgen eine verkürzte Kündigungsfrist von mindestens einem Jahr, sofern

   i) der Kraftfahrzeuglieferant aufgrund gesetzlicher Bestimmungen oder aufgrund besonderer Absprachen bei Vertragsbeendigung eine angemessene Entschädigung zu zahlen hat, oder

   ii) sich für den Kraftfahrzeuglieferanten die Vertragsbeendigung durch die Notwendigkeit ergibt, das Vertriebsnetz insgesamt oder zu einem wesentlichen Teil umzustrukturieren.

Ziffer 18 Übergangsregelung

[1] Diese Bekanntmachung tritt am 1. November 2002 in Kraft.

[2] Bestehende Vertriebsvereinbarungen im Kraftfahrzeughandel sind bis 1. Januar 2005 mit der vorliegenden Bekanntmachung in Einklang zu bringen.

[3] Ziffer 14 Bst. d gilt ab dem 1. Oktober 2005.

3. Bekanntmachung über die Voraussetzungen für die kartellgesetzliche Zulässigkeit von Abreden über die Verwendung von Kalkulationshilfen

Die Schweizerische Wettbewerbskommission hat

in Erwägung nachstehender Gründe[1]:

- Gemäss Art. 6 KG kann die Wettbewerbskommission in allgemeinen Bekanntmachungen die Voraussetzungen umschreiben, unter denen einzelne Arten von Wettbewerbsabreden aus Gründen der wirtschaftlichen Effizienz im Sinne von Art. 5 Abs. 2 lit. a KG in der Regel als gerechtfertigt gelten. Dabei werden auch ausdrücklich Abreden über die Spezialisierung und Rationalisierung, einschliesslich diesbezügliche Abreden über den Gebrauch von Kalkulationshilfen, in Betracht gezogen (Art. 6 Abs. 1 lit. b KG).

- Die Wettbewerbskommission ist bereits mehrfach mit der Frage der kartellgesetzlichen Zulässigkeit des Gebrauchs von Kalkulationshilfen konfrontiert worden, welche von Wirtschaftsverbänden, anderen Branchenorganisationen und Dritten zur Verfügung gestellt werden.

- Im Wettbewerb stehende Unternehmen können ihre Preisbildung durch den Gebrauch von Kalkulationshilfen bewusst oder unbewusst aufeinander abstimmen.

- Des weiteren können Wirtschaftsverbände und Branchenorganisationen durch die Zurverfügungstellung von Kalkulationshilfen eine direkte oder indirekte Preisabrede zwischen ihren

---

[1] Kommentar, s. RPW 1998, 359, D 1.2 Ziffer 4

Bekanntmachung Kalkulationshilfen

   Mitgliedern vermitteln, fördern oder diesen eine solche gar aufzwingen.

- Die Verwendung von Kalkulationshilfen, sei es mit oder ohne die Vermittlung von Wirtschaftsverbänden und Branchenorganisationen, kann somit einer Abrede im Sinne von Art. 4 Abs. 1 KG entsprechen. Unbedeutend ist, ob die Abrede über die Verwendung von Kalkulationshilfen verbindlichen oder unverbindlichen Charakter hat, weil sowohl rechtlich erzwingbare als auch nicht erzwingbare Vereinbarungen sowie das aufeinander abgestimmte Verhalten als Abreden gemäss Art. 4 Abs. 1 KG gelten.

- In den Verbands- und Branchenkreisen besteht offensichtlich ein Bedürfnis nach klärenden Aussagen der Wettbewerbskommission zur kartellgesetzlichen Zulässigkeit von Abreden über die Verwendung von Kalkulationshilfen.

- Die Wettbewerbskommission kann in einer Bekanntmachung Aussagen über Regelfälle machen, d.h. über Fälle, die in Untersuchungen nach Artikel 27 KG regelmässig zum selben Resultat führen würden. Die vorliegende Bekanntmachung hat branchenübergreifenden Charakter und kommt in sämtlichen Wirtschaftssektoren zur Anwendung. Sie bezieht sich auf Abreden über die Verwendung von Kalkulationshilfen und nicht auf die Kalkulationshilfen als solche. Ein konkreter Entscheid bezüglich eines Einzelfalles bleibt stets vorbehalten.

- Die vorliegende Bekanntmachung repräsentiert den Stand der heutigen Praxis im Bereich der Kalkulationshilfen. Mit fortschreitender Praxis kann die Bekanntmachung gegebenenfalls angepasst werden.

gestützt auf Artikel 6 des Bundesgesetzes über Kartelle und andere Wettbewerbsbeschränkungen (KG) die folgende allgemeine Bekanntmachung erlassen:

A. Geltungsbereich

Art. 1

Diese Bekanntmachung erfasst Abreden im Sinne von Art. 4 Abs. 1 KG von Unternehmen gleicher Marktstufe über die Verwendung von Kalkulationshilfen einschliesslich entsprechende Vermittlungstätigkeiten von Branchenverbänden oder Dritten, sofern diese Abreden den Wettbewerb erheblich beeinträchtigen (Art. 5 Abs. 1 KG).

B. Begriff

Art. 2

Kalkulationshilfen sind standardisierte, in allgemeiner Form abgefasste Hinweise und rechnerische Grundlagen, welche den Anwendern erlauben, die Kosten von Produkten oder der Erbringung von Dienstleistungen im Hinblick auf die Preisbestimmung zu berechnen oder zu schätzen.

C. Regeln

Art. 3

Abreden (im Sinne von Art. 1) zwischen Unternehmen gleicher Marktstufe über den Gebrauch von Kalkulationshilfen sowie entsprechende Vermittlungstätigkeiten von Branchenverbänden oder Dritten lassen sich aus Gründen der wirtschaftlichen Effizienz in der Regel dann rechtfertigen, wenn

a) die Kalkulationshilfen inhaltlich auf Angaben und Formeln zur Kalkulation der Kosten oder Bestimmung der Preise beschränkt sind,

Bekanntmachung Kalkulationshilfen

b) die betreffenden Abreden den Austausch von Wissen und Fähigkeiten der Beteiligten im Bereich der Kostenrechnung und der Kalkulation bewirken,

c) sie den Beteiligten die Freiheit zur Bestimmung von Leistungs- oder Lieferkonditionen und Abnehmerpreisen sowie zur Gewährung von Rabatten und anderen Preisabschlägen belassen und

d) sie keinen Austausch von Informationen beinhalten, die Aufschluss über das effektive Verhalten von einzelnen Beteiligten in der Offertstellung beziehungsweise bezüglich der Bestimmung von Endpreisen und Konditionen geben können.

Art. 4

Abreden (im Sinne von Art. 1) über den Gebrauch von Kalkulationshilfen lassen sich aus Gründen der wirtschaftlichen Effizienz in der Regel dann nicht rechtfertigen, wenn

a) sie den Beteiligten pauschale Beträge oder pauschale Prozentsätze für Gemeinkostenzuschläge oder andere Kostenzuschläge zur Bestimmung der Selbstkosten vorgeben oder vorschlagen oder

b) sie den Beteiligten Margen, Rabatte, andere Preisbestandteile oder Endpreise vorgeben oder vorschlagen oder

c) sie den Beteiligten in anderer Form Aufschluss über das effektive Verhalten von einzelnen Beteiligten in der Offertstellung beziehungsweise bezüglich der Bestimmung von Endpreisen und Konditionen geben können.

D. Publikation dieser Bekanntmachung

Art. 5

Diese allgemeine Bekanntmachung wird im Bundesblatt veröffentlicht (Art. 6 Abs. 3 KG).

Kommentar des Sekretariats zur Bekanntmachung «Voraussetzungen für die kartellgesetzliche Zulässigkeit von Abreden über die Verwendung von Kalkulationshilfen»

A. *Zum Geltungsbereich*

1. Die Wettbewerbskommission umschreibt in vorliegender Bekanntmachung die Voraussetzungen, unter denen Kalkulationshilfen, soweit sie Wettbewerbsabreden im Sinne von Art. 4 Abs. 1 KG verkörpern und den Wettbewerb auf einem Markt für bestimmte Waren oder Leistungen erheblich beeinträchtigen, aus Gründen der wirtschaftlichen Effizienz gemäss Art. 5 Abs. 2 KG gerechtfertigt und somit in der Regel kartellgesetzlich zulässig sind.

2. Zu präzisieren ist, dass sich die Bekanntmachung in erster Linie auf Abreden über den Gebrauch von Kalkulationshilfen von Unternehmen gleicher Marktstufe (Horizontalabreden) sowie auf entsprechende Vermittlungstätigkeiten von Branchenverbänden oder Dritten bezieht. Allerdings müssten die Regeln der Bekanntmachung sinngemäss auch dann Anwendung finden, wenn Abreden zwischen Unternehmen unterschiedlicher Marktstufe (Vertikalabreden) oder entsprechende Vermittlungstätigkeiten von Branchenverbänden oder Dritten eine vergleichbare horizontale Wirkung entfalten sollten.

B. *Zu den einzelnen Regeln der Bekanntmachung*

1. Zu Art. 3 lit. a:

    Aus dieser Regel geht hervor, dass nicht nur Abreden über methodische Hilfen von der Bekanntmachung erfasst werden, sondern auch Angaben über die eigentliche Kalkulation.

2. Zu Art. 3 lit. b:

Mit dieser Regel wird zum Ausdruck gebracht, dass die Rechtfertigungsgründe der wirtschaftlichen Effizienz im Sinne von Art. 5 Abs. 2 KG zur Hauptsache im Austausch von Wissen und methodischen Fähigkeiten bestehen. Dieser Wissenstransfer darf aber keinesfalls Informationen zum Gegenstand haben, welche Aufschluss über das effektive Verhalten der an der Abrede beteiligten Konkurrenten geben könnte.

3. Zu Art. 3 lit. c:

Mit dieser Regel soll verhindert werden, dass der Anwender in seiner Preisgestaltungsfreiheit eingeschränkt und einem Verbandsdiktat unterworfen wird. Andererseits darf aber nicht verkannt werden, dass selbst unverbindliche Empfehlungen von Branchenverbänden – welche Abreden im Sinne von Art. 4 Abs. 1 KG darstellen – eine direkte oder indirekte Preisfestsetzung gemäss Art. 5 Abs. 3 lit. a KG bewirken können. Massgebend in diesem Zusammenhang ist, ob die Empfehlungen befolgt werden.

4. Zu Art. 3 lit. d:

Die Abrede über den Austausch von individualisierbaren Informationen, die Aufschluss über die effektive Offertstellung von Konkurrenten, insbesondere bezüglich Endpreis und Kondition, geben können, ist aus Gründen der wirtschaftlichen Effizienz nicht zu rechtfertigen und wird somit in der Regel als unzulässig beurteilt.

5. Zu Art. 4 lit. a:

Verbindliche oder unverbindliche Vorgaben im Sinne von Art. 4 lit. a der Bekanntmachung stellten eine Wettbewerbsbeschränkung dar, die sich in der Regel nicht aus Gründen der wirtschaftlichen Effizienz rechtfertigen lässt. Die Angabe von funktionellen Kostenzusammenhängen, welche auf die Produktionsstruktur der einzelnen Unternehmungen Bezug nehmen, sind hingegen durch Art. 4 lit. a der Bekanntmachung nicht erfasst und somit in der Regel zulässig.

6. Zu Art. 4 lit. b:

Verbindliche oder unverbindliche Vorgaben im Sinne von Art. 4 lit. b der Bekanntmachung stellen eine nicht zu rechtfertigende Wettbewerbsbeschränkung dar, die sich in der Regel nicht aus Gründen der wirtschaftlichen Effizienz rechtfertigen lassen und somit in der Regel unzulässig sind.

7. Zu Art. 4 lit. c:

Diese Regel dient als «Auffangklausel», unter welche alle übrigen Preisbestimmungsabreden subsumiert werden können.

4. Bekanntmachung Homologation und Sponsoring bei Sportartikeln

Beschluss der Wettbewerbskommission vom 15. Dezember 1997

Die Schweizerische Wettbewerbskommission,

in der Erwägung, dass

- Art. 6 KG der Wettbewerbskommission die Möglichkeit gibt, mit allgemeinen Bekanntmachungen bestimmte Abreden oder besondere Kooperationsformen in einzelnen Wirtschaftszweigen als in der Regel gerechtfertigte Abreden zu bezeichnen,

- die Wettbewerbskommission in einer Bekanntmachung einzig klärende Aussagen über Regelfälle machen kann, d.h. über Fälle, die in Untersuchungen nach Art. 27 KG regelmässig zum selben Resultat führen würden,

- demzufolge ein konkreter anderer Entscheid gestützt auf die Umstände des konkreten Einzelfalls immer vorbehalten bleiben muss,

- die Wettbewerbskommission mehrfach mit Problemen der Finanzierung des Leistungssports über Sponsoring-Verträge (auch: Offizialisierungsverträge) der Sportverbände mit Sportartikellieferanten (Herstellern, Importeuren, Händlern) für verschiedene Sportartikelmärkte befasst wurde,

- wettbewerbsrechtliche Probleme auf den Sportartikelmärkten sich insbesondere dort zeigen, wo Sponsoring für die Homologation vorausgesetzt wird.

- in der Sportartikelbranche und namentlich bei den Sportverbänden ein offensichtliches Bedürfnis nach klärenden Aussagen der Wettbewerbskommission zu diesen Problemen besteht;

erlässt

gestützt auf Artikel 6 des Bundesgesetzes über Kartelle und andere Wettbewerbsbeschränkungen (KG)

die folgende allgemeine Bekanntmachung

A. *Geltungsbereich*

1. Diese Bekanntmachung erfasst Abreden über Homologation und Sponsoring im Sportartikelbereich, soweit diese Abreden den Wettbewerb auf dem Sportartikelmarkt regeln oder beeinflussen.

B. *Begriffe*

2. Unter Homologation versteht diese Bekanntmachung die Zulassung eines Sportartikels für den Einsatz in Turnieren oder Wettkämpfen gestützt auf eine Prüfung, ob ein Sportartikel bestimmte definierte Qualitätseigenschaften aufweist. Die Homologation trägt damit zur Regularität der Wettkämpfe bei und kann Sicherheitsaspekten Rechnung tragen. Sie gibt dem Konsumenten eine Qualitätsgarantie.

3. Beim Sponsoring fördert der Sponsor die betreffende Sportart und den betreffenden Sportverband mit Geld, Sach- oder Dienstleistungen; er erhält dafür Werbeleistungen, namentlich verpflichtet sich der Sportverband, den Namen und die Marke des Sponsors in seinen öffentlichkeitswirksamen Tätigkeiten zu nennen. Sponsoring hängt nicht von der Qualität der Produkte des Sponsors ab.

C. Grundregeln

Homologations- und Sponsoringabreden, die die Verwendung von Sportartikeln bei offiziellen Turnieren oder Wettkämpfen regeln, sind bei Beachtung der unter D und E nachfolgend genannten Voraussetzungen in der Regel kartellrechtlich zulässig,

4. wenn die Homologation weder rechtlich noch verfahrensmässig von Sponsoring oder andern, nicht mit der Qualität der Sportartikel zusammenhängenden Bedingungen abhängig gemacht wird;

5. wenn an die Homologation oder an das Sponsoring keine anderen Abreden über das Wettbewerbsverhalten der Sportartikellieferanten geknüpft werden, namentlich keine Preis- oder Absatz- oder Beschaffungsvorschriften. Insbesondere dürfen die Absatzkanäle nicht vorgeschrieben und der Parallelimport nicht untersagt werden.

D. Voraussetzungen für gerechtfertigte Homologationsabreden

Homologationsabreden sind in der Regel zulässig,

6. wenn die Homologation jedem Sportartikelanbieter zu gleichen Bedingungen offen steht;

7. wenn die Homologationsprüfung für jeden Sportartikel, für dessen Kategorie eine Homologation vorgesehen ist, zu jeder Zeit offen steht. Die Zusammenfassung mehrerer Verfahren ist ausnahmsweise zulässig, aber nur, wenn dieses Vorgehen Kosten spart oder organisatorisch zwingend ist;

8. wenn die Homologationsprüfungen zeitlich so durchgeführt werden, dass noch nicht homologierte Produkte rechtzeitig vor

der Sportsaison als homologiert auf dem Markt angeboten werden können;

9. die die Homologation mit der Verleihung eines Homologationslabels/Homologationsclaims verbinden;

10. wenn die Homologationskriterien sich in objektiver Weise an technischen oder qualitativen Erfordernissen des Verwendungszwecks des betreffenden Sportartikels ausrichten;

11. die eine internationale oder ausländische Homologation bei Beachtung der Regeln dieser Bekanntmachung anerkennen;

12. wenn die Entscheide über die Homologationskriterien, die Durchführung des Verfahrens und die Entscheide über die Homologation neutralen Personen obliegen, idealerweise Dritten. Sportartikellieferanten dürfen unter Vorbehalt allfälliger Anhörungsrechte daran nicht beteiligt sein;

13. die bei Vergabe der Homologationsprüfungen an Dritte diese Dritten nach Kriterien auswählen, deren Erfüllung sachlich nachprüfbar ist;

14. die den Sportartikellieferanten die tatsächlichen Kosten des Homologationsverfahrens auferlegen. Die Kostenberechnung ist offenzulegen.

Homologationsabreden sind in der Regel unzulässig,

15. die nur Sportartikel mit internationalem Renommee oder nur Sportartikel von Lieferanten, die über ein nationales Vertriebsnetz verfügen, für offizielle Turniere oder Wettkämpfe zulassen.

E. Voraussetzungen für gerechtfertigte Sponsoringabreden

Sponsoringabreden, die die Verwendung von Sportartikeln bei offiziellen Turnieren oder Wettkämpfen vom Sponsoring abhängig machen, sind in der Regel zulässig,

16. wenn jeder Sportartikellieferant zu gleichen Bedingungen Sponsor werden kann;

17. wenn bei Beschränkung auf ausgewählte Sportartikellieferanten oder einen Exklusivpartner als Sponsor die Auswahl nach Kriterien erfolgt, deren Erfüllung sachlich nachprüfbar ist, und wenn Vertragsdauer und Vergabeverfahren so angesetzt werden, dass regelmässig eine Wettbewerbssituation entsteht;

18. wenn die exklusive Verwendung der Produkte eines Sponsors sich beschränkt auf ein Turnier oder eine andere offizielle Veranstaltung, die einmalig oder nur in grösseren Abständen organisiert wird und sich nicht über einen grösseren Zeitraum erstreckt;

19. wenn ein allfälliges dem Sponsor zur Verfügung gestelltes Label (z.B. des Verbandslogos) den Konsumenten nicht zur Annahme verleitet, es gewährleiste eine bestimmte Qualität. Die Verwechslungsgefahr mit einem Homologationszeichen muss ausgeschlossen sein. Die Verwendung in der Werbung hat diese Grundsätze ebenfalls zu beachten;

20. die die Höhe des Sponsoringbeitrages nach der Anzahl verkaufter Sportartikel oder dem Umsatz mit den Sportartikeln bemessen, sofern die Kontrolle der entsprechenden Zahlen nicht zur Information der Sportartikellieferanten über die Zahlen ihrer Konkurrenten führt. Beispielsweise kann die treuhänderische Kontrolle und Erhebung der Beiträge vorgesehen werden.

Sponsoringabreden, die die Verwendung von Sportartikeln bei offiziellem Turnieren oder Wettkämpfen vom Sponsoring abhängig machen, sind in der Regel unzulässig,

21. wenn die exklusive Verwendung von Sportartikeln eines oder ausgewählter Sponsoren sich auf den ganzen regelmässigen Turnier- oder Wettkampfbetrieb eines Jahres oder einer Saison oder grosser Teile davon erstreckt.

F. *Publikation dieser Bekanntmachung*

22. Diese allgemeine Bekanntmachung wird im Bundesblatt veröffentlicht (Art. 6 Abs. 3 KG). Sie entfaltet mit der Publikation die vom Kartellgesetz vorgesehenen Wirkungen.

5. Formular für die Meldung eines Zusammenschlussvorhabens

Meldeformular vom 7. September 1998

Teil I

A. Grundlage und Zweck

Dieses Formular erläutert die in Artikel 11 der Verordnung vom 17. Juni 1996 über die Kontrolle von Unternehmenszusammenschlüssen (VKU) (SR 251.4) verlangten Angaben bei Meldungen von Unternehmenszusammenschlüssen gemäss Artikel 4 Absatz 3 und Artikel 9 des Bundesgesetzes vom 6. Oktober 1995 über Kartelle und andere Wettbewerbsbeschränkungen (Kartellgesetz, KG) (SR 251). Es erleichtert das Einreichen der vollständigen Meldung und erlaubt den Wettbewerbsbehörden die rasche und reibungslose Durchführung der vorläufigen Prüfung im Sinne von Artikel 10 Absatz 1 und Artikel 32 KG. Dem Formular kommt keine Gesetzeskraft zu. Die meldenden Unternehmen werden daher auf die einschlägigen Gesetzes- und Verordnungstexte verwiesen.

Das Sekretariat der Wettbewerbskommission (Sekretariat), ist gerne bereit, Fragen zum Meldeformular oder zur Vorprüfung und Prüfung von Unternehmenszusammenschlüssen im allgemeinen zu beantworten. Am Zusammenschluss beteiligte Unternehmen und das Sekretariat können vor der Meldung eines Zusammenschlusses Einzelheiten des Inhalts der Meldung einvernehmlich festlegen. Die Adresse des Sekretariats lautet:

Sekretariat der Wettbewerbskommission
Monbijoustrasse 43
3003 Bern
Telefon 031 322 20 40
Fax 031 322 20 53

Meldeformular Zusammenschlussvorhaben

B. Erleichterte Meldung

Das Sekretariat kann von der Pflicht zur Vorlage von einzelnen Angaben oder Unterlagen nach Artikel 11 VKU befreien, wenn es der Ansicht ist, dass diese für die Prüfung des Falles nicht notwendig sind (Art. 12 VKU).

Denkbar ist eine erleichterte Meldung beispielsweise, wenn die Wettbewerbskommission die vom Zusammenschluss betroffenen Märkte bereits aus früheren Entscheidungen kennt oder wenn ein Gemeinschaftsunternehmen gegründet wird, um in einen entstehenden Markt zuzutreten. In jedem Fall ist der Inhalt der erleichterten Meldung mit dem Sekretariat abzusprechen.

C. Begriffsbestimmungen

Unternehmenszusammenschluss:

Dieser Begriff umfasst:

- die Fusion von zwei oder mehr bisher voneinander unabhängigen Unternehmen (Art. 4 Abs. 3 Bst. a KG);

- die Erlangung der Kontrolle (Art. 4 Abs. 3 Bst. b KG). Ein Unternehmen erlangt die Kontrolle über ein bisher unabhängiges Unternehmen, wenn es durch den Erwerb von Beteiligungsrechten oder auf andere Weise die Möglichkeit erhält, einen bestimmenden Einfluss auf die Tätigkeit des andern Unternehmens auszuüben (Art. 1 VKU);

- die gemeinsame Erlangung der Kontrolle über ein Unternehmen oder die Gründung eines Unternehmens, welches zwei oder mehr Unternehmen gemeinsam kontrollieren wollen (Art. 2 VKU). Zwei (oder mehr) Unternehmen kontrollieren ein anderes Unternehmen gemeinsam, wenn sie gemeinsam einen bestimmenden Einfluss auf die Tätigkeiten des kontrollierten

Unternehmens (auch Gemeinschaftsunternehmen genannt) ausüben können. Für Gemeinschaftsunternehmen ist typisch, dass keines der kontrollierenden Unternehmen Massnahmen gegen den Willen des oder der anderen kontrollierenden Unternehmen erzwingen kann und es somit zu sogenannten Pattsituationen kommen kann. Die Gründung eines Gemeinschaftsunternehmens gilt nur als Unternehmenszusammenschluss im Sinne des Kartellgesetzes, wenn in das Gemeinschaftsunternehmen Geschäftstätigkeiten von mindestens einem der kontrollierenden Unternehmen einfliessen (Art. 2 Abs. 2 VKU).

Beteiligte(s) Unternehmen:

Dieser Begriff umfasst:

- bei der Fusion: die fusionierenden Unternehmen (Art. 3 Abs. 1 Bst. a VKU). Beispiele: Falls A und B zur Unternehmung C verschmelzen, sind beteiligte Unternehmen A und B. Dasselbe gilt, wenn A das Unternehmen B absorbiert oder umgekehrt;

- bei der Erlangung der Kontrolle (und der Erlangung der gemeinsamen Kontrolle), die kontrollierenden und die kontrollierten Unternehmen (Art. 3 Abs. 1 Bst. b VKU). Beispiele: Übernimmt A die Unternehmung B, sind beteiligte Unternehmungen A und B. Übernehmen A und B zusammen die Unternehmung C, sind beteiligte Unternehmen A, B und C;

- ist Gegenstand des Zusammenschlusses ein Teil eines Unternehmens, so gilt dieser Teil als beteiligtes Unternehmen (Art. 3 Abs. 2 VKU). Beispiel: Besteht B aus den Divisionen B1 und B2, und übernimmt A nur die Division B1, sind beteiligte Unternehmen A und B1.

Meldeformular Zusammenschlussvorhaben

Meldende(s) Unternehmen: vgl. unten, Abschnitt D (die meldenden Unternehmen sind nicht in jedem Fall identisch mit den beteiligten Unternehmen).

Vollzug: als Vollzug gilt die Erfüllung des Verpflichtungsgeschäfts.

D. Wer melden muss

Bei der Fusion: Die beteiligten Unternehmen gemeinsam (Art. 9 Abs. 1 Bst. a VKU).

Bei der Erlangung der Kontrolle: Das Unternehmen, welches die Kontrolle erlangt (Art. 9 Abs. 1 Bst. b VKU).

Bei der Erlangung der gemeinsamen Kontrolle: Gemeinsam diejenigen Unternehmen, welche die gemeinsame Kontrolle erlangen (Art. 9 Abs. 1 Bst. b VKU).

Bei gemeinsamer Meldung haben die meldenden Unternehmen mindestens einen gemeinsamen Vertreter zu bestellen (Art. 9 Abs. 2 VKU).

Meldende Unternehmen oder ihre Vertreter mit Wohnsitz oder Sitz im Ausland haben in der Schweiz ein Zustellungsdomizil zu bezeichnen (Art. 9 Abs. 3 VKU).

E. Vollständigkeitserfordernis

Alle in diesem Formular oder – bei erleichterter Meldung – alle vom Sekretariat verlangten Angaben sind einzureichen. Kann eine Angabe nicht oder nicht vollständig gemacht werden, sind die Gründe zu nennen.

Falls nicht alle im Formular oder vom Sekretariat verlangten Angaben eingereicht werden und keine hinreichenden Gründe genannt werden, weshalb diese Angaben nicht gemacht werden können, ist die Meldung unvollständig.

Wesentliche Änderungen der in der Meldung beschriebenen tatsächlichen Verhältnisse sind dem Sekretariat unaufgefordert und umgehend mitzuteilen (Art. 21 VKU).

F. Zeitpunkt der Meldung und Fristen

Die Meldung muss gemäss Art. 9 KG vor dem Vollzug des Zusammenschlusses erfolgen. Damit die Meldung erfolgen kann, ist der Abschluss des Verpflichtungsgeschäfts Voraussetzung. Erfolgt eine Übernahme ohne schriftlichen Vertrag, d.h. durch blossen Erwerb von Anteilen, ist die Meldung sofort nach dem öffentlichen Übernahmeangebot und vor dem Vollzug einzureichen.

Die Frist von einem Monat für die vorläufige Prüfung des Zusammenschlussvorhabens beginnt am Tag nach Eingang der vollständigen Meldung und endet mit Ablauf des Tages im Folgemonat, dessen Datum dieselbe Tageszahl trägt wie der Tag des Fristbeginns; gibt es diesen Tag im Folgemonat nicht, so endet die Frist am letzten Tag des Folgemonats (Art. 20 VKU). Fällt der letzte Tag auf einen Samstag, einen Sonntag oder einen am Wohnsitz oder Sitz der Partei oder ihres Vertreters vom kantonalen Recht anerkannten Feiertag, so endigt die Frist am nächsten Werktag (Art. 20 Abs. 3 des Bundesgesetzes über das Verwaltungsverfahren; SR 172.021).

Das Sekretariat bestätigt den meldenden Unternehmen innert zehn Tagen schriftlich den Eingang der Meldung und deren Vollständigkeit (Art. 14 VKU).

G. Wie zu melden ist

Die Meldung ist in einer der Amtssprachen einzureichen. Das Verfahren wird in dieser Sprache durchgeführt, sofern nichts anderes vereinbart wird. Die Beilagen können auch in englischer Sprache eingereicht werden (Art. 11 Abs. 4 VKU).

Meldeformular Zusammenschlussvorhaben

Die Meldung ist in fünffacher Ausfertigung beim Sekretariat einzureichen (Art. 9 Abs. 1 VKU). Das Sekretariat kann dem meldenden Unternehmen gestatten, weniger Ausfertigungen einzureichen.

Um die Arbeit des Sekretariats zu erleichtern, sollten die Antworten in der angegebenen Reihenfolge und mit der entsprechenden Nummer bezeichnet eingereicht werden.

H. Vollzugsverbot

Die beteiligten Unternehmen dürfen den Zusammenschluss innerhalb eines Monats seit der Meldung des Vorhabens nicht vollziehen, es sei denn, die Wettbewerbskommission habe dies auf Antrag dieser Unternehmen aus wichtigen Gründen bewilligt (Art. 32 Abs. 2 KG). Als wichtiger Grund können etwa Sanierungsübernahmen gelten, falls der Konkurs der übernommenen Unternehmung unmittelbar droht, wenn der Erwerber nicht sofort die operative und finanzielle Führung übernehmen kann (Botschaft vom 25. November 1994 zum Kartellgesetz; BBl 1995 I 608).

I. Geschäftsgeheimnisse

Die am Zusammenschluss beteiligten Unternehmen haben den Wettbewerbsbehörden alle für deren Abklärungen erforderlichen Auskünfte zu erteilen und die notwendigen Urkunden vorzulegen (Art. 40 KG).

Artikel 25 KG bestimmt, dass die Wettbewerbsbehörden das Amtsgeheimnis zu wahren haben. Sie dürfen Kenntnisse, die sie bei ihrer Tätigkeit erlangen, nur zu dem mit der Auskunft oder dem Verfahren verfolgten Zweck verwerten. Ferner dürfen die Veröffentlichungen der Wettbewerbsbehörden keine Geschäftsgeheimnisse preisgeben.

Falls die Interessen eines beteiligten Unternehmens gefährdet werden, wenn bestimmte in diesem Formular verlangte Angaben veröffentlicht oder sonstwie Dritten oder einem anderen beteiligten Unternehmen bekanntgegeben werden, sind diese Angaben separat und als «Geschäftsgeheimnis» bezeichnet einzureichen. Ferner ist anzugeben, weshalb diese Angaben Geschäftsgeheimnisse darstellen.

J. Sanktionen

Ein Unternehmen, das einen meldepflichtigen Zusammenschluss ohne Meldung vollzieht oder das vorläufige Vollzugsverbot missachtet, wird mit einem Betrag bis zu 1 Million Franken belastet (Art. 51 Abs. 1 KG).

Ein Unternehmen, welches die Auskunftspflicht oder die Pflichten zur Vorlage von Urkunden nicht oder nicht richtig erfüllt, wird mit einem Betrag bis zu 100 000 Franken belastet (Art. 52 KG).

Wer vorsätzlich Verfügungen der Wettbewerbskommission betreffend die Auskunftspflicht nicht oder nicht richtig befolgt, einen meldepflichtigen Zusammenschluss ohne Meldung vollzieht oder Verfügungen im Zusammenhang mit Unternehmenszusammenschlüssen zuwiderhandelt, wird mit Busse bis zu 20 000 Franken bestraft (Art. 55 KG).

K. Ausländische Meldeformulare

Müssen Zusammenschlussvorhaben auch in anderen Staaten angemeldet werden, können in diesen Staaten eingereichte Meldungen grundsätzlich auch der Wettbewerbskommission zugestellt werden. Als vollständig gelten solche Meldungen, wenn sie in einer Amtssprache gehalten sind (Art. 11 Abs. 4 VKU) und alle in Artikel 11 VKU verlangten Angaben enthalten. Ferner müssen diejenigen Stellen bezeichnet werden, an welchen die für die Meldung in der Schweiz relevanten Daten gefunden werden können.

Der Inhalt von Begriffen wie Kontrolle, Gemeinschaftsunternehmen, beteiligtes Unternehmen und andere sind in ausländischen Erlassen zum Teil nicht mit jenen im KG und in der VKU identisch. Wird beabsichtigt, Meldeformulare von anderen Staaten in der

Meldeformular Zusammenschlussvorhaben

Schweiz einzureichen, empfiehlt die Wettbewerbskommission daher, vorgängig mit dem Sekretariat Kontakt aufzunehmen und zu klären, ob eine solche Meldung auch in der Schweiz als vollständig gilt. Das Sekretariat kann der meldenden Partei auch mitteilen, welche Angaben allenfalls noch zu ergänzen sind.

Meldeformular EU: Die Abschnitte 1–12 des Formblattes CO zur Anmeldung eines Zusammenschlusses gemäss der Verordnung (EWG) 4064/89 des EWG-Rates enthalten alle in Artikel 11 VKU verlangten Angaben, sofern die entsprechenden Daten für die Schweiz ergänzt werden.

Gemeinsames Meldeformular D, F, GB: Das gemeinsame Meldeformular für Zusammenschlüsse im Vereinigten Königreich, in Frankreich und in Deutschland enthält die meisten in Artikel 11 VKU verlangten Angaben. Wird dieses Formular ausgefüllt, sind zur Vollständigkeit der Meldung in der Schweiz folgende zusätzliche Angaben zu machen:

1. Umsatzangaben gemäss Artikel 11 Absatz 1 Buchstabe c VKU (Ziff. 3.1 - 3.3 des zweiten Teils dieses Meldeformulars);

2. Beschreibung der im Sinne von Artikel 11 Absatz 1 Buchstabe d VKU betroffenen Märkte, die zumindest über die Vertriebs- und Nachfragestrukturen sowie die Bedeutung von Forschung und Entwicklung Auskunft gibt (Ziff. 4.3–4.8 des zweiten Teils dieses Meldeformulars);

3. Marktanteile der beteiligten Unternehmen und der drei wichtigsten Wettbewerber in den betroffenen Märkten für die letzten drei Jahre (Art. 11 Abs. 1 Bst. e VKU), d.h. Ziffern 5.1 und 5.2 des zweiten Teils dieses Meldeformulars;

4. Angaben gemäss Artikel 11 Absatz 1 Buchstabe f VKU (Ziff. 6.1–6.4 des zweiten Teils dieses Meldeformulars);

5. Beilagen gemäss Artikel 11 Absatz 2 VKU bzw. Ziffern 7.1–7.4 des zweiten Teils diese Meldeformulars.

Meldeformular OECD: Die OECD bereitet zurzeit ein Meldeformular für Zusammenschlüsse vor. Sobald dieses Formular von den zuständigen Gremien verabschiedet wird, wird die Wettbewerbskommission angeben, ob und unter welchen Umständen es auch in der Schweiz eingereicht werden kann.

Teil II

1 Angaben zu den Unternehmen (Art. 11 Abs. 1 Bst. a VKU)

Bitte geben Sie an:

1.1 Zum (zu den) meldenden Unternehmen:

1.1.1 Firma und Sitz des oder der Unternehmen, welche die Kontrolle über ein bisher von ihr bzw. ihnen unabhängiges Unternehmen erwerben, oder der Unternehmen, welche fusionieren.

1.1.2 Geschäftätigkeiten dieses/r Unternehmen/s (kurze Beschreibung).

1.1.3 Namen, Adresse, Tel-Nr. und Fax-Nr. sowie Funktion der Kontaktperson(en) in diesem/n Unternehmen.

1.2 Zum (zu den) anderen beteiligten Unternehmen:

1.2.1 Firma und Sitz des/der Unternehmen/s, welches/die übernommen oder – im Fall eines Gemeinschaftsunternehmens – gegründet wird/werden.

1.2.2 Geschäftätigkeiten dieses/r Unternehmen (kurze Beschreibung).

1.2.3 Namen, Adresse, Tel-Nr. und Fax-Nr. sowie Funktion der Kontaktperson(en) in diesem/n Unternehmen.

Meldeformular Zusammenschlussvorhaben

1.3 Alle Unternehmen, deren Umsätze gemäss Art. 5 VKU zu jenen der beteiligten Unternehmen hinzuzuaddieren sind. Ist aus den Jahresberichten nicht ersichtlich, welche Unternehmen hierzu gehören, sind diese auf einem Beiblatt zu nennen und die Geschäftstätigkeiten anzugeben.

1.4 Zum (zu den) Veräusserer:

1.4.1 Name und Sitz der veräussernden Unternehmung/en.

1.4.2 Geschäftstätigkeiten dieses/r Unternehmen (kurze Beschreibung).

1.4.3 Namen, Adresse, Tel-Nr. und Fax-Nr. sowie Funktion der Kontaktperson(en) in diesem/n Unternehmen.

1.5 Zum (zu den) Vertreter/n des/der meldepflichtigen Unternehmen/s:

1.5.1 Name und Adresse.

1.5.2 Name der Kontaktperson/en.

1.5.3 Tel-Nr. und Fax-Nr.

2 Beschreibung des Zusammenschlussvorhabens (Art. 11 Abs. 1 Bst. b VKU). Bitte beschreiben Sie:

2.1 das Zusammenschlussvorhaben. Handelt es sich um eine Fusion, eine Übernahme, ein öffentliches Kaufangebot, ein Gemeinschaftsunternehmen? Wie werden sich die Kontrollverhältnisse gestalten bzw. welches ist die Änderung des bisherigen Kontrollverhältnisses? Welches sind die Modalitäten des Zusammenschlusses?

2.2 die Umstände, die zum Zusammenschlussvorhaben geführt haben.

2.3 die Ziele, die mit dem Zusammenschlussvorhaben verfolgt werden.

3 Umsätze (Art. 11 Abs. 1 Bst. c VKU)

Entfällt für marktbeherrschende Unternehmen im Sinne von Artikel 9 Absatz 4 KG und solche, welche mit ersteren am Zusammenschluss beteiligt sind.

Für die Umsatzberechnung wird auf die Artikel 9 KG und 4–8 VKU verwiesen. Banken und Versicherungen werden auf die Sonderbestimmungen in Artikel 9 Absatz 3 KG und Artikel 6 und 8 VKU aufmerksam gemacht. Für Banken und Finanzintermediäre, die den Rechnungslegungsvorschriften gemäss dem Bankengesetz vom 8. November 1934 (SR 952.0) unterstellt sind, gelten Bruttoerträge als in der Schweiz erzielt (Artikel 9 Absatz 1 lit. b KG), falls diese bei einer Zweigniederlassung oder Geschäftsstelle in der Schweiz verbucht werden.[1]

Gemäss Artikel 5 Absatz 1 VKU sind zu erfassen nicht nur die Umsätze der direkt am Zusammenschluss beteiligten Unternehmen, sondern ebenfalls diejenigen

> «a. der Unternehmen, bei denen es mehr als die Hälfte des Kapitals oder der Stimmrechte besitzt oder mehr als die Hälfte der Mitglieder der zur gesetzlichen Vertretung berufenen Organe bestellen kann oder auf andere Weise das Recht hat, die Geschäfte des Unternehmens zu führen (Tochterunternehmen);

---

[1] Für die Berechnung des auf die Schweiz entfallenden Anteils des Umsatzes von Banken und Finanzintermediären (Artikel 9 Absatz 1 lit. b KG), welche nicht den Rechnungslegungsvorschriften des Bankengesetzes unterstellt sind (z.B. Umsätze ausländischer Banken ohne Zweigniederlassung oder Geschäftsstelle in der Schweiz), gilt der Wohnsitz des Kunden als Kriterium.

Meldeformular Zusammenschlussvorhaben

b. der Unternehmen, die bei ihm einzeln oder gemeinsam die Rechte oder Einflussmöglichkeiten nach Buchstabe a haben (Mutterunternehmen);

c. der Unternehmen, bei denen ein Unternehmen nach Buchstabe b die Rechte oder Einflussmöglichkeiten nach Buchstabe a hat (Schwesterunternehmen);

d. der Unternehmen, bei denen mehrere der in diesem Absatz aufgeführten Unternehmen die Rechte oder Einflussmöglichkeiten nach Buchstabe a jeweils gemeinsam haben (Gemeinschaftsunternehmen).»

Die Umsätze des veräussernden Unternehmens bleiben bei der Umsatzberechnung unberücksichtigt.

Auch wenn Gegenstand des Zusammenschlusses ein Teil eines Unternehmens ist (welches z.B. in ein Gemeinschaftsunternehmen eingebracht wird), sind die Umsätze der/des zukünftigen Mutterunternehmen/s und allfälliger Tochter-, Schwester- und Gemeinschaftsunternehmen zu berücksichtigen.

Bitte geben Sie an:

3.1 die kumulierten Umsätze im letzten Geschäftsjahr aller beteiligten Unternehmen weltweit. Massgebend für die Bestimmung des letzten Geschäftsjahres ist der Zeitpunkt des Verpflichtungsgeschäfts, welches dem Zusammenschlussvorhaben zugrunde liegt.

3.2 die kumulierten Umsätze im letzten Geschäftsjahr aller beteiligten Unternehmen in der Schweiz.

3.3 den Umsatz im letzten Geschäftsjahr von jedem beteiligten Unternehmen in der Schweiz.

4 Definition der vom Zusammenschluss betroffenen Märkte (Art. 11 Abs. 1 Bst. d VKU)

Um die betroffenen Märkte zu bestimmen, sind vorgängig die relevanten Märkte abzugrenzen. Der relevante Markt besteht aus einer sachlichen und einer räumlichen Dimension.

Der sachliche Markt umfasst alle Waren oder Leistungen, die von der Marktgegenseite hinsichtlich ihrer Eigenschaften und ihres vorgesehenen Verwendungszwecks als substituierbar angesehen werden (Art. 11 Abs. 3 Bst. a VKU).

Der räumliche Markt umfasst das Gebiet, in welchem die Marktgegenseite die den sachlichen Markt umfassenden Waren oder Leistungen nachfragt oder anbietet (Art. 11 Abs. 3 Bst. b VKU).

Die VKU definiert den relevanten Markt aus der Sicht der Marktgegenseite und damit in der Regel aus der Sicht des Nachfragers. Bei Vorliegen bestimmter Voraussetzungen kann aber zusätzlich und separat das Konzept der Angebotssubstitution zur Anwendung gelangen.

Sind Anbieter in der Lage, ihre Produktion auf die – bei Definition aus Nachfragersicht – den sachlichen Markt umfassenden Waren oder Leistungen umzustellen und sie kurzfristig auf den Markt zu bringen, ohne spürbare Zusatzkosten oder Risiken einzugehen, so sind die entsprechenden Produktionskapazitäten dieser Anbieter dem Volumen des relevanten Marktes zuzurechnen. Mit anderen Worten: Diese Anbieter sind als Wettbewerber der beteiligten Unternehmen zu betrachten.

Für die Angaben in diesem Formular gelten als vom Zusammenschluss betroffene Märkte jene Märkte,

- in welchen der gemeinsame Marktanteil in der Schweiz von zwei oder mehr der beteiligten Unternehmen 20 Prozent oder mehr beträgt, und jene Märkte,

Meldeformular Zusammenschlussvorhaben

- in denen der Marktanteil in der Schweiz von einem der beteiligten Unternehmen 30 Prozent oder mehr beträgt.

Bitte nennen Sie:

4.1 jeden vom Zusammenschluss betroffenen Markt und erläutern Sie, weshalb bestimmte Waren oder Leistungen in den relevanten Markt einbezogen und weshalb andere ausgeschlossen wurden, wobei die Austauschbarkeit dieser Waren oder Leistungen hinsichtlich Eigenschaften und der/des Verwendungszweck/s zu würdigen sind. Dabei ist auszugehen von der Optik

    a. Ihrer Kunden (d.h. zu nennen sind die betroffenen Absatzmärkte) und

    b. Ihrer Lieferanten (d.h. zu nennen sind die betroffenen Beschaffungsmärkte).

4.2 die Grundlagen, welche zur Berechnung des Marktvolumens und der Marktanteile dienten.

Die Beantwortung der folgenden Fragen ist nur notwendig, wenn in Frage 4.1 betroffene Märkte zu nennen sind.

Bitte beschreiben Sie für jeden betroffenen Markt:

4.3 die Vertriebs- und Nachfragestrukturen. Hierzu gehören insbesondere

- die Marktphase (Experimentierungs-, Expansions-, Stagnations- oder Rückbildungsphase). Bitte erläutern Sie in diesem Zusammenhang, ob die Nachfrage in Zukunft zunehmen wird, stagniert oder abnehmende Tendenz zeigt;

- die Unterteilung der Nachfrage in Kundensegmente und/oder eine Beschreibung des/r «typischen» Kunden.

4.4 die Bedeutung von Forschung und Entwicklung (F+E) für die Fähigkeit, auch längerfristig im Wettbewerb bestehen zu können. Als Indikatoren können die jährlich notwendigen F+E-Ausgaben sowie die F+E-Intensität dienen, d.h. der Anteil der F+E-Ausgaben am Umsatz.

4.5 die wichtigsten F+E-Tätigkeiten bzw. -bereiche der beteiligten Unternehmen.

4.6 die wichtigsten Innovationen (insbesondere Verfahrens- aber auch Produkte- oder andere Innovationen) und nennen Sie Zeitpunkt und deren Urheber.

4.7 die Innovationszyklen und in welchem Stadium dieses Zyklus sich die F+E-Aktivitäten der beteiligten Unternehmen befinden.

4.8 die Patente, Know-how oder andere Schutzrechte, über welche die beteiligten Unternehmen verfügen.

5   Marktanteile (Art. 11 Abs.1 Bst. e VKU)

Die Beantwortung der folgenden Fragen ist nur notwendig, wenn es betroffene Märkte im Sinne von Artikel 11 Absatz 1 Buchstabe d VKU gibt (vgl. Frage 4.1).

Bitte geben Sie für jeden betroffenen Markt und für die letzten drei Jahre an und nennen Sie die Berechnungsgrundlagen (sofern diese von denjenigen in Frage 4.2 abweichen):

5.1 das Marktvolumen und die Marktanteile der am Zusammenschluss beteiligten Unternehmen.

5.2 die Marktanteile von jedem der drei wichtigsten Wettbewerber, soweit bekannt.

6   Marktzutritte (Art. 11 Abs.1 Bst. f. VKU).

Meldeformular Zusammenschlussvorhaben

Die Beantwortung der folgenden Fragen ist nur notwendig, wenn es betroffene Märkte im Sinne von Artikel 11 Absatz 1 Buchstabe d VKU gibt (vgl. Frage 4.1).

Bitte nennen Sie für jeden betroffenen Markt:

6.1 die in den letzten fünf Jahren neu eingetretenen Unternehmen und deren aktuelle Marktanteile.

6.2 diejenigen Unternehmen, welche in den nächsten drei Jahren eintreten könnten und die Wahrscheinlichkeit, dass es tatsächlich zu einem solchen Zutritt kommt.

6.3 nach Möglichkeit die Kosten, die ein Marktzutritt verursacht (Kapitalbedarf für Ausrüstung, Marketingaktivitäten, Aufbau von Vertriebssystemen, F+E-Aktivitäten usw.). Es ist ein Marktzutritt von genügender Grösse anzunehmen, so dass die zutretende Unternehmung tatsächlich als ernstzunehmender Wettbewerber gelten könnte.

6.4 andere Faktoren, welche die Kosten des Marktzutritts beeinflussen. Solche sind insbesondere

- behördliche Bewilligungen und/oder Normen;

- bestehende Exklusivverträge betreffend den Bezug oder die Belieferung;

- Patente, Know-how und andere Schutzrechte;

- die Kundenbindungen und der Stellenwert der Werbung;

- Grössenvorteile bei der Produktion von Waren oder Leistungen;

- die Frist, innerhalb welcher ein Marktzutritt vollzogen werden könnte (Startpunkt ist der Zeitpunkt ab Planung des Zutritts, Vollzugszeitpunkt ist das Wirksamwerden des Zutritts).

7 Der Meldung beizulegende Unterlagen (Art. 11 Abs. 2 VKU)

7.1 Kopien der neuesten Jahresrechnungen und Jahresberichte der beteiligten Unternehmen.

7.2 Kopien der Verträge, die den Zusammenschluss bewirken oder sonst mit ihm in einem Zusammenhang stehen, soweit sich deren wesentlicher Inhalt nicht bereits aus den Angaben 2.1 - 2.3 ergibt.

7.3 Im Falle eines öffentlichen Kaufangebots Kopien der Angebotsunterlagen.

7.4 Kopien der Berichte, Analysen und Geschäftspläne, die im Hinblick auf den Zusammenschluss erstellt wurden, soweit sie für die Beurteilung des Zusammenschlusses wichtige Angaben enthalten, die sich nicht bereits aus der Beschreibung in 2.1–2.3 ergeben.

8 Vollmacht

Der/die Vertreter des/r meldenden Unternehmen/s hat/ben sich durch schriftliche Vollmacht auszuweisen (Art. 11 Abs. 2 des Bundesgesetzes über das Verwaltungsverfahren; SR 172.021).

6. Formular für die Meldung einer möglicherweise unzulässigen Wettbewerbsbeschränkung (Entwurf vom April 2004)

I. *Allgemeine Erläuterungen*

I.1. Grundlage und Zweck

Ein Unternehmen, das an einer unzulässigen Abrede nach Art. 5 Abs. 3 und 4 KG beteiligt ist oder sich nach Art. 7 KG unzulässig verhält[1], wird mit einem Betrag bis zu 10 Prozent des in den letzten drei Geschäftsjahren in der Schweiz erzielten Umsatzes belastet (vgl. den am 1. April 2004 in Kraft getretenen Art. 49a Abs. 1 des Bundesgesetzes vom 6. Oktober 1995 über Kartelle und andere Wettbewerbsbeschränkungen; KG, SR 251).

Die Belastung entfällt unter anderem, wenn das Unternehmen die Wettbewerbsbeschränkung meldet, *bevor* diese Wirkung entfaltet. Die Belastung entfällt allerdings nicht, wenn dem Unternehmen innert fünf Monaten nach der Meldung die Eröffnung eines Verfahrens nach den Art. 26–30 KG mitgeteilt wird und es danach an der Wettbewerbsbeschränkung festhält (Art. 49a Abs. 3 Bst. a KG).[2]

---

[1] Die Art. 5 Abs. 3 und 4 KG sowie Art. 7 KG sind im Anhang 1 zu diesem Formular wiedergegeben.

[2] Gemäss Übergangsbestimmung zur Änderung des KG vom 20. Juni 2003 entfällt die Belastung auch, wenn eine bestehende Wettbewerbsbeschränkung innert eines Jahres nach Inkrafttreten von Art. 49a KG gemeldet oder aufgelöst wird, d.h. die Meldung oder Auflösung erfolgt spätestens bis am 31. März 2005. Das vorliegende Formular dient somit auch der Meldung einer bestehenden Wettbewerbsbeschränkung innerhalb der genannten Übergangsfrist.
Meldeformular Wettbewerbsbeschränkungen (Entwurf vom 24. März 2004).

Meldung der Wettbewerbsbeschränkung

Die Verordnung über die Sanktionen bei einer unzulässigen Wettbewerbsbeschränkung (KG-Sanktionenverordnung, SVKG) vom ... bestimmt in Art. 16, dass die Wettbewerbskommission die für die Meldung gemäss Art. 49a Abs. 3 Bst. a KG erforderlichen Angaben in einem Meldeformular umschreibt. Dementsprechend legt dieses Meldeformular die Voraussetzungen einer Meldung gemäss Art. 49a Abs. 3 Bst. a KG fest und soll dem meldenden Unternehmen gleichzeitig das Einreichen der Meldung eines möglicherweise wettbewerbsbeschränkenden Verhaltens erleichtern.

Eröffnung eines Verfahrens nach Art. 26-30 KG/Beurteilung der Wettbewerbsbeschränkung

Bei Meldungen nach Art. 49 Abs. 3 Bst. a KG haben die Wettbewerbsbehörden zu entscheiden, ob ein Verfahren nach den Art. 26 - 30 KG zu eröffnen ist. Dazu müssen sie über ein Minimum an Informationen verfügen. Die in diesem Formular verlangten Angaben sollen dem Sekretariat der Wettbewerbskommission (Sekretariat) erlauben, rasch und mit minimalem administrativem Aufwand zu beurteilen, ob das gemeldete Verhalten Anlass für die Eröffnung eines Verfahrens nach den Art. 26–30 KG gibt.

Das Sekretariat ist gerne bereit, Fragen zum Meldeformular oder zur Beurteilung von Wettbewerbsbeschränkungen im Allgemeinen zu beantworten. An der Wettbewerbsbeschränkung beteiligte Unternehmen und das Sekretariat können vor der Meldung Einzelheiten des Inhalts der Meldung einvernehmlich festlegen (vgl. auch Abschnitt I.5 dieses Formulars). Die Adresse des Sekretariats lautet:

Sekretariat der Wettbewerbskommission
Monbijoustrasse 43
3003 Bern
Telefon 031 322 20 40
Fax 031 322 20 53
E-Mail: weko@weko.admin.ch

I.2. Begriffsbestimmungen

Unzulässige Wettbewerbsbeschränkung: Eine unzulässige Wettbewerbsbeschränkung ist entweder eine unzulässige Wettbewerbsabrede nach Art. 5 KG oder eine unzulässige Verhaltensweise eines marktbeherrschenden Unternehmens gemäss Art. 7 KG (vgl. Anhang 1).

Beteiligte(s) Unternehmen:

Dieser Begriff umfasst:

- bei Wettbewerbsabreden: diejenigen Unternehmen, welche die Abrede vereinbart haben oder welche sich der Abrede später angeschlossen haben;

- bei Verhaltensweisen marktbeherrschender Unternehmen: das oder die möglicherweise marktbeherrschende(n) Unternehmen.

Von der Wettbewerbsbeschränkung betroffener Bereich: Er umfasst alle Tätigkeiten und Waren oder Dienstleistungen, auf welche sich die Wettbewerbsbeschränkung bezieht oder welche von der Wettbewerbsbeschränkung in nennenswertem Ausmass beeinflusst werden. Beispiel: Legen die Hersteller von Vitaminen die Preise für ihre Vitaminprodukte gemeinsam fest, handelt es sich beim von der Wettbewerbsbeschränkung betroffenen Bereich um die Vitaminprodukte der an der Preisabrede beteiligten Unternehmen, aber auch um die Vitaminprodukte von Herstellern, welche nicht an der Abrede beteiligt sind, falls deren Stellung im Wettbewerb von der Preisabrede beeinflusst wird. Sofern von der Wettbewerbsabrede beeinflusst und für die Fragestellung relevant, gehören auch Nachfrager und Lieferanten zum von der Wettbewerbsbeschränkung betroffenen Bereich.

Meldeformular Wettbewerbsbeschränkungen

I.3. Wer melden kann

Bei Wettbewerbsabreden: Ein beteiligtes Unternehmen alleine oder die beteiligten Unternehmen gemeinsam.

Bei Verhaltensweisen marktbeherrschender Unternehmen: Das oder die möglicherweise marktbeherrschende/n Unternehmen. Beherrschen mehrere Unternehmen den Markt gemeinsam (kollektive Marktbeherrschung) kann die Meldung von einem der möglicherweise kollektiv marktbeherrschenden Unternehmen alleine, von mehreren oder allen gemeinsam eingereicht werden.

Meldende Unternehmen oder ihre Vertreter mit Wohnsitz oder Sitz im Ausland haben in der Schweiz ein Zustellungsdomizil zu bezeichnen.

Die beteiligten Unternehmen können sich von einem Branchenverband vertreten lassen. In diesem Fall kann die Meldung auch vom Branchenverband eingereicht werden.

I.4. Wie zu melden ist

Die Meldung ist in einer der Amtssprachen in dreifacher Ausfertigung beim Sekretariat einzureichen (Art. 15 SVKG). Die Beilagen können grundsätzlich auch in englischer Sprache eingereicht werden.

Um die Arbeit des Sekretariats zu erleichtern, sind die Antworten in der angegebenen Reihenfolge und mit der entsprechenden Nummer bezeichnet einzureichen.

I.5. Erleichterte Meldung

Das Sekretariat und das meldende Unternehmen können vor der Meldung einer Wettbewerbsbeschränkung Einzelheiten des Inhalts der Meldung einvernehmlich festlegen. Das Sekretariat kann dabei das Unternehmen von der Vorlage von einzelnen Angaben oder Unterlagen befreien, wenn es der Ansicht ist, dass diese für die Beurteilung des Falles nicht notwendig sind (Art. 17 SVKG).

Denkbar ist eine erleichterte Meldung beispielsweise, wenn das Sekretariat die von der Wettbewerbsabrede betroffenen Märkte bereits aus früheren Entscheidungen kennt oder wenn für ein Unternehmen bereits in einem früheren kartellrechtlichen Verfahren festgestellt worden ist, dass es auf einem bestimmten Markt eine marktbeherrschende Stellung innehat.

I.6. Bestätigung des Eingangs der Meldung / Fristenlauf / Tragweite der Meldung

Das Sekretariat bestätigt den meldenden Unternehmen den Eingang der Meldung.

Bei Meldungen nach Art. 49 Abs. 3 Bst. a KG beginnt die Frist von fünf Monaten, innerhalb welcher die Wettbewerbsbehörde zu entscheiden hat, ob ein Verfahren nach den Art. 26–30 KG zu eröffnen ist, am Tag nach Eingang der Meldung beim Sekretariat der Wettbewerbskommission. Diese Frist endet nach fünf Monaten an jenem Tag, welcher dieselbe Tageszahl trägt wie der Tag des Fristbeginns; gibt es diese Tageszahl nicht, so endet die Frist am letzten Tag des fünften Monats (vgl. Art. 20 Abs. 1, 1. Satz der Verordnung über die Kontrolle von Unternehmenszusammenschlüssen vom 17. Juni 1996, SR 251.4, der hier analog angewendet wird).[3]

Wird kein Verfahren nach Art. 26–30 KG eröffnet, sind von der Sanktion befreit ausschliesslich die in der Meldung beschriebenen Wettbewerbsbeschränkungen. Erachtet das Sekretariat die Angaben oder Beilagen als unvollständig, so kann das Sekretariat das mel-

---

[3] Bei Meldungen gemäss der Übergangsbestimmung zur Änderung vom 20. Juni 2003 ist die Wettbewerbsbehörde an keine Fristvorgaben gebunden.

dende Unternehmen auffordern, die Meldung zu ergänzen (vgl. Art. 18 SVKG).

In jedem Fall kann das Sekretariat von den beteiligten Unternehmen oder von Dritten zusätzliche Informationen einholen, die es als notwendig erachtet.

I.7. Geschäftsgeheimnisse

Art. 25 KG bestimmt, dass die Wettbewerbsbehörden das Amtsgeheimnis zu wahren haben. Sie dürfen Kenntnisse, die sie bei ihrer Tätigkeit erlangen, nur zu dem mit der Auskunft oder dem Verfahren verfolgten Zweck verwerten. Ferner dürfen die Veröffentlichungen der Wettbewerbsbehörden keine Geschäftsgeheimnisse preisgeben.

Falls die Interessen eines beteiligten Unternehmens gefährdet werden, wenn bestimmte in diesem Formular verlangte Angaben veröffentlicht oder sonst wie Dritten oder einem anderen beteiligten Unternehmen bekannt gegeben werden, sind diese Angaben in geeigneter Form (z.B. separat) und als «Geschäftsgeheimnis" bezeichnet einzureichen. Das meldende Unternehmen kann zu diesem Zweck allenfalls eine Meldung einreichen, welche alle Angaben inklusive Geschäftsgeheimnisse beinhaltet, und zusätzlich eine Meldung beilegen, welche um Geschäftsgeheimnisse bereinigt ist.

Geschäftsgeheimnisse sind grundsätzlich einzelne Angaben, d.h. nicht ganze Dokumente. In jedem Fall ist anzugeben, weshalb diese Angaben Geschäftsgeheimnisse darstellen. Falls in der Meldung keine Aussagen über allfällige Geschäftsgeheimnisse gemacht werden, geht das Sekretariat davon aus, dass die Meldung keine Geschäftsgeheimnisse enthält.

I.8. Ausländische Meldeformulare

Werden Wettbewerbsbeschränkungen, die von Art. 5 und/oder Art. 7 KG erfasst werden, auch in anderen Staaten angemeldet, können in diesen Staaten eingereichte Meldungen grundsätzlich auch dem Sekretariat zugestellt werden.[4] Allerdings müssen solche Meldungen in einer schweizerischen Amtssprache gehalten sein und alle in Teil II des vorliegenden Formulars verlangten Angaben enthalten. Ferner müssen diejenigen Stellen bezeichnet werden, an welchen die für die Meldung in der Schweiz relevanten Daten gefunden werden können.

Der Inhalt von Begriffen wie Wettbewerbsabrede, marktbeherrschendes Unternehmen, beteiligtes Unternehmen und andere sind in ausländischen Erlassen zum Teil nicht mit jenen im KG identisch. Wird beabsichtigt, Meldeformulare von anderen Staaten in der Schweiz einzureichen, wird daher empfohlen, vorgängig mit dem Sekretariat Kontakt aufzunehmen.

I.9. Widerspruchsverfahren

Wird dem Unternehmen innerhalb von fünf Monaten nach Eingang der Meldung keine Eröffnung eines Verfahrens nach den Art. 26–30 KG mitgeteilt, d.h. erheben die Wettbewerbsbehörden innerhalb dieser Frist keinen Widerspruch gegen die angemeldete Wettbewerbsbeschränkung, so entfällt für den gemeldeten Sachverhalt eine Sanktion nach Art. 49a Abs. 1 KG (vgl. Art. 19 SVKG).

I.10. Gebühren

Die Behandlung der Meldung einer Wettbewerbsbeschränkung ist gemäss Art. 1 Abs. 1 Bst. b der Verordnung über die Gebühren im Kartellgesetz vom ... (KG-Gebührenverordnung, SR 251.2) gebührenpflichtig.

---

[4] Solche Meldeformulare sind z.B. das Formblatt A/B der EU-Kommission (Bestandteil) der Verordnung [EG] Nr. 3385/94 der Kommission vom 21. Dezember 1994) oder Anmeldungen beim Bundeskartellamt (BKartA) auf Grundlage der Bekanntmachungen Nr. 109/98 und 110/98 über Verwaltungsgrundsätze des BKartA über das Verfahren bei der Anmeldung von diversen Kartellformen.

Die Gebühr bemisst sich nach Zeitaufwand (Art. 4 Abs. 1 KG-Gebührenverordnung). Gemäss Art. 4 Abs. 2 KG-Gebührenverordnung gilt ein Stundenansatz von [...] Franken.

II. *Für die Meldung der Wettbewerbsbeschränkung notwendige Angaben*

1. Angaben zu den Unternehmen

Bitte geben Sie an:

1.1 Zum (zu den) meldenden *Unternehmen*:

    1.1.1 Firmenname, Rechtsform und Sitz des oder der Unternehmen, welche/s die Meldung einreicht/en.

    1.1.2 Geschäftstätigkeiten dieses/r Unternehmens/s (kurze Beschreibung).

    1.1.3 Namen, Adresse, Tel-Nr., Fax-Nr. und E-Mail-Adresse sowie Funktion der Kontaktperson(en) in diesem/n Unternehmen.

1.2 Zum (zu den) *Vertreter/n* des/der meldenden Unternehmen/s:

    1.2.1 Name und Adresse.

    1.2.2 Name der Kontaktperson/en sowie deren Tel-Nr., Fax-Nr. und E-Mail-Adresse.

1.3 Zum (zu den) anderen beteiligten Unternehmen:

    1.3.1 Firmenname, Rechtsform und Sitz des/der Unternehmen/s, welche/s an der Wettbewerbsabrede bzw. der möglicherweise unzulässigen Verhaltensweise beteiligt ist/sind.

1.3.2 Geschäftstätigkeiten dieses/r Unternehmen (kurze Beschreibung).

1.3.3 Namen, Adresse, Tel-Nr., Fax-Nr. und E-Mail-Adresse sowie Funktion der Kontaktperson(en) in diesem/n Unternehmen.

1.3.4 Sind diese anderen beteiligten Unternehmen von der Meldung unterrichtet? Falls nein: Bitte nennen Sie die Gründe, weshalb die anderen beteiligten Unternehmen nicht unterrichtet wurden.

1.4 Hatten Sie betreffend die hier gemeldete Wettbewerbsbeschränkung bereits früher Kontakt mit den Wettbewerbsbehörden in der Schweiz? Falls ja, geben Sie bitte die entsprechende Registernummer an oder legen Sie die Korrespondenz bei.

1.5 Wurden Wettbewerbsbehörden anderer Länder ebenfalls von der Wettbewerbsbeschränkung in Kenntnis gesetzt? Falls ja:

a. Welche Wettbewerbsbehörden wurden von der Wettbewerbsbeschränkung in Kenntnis gesetzt?

b. Haben diese Wettbewerbsbehörden bereits über die Zulässigkeit bzw. Unzulässigkeit der Wettbewerbsbeschränkung entschieden? Falls ja:

c. Legen Sie bitte den Entscheid dieser Wettbewerbsbehörden bei.

2. Beschreibung der Wettbewerbsbeschränkung

Bitte beschreiben Sie die Wettbewerbsbeschränkung, insbesondere

2.1 die Art der Wettbewerbsbeschränkung, d.h.

Meldeformular Wettbewerbsbeschränkungen

2.1.1 handelt es sich um eine in Art. 5 Abs. 3 KG erwähnte horizontale Wettbewerbsabrede, d.h. um eine Abrede zwischen gegenwärtigen oder möglichen Konkurrenten über Preise, Mengen, Gebiete- oder Kunden oder um eine Kombination solcher Abreden?

2.1.2 handelt es sich um eine in Art. 5 Abs. 4 KG erwähnte vertikale Wettbewerbsabrede, d.h. um eine Abrede zwischen Unternehmen verschiedener Marktstufen über Mindest- oder Festpreise oder über Gebietszuweisungen oder um eine Kombination solcher Abreden?

2.1.3 handelt es sich um eine oder mehrere Verhaltensweise/n, die unter Art. 7 KG fällt/fallen (vgl. Anhang 1)?

2.2 die Waren oder Dienstleistungen, auf welche sich die Wettbewerbsbeschränkung bezieht.

2.3 die Ziele, die mit der Wettbewerbsbeschränkung verfolgt werden respektive die Probleme, welche mit der Wettbewerbsbeschränkung gelöst werden sollen.[5]

2.4 (falls es sich bei der Wettbewerbsbeschränkung um eine Wettbewerbsabrede handelt) ob es zwischen den beteiligten Unternehmen weitere Vereinbarungen oder andere Kooperationsformen gibt oder ob es solche in den letzten drei Jahren gegeben hat.

---

[5] Bei Meldungen gemäss der Übergangsbestimmung zur Änderung des KG vom 20. Juni 2003 sind hier zusätzlich zu beantworten: a) seit wann die Wettbewerbsbeschränkung besteht bzw. wann sie eingeführt wurde und b) ob die Wettbewerbsbeschränkung weiterhin bestehen bleibt oder ob sie in Zukunft nicht mehr praktiziert wird.

Meldeformular Wettbewerbsbeschränkungen

3. Der Meldung beizulegende Unterlagen

3.1 Kopien der drei letzten Jahresrechnungen und Jahresberichte des/der meldenden Unternehmen/s und, sofern vorhanden, der anderen beteiligten Unternehmen.

3.2 Kopien der Verträge, von Korrespondenzen oder sonstiger schriftlicher oder elektronischer Aufzeichnungen, die der Wettbewerbsbeschränkung zugrunde liegen oder sonst mit ihr in einem Zusammenhang stehen.

3.3 Kopien der Berichte, Analysen und Geschäftspläne, die im Hinblick auf die Wettbewerbsbeschränkung erstellt wurden.

4. Vollmacht

Der/die Vertreter des/r meldenden Unternehmen/s hat/ben sich durch schriftliche Vollmacht auszuweisen.

Falls es sich bei der gemeldeten Wettbewerbsbeschränkung um

- eine Wettbewerbsabrede nach Art. 5 Abs. 3 KG handelt, beantworten Sie bitte den Frageblock 5.[6]

- eine Wettbewerbsabrede nach Art. 5 Abs. 4 KG handelt, beantworten Sie bitte den Frageblock 6.[7]

- eine möglicherweise unzulässige Verhaltensweise eines marktbeherrschenden Unternehmens nach Art. 7 KG handelt, beantworten Sie bitte den Frageblock 7.[8]

---

[6] Falls Sie gemäss der Übergangsbestimmung zur Änderung des KG vom 20. Juni 2003 eine bestehende Wettbewerbsbeschränkung melden und die Wettbewerbsbeschränkung in Zukunft nicht mehr praktiziert wird, sind keine weiteren Angaben zu machen oder Unterlagen beizulegen, d.h. die Frageblöcke 5, 6 oder 7 brauchen nicht beantwortet zu werden.

[7] Siehe Fussnote 6.

5. Angaben zu den Wettbewerbsverhältnissen bei Meldungen betreffend Wettbewerbsabreden nach Art. 5 Abs. 3 KG

5.1 Bitte geben Sie an:

5.1.1 den Umsatz für jedes der beteiligten Unternehmen, welchen diese mit den Waren oder Dienstleistungen, auf welche sich die Wettbewerbsabrede bezieht, im letzten Jahr erzielt haben.

5.1.2 sofern bekannt, den ungefähren Gesamtumsatz, welche alle im von der Wettbewerbsbeschränkung betroffenen Bereich tätigen Unternehmen im letzten Jahr insgesamt erzielt haben.

5.2 Bitte nennen Sie Firmennamen und Adressen Ihrer fünf wichtigsten Konkurrenten und geben Sie – falls bekannt – deren ungefähre Jahresumsätze im von der Wettbewerbsbeschränkung betroffenen Bereich an. Als Konkurrenten gelten nur Unternehmen, welche nicht an der Wettbewerbsabrede beteiligt sind.

5.3 Falls Sie der Auffassung sind, es sei für die Beurteilung der gemeldeten Wettbewerbsabrede notwendig, erläutern bzw. nennen Sie bitte

5.3.1 Firmennamen und Adressen derjenigen Unternehmen, welche in den letzten 3 Jahren neu in den von der Wettbewerbsbeschränkung betroffenen Bereich zugetreten sind. Falls es solche Unternehmen gibt, geben Sie bitte, sofern bekannt, deren ungefähre Jahresumsätze im von der Wettbewerbsbeschränkung betroffenen Bereich an.

---

[8] Siehe Fussnote 6.

5.3.2 Firmennamen und Adressen jener Unternehmen, welche Ihres Erachtens über das Know-how, die finanziellen Mittel und alle sonst erforderlichen Fähigkeiten verfügen, um innerhalb kurzer Zeit (2 Jahre) neu als Konkurrenten in den von der Wettbewerbsbeschränkung betroffenen Bereich zuzutreten.

5.3.3 die Vertriebs- und Nachfragestrukturen im von der Wettbewerbsbeschränkung betroffenen Bereich.

5.3.4 die Bedeutung von Forschung und Entwicklung (F+E) im von der Wettbewerbsbeschränkung betroffenen Bereich.

5.3.5 spezielle gesetzliche Vorschriften oder Bewilligungen/Konzessionen/Auflagen von Behörden, die den Wettbewerb im betroffenen Bereich beschränken.

5.3.6 andere Umstände, welche bei der Beurteilung der gemeldeten Wettbewerbsabrede zu berücksichtigen sind.

6. Angaben zu den Wettbewerbsverhältnissen bei Meldungen betreffend Wettbewerbsabreden nach Art. 5 Abs. 4 KG

6.1 Bitte beschreiben Sie anhand des in Anhang 2 befindlichen Schemas auf welcher Marktstufe Sie sich befinden.

6.2 Bitte geben Sie an

6.2.1 den Umsatz für jedes der beteiligten Unternehmen, welchen diese mit den Waren oder Dienstleistungen, auf welche sich die Wettbewerbsabrede bezieht, im letzten Jahr erzielt haben.

6.2.2 sofern bekannt, den ungefähren Gesamtumsatz, welche alle im von der Wettbewerbsbeschränkung betroffenen Bereich tätigen Unternehmen im letzten Jahr insgesamt

Meldeformular Wettbewerbsbeschränkungen

erzielt haben. Bitte geben Sie den Gesamtumsatz unterteilt nach Marktstufe an.

6.3 Bitte nennen Sie Firmennamen und Adressen Ihrer fünf wichtigsten Konkurrenten auf jeder betroffenen Marktstufe und geben Sie – falls bekannt – deren ungefähre Jahresumsätze im von der Wettbewerbsbeschränkung betroffenen Bereich an. Als Konkurrenten gelten nur Unternehmen, welche nicht an der Wettbewerbsabrede beteiligt sind.

6.4 Beschreiben Sie bitte den Vertrieb ab Herstellung bis zum Endkunden der von Ihnen vertriebenen und von der Wettbewerbsabrede betroffenen Waren oder Dienstleistungen.

6.5 Geben Sie bitte an, ob die Wettbewerbsbeschränkung zu einer Unterbindung von Parallelimporten führt.

6.6 Falls Sie der Auffassung sind, es sei für die Beurteilung der gemeldeten Wettbewerbsabrede notwendig, erläutern bzw. nennen Sie bitte

6.6.1 Firmennamen und Adressen derjenigen Unternehmen, welche in den letzten 3 Jahren neu in den von der Wettbewerbsbeschränkung betroffenen Bereich zugetreten sind. Falls es solche Unternehmen gibt, geben Sie bitte für jede Marktstufe, sofern bekannt, deren ungefähre Jahresumsätze im von der Wettbewerbsbeschränkung betroffenen Bereich an.

6.6.2 für jede Marktstufe Firmennamen und Adressen jener Unternehmen, welche Ihres Erachtens über das Knowhow, die finanziellen Mittel und alle sonst erforderlichen Fähigkeiten verfügen, um innerhalb kurzer Zeit (2 Jahre) neu als Konkurrenten in den von der Wettbewerbsbeschränkung betroffenen Bereich zuzutreten.

6.6.3 die Bedeutung von Forschung und Entwicklung (F+E) im von der Wettbewerbsbeschränkung betroffenen Bereich.

6.6.4 spezielle gesetzliche Vorschriften oder Bewilligungen/Konzessionen/Auflagen von Behörden, die den Wettbewerb im betroffenen Bereich beschränken.

6.6.5 andere Umstände, welche bei der Beurteilung der gemeldeten Wettbewerbsabrede zu berücksichtigen sind.

7. Angaben zu den Wettbewerbsverhältnissen bei Meldungen betreffend möglicherweise unzulässige Verhaltensweisen marktbeherrschender Unternehmen nach Art. 7 KG

7.1 Bitte erläutern Sie, aus welchem Grund Sie davon ausgehen, Ihr Unternehmen sei marktbeherrschend im Sinne von Art. 4 Abs. 2 KG.

7.2 Bitte nennen Sie

7.2.1 den Umsatz des möglicherweise marktbeherrschenden Unternehmens, welchen dieses mit den Waren oder Dienstleistungen, auf welche sich die Wettbewerbsbeschränkung bezieht, im letzten Jahr erzielt hat.

7.2.2 sofern bekannt, den ungefähren Gesamtumsatz, welche alle im von der Wettbewerbsbeschränkung betroffenen Bereich tätigen Unternehmen im letzten Jahr insgesamt erzielt haben.

7.3 Bitte nennen Sie Ihre wichtigsten Konkurrenten und geben Sie deren Firmenamen und Adressen sowie – falls bekannt – deren ungefähre Jahresumsätze im von der Wettbewerbsbeschränkung betroffenen Bereich an.

Meldeformular Wettbewerbsbeschränkungen

7.4 Bitte nennen Sie alle Unternehmen, die von der möglicherweise unzulässigen Verhaltensweise betroffen sind. (Ein Unternehmen ist von einer möglicherweise unzulässigen Verhaltensweise betroffen, wenn es durch diese Verhaltensweise in der Aufnahme oder Ausübung des Wettbewerbs behindert oder benachteiligt werden könnte). Handelt es sich um eine Vielzahl von Unternehmen, sind zumindest fünf davon anzugeben.

7.5 Bitte nennen Sie Firmenamen und Adressen jener Ihrer Lieferanten, bei welchen Sie Abnehmer von mehr als 20% des Umsatzes dieses Lieferanten sind. Massgebend ist derjenige Umsatz des Lieferanten, welchen dieser im von der Wettbewerbsbeschränkung betroffenen Bereich erzielt (mögliche Abhängigkeit bestimmter Lieferanten von den beteiligten Unternehmen).

7.6 Bitte beschreiben Sie anhand des in Anhang 2 befindlichen Schemas, auf welcher Marktstufe Sie sich befinden.

7.7 Geben Sie bitte an, ob die Wettbewerbsbeschränkung zu einer Unterbindung von Parallelimporten führt.

7.8 Falls Sie der Auffassung sind, es sei für die Beurteilung der gemeldeten Wettbewerbsbeschränkung notwendig, erläutern bzw. nennen Sie bitte

7.8.1 Firmenamen und Adressen derjenigen Unternehmen, welche in den letzten 3 Jahren neu in den von der Wettbewerbsbeschränkung betroffenen Bereich zugetreten sind. Falls es solche Unternehmen gibt, geben Sie bitte, sofern bekannt, deren ungefähre Jahresumsätze im von der Wettbewerbsbeschränkung betroffenen Bereich an.

7.8.2 Firmenamen und Adressen jener Unternehmen, welche Ihres Erachtens über das Know-how, die finanziellen Mittel und alle sonst erforderlichen Fähigkeiten verfügen, um innerhalb kurzer Zeit (2 Jahre) neu als Konkurrenten in den von der Wettbewerbsbeschränkung betroffenen Bereich zuzutreten.

7.8.3 die Vertriebs- und Nachfragestrukturen im von der Wettbewerbsbeschränkung betroffenen Bereich.

7.8.4 die Bedeutung von Forschung und Entwicklung (F+E) im von der Wettbewerbsbeschränkung betroffenen Bereich.

7.8.5 spezielle gesetzliche Vorschriften oder Bewilligungen/Konzessionen/Auflagen von Behörden, die den Wettbewerb im betroffenen Bereich beschränken.

7.8.6 andere Umstände, welche bei der Beurteilung der gemeldeten Wettbewerbsbeschränkung zu berücksichtigen sind.

Anhang 1

Bundesgesetz über Kartelle und andere Wettbewerbsbeschränkungen (Kartellgesetz, KG)

vom 6. Oktober 1995 (Stand am 1. April 1996)

...

1. Kapitel: Allgemeine Bestimmungen

...

Art. 4 Begriffe

[1] Als Wettbewerbsabreden gelten rechtlich erzwingbare oder nicht erzwingbare Vereinbarungen sowie aufeinander abgestimmte Verhaltensweisen von Unternehmen gleicher oder verschiedener Marktstufen, die eine Wettbewerbsbeschränkung bezwecken oder bewirken.

[2] Als marktbeherrschende Unternehmen gelten einzelne oder mehrere Unternehmen, die auf einem Markt als Anbieter oder Nachfrager in der Lage sind, sich von anderen Marktteilnehmern (Mitbewerbern, Anbietern oder Nachfragern) in wesentlichem Umfang unabhängig zu verhalten.

...

2. Kapitel: Materiellrechtliche Bestimmungen

1. Abschnitt: Unzulässige Wettbewerbsbeschränkungen

Art. 5 Unzulässige Wettbewerbsabreden

...

[3] Die Beseitigung wirksamen Wettbewerbs wird bei folgenden Abreden vermutet, sofern sie zwischen Unternehmen getroffen werden, die tatsächlich oder der Möglichkeit nach miteinander im Wettbewerb stehen:

a. Abreden über die direkte oder indirekte Festsetzung von Preisen;

b. Abreden über die Einschränkung von Produktions-, Bezugs- oder Liefermengen;

c. Abreden über die Aufteilung von Märkten nach Gebieten oder Geschäftspartnern.

[4] Die Beseitigung wirksamen Wettbewerbs wird auch vermutet bei Abreden zwischen Unternehmen verschiedener Marktstufen über Mindest- oder Festpreise sowie bei Abreden in Vertriebsverträgen über die Zuweisung von Gebieten, soweit Verkäufe in diese durch gebietsfremde Vertriebspartner ausgeschlossen bleiben.

...

Art. 7 Unzulässige Verhaltensweisen marktbeherrschender Unternehmen

[1] Marktbeherrschende Unternehmen verhalten sich unzulässig, wenn sie durch den Missbrauch ihrer Stellung auf dem Markt andere Unternehmen in der Aufnahme oder Ausübung des Wettbewerbs behindern oder die Marktgegenseite benachteiligen.

Meldeformular Wettbewerbsbeschränkungen (Anhang 1)

[2] Als solche Verhaltensweisen fallen insbesondere in Betracht:

a. die Verweigerung von Geschäftsbeziehungen (z. B. die Liefer- oder Bezugssperre);

b. die Diskriminierung von Handelspartnern bei Preisen oder sonstigen Geschäftsbedingungen;

c. die Erzwingung unangemessener Preise oder sonstiger unangemessener Geschäftsbedingungen;

d. die gegen bestimmte Wettbewerber gerichtete Unterbietung von Preisen oder sonstigen Geschäftsbedingungen;

e. die Einschränkung der Erzeugung, des Absatzes oder der technischen Entwicklung;

f. die an den Abschluss von Verträgen gekoppelte Bedingung, dass die Vertragspartner zusätzliche Leistungen annehmen oder erbringen.

Meldeformular Wettbewerbsbeschränkungen (Anhang 2)

Anhang 2

Fragen 6.1 und 7.6 des Meldeformulars

Zur Veranschaulichung werden Sie gebeten, die wichtigsten Produktions- und Handelsstufen vom Produzenten bis Konsument einzufügen:

III. z.B. Produzent/Hersteller/Lieferant; Generalimporteur; Grossist; Händler/Weiterverkäufer; Detailhändler; Konsument

Bitte zögern Sie nicht, weitere Grafiken, Strukturelemente oder Bemerkungen anzufügen.

Beispiel 1:

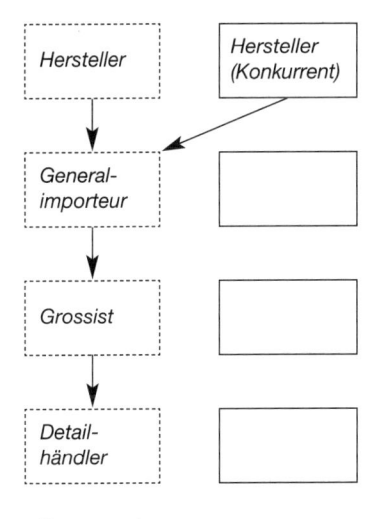

Hersteller → *Hersteller (Konkurrent)*

↓

Generalimporteur

↓

Grossist

↓

Detailhändler

Konsument

Meldeformular Wettbewerbsbeschränkungen (Anhang 2)

Beispiel 2:

```
                    ┌─────────────┐
                    │  Hersteller │
                    └──────┬──────┘
                           ▼
                    ┌─────────────┐
                    │  General-   │
                    │  importeur  │
                    └──────┬──────┘
         ┌─────────────────┼─────────────────┐
         ▼                 ▼                 ▼
   ┌──────────┐      ┌──────────┐      ┌──────────┐
   │ Grossist │ ───► │ Grossist │      │ Grossist │
   │          │ ◄─── │          │      │          │
   └──────────┘      └─────┬────┘      └─────┬────┘
                           ▼                 ▼
                    ┌─────────────┐   ┌─────────────┐
                    │Detailhändler│   │Detailhändler│
                    └─────────────┘   └─────────────┘
```

Konsument

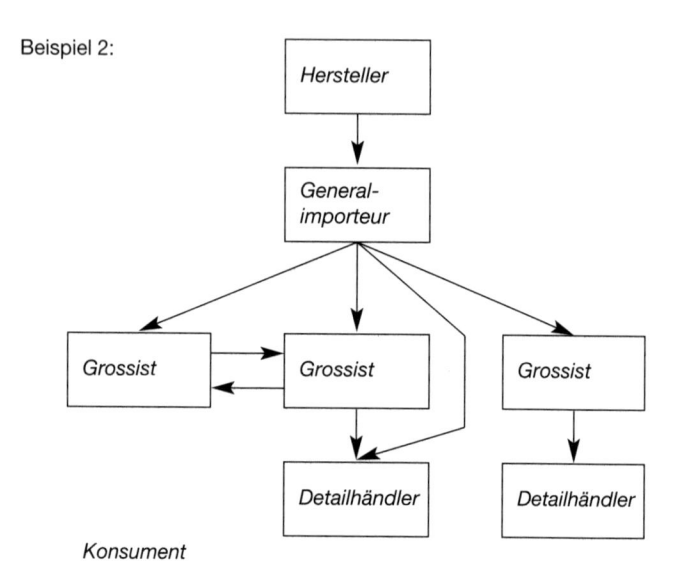

D. Materialien

Botschaft
über die Änderung des Kartellgesetzes

vom 7. November 2001

Sehr geehrter Herr Präsident,
sehr geehrte Frau Präsidentin,
sehr geehrte Damen und Herren,

wir unterbreiten Ihnen mit der vorliegenden Botschaft den Entwurf einer Änderung des Kartellgesetzes mit dem Antrag auf Zustimmung.

Gleichzeitig beantragen wir Ihnen, den folgenden parlamentarischen Vorstoss abzuschreiben:

2000   M   99.3307   Kartellgesetz. Griffige Bussenregelung
(N 24.3.00, [Jans] – Strahm; S 28.9.00)

Wir versichern Sie, sehr geehrter Herr Präsident, sehr geehrte Frau Präsidentin, sehr geehrte Damen und Herren, unserer vorzüglichen Hochachtung.

7. November 2001   Im Namen des Schweizerischen Bundesrates

                                        Der Bundespräsident: Moritz Leuenberger
                                        Die Bundeskanzlerin: Annemarie Huber-Hotz

Botschaft 01

Übersicht

Hauptziel der Änderung des Kartellgesetzes ist die Einführung direkter Sanktionen bei den besonders schädlichen kartellrechtlichen Verstössen. Damit soll vor allem auch die Präventivwirkung des Gesetzes erhöht werden.

Aus verfassungsrechtlichen Gründen wird darauf verzichtet, für alle Verstösse gegen das Kartellgesetz generell direkte Sanktionen vorzusehen. Sanktioniert werden sollen vielmehr die so genannt harten Kartelle (d.h. Abreden, welche Preis-, Mengen- oder Gebietsabreden zum Gegenstand haben – vgl. Art. 5 Abs. 3 KG) sowie der Missbrauch von Marktmacht (vgl. Art. 7 KG). Im Bereich der besonders bedenklichen Wettbewerbsbeschränkungen wird die Präventivwirkung des Gesetzes damit entscheidend erhöht. Um die Rechtssicherheit zu gewährleisten, erhalten die Unternehmen die Möglichkeit, eine allenfalls unzulässige Verhaltensweise vor ihrem Vollzug der Wettbewerbskommission (Weko) zu melden. Ein Unternehmen, das eine Wettbewerbsbeschränkung der Weko gemeldet hat, kann dann für das fragliche Verhalten nicht mit einer Sanktion belegt werden. Zudem soll die Weko gegenüber einem Unternehmen, das als Kartellmitglied an der Aufdeckung und Beseitigung des betreffenden Kartells mitgewirkt hat, auf direkte Sanktionen ganz oder teilweise verzichten können (Bonusregelung). Damit werden Untersuchungen der Weko erleichtert und die Solidarität unter Kartellmitgliedern untergraben. Schliesslich werden in diesem Zusammenhang verfahrensrechtliche Fragen geklärt und das bestehende Instrumentarium in einzelnen Punkten konkretisiert (Hausdurchsuchungen, Sicherstellung von Beweisgegenständen).

Weitere Änderungen betreffen:

- *den Begriff des marktbeherrschenden Unternehmens: Die Konkretisierung des Begriffs in Artikel 4 wird die Vertretung der aus marktstrukturellen Gründen abhängigen Unternehmen, wozu auch die kleinen und mittleren Unternehmen (KMU) gehören können, in der Praxis erleichtern.*

- *die Schwellenwerte für die Meldepflicht bei Unternehmenszusammenschlüssen (Art. 9): Das geltende Kartellgesetz sieht spezielle Schwellenwerte für die Meldepflicht von Zusammenschlüssen zwischen Medienunternehmen vor. Im Ergebnis unterliegen heute Zusammenschlüsse von Medienunternehmen einer verschärften Meldepflicht. Die bisherige Erfahrung bei Medienzusammenschlüssen hat jedoch gezeigt, dass die Pressekonzentration zwar weiter fortschreitet, dass es indessen genügt, wenn entsprechende Vorgänge nach den allgemeinen Kriterien aufgegriffen werden. Deshalb ist in Zukunft auf den speziellen Schwellenwert für die Meldepflicht von Medienunternehmen zu verzichten. Andererseits soll die Berechnung der Schwellenwerte für meldepflichtige Zusammenschlüsse von Banken und Finanzinstituten an die geänderten Regelungen der EU angepasst werden.*

- *die Gebühren (Art. 53a): Die Erhebung von Gebühren durch die Wettbewerbsbehörden wird in einem speziellen Artikel geregelt.*

Botschaft

1 Allgemeiner Teil
1.1 Ausgangslage
1.1.1 Grundzüge des Kartellgesetzes

Mit dem Inkrafttreten des neuen Kartellgesetzes am 1. Juli 1996 (KG; SR *251*) sind in der Schweiz die wettbewerbspolitischen Instrumente für eine wirkungsvolle Bekämpfung von volkswirtschaftlich schädlichen Auswirkungen von Kartellen und anderen Wettbewerbsbeschränkungen geschaffen worden. Sowohl die materiellrechtlichen Bestimmungen als auch die Bestimmungen zu den rechtsanwendenden Behörden und zum Verfahren wurden neu ausgestaltet. Die Effizienz der Rechtsanwendung konnte nach einer Anfangsphase gesteigert werden. Als Nachteil erweist sich in der Praxis indessen die gegenwärtig fehlende Möglichkeit, für unzulässige Wettbewerbsbeschränkungen direkte Sanktionen auszusprechen. Ziel der vorliegenden Revision ist es daher, die Präventivwirkung des geltenden Gesetzes durch teilweise Einführung direkter Sanktionen zu erhöhen.

Das Kartellgesetz beruht – wie die Wettbewerbsgesetzgebung der EU und ihrer Mitgliedstaaten – materiell auf drei Pfeilern: Erstens sind Wettbewerbsabreden, die den Wettbewerb erheblich beeinträchtigen und sich nicht durch Gründe der wirtschaftlichen Effizienz rechtfertigen lassen, sowie Abreden, die zur Beseitigung wirksamen Wettbewerbs führen, unzulässig (Art. 5 KG); zweitens werden missbräuchliche Verhaltensweisen marktbeherrschender Unternehmen ebenfalls für unzulässig erklärt (Art. 7 KG); drittens sind Unternehmenszusammenschlüsse einer bestimmten Grösse meldepflichtig und können untersagt oder an Auflagen und Bedingungen geknüpft werden, wenn sie wirksamen Wettbewerb zu beseitigen drohen (Art. 9 und 10 KG).

Für den Vollzug dieser Bestimmungen ist die Wettbewerbskommission (Weko) zuständig. Die Kommission wird dabei unterstützt von einem Sekretariat, das selbständig Untersuchungen und Verfahren durchführt und Entscheidungen zuhanden der Kommission vorbereitet. Die Weko ist weder dem Bundesrat noch einzelnen Departementen gegenüber weisungsgebunden. Administrativ ist sie dem Eidgenössischen Volkswirtschaftsdepartement (EVD) zugeordnet.

Auf Grund der geltenden Regelung im Gesetz (Art. 50 und 54 KG) kann die Weko keine direkten Sanktionen wegen unzulässiger Wettbewerbsbeschränkungen aussprechen. In einem ersten Schritt ist es ihr lediglich möglich, mittels Verfügung festzustellen, dass eine Gesetzwidrigkeit vorliegt. Erst wenn gegen diese Verfügung erneut verstossen wird, mit anderen Worten ein bestimmtes unzulässiges Verhalten entgegen behördlicher Anordnung weiterhin praktiziert wird, können gemäss geltender Regelung Sanktionen verhängt werden.

Botschaft 01

1.1.2 Bisherige Praxis und Erkenntnisse

Die Tätigkeit der Wettbewerbskommission ist nach Wirtschaftsbereichen gegliedert. Diese sind im Geschäftsreglement festgelegt. Entsprechend der dort vorgenommenen Dreiteilung in Produktemärkte, Dienstleistungen und Infrastruktur zeichnet pro Bereich innerhalb der Kommission je eine Kammer und innerhalb des Sekretariats je ein Dienst verantwortlich. Die Tätigkeiten der Wettbewerbsbehörde seit dem Inkrafttreten des Kartellgesetzes werden im Anhang 1 dargestellt.

In der öffentlichen Debatte wurde wiederholt die Kritik geäussert, die Wettbewerbsbehörden richteten ihre Tätigkeit zu stark auf kleine und mittlere Unternehmen (KMU) und zu wenig auf grosse Marktteilnehmer aus. Eine Analyse der in den Jahren 2000 und 2001 abgeschlossenen bzw. hängigen Untersuchungen zeigt indessen, dass von den elf im Jahre 2000 abgeschlossenen Untersuchungen neun gegen grosse bzw. marktmächtige Unternehmen (Intensiv, Kaladent, Strassenbelagskartell, Sanphar, Vertrieb von Markenartikeln inkl. Migros und Coop, Volkswagen, Vitaminkartell, Tessiner Verleger, BKW) gerichtet waren. Nur in zwei Untersuchungen waren KMU involviert (Freiburger Fahrlehrer, Getränkepreise in Restaurants der Westschweiz). Im Jahre 2001 betreffen 16 der insgesamt 17 abgeschlossenen oder noch hängigen Untersuchungen grosse bzw. marktmächtige Unternehmen (Citroën, Cablecom, Uhrenhersteller, Kreditkartenunternehmen, JC Décaux/Affichage, Berner Submissionskartell, SBB, Ärztegesellschaft Kanton Zürich, Benzinmarkt, Krankenkassen Aargau, Mobilfunkbetreiber, Tierarzneimittelhersteller, Elektrizitätswerke, Feldschlösschen/Coca Cola) und nur eine einzige KMU, nämlich jene gegen das Genfer Abdichtungs- und Asphaltierungskartell.

In verfahrensrechtlicher Hinsicht waren nach Inkrafttreten des geltenden Kartellgesetzes verschiedene Fragen in der Praxis zu klären. Dabei wurden einige Verfügungen der Wettbewerbskommission durch die Rekurskommission für Wettbewerbsfragen aus verfahrensrechtlichen Gründen aufgehoben. Wie ein dazu eingeholtes Gutachten von Prof. Yvo Hangartner festhält, war dies unter anderem auf gewisse Unklarheiten im Verhältnis zwischen den verfahrensrechtlichen Bestimmungen im Kartellgesetz und dem Verwaltungsverfahrensgesetz zurückzuführen. Die Klärung solcher Fragen nach Einführung eines Gesetzes durch die Rechtsprechung ist ein normaler Vorgang. Die damals bestehenden verfahrensrechtlichen Unklarheiten konnten mittlerweile beseitigt werden, sodass sich die Rechtsmittelinstanzen auf die Beurteilung materiellrechtlicher Fragen konzentrieren können.

1.1.3 Entwicklungen im Ausland

Auf *internationaler Ebene* wurden die Bemühungen zur Bekämpfung wettbewerbswidriger Geschäftspraktiken in jüngster Zeit erheblich verstärkt. Zu nennen ist insbesondere die Empfehlung der OECD über die Bekämpfung besonders schädlicher Kartelle, welche der OECD-Rat 1998 angenommen hat. Darin werden die Staaten unter anderem aufgefordert, im innerstaatlichen Bereich wirksam gegen harte Kartelle vorzugehen und griffige Sanktionen und Verfahren vorzusehen.

Gleichzeitig macht ein Blick auf die Praxis im Ausland zweierlei Tendenzen deutlich: Erstens haben in den letzten Jahren mehrere Länder direkte Sanktionen einge-

Botschaft 01

führt oder ihr bestehendes Sanktionsregime verschärft; zweitens wurde an mehreren Orten eine so genannte Bonusregelung geschaffen – d.h. ein Unternehmen, das als Kartellmitglied an der Aufdeckung und Beseitigung des betreffenden Kartells mitgewirkt hat, wird nicht oder nicht in der vollen Höhe mit Sanktionen belastet.

In der *Europäischen Union* sind für Verstösse gegen die Wettbewerbsbestimmungen des Gemeinschaftsrechts seit jeher direkte Sanktionen vorgesehen. In der jüngeren Praxis sowie in den vor einigen Jahren publizierten Leitlinien für die Festsetzung von Geldbussen zeichnet sich aber eine deutlich verschärfte Gangart ab. Ebenfalls von der Praxis entwickelt wurde zudem die Möglichkeit, Unternehmen, die das Bestehen eines Kartells, an dem sie beteiligt sind, anzeigen, mit einer Verringerung der Geldbusse entgegenzukommen. Damit soll ein Anreiz geschaffen werden, um das Schweigen von Kartellmitgliedern zu brechen. Erklärtes Ziel ist die bessere Bekämpfung der als besonders schädlich qualifizierten harten Kartelle. Eine entsprechende Regelung hat die Kommission im Jahr 1996 erlassen. Danach erfolgt der Verzicht auf eine Sanktion nicht automatisch, sondern aufgrund eines pflichtgemässen Ermessensentscheid im Einzelfall. Im Übrigen ist auf die in der EU derzeit laufenden Bestrebungen zur Reform der gemeinschaftsrechtlichen Wettbewerbsregeln hinzuweisen. Nebst einer Dezentralisierung des Vollzugs geht es dabei vor allem um einen Ersatz des bisherigen Anmeldesystems durch ein System der Legalausnahme. Wettbewerbsabreden, welche auf Grund bestimmter Kriterien als unbedenklich gelten, sollen künftig von vornherein zulässig sein. Eine behördliche Freistellung (auf Grund vorgängiger Meldung oder auf dem Verordnungsweg) ist nicht mehr erforderlich. Damit nähert sich das EU-Wettbewerbsrecht in rechtstechnischer Hinsicht demjenigen der Schweiz an, während umgekehrt die Schweiz mit der vorgeschlagenen Möglichkeit, direkte Sanktionen zu verhängen, ihrerseits eine im europäischen Recht verankerte Lösung nachbildet.

Nebst der EU kennt auch *Deutschland* seit längerem das System der direkten Bussenverhängung. Im letzten Jahr hat das Bundeskartellamt Richtlinien zur Festsetzung von Geldbussen gegenüber Mitgliedern harter Kartelle im Sinne der Bonusregelung veröffentlicht, welche sich freiwillig bei den Behörden melden und wesentlich zur Aufdeckung einer unzulässigen Absprache beitragen. Danach ist die Erstmeldung grundsätzlich mit vollständiger Sanktionsbefreiung verknüpft, womit wettbewerbspolitisch gesprochen gleichsam ein «Wettbewerb» um den Kartellaustritt geschaffen wurde. Allerdings können auch Kartellmitglieder, die zu einem späteren Zeitpunkt mit dem Bundeskartellamt kooperieren, von einer Bussenverringerung profitieren.

In *Grossbritannien* ist im Jahr 2000 der neue «Competition Act» von 1998 in Kraft getreten. Darin sind ebenfalls direkte Sanktionen vorgesehen. Mit dem neuen «Competition Act» wurde auch das so genannte «leniency programme» eingeführt. In Anlehnung an das US-amerikanische System wird das Unternehmen, welches das Bestehen eines Kartells als erstes anzeigt, automatisch und vollumfänglich von jeder Sanktion befreit (vorbehältlich zivilrechtlicher Klagen).

In den *USA* kann die Wettbewerbsbehörde bei schweren Verstössen gegen das Wettbewerbsrecht nicht nur vergleichsweise hohe Geldbussen gegen fehlbare Unternehmen aussprechen. Gleichzeitig können Geldbussen und sogar Haftstrafen auch direkt gegen die verantwortlichen Entscheidungsträger verhängt werden. Der Sanktionsrahmen wurde dabei in den letzten Jahren erheblich verschärft und in der Praxis auch ausgeschöpft. So wurden etwa die Verantwortlichen von Grossunternehmen, die an einem Kartell beteiligt waren, sowohl mit Haft- als auch mit hohen Geldstrafen belegt. Eine Bonusregelung besteht seit 1978; sie wurde 1993 ausgebaut. Nach der neuen Regelung führt die Bonusregelung für den Erstanzeiger automatisch zur Befreiung von Sanktionen. In den Genuss der Strafbefreiung kommen sowohl das Unternehmen selbst als auch die verantwortlichen Entscheidungsträger.

1.1.4 Standortbestimmung der Parlamentarischen Verwaltungskontrolle

Im Auftrag der Subkommission EVD/EFD der Geschäftsprüfungskommission des Nationalrates hat die Parlamentarische Verwaltungskontrolle PVK eine Standortbestimmung zur Umsetzung des Kartellgesetzes von 1995 vorgenommen (Das Kartellrecht: Standortbestimmung; Bericht zuhanden der Geschäftsprüfungskommission des Nationalrates vom 11. Oktober 2000; BBl *2001* 3346*)*. Die PVK hat 19 Problembereiche bei der Umsetzung des KG identifiziert und ihre Relevanz und den Revisionsbedarf auf Grund einer Umfrage bei zehn unabhängigen Experten erörtert. Als wichtigste Probleme wurden erkannt: keine direkten Sanktionen, die Weko als Milizbehörde, die Zusammensetzung der Weko und die Meldepflicht für Fusionen im Medienbereich. Der Bericht unterstreicht, dass diese Fragen mit hohem Revisionsbedarf im Vernehmlassungsentwurf zur Revision des KG behandelt wurden. Für weitere relevante Probleme – wie die Arbeit des Sekretariates, die Weko-Entscheide und die Beschwerdeverfahren – verweist der Bericht auf die vom EVD dazu eingeholten Gutachten, welche aufzeigen, dass Schwierigkeiten teilweise bestanden haben, sie nun jedoch als gelöst erachtet werden.

1.1.5 Zwischenbilanz

Das geltende Kartellgesetz hat sich über weite Strecken bewährt. Die Anwendung hat jedoch deutlich gemacht, dass die Wirksamkeit des Gesetzes beschränkt ist, solange wettbewerbsbeschränkendes Verhalten nicht direkt sanktioniert werden kann. Die Wettbewerbskommission kann zur Zeit lediglich Sanktionen aussprechen, wenn eine von der Wettbewerbskommission untersagte Abrede oder eine missbräuchliche Verhaltensweise weiter praktiziert wird. Demgegenüber können andere Wettbewerbsbehörden in den für die Schweiz wichtigsten Märkten (EU, USA, Deutschland) bei unzulässigen Wettbewerbsbeschränkungen direkt Geldbussen verhängen. Damit verfügen diese Wettbewerbsrechte über eine wesentlich stärkere präventive Wirkung und über eine höhere Durchschlagskraft als das geltende schweizerische Kartellgesetz.

1.2 Parlamentarische Vorstösse

Die vorgeschlagene Revision des Kartellgesetzes war Thema von vier parlamentarischen Vorstössen:

- Interpellation Strahm (98.3614): Durchsetzungsschwäche der Wettbewerbskommission: In seinem Vorstoss kritisierte der Interpellant die aus seiner Sicht ungenügende Effizienz und Durchsetzungsfähigkeit der Wettbewerbskommission und stellte deren Zusammensetzung in Frage. In seiner Antwort vom 17. Februar 1999 weist der Bundesrat die Kritik zurück, hält aber fest, dass er sich im Falle einer Revision des Kartellgesetzes eine Überprüfung der Grösse und Zusammensetzung der Wettbewerbskommission vorbehalte. Die Interpellation wurde am 5. Juni 2000 im Nationalrat behandelt.
- Dringliche einfache Anfrage Sozialdemokratische Fraktion (99.1067): Preis- und Gebietsabsprachen des Roche-Konzerns: Der Vorstoss verlangte vom Bundesrat u.a. Auskunft über seine Bereitschaft, die rechtlichen und personellen Voraussetzungen für eine effektivere Aufsicht durch die Wettbewerbsbehörden zu schaffen. Der Bundesrat erklärte sich in seiner Antwort vom 23. Juni 1999 bereit, die sich aufdrängenden Massnahmen zu ergreifen, wenn eine vom EVD in Auftrag gegebene Zwischenbilanz zum Vollzug des KG Handlungsbedarf aufzeigt.
- Motion Jans (99.3307): Kartellgesetz. Griffige Bussenregelung: Die Motion verlangt die Einführung direkter Sanktionen und eine entsprechende Revision des Kartellgesetzes. Am 17. November 1999 erklärte sich der Bundesrat bereit, die Motion entgegenzunehmen. Der Nationalrat hat die Motion am 24. März 2000 überwiesen, der Ständerat am 28. September 2000.
- Parlamentarische Initiative 99.432 (Ammann Schoch Regina). Kartellverbot: Die Initiantin verlangte die Einführung eines Kartellverbots und eine entsprechende Änderung von Artikel 96 Absatz 1 der Bundesverfassung. Mit Beschluss vom 23. März 2000 entschied der Nationalrat, der Initiative keine Folge zu geben.

1.3 Revisionsarbeiten

1.3.1 Revisionsbedarf

Nach Artikel 50 und 54 KG können Verwaltungs- und Strafsanktionen nur dann verhängt werden, wenn gegen eine rechtskräftige Verfügung der Wettbewerbsbehörden verstossen wird. Im Unterschied zu den Regelungen namentlich in den USA und in der EU können nach geltendem Recht kartellrechtswidrige Verhaltensweisen also nicht direkt sanktioniert werden. Damit kommt dem schweizerischen Kartellgesetz eine vergleichsweise geringe Präventivwirkung zu.

Die *Einführung direkter Sanktionen* könnte an sich durch blosse Ergänzung des bestehenden Sanktionskatalogs erfolgen. Damit würde aber dem Umstand nicht Rechnung getragen, dass unzulässige Verhaltensweisen vermehrt im Verdeckten stattfinden und insgesamt zu einer Verhärtung des wettbewerbspolitischen Klimas führen werden. Dies erfordert eine Anpassung des bestehenden verfahrensrechtlichen Instrumentariums in einzelnen Punkten (Hausdurchsuchungen, Sicherstellung von Beweisgegenständen). Um die Verfolgung von verdeckt operierenden Kartellen zu erleichtern, ist auch eine Bonusregelung vorgesehen, welche den an einem Kartell beteiligten Unternehmen Anreize verschafft, durch Selbstanzeige und Kooperation das Kartell aufzudecken.

Botschaft 01

Die Erfahrungen im Bereich der *Medienfusionskontrolle* legten nahe, den Verzicht auf besondere Aufgreifschwellen für Zusammenschlüsse von Medienunternehmen in die Vorlage einzubeziehen, obschon dieser Punkt mit der Einführung direkter Sanktionen nicht im Zusammenhang steht. Das geltende KG sieht in Artikel 9 Absatz 2 spezielle Schwellenwerte für die Meldepflicht von Zusammenschlüssen zwischen Medienunternehmen vor. Dies hat zur Folge, dass eine Reihe von Medienzusammenschlüssen meldepflichtig werden, welche eigentlich kein Eingreifen der Wettbewerbsbehörde erfordern. Dadurch werden Wirtschaft (KMU) und Verwaltung unnötig belastet (Kosten der Meldung).

Einige weitere Änderungsvorschläge sind auf Grund der Auswertung des Vernehmlassungsverfahrens in die Vorlage aufgenommen worden.

1.3.2 Parallelimport gestützt auf Immaterialgüterrecht und Kartellrecht

Die Vorlage klammert die Frage aus, ob zusätzlich eine Änderung des KG angezeigt erscheint, um eine kartellmässig missbräuchliche Behinderung von Parallelimporten gestützt auf Immaterialgüterrecht zu verhindern.

Hier ist festzuhalten, dass das KG in Artikel 3 Absatz 2 bereits eine Regelung des Verhältnisses zwischen dem Kartellrecht und den Immaterialgüterrechten enthält. Demnach fallen (nur) jene «Wettbewerbsbeschränkungen, die sich ausschliesslich aus der Gesetzgebung über das geistige Eigentum ergeben», nicht unter das Kartellgesetz.

Das Bundesgericht hat in seinem Urteil in Sachen Kodak (BGE *126* III 129) festgestellt, dass für den Bereich des Patentrechts das Prinzip der nationalen Erschöpfung gelte. Das heisst, dass sich die aus dem Patent fliessende Befugnis des Patentinhabers, über das Inverkehrbringen des patentgeschützten Gegenstandes in der Schweiz bestimmen zu können, nur dann erschöpft, wenn das erste Inverkehrbringen durch den Schutzrechtsinhaber (oder mit seinem Einverständnis) im Inland erfolgt; beim Inverkehrbringen im Ausland erschöpft sich die entsprechende Befugnis im Inland nicht. Das Bundesgericht machte aber eine wichtige Einschränkung, indem es das KG für anwendbar erklärte. Im Ergebnis kann sich der Patentinhaber auf Grund dieses Urteils Parallelimporten patentierter Güter in die Schweiz widersetzen, aber nur so weit, als damit nicht eine kartellrechtswidrige Wettbewerbsbeschränkung verbunden ist. Das Gericht setzte dem Grundsatz der nationalen Erschöpfung mithin Grenzen. Die dem Patentinhaber zukommende Befugnis, über die Einfuhr patentgeschützter Waren ausschliesslich zu bestimmen, bezweckt die Gewährleistung des vom schweizerischen Recht angestrebten Erfindungsschutzes namentlich auch für den Fall, dass die Waren im Einverständnis des schweizerischen Patentinhabers im Ausland unter nicht mit dem Inland vergleichbaren Bedingungen in Verkehr gesetzt worden sind. Das patentrechtliche Einfuhrmonopol verleiht dem Berechtigten jedoch insoweit eine «überschiessende Rechtsmacht», als die Ware im Einverständnis des schweizerischen Patentinhabers im Ausland unter Bedingungen in Verkehr gebracht worden ist, die mit den inländischen vergleichbar sind. Die Beschränkung des Wettbewerbs mit patentgeschützten Waren ergibt sich insoweit nicht ausschliesslich aus der Patentgesetzgebung, sondern ist durch die territoriale Begrenzung der schweizerischen Rechtsordnung bedingt. Das Kartellgesetz ist daher anwendbar.

Dem Kartellgesetz wird damit die Rolle als Korrektiv gegen auf nationale Erschöpfung basierende Preismissbräuche zugedacht.

In seinem Bericht «Parallelimporte und Patentrecht» vom 8. Mai 2000 (http://wwwe-ejpd.root.admin.ch/Doks/PM/2000/000531c-d.htm) hat sich der Bundesrat – in Beantwortung einer Anfrage der Kommission für Wirtschaft und Abgaben (WAK) des Nationalrates – bereit erklärt, im Hinblick auf die Erschöpfungsproblematik weitere Abklärungen zu treffen und die verschiedenen Regelungen der staatlich regulierten Märkte zu überprüfen. Der Bundesrat hat in der Zwischenzeit eine interdepartementale Arbeitsgruppe Parallelimporte beauftragt, die Entscheidgrundlagen bis Ende 2002 bereitzustellen.

1.4 Vernehmlassungsverfahren

Der Bundesrat hat das EVD am 18. September 2000 ermächtigt, zum Vorentwurf der Änderung des Kartellgesetzes ein Vernehmlassungsverfahren durchzuführen. Es dauerte bis Ende Dezember 2000.

Eingegangen sind insgesamt 97 Vernehmlassungen der

– Kantone (24)
– politischen Parteien (7)
– Spitzenverbände der Wirtschaft und weiterer interessierter Organisationen (66).

1.4.1 Grundzüge des Vorentwurfs

Der Vorentwurf KG hatte drei Hauptziele zum Gegenstand:

– *Einführung direkter Sanktionen bei kartellrechtlichen Verstössen*
Die Weko soll direkte Sanktionen verfügen können. Um die Rechtssicherheit zu gewährleisten, ist für die Unternehmen die Möglichkeit vorgesehen, eine allenfalls unzulässige Verhaltensweise vorgängig der Weko zu melden. Schliesslich soll die Weko gegenüber einem Unternehmen, das als Kartellmitglied an der Aufdeckung und Beseitigung des betreffenden Kartells mitgewirkt hat, auf direkte Sanktionen ganz oder teilweise verzichten können (Bonusregelung).

– *Zusammensetzung der Weko*
Durch die vorgesehene Einführung direkter Sanktionen käme künftig der Kontrollfunktion der Weko mittels einer von wirtschaftlichen Interessen unabhängigen Rechtsanwendung und einer gradlinigen Kommissionspolitik noch erhöhte Bedeutung zu. Eine aus sieben unabhängigen Mitgliedern bestehende Kommission sollte diesen Aspekten im Sinne einer grösstmöglichen politischen Unabhängigkeit Rechnung tragen.

– *Genehmigungs- und Meldepflicht bei Medienunternehmen*
Das geltende Kartellgesetz sieht spezielle Schwellenwerte für die Meldepflicht von Zusammenschlüssen zwischen Medienunternehmen vor. Im Ergebnis unterliegen Zusammenschlüsse von Medienunternehmen einer verschärften Meldepflicht. Die bisherige Erfahrung der Weko bei Medienzusammenschlüssen hat gezeigt, dass die

Pressekonzentration zwar weiter fortschreitet, dass es indessen genügt, wenn entsprechende Vorgänge nach den allgemeinen Kriterien aufgegriffen werden.

1.4.2 Gesamtbeurteilung

Das Ergebnis des Vernehmlassungsverfahrens ist kontrovers ausgefallen. Die Kantone stimmten der Änderung des Kartellgesetzes im Grundsatz mit überwiegender Mehrheit zu; die politischen Parteien und die interessierten Organisationen hingegen äusserten sich – wenn auch keineswegs einhellig – eher skeptisch oder ablehnend.

Die Haltung der Bundesratsparteien war unterschiedlich: Die FDP stimmte der Vorlage mit einigen Vorbehalten zu. Kritischer äusserte sich die CVP, welche vor allem ein härteres Vorgehen gegen vertikale Kooperationen forderte. Die SP stellte sich nicht gegen eine Einführung direkter Sanktionen; sie würde aber einen Systemwechsel vom Missbrauchsprinzip zum Kartellverbot mit Freistellungsliste vorziehen. Nur die SVP lehnte die Vorlage grundsätzlich ab, weil sie darin einen Ausbau staatlicher Intervention in der Wettbewerbspolitik sieht.

Unter den grossen Verbänden und Organisationen fand die Vorlage eine weitgehende Unterstützung bei Swissmem, der Bankiervereinigung und bei der Versicherungswirtschaft. Andere interessierte Organisationen brachten Skepsis zum Ausdruck: Der Schweizerische Gewerbeverband lehnte die Revision zum jetzigen Zeitpunkt ab – im Ergebnis gleich wie der Schweizerische Gewerkschaftsbund (der allerdings den Übergang zu einem selektiven Kartellverbot begrüssen würde). Economiesuisse erachtete die Revision als verfrüht, schloss jedoch die Möglichkeit einer (beschränkten) Einführung direkter Sanktionen nicht grundsätzlich aus.

1.4.3 Direkte Sanktionen

Die direkten Sanktionen wurden nicht grundsätzlich abgelehnt; ihre Notwendigkeit wurde von weiten Kreisen anerkannt. Es sind aber verschiedentlich Zweifel geäussert worden, ob dieses Instrument angesichts der von mehreren Vernehmlassungsteilnehmern behaupteten mangelnden Rechtspraxis zum geltenden Kartellgesetz im jetzigen Zeitpunkt einzuführen ist. Verbreitete Zweifel wurden zudem an der Verfassungsmässigkeit von direkten Sanktionen laut. Ähnlich wie Economiesuisse regten mehrere Stellungnahmen eine differenzierte Regelung an: Beschränkung der Anwendung direkter Sanktionen auf «harte Kartelle» nach Artikel 5 Absatz 3 KG und Verzicht beim Tatbestand des Missbrauchs von Marktmacht (Art. 7 KG). Die Bonusregelung wurde verschiedentlich als systemfremd beurteilt.

1.4.4 Zusammensetzung der Weko

Die Änderung der Zusammensetzung der Weko wurde überwiegend abgelehnt. Zwar besteht ein gewisses Verständnis für eine Verkleinerung der Weko, weil die dadurch ermöglichte Effizienzsteigerung in der Arbeit erkannt wird. Der Vorschlag, die Weko nur noch aus unabhängigen Sachverständigen zusammenzusetzen, stiess allerdings fast durchwegs auf Ablehnung. Der Vorschlag wird deshalb hier nicht mehr aufgenommen.

1.4.5 Genehmigungs- und Meldepflicht bei Zusammenschlüssen von Medienunternehmen

Der Vorschlag, die speziellen Schwellenwerte für die Meldepflicht von Zusammenschlüssen zwischen Medienunternehmen zu streichen, fand ein weniger grosses Echo. Zahlreiche Vernehmlasser verzichteten auf eine Stellungnahme zu diesem Punkt. Wenn Stellung genommen wurde, dann überwiegend zustimmend. Die SPS und die Gewerkschaften waren gegen eine Streichung der speziellen Aufgreifschwelle, weil sie darin ein falsches medienpolitisches Signal sehen.

1.4.6 Andere im Vernehmlassungsverfahren aufgeworfene Fragen

Im Rahmen des Vernehmlassungsverfahrens sind verschiedene weitere Anliegen vorgebracht worden. So ist von verschiedener Seite etwa der Vorwurf erhoben worden, die Wettbewerbsbehörden hätten den ihnen mit Erlass des geltenden Kartellgesetzes eingeräumten Handlungsspielraum bisher nicht voll ausgeschöpft. In diesem Sinne ist gefordert worden, das Gesetz um Bestimmungen zu ergänzen, welche die Wettbewerbsbehörden in der Praxis auf bestimmte wettbewerbspolitische Positionen festlegen. Verlangt wurden ausdrückliche Vorschriften gegen die Abschottung des schweizerischen Markts vom Ausland, insbesondere durch Vertikalabreden, sowie eine verstärkte Berücksichtigung der besonderen Interessenlage der KMU.

Die Unterbindung von Versuchen zur Marktabschottung muss ein vorrangiges Ziel der Wettbewerbspolitik bilden. Darauf ist bereits beim Erlass des Kartellgesetzes hingewiesen worden (BBl *1995* I 481 ff./509). Die Forderung, dass namentlich eine allfällige Abschottung der Schweizer Märkte durch Vertikalabreden international tätiger Unternehmen nicht hinzunehmen ist, ist schon insofern berechtigt, als sonst die Wirkung der liberalen Handels- und Wirtschaftspolitik der Schweiz unterlaufen werden könnte.

Einerseits können Vertikalabreden in Einzelfällen marktabschottend wirken. Dies ist insbesondere der Fall, wenn an ihnen ein marktmächtiges Unternehmen beteiligt ist. Andererseits existieren auch Formen von Vertikalabreden, die wirtschaftlich sinnvoll sind, etwa indem sie dazu beitragen, die Vertriebs- und Transaktionskosten der Unternehmen zu senken. Als Beispiele können Alleinvertriebsverträge, Verträge über die Lizenzierung von Rechten des geistigen Eigentums, Franchising-Verträge und selektive Vertriebsverträge genannt werden, sofern diese Vereinbarungen keine «überschiessenden» Wettbewerbsbeschränkungen vorsehen.

Vertikalabreden können auf Grund ihrer Vielfalt nicht grundsätzlich als volkswirtschaftlich schädlich oder sinnvoll eingestuft werden. Es ist kaum möglich, die Beurteilung bestimmter Fallgruppen im Gesetz – auf abstrakter Ebene – sachgerecht und konzis zu regeln, ohne neue Probleme und Auslegungsschwierigkeiten zu schaffen. Die gewünschten Gesetzesänderungen hätten auf jeden Fall zur Folge, dass verstärkt begriffsjuristische Abgrenzungsfragen statt die sorgfältige Prüfung der Absprache im *Einzelfall* in ihrem jeweiligen wirtschaftlichen Kontext in den Brennpunkt der wettbewerbspolitischen Praxis treten würden. Aus diesem Grund wird – wie schon anlässlich der Totalrevision des Kartellgesetzes von 1995 – im Rahmen der jetzigen Revision darauf verzichtet, ein faktisches Per-se-Verbot für Fallgruppen von Vertikalabreden einzuführen.

Ein anderer Vorschlag im Zusammenhang mit der Problematik um die Marktbeherrschung konnte demgegenüber aufgenommen werden: Den unterschiedlichen Möglichkeiten zur Marktbeeinflussung der Unternehmen wird bereits auf Gesetzesstufe besser Rechnung getragen. Durch eine Konkretisierung des Begriffs des marktbeherrschenden Unternehmens in Artikel 4 Absatz 2 KG wird klargestellt, dass Marktbeherrschung insbesondere auch vorliegen kann bei Unternehmen, die im Verhältnis zu Mitbewerbern über eine überragende Marktstellung verfügen, ferner bei Unternehmen, von welchen andere Unternehmen als Nachfrager oder Anbieter abhängig sind. Dies wird die Vertretung der aus marktstrukturellen Gründen abhängigen Unternehmen, wozu auch die KMU gehören können, in der Praxis erleichtern.

Mit Blick auf den Entscheid der Wettbewerbskommission zur Aufhebung der Preisbindung im Buchhandel ist im Übrigen auch vorgeschlagen worden, die Wahrung der kulturellen Vielfalt in den Zweckartikel des Kartellgesetzes aufzunehmen. Dies soll ermöglichen, die Buchpreisbindung weiterhin aufrecht zu erhalten. In diesem Zusammenhang ist jedoch daran zu erinnern, dass das Kartellgesetz in seinem Kern einzig wettbewerbspolitischen Zielen dient. Eine Abwägung mit anderen öffentlichen Interessen ist nicht von den Wettbewerbsbehörden, sondern von einer politischen Behörde vorzunehmen. Aus diesem Grund sieht das geltende Kartellgesetz vor, dass der Bundesrat Wettbewerbsabreden, die von den Wettbewerbsbehörden für unzulässig erklärt wurden, wegen überwiegender öffentlicher Interessen ausnahmsweise zulassen kann (Art. 8 KG). Der Bundesrat hat vor diesem Hintergrund ein externes Gutachten in Auftrag gegeben, welches Aufschluss darüber geben soll, wie sich eine allfällige Aufhebung der Buchpreisbindung auswirken würde.

2 Inhalt der Revision

2.1 Einführung direkter Sanktionen bei kartellrechtlichen Verstössen

Die Wirksamkeit des Wettbewerbsrechts hängt entscheidend von seiner Präventivwirkung ab. Diese präventive Wirkung wird erzielt:

– durch die Androhung von direkten Sanktionen. Wettbewerbswidrige Verhaltensweisen dürfen sich wirtschaftlich nicht lohnen. Deshalb muss der Sanktionsrahmen so weit gefasst sein, dass für Unternehmen die Berechnung des Netto-Nutzens aus einem Verstoss gegen das Kartellgesetz, etwa die erwartete Kartellrente abzüglich maximal drohender Sanktion, negativ ausfällt.

– durch die Erhöhung der Entdeckungswahrscheinlichkeit mittels einer Bonusregelung. Als Folge der Einführung direkter Sanktionen werden die an unzulässigen Wettbewerbsbeschränkungen beteiligten Unternehmen versuchen, die Entdeckungswahrscheinlichkeit zu vermindern. Das Entdecken von unzulässigen Wettbewerbsbeschränkungen wird schwieriger. Die Erfahrung ausländischer Wettbewerbsbehörden zeigt, dass die Entdeckungswahrscheinlichkeit insbesondere durch eine Bonusregelung und durch effiziente Untersuchungen – etwa mit Hausdurchsuchungen – erhöht wird und Kartelle damit wesentlich effektiver aufgedeckt werden können.

- durch Reputationseffekte. Der Nutzen eines Unternehmens aus einer unzulässigen Wettbewerbsbeschränkung wird auch durch den erwarteten Imageverlust für Unternehmen, welche einer unzulässigen Wettbewerbsbeschränkung überführt werden, verringert. In begrenztem Ausmass bestehen schon heute derartige Reputationsschäden. Durch die Androhung direkter Sanktionen werden Reputationseffekte jedoch in entscheidender Weise erhöht. Die Erfahrungen im Ausland zeigen, dass die Aufmerksamkeit der Medien und damit der Öffentlichkeit bedeutend höher ist, wenn Unternehmen direkt sanktioniert werden können.

Hauptanliegen der Revision ist die Einführung direkter Sanktionen sowie die Erhöhung der Entdeckungswahrscheinlichkeit.

2.1.1 Rechtsnatur der Sanktion

Mit Artikel 49a wird das KG durch eine Verwaltungssanktion ergänzt. Als solche dient sie der Durchsetzung verwaltungsrechtlicher Pflichten; sie kann nur zusammen mit einer Endverfügung, welche die Unzulässigkeit der fraglichen Wettbewerbsbeschränkung feststellt, verhängt werden. Die Verwaltungssanktion setzt – im Gegensatz zu einer Strafsanktion – kein Verschulden voraus, d.h. sie kann ohne den Nachweis eines strafrechtlich vorwerfbaren Verhaltens einer natürlichen Person verhängt werden. Nur unter dieser Voraussetzung ist es möglich, die Unternehmen als Normadressaten zu belangen. Die Unternehmen selbst sind als juristische Personen nach herrschender Lehre nicht deliktsfähig, weil ihnen (strafrechtlich) keine subjektive Schuld zugewiesen werden kann. Subjektive Aspekte, die im Zusammenhang mit dem strafrechtlichen Verschuldensbegriff (insbesondere Vorwerfbarkeit, besondere Skrupellosigkeit usw.) von Bedeutung sind und die in erster Linie mit der Persönlichkeit des Täters zusammenhängen, können demnach nicht berücksichtigt werden. Anderen subjektiven Elementen hingegen (wie beispielsweise die Rolle, die ein Kartellmitglied im Rahmen des Kartells gespielt hat, Kooperationsbereitschaft, Wiederholungstat und Ähnliches) wird bei der Beurteilung der *Schwere* des Verstosses Rechnung getragen und fliesst damit mit den objektiven Kriterien in die Bemessung der Sanktion ein.

2.1.2 Verfassungsmässigkeit

Die vorgeschlagene Revision stützt sich auf Artikel 96 der Bundesverfassung (so genannter Kartellartikel). Danach erlässt der Bund Vorschriften gegen volkswirtschaftlich oder sozial schädliche Auswirkungen von Kartellen und anderen Wettbewerbsbeschränkungen (Abs. 1). Insbesondere trifft er Massnahmen zur Verhinderung von Missbräuchen in der Preisbildung durch marktmächtige Unternehmen und Organisationen des privaten und des öffentlichen Rechts (Abs. 2 Bst. a). Diese Vorschrift entspricht inhaltlich Artikel 31bis Absatz 3 Buchstabe d der alten Bundesverfassung.

Tragweite und Stellenwert des Kartellartikels sind seit jeher umstritten. Der Begriff der volkswirtschaftlichen oder sozialen Schädlichkeit wird durch die Verfassung nicht näher umschrieben. Der Gesetzgeber erhält dadurch einen erheblichen Ermessensspielraum. Entscheidend ist, dass sich gesetzliche Massnahmen ausschliesslich gegen gesamtwirtschaftlich «schädliche Auswirkungen» von Wettbewerbsbeschränkungen richten. Häufig ist deshalb die Rede davon, die Verfassung lasse lediglich eine «Missbrauchsgesetzgebung» zu, im Unterschied zu einer eigentlichen «Verbotsgesetzgebung». Oft wird daraus unter anderem der Schluss gezogen, dass ein generelles Verbot von Kartellen nicht mit der Verfassung vereinbar sei, ein selektives Kartellverbot hingegen schon. Derartige Klassierungen sind aber zu pauschal und wenig aussagekräftig. So kann unter Umständen ein mit weit reichenden gesetzlichen Ausnahmen versehenes umfassendes Verbot im Ergebnis «kartellfreundlicher» ausgestaltet werden und stärker auf Missbrauchsüberlegungen Rücksicht nehmen als ein rigides, aber limitiertes Verbot ohne Rechtfertigungsmöglichkeit.

Materiell ist der entscheidende Paradigmenwechsel ohnehin bereits mit Erlass des geltenden Gesetzes erfolgt: Bereits beim Erlass des KG ist aus der gleich lautenden Bestimmung der alten Bundesverfassung der Schluss gezogen worden, die Verfassung lasse kein generelles, sondern lediglich ein selektives Kartellverbot zu (Botschaft zum Kartellgesetz, BBl *1995* I 469 f.). Entsprechend wurde beim Erlass des Gesetzes kein allgemeines Kartellverbot statuiert. Nach dem im Kartellgesetz verankerten Missbrauchsprinzip sind Abreden nur dann unzulässig, wenn sie den Wettbewerb beseitigen oder erheblich beeinträchtigen und sich nicht durch Effizienzgründe rechtfertigen lassen. Bei horizontalen Preis-, Mengen- und Gebietsabsprachen (sog. harte Kartelle) wird die Beseitigung des Wettbewerbs von Gesetzes wegen vermutet (Art. 5 Abs. 3 KG). An die Stelle der früher praktizierten so genannten «Saldomethode» mit grosszügigen Rechtfertigungsmöglichkeiten für Kartelle traten klare, rein am Schutz wirksamen Wettbewerbs orientierte Beurteilungskriterien und die Vermutung, dass harte Kartelle den wirksamen Wettbewerb beseitigen und demnach unzulässig sind.

Diesen Überlegungen ist auch bei der Einführung direkter Sanktionen Rechnung zu tragen. Direkte Sanktionen sollen künftig bei Preis-, Mengen- und Gebietsabreden unter direkten Konkurrenten, wie sie in Artikel 5 Absatz 3 KG erwähnt werden, sowie im Falle des Missbrauchs von Marktmacht gemäss Artikel 7 KG möglich sein.

Gutachten Rhinow

Die Verfasssungsmässigkeit der Einführung von direkten Sanktionen im Kartellgesetz ist in einem Gutachten von Prof. René Rhinow untersucht worden (s. Recht und Politik des Wettbewerbs RPW, 2001/3, S. 592).

Das Gutachten geht von der Feststellung aus, die zentrale Aufgabe des Kartellgesetzgebers bestehe darin, den unbestimmten verfassungsrechtlichen Schlüsselbegriff der «volkswirtschaftlich und sozial schädlichen Auswirkungen» unter Berücksichtigung des verfassungsrechtlichen Kontexts zu konkretisieren (beziehungsweise ein organisatorisch-verfahrensmässiges Konzept zu dessen Konkretisierung normativ festzulegen) und ein geeignetes kartellrechtliches Instrumentarium mit Einschluss eines Sanktionensystems einzurichten. Die Frage, ob sich eine bestimmte kartellistische Verhaltensweise volkswirtschaftlich oder sozial schädlich auswirkt oder ob ein bestimmtes Sanktionensystem vor der Verfassung standhält, sei auch im Lichte der weiteren verfassungsrechtlich anerkannten öffentlichen Interessen zu beurteilen.

Dazu gehörten die Verfassungsentscheidung zu Gunsten einer grundsätzlich wettbewerbsorientierten Wirtschaftsordnung, aber auch eine Reihe von sozial- und weiteren politischen Interessen. Die Verfassung belasse dem Gesetzgeber dabei einen beträchtlichen Wertungs- und Konkretisierungsspielraum.

Das Gutachten hält fest, dass die Vermutungen, wonach harte Kartelle gemäss Artikel 5 Absatz 3 KG und die in Artikel 7 umschriebenen Verhaltensweisen marktbeherrschender Unternehmen den wirksamen Wettbewerb beseitigen und deshalb in der Regel unzulässig sind, mit dem Kartellartikel der Bundesverfassung vereinbar sind. Eine daran geknüpfte Sanktionsregelung (so wie in Art. 49a vorgesehen) ist grundsätzlich verfassungskonform. Wenn nämlich die Sanktionen dazu dienen, das materiellrechtlich verbotene Verhalten zu ahnden und wenn sie auch geeignet sind, dieses Ziel zu erreichen, kann nach Meinung des Gutachters aus Artikel 96 BV kein Hinderungsgrund abgeleitet werden. Im Gegenteil lasse sich dem Kartellartikel das Gebot entnehmen, der Gesetzgeber habe dafür zu sorgen, dass schädliche Auswirkungen von Kartellen auch zielkonform und wirkungsvoll bekämpft werden. Auf Grund einer Analyse der faktischen Gegebenheiten und vor allem im Falle der mangelnden Wirksamkeit des heute im Kartellgesetz vorgesehenen und praktizierten Sanktionsordnung sei die Optimierung der Wirksamkeit der an sich zulässigen im Kartellgesetz verankerten Instrumente sogar geboten. Komme der Gesetzgeber zum Schluss, nur direkte Sanktionen vermöchten das Verfassungsziel zu erreichen, so halte es sich innerhalb der Grenzen von Artikel 96 BV.

Im Gutachten wird Wert auf die Möglichkeit einer vorgängigen Klarstellung der Rechtslage gelegt; die Vorabmeldung (vgl. Art. 49a Abs. 3 Bst. a) stelle ein notwendiges Korrektiv der Unbestimmtheit des Normtextes dar, ohne die eine Anknüpfung direkter Sanktionen an den Vermutungstatbestand von Artikel 5 Absatz 3 KG oder an den Missbrauchstatbestand von Artikel 7 KG verfassungsrechtlich bedenklich wäre.

Im Ergebnis gelangt das Gutachten zum Schluss, dass die vorgeschlagene Sanktionenregelung als solche nicht gegen die Bundesverfassung verstösst. Wesentlich erscheint die Möglichkeit der Vorabmeldung, welche die – unausweichliche – Normunbestimmtheit verfahrensrechtlich zu kompensieren vermag.

2.1.3 Sanktionssystem

Die neue Regelung sieht entsprechend der verfassungsrechtlichen Ausgangslage in erster Linie Massnahmen gegen harte Kartelle vor, also gegen Abreden zwischen direkten Konkurrenten, welche Preis-, Mengen- oder Gebietsabreden zum Gegenstand haben (vgl. Art. 5 Abs. 3 KG). Dies sind Wettbewerbsverstösse, welche sich für Konsumenten, Unternehmen und die Gesamtwirtschaft besonders schädlich auswirken und aus diesem Grund bereits bisher mit der gesetzlich vermuteten Beseitigung wirksamen Wettbewerbs eine Sonderbehandlung erfahren. Der Miteinbezug von Fällen nach Artikel 7 KG in den Anwendungsbereich direkter Sanktionen ist die logische Ergänzung dieses Konzeptes. In ihrer verheerenden Wirkung für das Funktionieren des Wettbewerbs unterscheiden sie sich von harten Kartellen nicht. Die begrenzte Einführung direkter Sanktionen für harte Kartelle sowie beim Missbrauch von Marktmacht erhöht die bislang ungenügende Abschreckungswirkung des bestehenden Kartellgesetzes in den volkswirtschaftlich schädlichsten Fällen.

Vom Anwendungsbereich der direkten Sanktionen ausgenommen sind demnach nach Artikel 5 Absatz 1 unzulässige Verhaltensweisen, welche keine Preis-, Mengen- oder Gebietsabreden zum Gegenstand haben. Ebenso wenig können Preis-, Mengen- und Gebietsabreden direkt sanktioniert werden, die den wirksamen Wettbewerb weder beseitigen noch erheblich beeinträchtigen beziehungsweise die durch Gründe der wirtschaftlichen Effizienz gerechtfertigt sind.

2.1.4 Höhe der Sanktion

Unzulässiges Verhalten gemäss Artikel 5 Absatz 3 oder Artikel 7 KG kann mit einem Betrag von bis zu 10 Prozent des in den letzten drei Geschäftsjahren in der Schweiz erzielten Umsatzes belastet werden. Innerhalb dieses Rahmens soll die Wettbewerbskommission die Schwere und die Dauer des Verstosses als Bemessungsgrundlage heranziehen. Zu berücksichtigen ist zudem der mutmassliche Gewinn, den das Unternehmen durch das unzulässige Verhalten erzielt hat.

Da sich die Höhe der Sanktion in erster Linie nach der Dauer und der Schwere der Wettbewerbsbeschränkung bemisst, kann im Falle besonders leichter Verstösse die Sanktion auch entsprechend milde bemessen werden. Die Formulierung eines Ausnahmetatbestandes für leichte Fälle erübrigt sich somit.

Grundsätzlich erscheint der mit dem unzulässigen Verhalten erzielte Gewinn als nahe liegendes und angemessenes Bemessungskriterium für die Höhe des Sanktionsbetrages. Soweit feststellbar oder zumindest abschätzbar, ist der Gewinn aus dem unzulässigen Verhalten ein wesentliches Bemessungskriterium. Die genaue Höhe dieses Gewinns lässt sich aber in den meisten Fällen nur sehr schwer nachweisen.

Die Effizienz der direkten Sanktionsmöglichkeit darf jedoch nicht durch Beweisschwierigkeiten in Frage gestellt werden, sonst könnte sie die angestrebte Abschreckungs- bzw. Präventionswirkung nicht entfalten. Eine Anknüpfung an den unrechtmässigen Gewinn war bisher vorgesehen für Verstösse gegen einvernehmliche Regelungen und behördliche Anordnungen (Art. 50 KG). Auf den Umsatz (10% des letzten Jahresumsatzes, wobei für die Umsatzberechnung die Regeln gemäss Art. 9 KG sinngemäss anwendbar sind) wird nach geltendem Recht lediglich abgestellt, wenn der durch den Verstoss erzielte Gewinn nicht festgestellt oder geschätzt werden kann.

Wegen dieser Beweisschwierigkeiten sehen nun Artikel 49a und 50 als objektives, leicht eruierbares Berechnungskriterium der Höchstgrenze einen Bruchteil des Jahresumsatzes vor. Beim Berechnungsmodus wird neu auf den in den letzten *drei* Jahren erzielten Umsatz abgestellt. Erfahrungen im Ausland haben gezeigt, dass in ein kartellrechtliches Verfahren verwickelte Unternehmen versucht sind, den letztjährigen Umsatz «auszuhöhlen».

Die neue Regelung ist einfacher zu handhaben. Der Höchstsatz der Sanktion von bis zu 10 Prozent des in den letzten drei Geschäftsjahren in der Schweiz erzielten Umsatzes geht zwar weniger weit als das EU-Recht, welches auf den weltweiten Umsatz abstellt, erlaubt aber durchaus die Verhängung von wirtschaftlich einschneidenden Sanktionen. Dies ist notwendig, damit

– die Sanktionsdrohung die angestrebte abschreckende Wirkung entfaltet. Unternehmen sollen die Sanktion nicht aus der «Portokasse» bezahlen können.

– die Bonusregelung einen hinreichenden Anreiz zum Bruch der Solidarität mit den anderen Kartellmitgliedern bietet.

Dieser Sanktionsrahmen gewährleistet in schwerwiegenden Fällen eine abschreckende Wirkung, ermöglicht aber den Behörden in geringfügigen Fällen die Belastung mit Beträgen von lediglich symbolhaftem Charakter.

2.1.5 Bonusregelung

Die Erfahrungen im Ausland zeigen, dass harte Kartelle sich zunehmend professionalisieren und ihre Methoden verfeinern, um einer Aufdeckung und Sanktionierung zu entgehen. Für die Wettbewerbsbehörde wird somit die Verfolgung harter Kartelle erschwert. Der Wettbewerbskommission muss daher ein entsprechend wirksames Instrumentarium in die Hand gegeben werden, um diesem Erschwernis beizukommen.

Die Revision sieht eine Bonusregelung vor. Die Wettbewerbskommission kann damit gegenüber einem Unternehmen, das als Kartellmitglied an der Aufdeckung und Beseitigung des betreffenden Kartells mitgewirkt hat, auf direkte Sanktionen ganz oder teilweise verzichten. Diese Bonusregelung bietet folgende Vorteile:

– Für austrittswillige Kartellmitglieder entsteht ein Anreiz zur Meldung des Kartells. Ein Kartellmitglied wird die mit der Kartellmitgliedschaft verbundenen Vorteile gegen die Gefahr einer Aufdeckung und der Verhängung von Sanktionen abwägen. Namentlich dann, wenn die Wettbewerbsbehörde auf mögliche Gesetzesverstösse im fraglichen Markt bereits aufmerksam geworden ist, erscheint die Alternative der Kooperation als vorteilhaft.

– Mit dem Anreiz zur Mitwirkung an der Aufdeckung von Kartellen wird die gegenseitige Loyalität und Solidarität der Kartellmitglieder geschwächt. Gegenseitiges Misstrauen und ein «Wettbewerb um den Kooperationsbonus» erschweren den Aufbau oder die Aufrechterhaltung harter Kartelle und leisten so einen präventiven Beitrag zur Kartellbekämpfung.

– Die Kooperation eines Kartellmitglieds erleichtert schliesslich die Arbeit der Wettbewerbsbehörde massgeblich. Einerseits kann sie dazu beitragen, dass Kartelle, die sonst unaufgedeckt geblieben wären, ans Tageslicht kommen. Andererseits wird auch die Sachverhaltsermittlung wesentlich erleichtert, indem andernfalls schwer zugängliche Informationen aus erster Hand fliessen.

Im Ausland hat sich diese Vorgehensweise bewährt:

– Die 1996 eingeführte Bonusregelung («Leniency-Programm») der Europäischen Kommission wird erfolgreich angewandt und kommt mittlerweile in fast allen laufenden Kartellverfahren zum Einsatz, deren Zahl in den letzten zwei Jahren dank dem verbesserten Leniency-Programm stark angestiegen ist.

– Vor rund einem Jahr eingeführt, hat sich die Bonusregelung auch in Grossbritannien und Deutschland als erfolgreich erwiesen. Bereits in den ersten Wochen und Monaten nach der Einführung hat das britische «Leniency-Programm» Früchte getragen. In Deutschland sind ähnliche Erfolge zu verzeichnen.

Botschaft 01

– In den USA hat sich die Bonusregelung nach einer gewissen Anlaufzeit als ausserordentlich effizient erwiesen; sie führte zur Aufdeckung von mehr Kartellen als alle herkömmlichen Methoden. Seit der Erweiterung der Bonusregelung im Jahre 1993 haben sich die Selbstanzeigen verzehnfacht. Unter anderem wurde das Vitaminkartellverfahren, einer der grössten US-Kartellfälle der letzten Jahre, durch die Kooperation von Kartellmitgliedern unterstützt.

Die positiven Erfahrungen im Ausland zeigen die Wirksamkeit der vorgeschlagenen Regelung auf. Die schweizerische Regelung soll im Gegensatz zu gewissen ausländischen Normen aber flexibel ausgestaltet sein. Zunächst sind mehr Möglichkeiten vorgesehen, die Sanktionen zu reduzieren. Ein Unternehmen soll – im Unterschied zu den USA – nicht nur bei der (erstmaligen) Anzeige eines Kartells entlastet werden können, sondern es soll sich auch eine allfällige Kooperation während des Verfahrens sanktionsmindernd auswirken. Alsdann soll die konkrete Rolle eines Unternehmens innerhalb eines Kartells (etwa als Anstifter, Haupttäter oder Mitläufer) Berücksichtigung finden können. Anders als etwa in den USA soll also eine Selbstanzeige nicht ohne weiteres zur vollen Strafbefreiung führen, sondern es soll von den pflichtgemäss gewürdigten Umständen des Einzelfalles abhängen, ob und in welchem Umfang ein kooperierendes Unternehmen von einem Bonus profitiert. Eine Verordnung wird den Unternehmen aufzeigen, unter welchen Umständen sie von der Bonusregelung profitieren werden.

2.1.6 Meldemöglichkeit

Besteht bei einem Unternehmen Unsicherheit darüber, ob ein wettbewerbsbeschränkendes Verhalten unter Artikel 5 Absatz 3 oder Artikel 7 KG fällt, soll ihm die Möglichkeit offen stehen, dieses der Wettbewerbskommission zu melden, *bevor* es Wirkung entfaltet. Damit wird sichergestellt, dass die Unternehmen das Risiko einer Fehlbeurteilung des eigenen Verhaltens nicht selbst tragen müssen. Da mit dem blossen Zugang der Meldung die Möglichkeit einer direkten Sanktionierung von vornherein entfällt, können die aus einer allfälligen Rechtsunsicherheit erwachsenden Gefahren sofort und mit minimalem Aufwand für die betroffenen Unternehmen beseitigt werden. Der administrative Aufwand hält sich dabei für die Unternehmen wie auch für die Wettbewerbskommission in engen Grenzen. Eine noch weitergehende Vereinfachung des Meldesystems wird die Schaffung eines Meldeformulars – wie es etwa im Bereich der Zusammenschlusskontrolle besteht – bringen. Ferner werden die Wettbewerbsbehörden Instrumente schaffen, die dem Unternehmen eine selbstständige Beurteilung der Frage ermöglichen, ob eine Verhaltensweise im Konflikt mit dem Kartellgesetz stehen könnte.

Auf Wunsch der beteiligten Unternehmen wird das Sekretariat der Weko Zusammenarbeitsvorhaben ohne besondere Förmlichkeiten prüfen (Art. 23 Abs. 2 KG). Es wird gegebenenfalls den beteiligten Unternehmen, die hinreichende Angaben über die Kooperation sowie über ihre Stellung auf dem betroffenen Markt machen, ausdrücklich mitteilen, dass es auf Grund der eingereichten Unterlagen und Angaben keinen Anlass zum Einschreiten sieht.

Dadurch unterscheidet sich das schweizerische Modell insbesondere vom europäischen Anmeldesystem, welches im Zuge der Reformbemühungen in der EU abgeschafft werden soll. Eine gestützt auf das schweizerische Modell erfolgte Meldung bei der Weko ändert nichts an der Zulässigkeit oder Unzulässigkeit einer Wettbewerbsabrede, sondern befreit die involvierten Unternehmen lediglich in Fällen, in welchen sich nachträglich die Unzulässigkeit der Abrede erweist, von der Sanktionsdrohung des Gesetzes. Dies hat zur Folge, dass problematische Fälle vergleichsweise selten gemeldet werden dürften und die Weko zudem über grosses Ermessen verfügt, welchen Meldungen sie nachgehen möchte. Zudem führt auch die Beschränkung auf Fälle gemäss Artikel 5 Absatz 3 und Artikel 7 KG zu einer Begrenzung der zu erwartenden Zahl der Meldungen.

2.1.7 Zuständigkeit

Verschiedene Teilnehmer am Vernehmlassungsverfahren haben angeregt, dass ein richterliches Gremium (und nicht die Weko) die direkten Sanktionen ausspricht. Die Vor- und Nachteile dieses Vorschlages sind geprüft worden. Als Vorteil wäre anzusehen, dass die Sanktion von einem Gremium ohne Interessenvertreter verhängt würde. Als Nachteil fällt besonders ins Gewicht, dass sich die Verfahren langwierig und kompliziert gestalten könnten.

Dies wäre jedenfalls in jener Variante der Fall, wonach die Weko zunächst eine Feststellungsverfügung über den Verstoss gegen das Kartellgesetz erlassen und gleichzeitig den Antrag an ein Richtergremium stellen würde, eine Sanktion auszusprechen. Dabei wäre die Feststellungsverfügung selbstständig anfechtbar; erst bei Vorliegen eines rechtskräftigen Entscheides über den Verstoss gegen das Kartellgesetz könnte das Richtergremium über die Sanktion entscheiden, wobei dieser Entscheid wiederum anfechtbar wäre. Nach einer andern Variante würde die Weko auf Grund der Vorabklärung Fälle, in welchen eine Sanktion in Frage käme, direkt dem Richtergremium zuweisen. Diese Lösung mit einem Richtergremium mit umfassender Zuständigkeit, welches auch den Sachverhalt abzuklären hätte, würde voraussetzen, dass die Richter über die gleiche Fachkompetenz verfügen würden wie die Mitglieder der Weko.

Die Wettbewerbskommission ist zwar keine richterliche Instanz, stellt jedoch eine *verwaltungsunabhängige* Behörde mit hoher Fachkompetenz dar. Eine solche Kommission fehlt in der Regel im Ausland, weshalb verständlich ist, dass direkte Sanktionen dort nicht durch die zuständige Verwaltungseinheit, sondern durch eine gerichtliche Instanz verhängt werden. Dem Kartellgesetz entspricht demgegenüber die Lösung, wonach die Weko erstinstanzlich auf Grund der Untersuchungen des Sekretariates über den Verstoss gegen das Kartellgesetz und die entsprechende Sanktion entscheidet. Dagegen steht die Beschwerde an die Rekurskommission und anschliessend an das Bundesgericht offen, wobei eine allfällige Beschwerde an die richterliche Instanz auch auf die Verhängung der Sanktion beschränkt werden könnte.

Im Ergebnis ist diese Lösung nicht grundsätzlich verschieden von den ausländischen Beispielen und steht nicht im Widerspruch zu dem im Vernehmlassungsverfahren geäusserten Begehren, dass ein unabhängiges Gremium über direkte Sanktionen befinden soll.

Die Wettbewerbsbehörden haben – ganz im Sinne des im Vernehmlassungsverfahren geäusserten Bedürfnisses – bereits unter dem geltenden Recht Instruktions- und

Entscheidverfahren klarer strukturiert. Im Zentrum steht dabei der Anspruch der Parteien auf persönliche Teilnahme am Verfahren (mündliche Anhörung vor der Wettbewerbskommission).

Die vorgeschlagene Lösung ist auch aus verfassungsrechtlicher Sicht nicht zu beanstanden. Im Gutachten Rhinow wird dazu im Abschnitt «Verfahrensrechtliche Anforderungen» ausgeführt:

> «*Eine Trennung von Untersuchungs- und Entscheidverfahren drängt sich indessen aus verfassungsrechtlicher Sicht nicht auf. Ebenso wenig erscheint es als notwendig, die Sanktionen erstinstanzlich durch eine richterliche Behörde aussprechen zu lassen. Die Wettbewerbskommission selbst ist bereits eine unabhängige (Verwaltungs-) Behörde (Art. 19 KG), und ihre Entscheidungen werden von der Rekurskommission für Wettbewerbsfragen, einer (spezial-)richterlichen Instanz, voll (d.h. mit umfassender Kognition) überprüft.*»

2.1.8 Gesamtbeurteilung

Die Einführung direkter Sanktionen ermöglicht, materiellrechtlich bereits bisher verbotenes Verhalten zu ahnden. Für die Wirksamkeit des Wettbewerbsrechts steht dabei im Vordergrund, dass mit der Sanktionsdrohung die Präventivwirkung des KG verstärkt werden kann. Die Marktteilnehmer sollen ihr Verhalten so ausrichten, dass sie direkte Sanktionen erst gar nicht zu befürchten haben. Der Rechtssicherheit für die Unternehmen ist deshalb besondere Beachtung zu schenken.

Der Rechtssicherheit dient in erster Linie die Meldemöglichkeit, deren Bedeutung in dieser Beziehung auch das Gutachten Rhinow unterstreicht. Mit dem vorgeschlagenen Artikel 49a wird dem berechtigten Anliegen nach Rechtssicherheit auch darüber hinaus Rechnung getragen:

- Im Unterschied zur EU erfasst die vorgeschlagene Schweizer Regelung nicht alle, insbesondere nicht die umstrittenen vertikalen Wettbewerbsabsprachen, sondern nur die krassesten Fälle von Wettbewerbsbeschränkungen. Für ein Unternehmen ist vor einer Beteiligung an einer derartigen Wettbewerbsbeschränkung die Tragweite eines solchen Verhaltens ohne weiteres erkennbar.

    Die Begriffe der Preis-, Mengen- und Gebietsabsprachen bieten nämlich keine Unsicherheiten, die einer juristischen Klärung bedürften. Zudem hat die Praxis mit verschiedenen Entscheiden die gesetzlichen Tatbestände konkretisiert.

    Gleiches gilt für allenfalls kartellrechtswidrige Verhaltensweisen marktbeherrschender Unternehmen. Diese Verhaltensweisen sind in Artikel 7 Absatz 2 KG hinreichend bestimmt. Auch hier gilt, dass sich ein marktbeherrschendes Unternehmen in der Regel nicht darüber im Irrtum befinden kann, ob es z.B. einem Teilnehmer der Marktgegenseite die Geschäftsbeziehungen verweigert (Art. 7 Abs. 2 Bst. a) oder einen bestimmten Wettbewerber gezielt zu verdrängen versucht (Art. 7 Abs. 2 Bst. d). Die Praxis der EU-Behörden und die Rechtsprechung zu der praktisch gleich lautenden Bestimmung im EU-Raum haben zusätzlich zur Klärung dieser Tatbestände beigetragen.

- Die Rechtssicherheit ist auch im Hinblick auf allfällige Praxisänderungen gewahrt. Nach den allgemein geltenden Regeln darf eine Praxisänderung nur erfolgen, wenn das Interesse an der richtigen Rechtsanwendung gegenüber dem Rechtssicherheitsbedürfnis der Betroffenen überwiegt. Zudem ist der Grundsatz von Treu und Glauben zu wahren. Dies bedeutet, dass gegenüber demjenigen, der sich in guten Treuen an der bisherigen Rechtsprechung orientiert, die Praxis nicht ohne Vorwarnung zu seinem Rechtsnachteil geändert werden darf.

- Vor Inkrafttreten des neuen Kartellgesetzes sind zudem die Parameter der Bonusregelung in Anlehnung an die Normen und Erfahrungen kontinentaleuropäischer Rechtsordnungen in einer Verordnung festzulegen. Die Wettbewerbskommission wird ferner dafür Sorge tragen, dass kooperationswillige Unternehmen, namentlich der Erstanzeiger, umgehend verbindliche Zusagen über das Ausmass des in Aussicht gestellten Bonus erhalten.

Artikel 49 Absatz 3 hält fest, dass die Belastung abgesehen von Fällen, in welchen die Wettbewerbsbeschränkung gemeldet wurde, auch entfällt, wenn bei Eröffnung der Untersuchung die Wettbewerbsbeschränkung länger als fünf Jahre nicht mehr ausgeübt worden ist oder wenn sie vom Bundesrat gestützt auf Artikel 8 KG aus überwiegenden öffentlichen Interessen ausnahmsweise zugelassen worden ist.

2.2 Weitere Revisionspunkte

2.2.1 Genehmigungs- und Meldepflicht bei Zusammenschlüssen von Medienunternehmen

Das geltende Kartellgesetz sieht in Artikel 9 Absatz 2 spezielle Schwellenwerte für die Meldepflicht von Zusammenschlüssen zwischen Medienunternehmen vor. Als solche gelten Unternehmen, deren geschäftliche Tätigkeit ganz oder teilweise im Verlag, in der Herstellung oder im Vertrieb von Zeitungen oder Zeitschriften besteht oder die ganz oder teilweise als Veranstalter von Programmen im Sinne des Bundesgesetzes vom 21. Juni 1991 über Radio und Fernsehen (SR *784.40*) tätig sind. Die Umsätze dieser Unternehmen sind bei der Abklärung, ob ein Zusammenschluss nach Artikel 9 Absatz 1 KG meldepflichtig ist, um das Zwanzigfache zu multiplizieren. Im Ergebnis unterliegen Zusammenschlüsse von Medienunternehmen also einer verschärften Meldepflicht.

Grund dafür waren vor dem Hintergrund der fortschreitenden Pressekonzentration medienpolitische Überlegungen (Erhaltung der Medienvielfalt), die sich auch im Ausland (namentlich in Deutschland und Österreich) in besonderen Medienaufgreifkriterien niedergeschlagen haben. Für die Verfolgung medienpolitischer Anliegen eignet sich das ausschliesslich dem Wettbewerb verpflichtete KG allerdings wenig. Mit den Mitteln des Kartellgesetzes sollten Zusammenschlüsse zwischen Medienunternehmen nur überprüft werden, soweit sie gesamtwirtschaftlich von Bedeutung sind. Es genügt daher, wenn auf Medienunternehmen die allgemeinen Aufgreifkriterien angewendet werden.

Dies verdeutlicht ein Blick auf die bisherige Praxis (vgl. Anhang 2). In den fünf Jahren seit Inkrafttreten des KG hat die Wettbewerbskommission 36 gemeldete Medienzusammenschlüsse behandelt. Davon konnten 31 ohne vertiefte Prüfung für unbedenklich erklärt werden. In fünf Fällen hat die Wettbewerbskommission eine vertiefte Prüfung durchgeführt. Im Fall «Le Temps» hat sie eine Genehmigung mit Auflagen erteilt. Der Fall «Berner Tagblatt Medien AG/Schaer Thun AG» wurde wegen der drohenden Untersagung zurückgezogen. Die Zusammenschlüsse «Gasser/Tschudi Druck» und «Berner Oberland Medien AG» wurden nach vertiefter Prüfung für unbedenklich erklärt. Im Fall «Tamedia/Belcom» ist der Zusammenschluss mit einer Bedingung genehmigt worden.

Im Rahmen dieser Fragestellung ist die Feststellung der Wettbewerbskommission beim Zusammenschluss «Berner Oberland Medien AG» wichtig, wonach ein gewisser Zwang zu einer Konzentration auf lokaler und regionaler Ebene besteht. Dies ist hauptsächlich bedingt durch die hohen Erwartungen der Leser und Werbetreibenden, die attraktive Zeitungen verlangen. Die damit verbundenen (höheren) Kosten können nur mittels Grössenvorteilen ausgeglichen werden bzw. durch Kosteneinsparungen auf Grund von Kooperationen und Zusammenschlüssen. Dem Wettbewerb drohen dadurch aber keine Gefahren, weil genügend andere Printmedien (überregionale Zeitungen, Zeitschriften), potenzielle Konkurrenten, weitere Informationsträger und auch die Werbewirtschaft eine genügende disziplinierende Wirkung auf die lokalen und regionalen Zeitungen ausüben. Wirkliche Gefahren für den Wettbewerb bestehen dann, wenn Zusammenschlüsse zwischen den grossen Verlagen in der Schweiz auftreten. Diese wären aber in der Regel auf Grund der erzielten Umsätze auch unter den allgemeinen Aufgreifkriterien des Artikels 9 Absatz 1 KG meldepflichtig und damit der Kontrolle durch die Wettbewerbskommission unterworfen.

Wie die Zahlen zeigen, wurden die von der verschärften Meldepflicht erfassten Zusammenschlüsse meist als unbedenklich beurteilt. Die tiefen Umsatzschwellen für die zusammenschlusswilligen (vorwiegend kleinen) Unternehmen stellten aber eine erhebliche finanzielle Belastung dar (Kosten der Meldung). Anhang 2 zeigt, dass von den 36 gemeldeten Zusammenschlüssen deren 31 nicht meldepflichtig gewesen wären, wenn die allgemeinen Aufgreifkriterien von Artikel 9 Absatz 1 KG zur Anwendung gelangt wären. Der Fall «Le Temps», bei dem die Wettbewerbskommission eine Auflage verfügt hat, wäre auch unter diesen Aufgreifkriterien meldepflichtig gewesen. Vier der Fälle, welche nach den allgemeinen Aufgreifkriterien nicht meldepflichtig wären, sind vertieft geprüft worden. Drei waren lediglich von regionaler Bedeutung und unbedenklich. Auch im Fall «Tamedia/Belcom» wurde der Zusammenschluss bewilligt, wenn auch mit einer Bedingung.

2.2.2 Berechnung der Schwellenwerte für meldepflichtige Zusammenschlüsse von Banken und Finanzinstituten

Die bisherige Spezialbestimmung von Artikel 9 Absatz 3 KG (Berechnung des Umsatzes für Versicherungen und Banken) basiert im Wesentlichen auf der für die EU bis 1998 gültigen Bestimmung in der Fusionskontrollverordnung. Danach wird bei Banken im Sinne des Bundesgesetzes über die Banken und Sparkassen (BankG; SR *952.0*) für die Berechnung des Umsatzes gemäss Artikel 9 Absatz 1 KG auf die Bilanzsumme abgestellt.

Am 1. März 1998 trat in der EU eine Bestimmung in Kraft, welche für die Berechnung des Umsatzes bei Banken und anderen Finanzinstituten an Stelle der Bilanzsumme neu die Bruttoerträge vorsieht. Auch in der Schweiz ergaben sich Probleme bei der Anwendung der Bilanzsummenregel. So vertritt man in Experten- und Bankenkreisen die Ansicht, dass die Bruttoerträge gegenüber der (konsolidierten) Bilanzsumme die wirtschaftliche Leistungsfähigkeit eines Finanzinstitutes wesentlich besser wiedergeben, insbesondere im Hinblick auf die Ausserbilanzgeschäfte und die verwalteten Kundenvermögen. Zudem haben Fusionen von Banken mit Sitz im Ausland gezeigt, dass die geografische Zuordnung von Forderungen gegenüber Banken und Kunden mit Sitz in der Schweiz, wie Artikel 9 Absatz 3 KG für die Banken vorsieht, für die beteiligten Unternehmen erhebliche Probleme bereitet. Erschwerend wirkt sich für die beteiligten Unternehmen zudem die Tatsache aus, dass seit der Umstellung der europäischen Fusionskontrollverordnung die Meldungen über ein Zusammenschlussvorhaben bei den schweizerischen und europäischen Wettbewerbsbehörden mit unterschiedlichen Berechnungsgrundlagen eingereicht werden müssen.

Eine Anpassung an das europäische Recht ist deshalb für die Umsatzberechnung angezeigt. Im Bereich der Finanzdienstleistungen ist dabei aus terminologischen Gründen am Kriterium der Bruttoerträge aus dem ordentlichen Geschäft festzuhalten, da der Begriff «Umsatz» im Bankgeschäft zu Missverständnissen führen kann. Zudem werden insbesondere für die Banken in Artikel 25a der Verordnung über die Banken und Sparkassen (BankV, SR *952.02*) die Bruttoerträge klar definiert.

Es stellt sich dabei die Frage, ob der Kreis der Normadressaten von Artikel 9 Absatz 3 KG – analog zur europäischen Fusionskontrollverordnung – auf andere Finanzdienstleistungsanbieter ausgedehnt werden sollte (Effektenhändler, Vermögensverwalter, Devisenhändler usw.). Eine solche Ausdehnung des Adressatenkreises scheint angezeigt, um dem Spezialcharakter von Finanzdienstleistungsanbietern gerecht werden zu können. Allerdings sollen aus Gründen der Rechtsgleichheit und Rechtssicherheit von der Spezialbestimmung nebst den Banken nur diejenigen Finanzdienstleistungsanbieter erfasst werden, deren Rechnungslegung den Vorschriften des Bundesgesetzes über die Banken und Sparkassen sowie dessen Ausführungsverordnung unterstellt ist.

2.2.3 Untersuchungsmassnahmen

Nach Artikel 42 KG können die Wettbewerbsbehörden Hausdurchsuchungen anordnen und Beweisgegenstände sicherstellen. Diese prozessualen Zwangsmassnahmen werden mit der Einführung direkter Sanktionen eine grössere Bedeutung erhalten. Es erscheint deshalb angezeigt, hierfür präzise rechtsstaatliche Garantien vorzusehen, indem auf die entsprechenden Bestimmungen des Bundesgesetzes über das Verwaltungsstrafrecht (VStrR; SR *313.0*) verwiesen wird.

2.2.4 Eröffnung einer Untersuchung

Bisher begnügten sich die Wettbewerbsbehörden damit, bestehende Kartelle aufzuheben. Künftig sollen Unternehmen auch für frühere und im Beurteilungszeitpunkt nicht mehr praktizierte kartellrechtswidrige Verhaltensweisen zur Verantwortung gezogen werden können. Unternehmen, die gegen das Kartellrecht verstossen, haben es sonst in der Hand zu verhindern, dass Abklärungen der Wettbewerbsbehörden in rechtskräftige Verfügungen münden.

Nach geltendem Recht sind die Eingriffsmöglichkeiten der Wettbewerbskommission auf die Beseitigung einer bestehenden Wettbewerbsbeschränkung ausgerichtet. Nach Artikel 27 Absatz 1 KG eröffnet das Sekretariat im Einvernehmen mit einem Mitglied des Präsidiums eine Untersuchung, wenn Anhaltspunkte dafür bestehen, dass eine unzulässige Wettbewerbsbeschränkung (noch) vorliegt. Die Wettbewerbsbehörde hat somit keine Möglichkeit, Verstösse gegen das KG wirksam zu ahnden, wenn Unternehmen ihr kartellrechtswidriges Verhalten vor oder während der Untersuchung aufgeben. Im Fall des «Vitaminkartells» etwa haben die Parteien in Absprache mit den amerikanischen Wettbewerbsbehörden ihr Verhalten aufgegeben und sich zur Zahlung einer Busse bereit erklärt. Die Schweizer Wettbewerbsbehörden hätten – wenn die Parteien hierfür nicht Hand geboten hätten – keine Untersuchung eröffnen können, da das Kartell zu dem Zeitpunkt bereits aufgelöst worden war.

Mit der Änderung des Artikels 27 KG soll erreicht werden, dass auch Verstösse gegen das KG, welche vor einer Untersuchung aufgegeben werden, geprüft und allenfalls geahndet werden können. Insbesondere im Hinblick auf die Einführung von Sanktionen soll mit dieser Anpassung eine adäquate Regel erstellt werden.

2.2.5 Begriff des marktbeherrschenden Unternehmens

In der Vernehmlassung ist unter anderem vorgeschlagen worden, bereits auf Gesetzesstufe besser zu berücksichtigen, dass KMU zum Teil von grösseren Unternehmen, seien es Lieferanten oder Abnehmer, abhängig sind. Dieses Anliegen wird mit einer Konkretisierung des Begriffs des marktbeherrschenden Unternehmens in Artikel 4 KG aufgenommen. Die neue Formulierung will hingegen im Wettbewerb nicht mehr überlebensfähige Strukturen nicht schützen. Der Zweck des KG liegt nach wie vor darin, volkswirtschaftlich oder sozial schädliche Auswirkungen von Wettbewerbsbeschränkungen zu verhindern (vgl. Art. 1).

Mit der Änderung von Artikel 4 Absatz 2 KG wird klargestellt, dass bei der Feststellung einer marktbeherrschenden Stellung eines Unternehmens nicht allein auf Marktstrukturdaten abzustellen ist, sondern die konkreten Abhängigkeitsverhältnisse auf dem Markt zu prüfen sind. Marktbeherrschung kann insbesondere auch bei einem Unternehmen vorliegen, das im Verhältnis zu Mitbewerbern über eine überragende Marktstellung verfügt, oder bei einem Unternehmen, von welchem andere Unternehmen als Nachfrager oder Anbieter abhängig sind.

2.2.6 Gebühren

Bereits heute erheben die Wettbewerbsbehörden Gebühren für Verwaltungsverfahren sowie Gutachten und sonstige Dienstleistungen. Rechtsgrundlagen dafür bilden das Kartellgesetz (Art. 47 Abs. 2 KG), das Bundesgesetz über Massnahmen zur Verbesserung des Bundeshaltes (SR *611.010*) und die dazugehörige Ausführungsverordnung des Bundesrates (KG-Gebührenverordnung; SR *251.2*). Im Interesse der Transparenz und zwecks Beseitigung gewisser Unklarheiten, welche aus der Anwendung des bisherigen Rechts entstanden sind, soll die Gebührenfrage in einer einzigen spezialgesetzlichen Norm geregelt werden.

Artikel 53a umschreibt nun den Gegenstand der Gebühr und die Bemessungsgrundlage und ermächtigt den Bundesrat, die Gebührensätze und die Erhebung im Einzelnen zu regeln.

2.3 Kommentar zu einzelnen Bestimmungen

Die Änderungen der Artikel 4, 9 Absatz 2, 49a und 50 sind bereits erläutert worden. Zu den übrigen Änderungen ist Folgendes festzuhalten:

Artikel 9 Absatz 3

Für die Berechnung der Umsätze von Finanzintermediären gemäss Artikel 9 Absatz 1 in Verbindung mit Artikel 9 Absatz 3 (mit Ausnahme der Versicherungsgesellschaften) wird neu auf die Bruttoerträge aus dem ordentlichen Geschäft abgestellt. Dieses Kriterium wird für die Banken bereits in den Rechnungslegungsvorschriften der Bankenverordnung näher definiert. Es sind deshalb – in Übereinstimmung mit den EU-Bestimmungen – für die Umsatzberechnung folgende Erträge zu berücksichtigen:

– Zins- und Diskontertrag;
  Zins- und Dividendenertrag aus den Handelsbeständen;
– Zins- und Dividendenertrag aus Finanzanlagen;
– Kommissionsertrag Kreditgeschäft;
– Kommissionsertrag Wertschriften- und Anlagegeschäft;
– Kommissionsertrag übriges Dienstleistungsgeschäft;
– Ertrag aus dem Handelsgeschäft;
– Ertrag aus Veräusserungen von Finanzanlagen;
– Beteiligungsertrag;
– Liegenschaftsertrag;
– anderer ordentlicher Ertrag.

Der Bundesrat wird die Einzelheiten auf Verordnungsstufe regeln. Insbesondere ist dabei festzulegen, dass die Bruttoerträge auch für diejenigen Posten der Erfolgsrechnung gelten, für welche die Bankenverordnung lediglich die Pflicht zur Bekanntgabe des Erfolges vorsieht (Erfolg aus dem Handelsgeschäft, Erfolg aus der Veräusserung von Finanzanlagen sowie Liegenschaftserfolg). Im Weiteren ist auch das Zuordnungskriterium für die Bestimmung der Bruttoerträge zu regeln, welche gemäss Artikel 9 Absatz 1 KG in der Schweiz erzielt werden.

Der spezielle Charakter von Finanzdienstleistungsunternehmen, insbesondere bezüglich den Rechnungslegungsvorschriften, wird – gleich dem europäischen Recht – auch vom schweizerischen Kartellrecht anerkannt. Aus Gründen der Rechtsgleichheit sind deshalb zumindest diejenigen Anbieter von Finanzdienstleistungen der Spezialnorm zu unterstellen, welche den gleichen Rechnungslegungsvorschriften wie die Banken unterstehen. Um den Kreis der Normadressaten möglichst offen zu halten, wird deshalb neu der Terminus «Finanzintermediäre» eingeführt, welcher bereits im Bundesgesetz zur Bekämpfung der Geldwäscherei im Finanzsektor Eingang gefunden hat. Derzeit gelten die Rechnungslegungsvorschriften gemäss Bankenverordnung auch für die Effektenhändler.

Artikel 18 Absatz 1

Auf Grund der Ergebnisse des Vernehmlassungsverfahrens wird keine Änderung der Zusammensetzung der Weko vorgeschlagen. In Artikel 18 soll einzig der Zusatz gestrichen werden, dass das Präsidium drei Mitglieder umfasst. Es wäre in Zukunft allenfalls möglich, neben dem Präsidenten oder der Präsidentin nur eine Vizepräsidentin oder einen Vizepräsidenten zu bezeichnen, beispielsweise um künftig eine Organisationsstruktur mit zwei Kammern zu ermöglichen.

Artikel 27 Absatz 1

Mit der Einführung direkter Sanktionen muss auch die Möglichkeit eröffnet werden, Wettbewerbsbeschränkungen aufzugreifen, die möglicherweise nicht mehr ausgeübt werden. Andernfalls bestünde das Risiko, dass die beteiligten Unternehmungen kurz vor oder nach der Eröffnung einer Untersuchung die unzulässigen Praktiken einstellen, um sich der Sanktionierung zu entziehen. Der geänderte Wortlaut von Artikel 27 Absatz 1 trägt diesem Umstand Rechnung. Die Änderung von Artikel 27 hat jedoch nicht zur Folge, dass Unternehmen selbst dann noch sanktioniert werden können, wenn sie die unzulässige Praxis bei der Einführung der direkten Sanktionen aufgeben. Die Übergangsbestimmung hält dies auch ausdrücklich fest.

Artikel 42

Absatz 1 entspricht dem bisherigen Artikel 42 (Sätze 1 und 2). In Absatz 2 wird für Hausdurchsuchungen und Beschlagnahmen eine präzisere Regelung vorgesehen als im geltenden Recht. Hausdurchsuchungen und Beschlagnahmen können auf Grund eines Antrages des Sekretariats nur von einem Mitglied des Präsidiums angeordnet werden. Für diese prozessualen Zwangsmassnahmen werden im Weiteren die Artikel 45–50 VStrR als sinngemäss anwendbar erklärt. Diese Bestimmungen enthalten die wichtigsten rechtsstaatlichen Garantien. Insbesondere schreiben sie vor, dass Hausdurchsuchungen und Beschlagnahmen mit der gebührenden Schonung der Betroffenen und ihres Eigentums durchzuführen sind (Art. 45 VStrR). Beschlagnahmt werden dürfen im Wesentlichen nur Gegenstände, die als Beweismittel von Bedeutung sein können (Art. 46 Abs. 1 Bst a. VStrR). Hausdurchsuchungen dürfen nur im Beisein des Inhabers der betroffenen Räume und bestimmter Amtspersonen vorgenommen werden; in Fällen besonderer Dringlichkeit kann auf den Beizug von Amtspersonen verzichtet werden (Art. 49 Abs. 2 VStrR). Bei der Durchsuchung von Papieren ist mit grösster Schonung vorzugehen; insbesondere sollen Papiere nur dann durchsucht werden, wenn anzunehmen ist, dass sich Schriften darunter befinden, die für die Untersuchung von Bedeutung sind (Art. 50 Abs. 1 VStrR). Berufs- und Geschäftsgeheimnisse sind zu wahren (Art. 50 Abs. 2 VStrR).

Arikel 47 Absatz 2 und Artikel 53a

Artikel 53a regelt die Erhebung von Gebühren durch die Wettbewerbsbehörden. Absatz 1 umschreibt den Gegenstand der Gebühr. Deren Bemessungsgrundlage wird in Absatz 2 festgelegt. Absatz 3 schliesslich ermächtigt den Bundesrat einerseits, die Gebührensätze und die Modalitäten der Gebührensätze auf Verordnungsstufe zu regeln. Bei der Festsetzung der Gebührensätze soll nach der wirtschaftlichen Bedeutung des Gegenstandes differenziert werden. Anderseits kann der Bundesrat bei bestimmten Verfahren oder Dienstleistungen auf die Erhebung einer Gebühr verzichten. Ein Gebührenverzicht ist insbesondere angezeigt bei Untersuchungsverfahren nach Artikel 27 KG, wenn sich die zu Beginn vorliegenden Anhaltspunkte nicht erhärten und das Verfahren eingestellt wird.

Artikel 47 Absatz 2, der bisher bereits die Erhebung von Gebühren für Gutachten der Wettbewerbsbehörden regelte, kann damit aufgehoben werden.

Artikel 59a

Artikel 170 der Bundesverfassung verankert den Verfassungsauftrag, die Massnahmen des Bundes auf ihre Wirksamkeit zu überprüfen. Die Änderung des Kartellgesetzes ist deshalb auch dafür zu nutzen, den Verfassungsauftrag für den wichtigen Bereich des Wettbewerbsrechts zu konkretisieren. Wirksamer Wettbewerb hat für den Standort Schweiz eine zentrale Bedeutung. Hauptziel der Revision – und damit Hauptgegenstand der Evaluation – ist die Erhöhung der Präventivwirkung durch Einführung direkter Sanktionen bei besonders schädlichen kartellrechtlichen Verstössen. Die Evaluation wird die Zielerreichung systematisch und mit unabhängigen wissenschaftlichen Methoden überprüfen.

Übergangsbestimmung

Mit einer Übergangsbestimmung soll die Möglichkeit eingeräumt werden, bestehende Wettbewerbsbeschränkungen innert 6 Monaten zu melden mit der Folge, dass dafür – wie bei der Meldung neuer Wettbewerbsbeschränkungen nach Artikel 49a Absatz 3 – keine Belastung auferlegt werden kann. Ohne Meldung entfällt eine Belastung selbstverständlich erst recht, wenn die Wettbewerbsbeschränkung in diesem Zeitraum aufgelöst wird.

Wird eine Wettbewerbsbeschränkung, die vor Inkrafttreten von Artikel 49a Wirkung entfaltet hat, innert der Übergangsfrist von 6 Monaten weder gemeldet noch aufgelöst, kann eine Sanktion nach Artikel 49a ausgesprochen werden. Auf Grund des Verbots der Rückwirkung kann in solchen Fällen für die Bemessung der Belastung jedoch nur der Zeitraum nach Inkrafttreten der Gesetzesänderung berücksichtigt werden.

3 Auswirkungen

3.1 Finanzielle und personelle Auswirkungen

Der Hauptnutzen der Einführung direkter Sanktionen wird in deren präventiver Wirkung liegen. Hohe Sanktionen und der damit einhergehende Reputationsschaden führen jedoch nur zur Unterlassung unzulässiger Wettbewerbsbeschränkungen, wenn auch die Entdeckungswahrscheinlichkeit entsprechend hoch ist.

Die effiziente Umsetzung der Revision erfordert deshalb eine entsprechende Ergänzung der personellen Ressourcen im Sekretariat der Weko (Untersuchungsorgan) im Umfang von 15 Stellen.

Es ist davon auszugehen, dass die Untersuchungsverfahren mit der Einführung direkter Sanktionen aufwändiger werden. Um eine genügend hohe Entdeckungswahrscheinlichkeit zu erreichen, wird das Sekretariat somit Ermittlungen mit zum Teil neuen Methoden (Hausdurchsuchungen) durchführen müssen. Die Ausdehnung der Ermittlungsmethoden erfordert eine Taskforce von drei Spezialisten sowie je einem Spezialisten für die drei Marktdienste.

Die Sanktionsdrohung dürfte bewirken, dass viele Unternehmen an die Wettbewerbsbehörden gelangen werden um festzustellen, ob bestimmte Verhaltensweisen zulässig sind. Um die notwendige Rechtssicherheit so schnell wie möglich zu schaffen, muss es den Wettbewerbsbehörden und den Rechtsmittelinstanzen nach Einführung direkter Sanktionen gelingen, rasch aufzuzeigen, welche Verhaltensweisen unzulässig sind und welche nicht. Zu diesem Zweck werden neben den Entscheiden der Weko klärende Erlasse zu erarbeiten sein; es wird aber auch Aufgabe des Sekretariates sein, den meldenden Unternehmen rasch und unbürokratisch zur notwendigen Rechtssicherheit im konkreten Einzelfall zu verhelfen. Sollen die übrigen Aufgaben des Sekretariats dadurch nicht vernachlässigt werden, so sind für die drei Marktdienste im Interesse der Unternehmen je zwei zusätzliche Stellen vorzusehen.

Mit der Einführung direkter Sanktionen ist den Parteirechten besondere Beachtung zu schenken (vgl. Ziff. 2.1.7). Zur Wahrung des rechtlichen Gehörs drängt sich eine konsequente Trennung von Untersuchungs- und Entscheidorgan in der Entscheidphase auf, was auf Stufe Weko (Entscheidorgan im Milizsystem) drei juristische Sekretäre erfordert.

Die Ergänzung der personellen Ressourcen löst einen entsprechenden Raumbedarf aus. Insgesamt ist mit wiederkehrenden Kosten für 15 Stellen in der Höhe von 3 Mio. Franken zu rechnen.

Die Revision wird auch zusätzliche Einnahmen für die Staatskasse bringen. Dieser Aspekt ist allerdings von sekundärer Bedeutung. Die Vorlage legt das Gewicht eindeutig auf die Verstärkung der Präventivwirkung des Wettbewerbsrechts.

3.2 Auswirkungen auf die Informatik

Mit den zusätzlichen Stellen ist ein Bedarf an Informatikmitteln verbunden. Zudem ist eine Informatiklösung für die Aufnahme und Verarbeitung der zusätzlichen Informationen vorzusehen.

3.3 Volkswirtschaftliche Auswirkungen

Ziel des neuen KG von 1995 war die Revitalisierung der schweizerischen Binnenwirtschaft und deren Stärkung im internationalen Standortwettbewerb. Die Effektivität dieser Politik wird durch die Einführung direkter Sanktionen und den damit zusammenhängenden weiteren Änderungen am geltenden Gesetz erhöht.

3.3.1 Notwendigkeit und Möglichkeit staatlichen Handelns

Die Einführung direkter Sanktionen setzt ein Tätigwerden des Gesetzgebers voraus. Dabei zeichnet sich die geplante Revision insbesondere durch ihre Verhältnismässigkeit aus. Der Anwendungsbereich direkter Sanktionen wird auf schwerwiegende Wettbewerbsverstösse beschränkt, und den Unternehmen wird ein Melderecht für Wettbewerbsabreden eingeräumt (und nicht etwa eine Meldepflicht geschaffen).

3.3.2 Auswirkungen auf einzelne gesellschaftliche Gruppen

Sollen die mit dem Kartellgesetz verfolgten Ziele erreicht werden, ist eine breite Abstützung der Wettbewerbspolitik notwendig. Von der Einführung direkter Sanktionen sind deshalb grundsätzlich alle Unternehmen betroffen.

Zwar könnte man zur Auffassung neigen, dass die auf Grund der kleinräumigen Verhältnisse für kartellistische Verflechtungen eher anfällige Binnenwirtschaft (Bau- und Baunebengewerbe, Dienstleistungen usw.) von der Einführung direkter Sanktionen besonders betroffen ist. Indessen zeigen gerade Fälle wie z.B. das Vitaminkartell, dass sich auch Grosskonzerne und multinationalen Unternehmen vermehrt dem verschärften internationalen Konkurrenzdruck durch wettbewerbsbeschränkendes Verhalten zu entziehen versuchen. Diesen Tendenzen wird mit der Einführung direkter Sanktionen ebenfalls entgegengewirkt. Nutzniesser der Revision sind die Konsumenten und Unternehmen, die auf Grund der verschärften Kartellbekämpfung mit tieferen Preisen für Konsumgüter, Dienstleistungen und Zwischenprodukte rechnen können.

3.3.3 Auswirkungen auf die Gesamtwirtschaft

Eine effektive Wettbewerbspolitik liegt im volkswirtschaftlichen Gesamtinteresse. Effektiv ist die Wettbewerbspolitik nur, wenn glaubwürdig ist, dass sie tatsächlich durchgesetzt wird. In diesem Sinne sind die Einführung der direkten Sanktionen sowie der Bonusregelung ein wichtiges Signal. Zudem werden die Marktteilnehmer von Beginn weg wenig Neigung zeigen, gegen die Bestimmungen des Kartellgesetzes zu verstossen, wenn sie keinen Zweifel daran haben, dass diese Bestimmungen mit Nachdruck durchgesetzt werden. Die Einführung direkter Sanktionen wird somit positive Auswirkungen auf die Gesamtwirtschaft haben.

Dem wirtschaftlichen Effizienzgewinn steht allerdings ein mit der Einführung direkter Sanktionen verbundener Zusatzaufwand für die Wettbewerbsbehörden und einzelnen Unternehmen gegenüber. Dieser wird aber zweifellos durch den gesamtwirtschaftlichen Nutzen der damit erzielten Wettbewerbsverbesserungen aufgewogen, auch wenn sich der volkswirtschaftliche Nettogewinn letztlich nicht beziffern lässt.

3.3.4 Alternative Regelungen

Für die Einführung direkter Sanktionen gibt es keine ebenbürtigen Alternativen. Dasselbe gilt für die Bonusregelung. Direkte Sanktionen entwickeln ohne Bonusregelung nur eine beschränkte (präventive) Wirkung.

3.3.5 Zweckmässigkeit im Vollzug

Die Revision ist bewusst zielgerichtet und massvoll gehalten. Die sanktionsbefreiende Meldungsmöglichkeit einer Wettbewerbsbeschränkung wie auch das Setzen von Anreizen, z.b. wettbewerbswidrige Verhaltensweisen ohne vorangehendes Verwaltungshandeln aufzugeben, werden der Wettbewerbsbehörde erlauben, sich vermehrt auf die Bekämpfung und Beseitigung der krassesten Formen von Verstössen gegen das Kartellgesetz zu konzentrieren.

4 Legislaturplanung

Der Bundesrat hat im Bericht zur Legislaturplanung 1999–2003 (BBl *2000* 2291, 2332) unter dem Obertitel «Die Schweiz als attraktiver Werk-, Denk- und Schaffensplatz – Entfaltungschancen der kommenden Generationen sicherstellen und verbessern» angekündigt, den Reformbedarf des Wettbewerbsrechts zu überprüfen und darauf gestützt dem Parlament die Botschaft zur Revision des Kartellgesetzes zu unterbreiten (Richtliniengeschäft R11).

5 Verhältnis zum europäischen Recht

Die Europakompatibilität des schweizerischen Wettbewerbsrechts wird durch die Vorlage nicht unmittelbar berührt. Immerhin sind in der Rechtsordnung der EU für Wettbewerbsverstösse ebenfalls unmittelbare Sanktionen vorgesehen. Insofern nähert sich durch die Revision das «Schutzniveau» der schweizerischen Wettbewerbsgesetzgebung demjenigen der EU an. Vor dem Hintergrund bestehender Unterschiede in der konzeptionellen Ausrichtung (Verbots- statt Missbrauchsprinzip in der EU) lassen sich die einzelnen Elemente der Vorlage aber nur schlecht mit entsprechenden Instituten im europäischen Kontext vergleichen. Dies gilt ganz besonders für das geplante Melderecht, welches sich vom Freistellungsverfahren, wie es in der EU praktiziert wird, grundlegend unterscheidet. Gesamthaft gesehen korrespondiert das schweizerische Wettbewerbsrecht jedenfalls gut mit dem Wettbewerbsrecht des Auslandes, insbesondere demjenigen der EU.

Besondere Beachtung wurde der Frage geschenkt, ob die vorgeschlagenen direkten Sanktionen strafrechtliche Anklagen im Sinne von Artikel 6 der EMRK darstellen und ob gegebenenfalls die Verfahrensregeln des geltenden Kartellgesetzes den Ansprüchen der EMRK – wie der Anspruch auf ein faires Verfahren oder der Anspruch auf eine mögliche gerichtliche Beurteilung – genügen.

Da die direkten Sanktionen ihrer Natur nach sowohl abschreckenden als auch vergeltenden Charakter haben, ist Artikel 6 EMRK als anwendbar zu betrachten. Eine differenzierte Betrachtung der einzelnen sich daraus ergebenden Ansprüche an das Vorabklärungs- und Untersuchungsverfahren einerseits (z.B. der Anspruch auf eine angemessene Verfahrensdauer oder das Recht, sich nicht selber belasten zu müssen) und im Beschwerdeverfahren vor der Rekurskommission für Wettbewerbsfragen andererseits führen zum Ergebnis, dass keine Änderungen des Kartellgesetzes, sondern höchstens gewisse Anpassungen der Praxis der Wettbewerbsbehörden erforderlich sind (vgl. Ziff. 2.1.7). Deshalb haben die Wettbewerbsbehörden bereits eine klarere Trennung von Instruktions- und Entscheidverfahren vorgenommen.

6 Rechtliche Grundlagen

6.1 Verfassungsmässigkeit

Die vorgeschlagenen Bestimmungen stützen sich auf Artikel 96 Absatz 1 der Bundesverfassung. Danach erlässt der Bund Vorschriften gegen volkswirtschaftlich oder sozial schädliche Auswirkungen von Kartellen und andern Wettbewerbsbeschränkungen. Diese Verfassungsnorm entspricht inhaltlich dem Artikel 31bis Absatz 3 Buchstabe d der alten Bundesverfassung.

Die Verfassungsmässigkeit der Einführung von direkten Sanktionen im Kartellgesetz im Besonderen ist im Gutachten von Prof. René Rhinow bejaht worden (s. Ziff. 2.1.2).

6.2 Delegation von Rechtsetzungsbefugnissen

Gestützt auf die Delegationsnorm von Artikel 53a wird der Bundesrat die Gebührenansätze festlegen und die Gebührenerhebung regeln. Im Übrigen wird der Bundesrat Ausführungsbestimmungen erlassen, namentlich über die direkten Sanktionen (Bemessung der Sanktionen und Bonussystem) sowie über die Berechnung der Schwellenwerte für meldepflichtige Zusammenschlüsse von Banken und Finanzintermediären.

Anhang 1

Bisherige Praxis (vgl. Ziff. 1.1.2); Statistik der Tätigkeiten der Wettbewerbskommission (inklusive Sekretariat)

(Stand Ende 2000)

Die Tätigkeiten der Wettbewerbsbehörde lassen sich zweckmässigerweise aufgliedern in

- Verfahren gegen Kartelle und wegen unzulässiger Verhaltensweisen marktbeherrschender Unternehmen, so genannte Untersuchungen und Vorabklärungen (Art. 26ff. KG) (I)
- Zusammenschlussverfahren, so genannte Vorprüfungen und Prüfungen (Art. 32 ff. KG) (II)
- Empfehlungen, Stellungnahmen und Gutachten zur Schaffung von neuen oder zur Handhabung von bestehenden Erlassen (Art. 15 und 45ff. KG) (III)
- Verfahren gemäss Binnenmarktgesetz (BGBM) sowie (IV)
- diverse Verfahren (V).

Keine Statistiken gibt es über informelle Verfahren, Beratungen gemäss Art. 23 KG und Beschwerdeverfahren (Verfahren vor Rekurskommission).

Tätigkeit	1996[1]	1997	1998	1999	2000	Total
I) Verfahren gegen Kartelle und wegen Machtmissbrauch						
Untersuchungen, davon						
a) Eröffnungen (inkl. Übernahmen von Kartellkommission)	6	8	7	12	12	45
b) Einvernehmliche Regelungen	0	0	1	0	2	3
c) Entscheide	0	5	2	8	11	26
d) Vorsorgliche Massnahmen	5	4	4	2	0	15
e) Sanktionen	0	0	0	2	0	2
Vorabklärungen, davon						
f) Eröffnungen (inkl. Übernahmen von Kartellkommission)	45	44	20	22	20	151
g) Abschluss ohne Eröffnung Untersuchung	7	38	20	14	11	90
h) Abschluss mit Eröffnung Untersuchung	2	5	3	10	9	29
Bekanntmachungen	0	0	2	0	0	2

---

[1] 1 Semester

Botschaft 01

Tätigkeit	1996[2]	1997	1998	1999	2000	Total
II) Verfahren bei Unternehmenszusammenschlüssen						
a) Meldungen insgesamt	1	22	26	33	54	136
b) Abschluss nach Vorprüfung	1	19	22	31	52	125
c) Abschluss nach Prüfung	0	2	4	0	1	7
d) Entscheid nach Prüfung (Auflagen, Bedingungen, Untersagung)	0	1	2	0	1	4
e) Rückzug der Meldung (Aufgabe des Vorhabens) während Prüfung	0	0	1	0	0	1
f) Vorzeitiger Vollzug	0	1	1	0	0	2
g) Sanktionen	0	1	3	1	2	7
III) Empfehlungen, Stellungnahmen und Gutachten an Behörden						
a) Gutachten KG 15	0	0	1	4	1	6
b) Empfehlungen KG 45	0	4	0	3	3	10
c) Stellungnahmen KG 46	22	30	62	24	64	202
d) Gutachten KG 47	0	0	2	1	1	4
e) Stellungnahmen zu Konzessionsgesuchen RTVG	0	0	13	14	22	49
f) Gutachten FMG 11	0	0	2	1	3	6
IV) Verfahren gemäss Binnenmarktgesetz (BGBM)						
a) Empfehlungen BGBM 8	1	1	4	1	2	9
b) Gutachten BGBM 10 I	0	0	1	0	0	1
c) Gutachten BGBM 10 II	0	0	0	0	0	0
d) Erläuterungen des Sekretariats	1	5	4	2	2	14
V) Diverses						
a) Nachkontrollen	10	8	12	5	0	35
b) Feststellungsverfügungen	0	0	1	2	1	4

Erläuterungen

Die meisten *Untersuchungsverfahren* (Art. 27 ff. KG) werden innerhalb eines Jahres durchgeführt. Bei den übrigen Untersuchungsverfahren haben sich entweder komplexe verfahrensrechtliche oder materiellrechtliche Fragen gestellt; zum Teil haben sich auch die tatsächlichen Umstände verändert (d.h. der wirtschaftliche Sachverhalt), sodass eine Neubeurteilung notwendig wurde. In solchen Verfahren ist etwa zu beobachten, dass die Parteien auf Grund der Stossrichtung der Verfahren ihr Verhalten ändern.

Mittels *Vorabklärungen* (Art. 26 KG) wird geprüft, ob ein bestimmter Sachverhalt gegen die Bestimmungen des Kartellgesetzes verstossen könnte und demnach eine Untersuchung zu eröffnen ist. Es liegt auf der Hand, dass Vorabklärungen weit häu-

[2] 1 Semester

figer durchgeführt werden als Untersuchungen. Von 151 bisher eröffneten Vorabklärungen haben 29 bzw. ca. 19% zur Eröffnung einer Untersuchung geführt. Die «Trefferquote» (Verhältnis Untersuchungen zu Vorabklärungen) ist in den letzten Jahren kontinuierlich gestiegen. So führten 1996 5% aller eröffneten Vorabklärungen zu einer Untersuchung, 1997 waren es deren 11%, 1998 15%, 1999 45% und 2000 ebenfalls 45%. Ein in der Tendenz ähnliches Bild zeigt sich, wenn alle abgeschlossenen Vorabklärungen Grundlage sind. Die «Trefferquoten» betragen jeweils 22% für 1996, 11% für 1997, 13% für 1998, 42% für 1999 und 24% für 2000. Die Anzahl neu eröffneter Vorabklärungen geht zurück, während die Zahl der neu eröffneten Untersuchungen steigt. Diese Erscheinung lässt sich insbesondere auf die Einführung des so genannten «Triage»-Verfahrens zurückführen. Das Sekretariat prüft in der «Triage» die Eingaben von angeblich «Betroffenen» daraufhin, ob behauptete Kartellrechtsverletzungen einen Anschein von Plausibilität haben. Ist dies nicht der Fall, wird keine Vorabklärung eröffnet.

Bis Ende des Jahres 2000 wurden 136 *Zusammenschlüsse* zur Vorprüfung gemeldet. Die Anzahl der gemeldeten Zusammenschlüsse ist kontinuierlich gestiegen; sie lag 1998 um 18% höher als 1997, 1999 um 50% höher als 1998 und 2000 um 63% höher als 1999. Eine ähnliche Entwicklung ist auch im Ausland zu beobachten[3]. Einer vertieften Prüfung wurden ca. 8% aller gemeldeten Zusammenschlussvorhaben unterzogen. Bisher hat die Wettbewerbskommission keinen Zusammenschluss untersagt. In einem Fall haben die Parteien ihre Meldung nach einer Untersagungsandrohung zurückgezogen, d.h. sie haben das Zusammenschlussvorhaben abgebrochen. Unter Einbezug dieses Falles ergibt sich, dass 4% aller gemeldeten Zusammenschlüsse zu wettbewerbsrechtlichen Bedenken Anlass gegeben haben. Die Wettbewerbskommission und das Sekretariat haben die Verfahren vereinfacht und gestrafft und so die Arbeitsbelastung bei Zusammenschlussverfahren auf ein Minimum gesenkt. Trotzdem bleibt die Arbeitsbelastung aus der Fusionskontrolle relativ hoch.

---

[3] Der Vergleich mit den Verhältnissen im Ausland, insbesondere der EU, ist sinnvoll nur im Rahmen der Zusammenschlusskontrolle, denn nur da sind auch die gesetzlichen Regelungen vergleichbar. Im Rahmen von Verfahren gegen Kartelle sind die Regelungen dagegen so verschieden, dass Vergleiche mit der EU eher irreführend wären.

Anhang 2

Zusammenschlüsse von Medienunternehmen; Schwellenwerte nach Art. 9 Abs. 2 KG (vgl. Ziff. 2.2.1)

(Zeitraum 1. Juli 1996 bis 1. Oktober 2001)

Zusammenschluss (Umsätze in Mio.)	RPW	Ergebnis	KG 9 I
Gasser (40) – Tschudi (15.5)	1997/1, 179	unbedenklich (nach Zusage)	nein
Anzeiger Uster (5.5)/Druckerei Wetzikon (30)	1997/4, 519	unbedenklich	nein
Edipresse (300)/JG (>100) – Le Temps	1998/1, 40	Auflage	ja
Post (5544)/Bevo (10 + 600 TA Media und BTM)	1998/2, 265	unbedenklich	ja
BTM (175)/Schaer Thun AG (35)	–	zurückgezogen (sonst Untersagung)	nein
Soc. neuchâteloise de presse (19.5 + 12.7)	1999/1, 133	unbedenklich	nein
Axel Springer (7.5)/Handelszeitung (21)	1999/1, 177	unbedenklich	nein
TA Media AG (590)/Radio Zürisee (52)	1999/1, 179	unbedenklich	nein
Tribune de Genève/SDP	1999/2, 259	unbedenklich	ja (KG 9 IV)
Valora Holding (2400)/Melisa (14)	1999/3, 468	unbedenklich	nein
CSG (82565)/Belcom (34)	1999/3, 476	unbedenklich	nein
TA Media AG (590)/Belcom (34) – Tele Züri AG (13)	1999/3, 479	unbedenklich	nein
Holtzbrinck (9.5)/Dow Jones (6.4)	1999/4, 601	unbedenklich	nein
Buchdruckerei Buchs (8)/NZZ (450)	2000/1, 41	unbedenklich	nein
Dow Jones (303) Reuters Business (20.3)	2000/1, 43	unbedenklich	nein
Sat.1 (21.6)/Ringier (895)	2000/1, 46	unbedenklich	nein
Südostschweiz Pressevertrieb (1030 + 40)	2000/2, 230	unbedenklich	nein
TA Media (600)/F&W (27)	2000/3, 398	unbedenklich	nein
EM.TV Merchandising AG (6.4 + 50)	2000/2, 233	unbedenklich	nein
Radio RI (450 + 13)	2000/2, 249	unbedenklich	nein
Berner Oberland Medien AG (170 + 14.5 + 12)	2000/3, 414	unbedenklich	nein
NZZ (480)/Bertelsmann (26000) – SSB	2000/2, 253	unbedenklich	ja
BTM (175)/Schaer Thun AG II (35)	2000/4, 646	unbedenklich	nein
Banner.ch (2000 + 5,5)	2000/4, 650	unbedenklich	nein
Bertelsmann (2000)/EMAP (>5)	2000/4, 653	unbedenklich	nein
Thurgauer Medien AG (>30 + >5)	2000/4, 662	unbedenklich	nein
St. Paul SA (>30)/Le Pays SA (> 10)	2000/4, 671	unbedenklich	nein
Bertelsmann (2000)/Schück (>5)	2001/1, 115	unbedenklich	nein

Botschaft 01

Zusammenschluss (Umsätze in Mio.)	RPW	Ergebnis	KG 9 I
Edipresse/Senger Media	2001/1, 128	unbedenklich	ja (KG 9 IV)
Hallwag AG (>5)/Büchler Grafino (BTM 175)	2001/1, 136	unbedenklich	nein
Bertelsmann (2000)/RTL (>10)	2001/3, 537	unbedenklich	nein
Mittelland Zeitung	2001/3, 540	unbedenklich	nein
NZZ / Benteli Verlag	2001/3, 560	unbedenklich	nein
Ringier – Druckerei Winterthur / Color Serv	2001/3, 531	unbedenklich	nein
Ziegler Druck- und Verlags AG / Zürcher Oberland Medien / Kiebitz	2001/3, 569	unbedenklich	nein
Tamedia / Belcom	2001/4, 721	Bedingung	nein

Zusatzbotschaft
zur Botschaft zur Änderung des Kartellgesetzes
(Untersuchungen in Verfahren nach dem Luftverkehrsabkommen Schweiz-EG)

vom 14. Juni 2002

Sehr geehrte Frau Präsidentin,
sehr geehrter Herr Präsident,
sehr geehrte Damen und Herren,

wir unterbreiten Ihnen die Zusatzbotschaft zur Botschaft zur Änderung des Kartellgesetzes (Untersuchungen in Verfahren nach dem Luftverkehrsabkommen Schweiz-EG) und beantragen Ihnen, dem beiliegenden Entwurf zu Artikel 42*a* des Kartellgesetzes zuzustimmen.

Wir versichern Sie, sehr geehrte Frau Präsidentin, sehr geehrter Herr Präsident, sehr geehrte Damen und Herren, unserer vorzüglichen Hochachtung.

14. Juni 2002   Im Namen des Schweizerischen Bundesrates

                                       Der Bundespräsident: Kaspar Villiger
                                       Die Bundeskanzlerin: Annemarie Huber-Hotz

Zusatzbotschaft 01

Übersicht

Am 7. November 2001 hat der Bundesrat die Botschaft zur Änderung des Kartellgesetzes verabschiedet (BBl 2002 2022). Hauptziel dieser Vorlage ist die Einführung direkter Sanktionen bei den besonders schädlichen kartellrechtlichen Verstössen.

Inzwischen hat sich gezeigt, dass die Umsetzung des Abkommens zwischen der Europäischen Gemeinschaft und der Schweizerischen Eidgenossenschaft über den Luftverkehr (Luftverkehrsabkommen) eine weitere Ergänzung des Kartellgesetzes erfordert, welche mit der Zusatzbotschaft beantragt wird: Das Abkommen überträgt die Kompetenz für die Überwachung von wettbewerbsrechtlichen Sachverhalten, welche Auswirkungen auf den Gemeinschaftsmarkt oder auf den Handel zwischen den Vertragsparteien haben, grundsätzlich den Organen der Gemeinschaft. Für die übrigen Sachverhalte bleiben die schweizerischen Behörden zuständig. Für die Umsetzung des Abkommens ist einerseits die Wettbewerbskommission als die in diesem Rahmen in der Schweiz zuständige Behörde zu bezeichnen und andererseits zu regeln, dass in Verfahren nach Artikel 11 Absatz 1 des Luftverkehrsabkommens auf Ersuchen der EG-Kommission die in Artikel 42 des Kartellgesetzes vorgesehenen Untersuchungsmassnahmen vorgenommen werden können, wenn sich ein Unternehmen der Nachprüfung widersetzt. Allfällige Untersuchungsbegehren der EG-Behörden sind somit an die Wettbewerbskommission zu richten. Insbesondere sind Hausdurchsuchungen und Beschlagnahmen von einem Mitglied des Präsidiums der Wettbewerbskommission anzuordnen.

Zusatzbotschaft

1 Allgemeiner Teil
1.1 Ausgangslage

Am 7. November 2001 hat der Bundesrat die Botschaft zur Änderung des Kartellgesetzes verabschiedet (BBl *2002* 2022). Hauptziel dieser Vorlage ist die Einführung direkter Sanktionen bei den besonders schädlichen kartellrechtlichen Verstössen.

Unabhängig davon haben die Abklärungen zur Umsetzung des Abkommens vom 21. Juni 1999 zwischen der Europäischen Gemeinschaft und der Schweizerischen Eidgenossenschaft über den Luftverkehr (Luftverkehrsabkommen, LVA; BBl *1999* 6948) aufgezeigt, dass die wettbewerbsrechtlichen Bestimmungen des Abkommens eine Ergänzung des Kartellgesetzes (KG; SR *251*) erfordern, die mit der Zusatzbotschaft beantragt wird.

1.2 Wettbewerbsregeln und Vollzugsbestimmungen des Luftverkehrsabkommens

Die *materiellen wettbewerbsrechtlichen Vorschriften* des Abkommens zwischen der Europäischen Gemeinschaft und der Schweizerischen Eidgenossenschaft über den Luftverkehr in den Artikeln 8 und 9 zusammen mit dem im Anhang aufgelisteten massgebenden EG-Sekundärrecht entsprechen den wettbewerbsrechtlichen Vorschriften der EG zu unzulässigen Wettbewerbsabreden und zu unzulässigen Verhaltensweisen marktbeherrschender Unternehmen sowie zur Kontrolle von Unternehmenszusammenschlüssen (Art. 81 und 82 EG-Vertrag).

Die *Vollzugsbestimmungen* für die wettbewerbsrechtlichen Bestimmungen des Abkommens in den Artikeln 10 und 11 des Luftverkehrsabkommens unterscheiden:

– Wettbewerbsrechtliche Sachverhalte, die sich nur auf den Handel innerhalb der Schweiz auswirken, unterliegen schweizerischem Recht und der Zuständigkeit der schweizerischen Wettbewerbsbehörden (Art. 10 LVA).

– Wettbewerbsrechtliche Sachverhalte in Bezug auf Strecken zwischen der Schweiz und Drittstaaten fallen ebenfalls in die Zuständigkeit der schweizerischen Behörden (Art. 11 Abs. 2 LVA).

– Wettbewerbsrechtliche Sachverhalte, die Auswirkungen auf den Gemeinschaftsmarkt oder auf den Handel zwischen den Vertragsparteien haben, werden von den Organen der Gemeinschaft vollzogen (Art. 11 Abs. 1 LVA). Artikel 11 Absatz 1 hält dazu fest, dass in diesen Fällen die im Anhang des Luftverkehrsabkommens aufgeführten Rechtsvorschriften der Gemeinschaft zur Anwendung kommen, wobei dem Erfordernis einer engen Zusammenarbeit zwischen den Organen der Gemeinschaft und den schweizerischen Behörden Rechnung getragen wird.

Gemäss Artikel 11 des Luftverkehrsabkommens ist die Schweiz somit völkerrechtlich verpflichtet, den zuständigen Gemeinschaftsorganen wettbewerbsrechtliche

Untersuchungen im Bereich des Luftverkehrs auf schweizerischem Hoheitsgebiet zu ermöglichen.

Die Botschaft vom 23. Juni 1999 zur Genehmigung der sektoriellen Abkommen zwischen der Schweiz und der EG hält dazu fest (BBl *1999* 6255 f):

Hingegen wird die Kompetenz für die Überprüfung der Sachverhalte nach Artikel 8 und 9 sowie die Genehmigung von Unternehmenszusammenschlüssen, die Auswirkungen auf den Gemeinschaftsmarkt oder auf den Handel zwischen den Vertragsparteien haben könnten, den Gemeinschaftsinstitutionen übertragen. Dabei werden allerdings die Gemeinschaftsinstitutionen in Absprache mit den schweizerischen Behörden vorgehen. Gestützt auf das Auswirkungsprinzip betrachtet sich die Europäische Kommission bereits heute als zuständig für alle Sachverhalte die, wenngleich sie von schweizerischen Unternehmen ausgehen, sich auf den Wettbewerb innerhalb der Gemeinschaft auswirken. In Bezug auf das Verhältnis der Schweiz zu Drittstaaten bleibt die ausschliessliche Zuständigkeit der schweizerischen Behörden gewahrt (Art. 11).

1.3 Untersuchungsmassnahmen

Gemäss Anhang zum Luftverkehrsabkommen richten sich die Verfahren nach dem einschlägigen Gemeinschaftsrecht, insbesondere nach der Verordnung 17/62[1] und der Verordnung 3975/87[2], und haben Untersuchungsmassnahmen wie Auskunftsbegehren, Aktenherausgabe und Durchsuchungen von Geschäftslokalen zum Gegenstand (vgl. die «Nachprüfungsbefugnisse der Kommission» gemäss Anhang). Gestützt auf Artikel 11 Absatz 1 des Luftverkehrsabkommens ist die Schweiz verpflichtet, der EG-Kommission die erforderliche Unterstützung bei der Durchführung der im Einklang mit dem einschlägigen Sekundärrecht angeordneten Untersuchungen zu gewähren. Die EG-Kommission richtet ihre Begehren beispielsweise um Aktenherausgabe direkt an die betroffenen Unternehmen und informiert darüber die Schweiz. Im Falle, dass das Unternehmen nicht freiwillig mit der EG-Kommission zusammenarbeitet, müssen schweizerische Behörden der EG-Kommission die Durchführung der wettbewerbsrechtlichen Untersuchungsmassnahmen ermöglichen.

Im Landesrecht erlaubt das geltende Kartellgesetz den Wettbewerbsbehörden verschiedene Untersuchungsmassnahmen, welche den Katalog der Beweismassnahmen nach Artikel 12 des Verwaltungsverfahrensgesetzes (VwVG; SR *172.021*) ergänzen. So können Dritte als Zeugen einvernommen und die Betroffenen zur Beweisaussage verpflichtet werden; zudem können Hausdurchsuchungen angeordnet und Beweisgegenstände sichergestellt werden. Artikel 42 KG umfasst jene Massnahmen, welche auch das Gemeinschaftsrecht vorsieht.

Mit der Botschaft vom 7. November 2001 wird vorgeschlagen, Artikel 42 KG in prozessualer Hinsicht zu präzisieren. Die Änderung wird wie folgt erläutert:

---

[1] Verordnung des Rates vom 6. Februar 1962: Erste Durchführungsverordnung zu den Artikeln 85 und 86 des EWG-Vertrages in der durch die Verordnung Nr. 59, die Verordnung Nr. 118/63/EWG und die Verordnung (EWG) Nr. 2822/71 geänderten und ergänzten Fassung.

[2] Verordnung des Rates vom 14. Dezember 1987 über die Einzelheiten der Anwendung der Wettbewerbsregeln auf Luftfahrtunternehmen, geändert durch die Verordnungen (EWG) Nr. 1284/91 und (EWG) Nr. 2410/92.

Artikel 42

Absatz 1 entspricht dem bisherigen Artikel 42 (Sätze 1 und 2). In Absatz 2 wird für Hausdurchsuchungen und Beschlagnahmen eine präzisere Regelung vorgesehen als im geltenden Recht. Hausdurchsuchungen und Beschlagnahmen können auf Grund eines Antrages des Sekretariats nur von einem Mitglied des Präsidiums angeordnet werden. Für diese prozessualen Zwangsmassnahmen werden im Weiteren die Artikel 45–50 VStrR als sinngemäss anwendbar erklärt. Diese Bestimmungen enthalten die wichtigsten rechtsstaatlichen Garantien. Insbesondere schreiben sie vor, dass Hausdurchsuchungen und Beschlagnahmen mit der gebührenden Schonung der Betroffenen und ihres Eigentums durchzuführen sind (Art. 45 VStrR). Beschlagnahmt werden dürfen im Wesentlichen nur Gegenstände, die als Beweismittel von Bedeutung sein können (Art. 46 Abs. 1 Bst. a. VStrR). Hausdurchsuchungen dürfen nur im Beisein des Inhabers der betroffenen Räume und bestimmter Amtspersonen vorgenommen werden; in Fällen besonderer Dringlichkeit kann auf den Beizug von Amtspersonen verzichtet werden (Art. 49 Abs. 2 VStrR). Bei der Durchsuchung von Papieren ist mit grösster Schonung vorzugehen; insbesondere sollen Papiere nur dann durchsucht werden, wenn anzunehmen ist, dass sich Schriften darunter befinden, die für die Untersuchung von Bedeutung sind (Art. 50 Abs. 1 VStrR). Berufs- und Geschäftsgeheimnisse sind zu wahren (Art. 50 Abs. 2 VStrR).

Artikel 42 KG schafft rechtsstaatlich einwandfreie Regeln für die Untersuchungsmassnahmen der Wettbewerbsbehörden für Verfahren nach dem Kartellgesetz.

2 Besonderer Teil

2.1 Normierungsbedarf

Die Bestimmungen des Luftverkehrsabkommens sind direkt anwendbar. Die EG-Kommission kann somit gestützt auf Artikel 11 Absatz 1 LVA rechtmässig Untersuchungsmassnahmen, wie sie in Artikel 14 der Verordnung 17/62 und in Artikel 11 der Verordnung 3975/87 vorgesehen sind, in der Schweiz vornehmen. Die Kommission unterrichtet die zuständige Behörde des Mitgliedstaats, in dessen Hoheitsgebiet die Nachprüfung vorgenommen werden soll, rechtzeitig vor der Nachprüfung über den Prüfungsauftrag und die Person des beauftragten Bediensteten. Es ist hingegen nicht erforderlich, dass eine schweizerische Behörde der EG-Kommission im Einzelfall die Durchführung von Untersuchungsmassnahmen erlaubt, und es ist nur dann Sache der Schweiz, die entsprechenden Untersuchungsmassnahmen für die EG-Kommission durchzuführen, wenn sie dies in Anwendung von Artikel 14 Absatz 6 der Verordnung 17/62 und Artikel 11 Absatz 6 der Verordnung 3975/87 wünscht.

Auf Grund dieser Bestimmungen ist die Schweiz verpflichtet, der EG-Kommission die erforderliche Unterstützung zur Durchführung der Nachprüfung zu gewähren, wenn sich ein Unternehmen der Nachprüfung widersetzt. Es ist dabei Sache der Schweiz festzulegen, welche Behörde für die Gewährung derartiger Unterstützung zuständig ist und nach welchem Verfahrensrecht sich der Erlass von Zwangsmassnahmen zu richten hat.

2.2 Erläuterung von Artikel 42*a*

Das Kartellgesetz ist durch einen neuen Artikel 42*a* zu ergänzen. Einerseits wird die Wettbewerbskommission als die im Rahmen der Kompetenzregelung des Abkommens (s. Ziff. 1.2) «zuständige Behörde» im Sinne von Artikel 14 der Verordnung 17/62 und in Artikel 11 der Verordnung 3975/87 bezeichnet.

Anderseits sind für den Fall, dass sich in einem Verfahren nach Artikel 11 Absatz 1 des Abkommens ein Unternehmen der Nachprüfungsbefugnisse der EG-Kommission widersetzt, Zwangsmassnahmen zur Verfügung zu stellen. Dafür ist die Unterstützung der EG-Kommission durch die Wettbewerbskommission vorzusehen, wobei das Kooperationsverfahren zwischen diesen Behörden in der Weise geregelt wird, dass auf Ersuchen der EG-Kommission die in Artikel 42 KG vorgesehenen Untersuchungsmassnahmen vorgenommen werden können.

Mit dem Verweis auf die Regelung von Artikel 42 KG wird insbesondere klargestellt, dass Hausdurchsuchungen und Beschlagnahmen auf Grund einer Nachprüfungsentscheidung der EG-Kommission von einem Mitglied des Präsidiums der Wettbewerbskommission angeordnet werden müssen. Auch wenn in der Nachprüfungsentscheidung ausreichend darzulegen sein wird, dass ein Verstoss gegen die Artikel 8 und 9 des Luftverkehrsabkommens vorliegen dürfte, geht es beim Entscheid über die Durchführung von Zwangsmassnahmen nicht um die wettbewerbsrechtliche Beurteilung des Sachverhaltes, sondern darum, ob das Ersuchen der EG-Kommission den formellen Anforderungen entspricht und ob die verlangte Untersuchungsmassnahme nicht willkürlich oder unverhältnismässig ist.

Diese formellen Anforderungen und der Gegenstand der Prüfung – beispielsweise die ausreichende Autorisierung des Ersuchens und die örtliche und personenbezogene Spezifizierung der beantragten Untersuchungsmassnahmen – werden in einer Verordnung zu konkretisieren sein.

Hingegen rechtjertigt es sich, die Frage der Rechtsmittelordnung auf Gesetzesstufe zu klären und zwar mit Blick auf die Anordnung von Zwangsmassnahmen im Falle der verweigerten Kooperation des betroffenen Unternehmens. Grundsätzlich muss gegen Untersuchungsmassnahmen, welche die Wettbewerbskommission auf Ersuchen der EG-Kommission anordnet, ein Rechtsmittel offenstehen. Nun sieht das Gemeinschaftsrecht Beschwerdemöglichkeiten gegen die wettbewerbsrechtliche Zulässigkeit der Anordnung von Untersuchungsmassnahmen durch die EG-Kommission vor. Auch ein in der Schweiz domiziliertes Unternehmen, bei dem eine Untersuchungsmassnahme durchgeführt werden soll, kann demnach den gemeinschaftsrechtlichen Rechtsmittelweg beschreiten. Deshalb liesse sich argumentieren, dass sich ein innerschweizerischer Rechtsmittelweg gegen die Verfügung der Wettbewerbskommission, wonach die formellen Anforderungen des Ersuchens erfüllt seien, erübrige. Mit Blick auf die aus der Verfassung und der EMRK fliessenden Verfahrensgarantien und aus souveränitätspolitischen Überlegungen ist jedoch vorzuziehen, mit einem Verweis auf Artikel 44 KG gegen derartige Verfügungen die Beschwerde an die Rekurskommission für Wettbewerbsfragen ausdrücklich zuzulassen.

3 Finanzielle und personelle Auswirkungen

Die hier zu regelnden Fragen zur Umsetzung der Wettbewerbsregeln des Luftverkehrsabkommens dürften keine massgebliche Zusatzbelastung der schweizerischen Behörden mit entsprechenden personellen und finanziellen Auswirkungen auslösen.

4 Legislaturplanung

Die Vorlage zur Revision des Kartellgesetzes ist im Bericht zur Legislaturplanung 1999–2003 (BBl *2000* 2291) angekündigt worden (Richtliniengeschäft 11). Die mit der Zusatzbotschaft beantragte Änderung steht indessen im Zusammenhang mit der Umsetzung der bilateralen Verträge und wurde als solche nicht angekündigt.

Anhang

Nachprüfungsbefugnisse der Kommission

Das Gemeinschaftsrecht umschreibt die Nachprüfungsbefugnisse der Kommission wie folgt (vgl. Art. 14 VO 17/62 und Art. 11 VO 3975/87):

(1) Die Kommission kann zur Erfüllung der ihr durch diese Verordnung übertragenen Aufgaben bei Unternehmen und Unternehmensvereinigungen alle erforderlichen Nachprüfungen vornehmen. Zu diesem Zweck sind die beauftragten Bediensteten der Kommission befugt,
   – die Bücher und sonstigen Geschäftsunterlagen zu prüfen;
   – Abschriften oder Auszüge aus Büchern und Geschäftsunterlagen anzufertigen;
   – mündliche Erklärungen an Ort und Stelle anzufordern;
   – alle Räumlichkeiten, Grundstücke und Transportmittel, die Unternehmen oder Unternehmensvereinigungen benutzen, zu betreten.

(2) Die beauftragten Bediensteten der Kommission üben ihre Befugnisse unter Vorlage eines schriftlichen Prüfungsauftrags aus, in dem der Gegenstand und der Zweck der Nachprüfung bezeichnet sind und in dem auf die in Artikel 12 Absatz 1 Buchstabe c) vorgesehenen Zwangsmassnahmen für den Fall hingewiesen wird, dass die angeforderten Bücher oder sonstigen Geschäftsunterlagen nicht vollständig vorgelegt werden. Die Kommission unterrichtet die zuständige Behörde des Mitgliedstaats, in dessen Hoheitsgebiet die Nachprüfung vorgenommen werden soll, rechtzeitig vor der Nachprüfung über den Prüfungsauftrag und die Person des beauftragten Bediensteten.

(3) Unternehmen und Unternehmensvereinigungen sind verpflichtet, die Nachprüfungen zu dulden, welche die Kommission in einer Entscheidung angeordnet hat. Die Entscheidung bezeichnet den Gegenstand und den Zweck der Nachprüfung, bestimmt den Zeitpunkt des Beginns der Nachprüfung und weist auf die in Artikel 12 Absatz 1 Buchstabe c) (Geldbussen) und Artikel 13 Absatz 1 Buchstabe d) (Zwangsgelder) vorgesehenen Zwangsmassnahmen sowie auf das Recht hin, vor dem Gerichtshof gegen die Entscheidung Klage zu erheben.

(4) Die Kommission erlässt die in Absatz 3 bezeichneten Entscheidungen nach Anhörung der zuständigen Behörde des Mitgliedstaats, in dessen Hoheitsgebiet die Nachprüfung vorgenommen werden soll.

(5) Bedienstete der zuständigen Behörde des Mitgliedstaats, in dessen Hoheitsgebiet die Nachprüfung vorgenommen werden soll, können auf Antrag dieser Behörde oder auf Antrag der Kommission die Bediensteten der Kommission bei der Erfüllung ihrer Aufgaben unterstützen.

(6) Widersetzt sich ein Unternehmen einer aufgrund dieses Artikels angeordneten Nachprüfung, so gewährt der betreffende Mitgliedstaat den beauftragten Bediensteten der Kommission die erforderliche Unterstützung, damit diese ihre Nachprüfungen durchführen können. Zu diesem Zweck treffen die Mitgliedstaaten (spätestens am 31. Juli 1989 nach Anhörung der Kommission) die erforderlichen Massnahmen.

3. Erläuterungen vom 13. Oktober 2003 zur KG-Sanktionsverordnung (SVKG)

2. Abschnitt: Sanktionsbemessung

Der zweite Abschnitt der vorliegenden Verordnung zeigt wichtige Leitlinien auf, wie die Sanktion innerhalb des gesetzlichen Rahmens zu bemessen ist. Im Übrigen ist es Aufgabe der rechtsanwendenden Behörde, anhand dieser Parameter die konkrete Sanktion zu bestimmen.

Die Bemessung der Sanktion, welche in drei Schritten erfolgt, ist über weite Strecken von der EU-Regelung[1] inspiriert.

Artikel 2: Grundsätze

Absatz 1

Artikel 49a Absatz 1 KG setzt eine objektiv feststellbare Maximalgrenze (10 Prozent des in den letzten drei Geschäftsjahren in der Schweiz erzielten Umsatzes). Der vorliegende Absatz legt eingangs nach Massgabe von Artikel 49 a Absatz 1 KG die Berechnungskriterien fest. Es handelt sich dabei um die Schwere, die Dauer und – sofern ermittelbar – den mit dem Wettbewerbsverstoss erwirtschafteten Gewinn. Soweit der Gewinn in Frage steht, bedeutet dies im Einzelnen folgendes: Der «Normalgewinn» ist bereits im Basisbetrag enthalten. Ein ausserordentlich hoher Gewinn wird nach Massgabe von Artikel 5 sanktionserhöhend berücksichtigt. Für Ausnahmefälle, in welchen kein Gewinn erzielt wurde, kann die Wettbewerbsbehörde diesem Umstand im Sinne einer Sanktionsminderung Rechnung tragen.

---

[1] Leitlinien für die Festsetzung von Geldbussen nach Massgabe der EWR-Wettbewerbsregeln, Amtsblatt der EG, C 10/14 vom 16.1.2003, «EU-Regelung».

Absatz 2

Dieser Absatz erwähnt explizit das allgemeine, verfassungsmässige Verhältnismässigkeitsprinzip (Artikel 5 Absatz 2 BV), da diesem Prinzip in diesem Zusammenhang eine besondere Bedeutung zukommt. Die Wettbewerbsbehörden werden diesem Prinzip entsprechend insbesondere die finanzielle Tragfähigkeit des betroffenen Unternehmens berücksichtigen.[2] Es würde nämlich dem Zweckgedanken des Kartellrechts zuwiderlaufen, wenn der Eingriff der Wettbewerbskommission den Marktaustritt eines gesunden Unternehmens zur Folge hätte, weil die Sanktion das Unternehmen etwa in Konkurs bringen würde. Ebenso können die Wettbewerbsbehörden bereits im Ausland verhängte Geldbussen für dieselbe Widerhandlung in der Sanktionsbemessung angemessen berücksichtigen.

Artikel 3: Basisbetrag

Ausgangspunkt ist der Basisbetrag. Dieser beträgt bis zu 10 Prozent des Umsatzes, der auf dem fraglichen (sachlich/räumlich) relevanten Markt in den drei letzten Geschäftsjahren in der Schweiz erzielt wurde. Folgendes ist anzumerken:

a) Der relevante Markt beschränkt sich auf den Schweizer Markt, auch bei Wettbewerbsbeschränkungen mit internationaler Wirkung. Ansonsten ist bei der Definition des relevanten Marktes Artikel 11 Absatz 3 VKU analog anwendbar. Laut Artikel 11 Absatz 3 VKU umfasst der sachlich relevante Markt alle Waren oder Leistungen, die von der Marktgegenseite hinsichtlich ihrer Eigenschaften und ihres vorgesehenen Verwendungszwecks als substituierbar angesehen werden; der räumliche Markt umfasst das Gebiet, in welchem die Marktgegenseite die den sachlichen Markt umfassenden Waren oder Leistungen nachfragt oder anbietet.

---

[2] Insbesondere könnte unter gewissen Umständen eine Bussenzahlung in Form von Raten in Betracht kommen.

b) Der vorgeschlagene Basisbetrag entspricht – den empirischen Erkenntnissen der OECD zufolge – einem eher 'bescheidenen' Gewinn (unrechtmässige Kartell- oder Monopolrente). Die OECD-Studie aus dem Jahre 2002 über Fälle aus verschiedenen OECD-Ländern schätzte den «Minimal-Gewinn», der durch Wettbewerbsverstösse erzielt worden ist, auf durchschnittlich 15 bis 20 Prozent des im letzten Geschäftsjahr auf dem relevanten Markt erzielten Umsatzes.[3] Liegt indes die (feststellbare) unrechtmässige Kartell- oder Monopolrente über dem Basisbetrag, so wird diesem Umstand nach Massgabe von Artikel 5 Rechnung getragen.

c) Für die Umsatzberechnung sind die Regeln gemäss Artikel 9 KG sinngemäss anwendbar. Der Umsatz auf dem durch den Wettbewerbsverstoss betroffenen Markt ist meistens kleiner als der Gesamtumsatz des Unternehmens. Daher ist der massgebende Marktumsatz für die Berechnung der konkreten Sanktion in der Regel um ein Vielfaches kleiner als der Umsatz, der dem Maximalbetrag nach Artikel 49a Absatz 1 KG zugrunde liegt.

d) Im internationalen Vergleich ist der Basisbetrag nicht besonders hoch. Im Unterschied zu anderen Ländern wird nach der vorliegenden Verordnung lediglich der Umsatz auf den von der Wettbewerbsbeschränkung betroffenen relevanten Märkten in der Schweiz berücksichtigt, und nicht der in der Regel um ein Vielfaches grössere weltweite Umsatz. Der Rahmen von bis zu 10 Prozent des auf den relevanten Märkten in der Schweiz erzielten Umsatzes ermöglicht es, die Schwere und die Art des Verstosses zu berücksichtigen. Beispielsweise ist eine horizontale Wettbewerbsabrede, welche gleichzeitig die drei wichtigsten Wettbewerbsparameter (Preis, Menge, Gebiet) einschränkt, in der Regel schwerer zu gewichten als eine reine

---

[3] Fighting Hard-core Cartels: Harm, effective sanctions and leniency programmes, 88.

Gebietsabrede. Unterschiedlich schwer wirken sich auch die einzelnen unerlaubten Praktiken marktbeherrschender Unternehmen aus. Bei schweren Verstössen gegen das KG, insbesondere bei marktumfassenden Abreden nach den Artikeln 5 Absätze 3 und 4 KG sowie bei Missbräuchen von marktbeherrschenden Unternehmen nach Artikel 7 KG wird sich der Basisbetrag regelmässig im oberen Drittel des Rahmens bewegen.

Hingegen kann bei Bagatellfällen aufgrund des Verhältnismässigkeitsprinzips ein tiefer Rahmen für den Basisbetrag ins Auge gefasst werden.

Artikel 4: Dauer

In einem zweiten Schritt wird der Sanktionsbetrag erhöht, wenn die Widerhandlung länger als ein Jahr gedauert hat. Hat die Widerhandlung weniger als ein Jahr gedauert, wird der Basisbetrag nach Artikel 3 nicht erhöht. Die von der Dauer des Verstosses abhängige Erhöhung der Sanktion – die ersten fünf Jahre bis 50 Prozent, dann jährlich bis zu 10 Prozent – entspricht auch inhaltlich der EU-Regelung.

Nach Massgabe von Artikel 49a Absatz 3 Buchstabe b KG kann ein Verhalten nicht mit einer Sanktion (Art. 49a Abs. 1 KG) belegt werden, wenn die Wettbewerbsbeschränkung bei Eröffnung der Untersuchung (Art. 27 KG) länger als fünf Jahre nicht mehr ausgeübt wurde. Wird vor Ablauf dieser 'Verfolgungsverjährung' eine Untersuchung eröffnet, wird – z.B. bei einem sieben Jahre dauernden Kartell – die gesamte Kartelldauer in der Sanktionsbemessung berücksichtigt.

Artikel 5 und 6: Erschwerende und mildernde Umstände

In einem dritten Schritt wird der Sanktionsbetrag erhöht oder vermindert, je nachdem, ob im konkreten Fall erschwerende oder mildernde Umstände vorliegen. Der ratio legis entsprechend enthalten die beiden Vorschriften keine abschliessende Auflistung der zu berücksichtigenden Umstände. Insbesondere wird darauf verzichtet, der Behörde vorzuschreiben, welches Gewicht diesen Umständen konkret zukommt. Die Schweiz geht damit gleich vor wie die EU.

Für die Sanktionierung nicht entscheidend ist die Frage, ob sich die (in Art. 5 Abs. 3 und 4 KG enthaltene) Vermutung der Beseitigung wirksamen Wettbewerbs bestätigt oder ob sie umgestossen wird und die Abrede im Sinne einer 'bloss' erheblichen, nicht gerechtfertigten Wettbewerbsbeeinträchtigung i.S. von Artikel 5 Absatz 1 KG für unzulässig erklärt wird. Entscheidend ist allein der Abredetyp, z.B. das Vorliegen einer Preisabrede. Soweit es um die Sanktionsbemessung geht, ist allerdings ein alle Marktteilnehmer umfassendes, den Wettbewerb völlig beseitigendes Preiskartell anders zu gewichten als eine ungerechtfertigte, den Wettbewerb aber nur erheblich beeinträchtigende Vereinbarung (z.B. unter einzelnen KMUs).

Artikel 5: Erschwerende Umstände

Absatz 1

Die allgemeinen erschwerenden Umstände sind in nicht abschliessender Weise aufgezählt; sie sind bei allen Arten (Art. 5 Abs. 3 und 4 KG oder Art. 7 KG) von Verstössen zu beachten. Stellen Unternehmen Nutzen und Risiko eines unerlaubten Verhaltens gegenüber, soll sich letzteres grundsätzlich betriebswirtschaftlich nicht lohnen. Somit wird der Vorgabe des Gesetzes nach einer wirksamen Prävention Rechnung getragen.

Erläuterungen SVKG

Buchstabe b

Der mutmassliche Gewinn aus einem Wettbewerbsverstoss lässt sich oft kaum nachweisen (vgl. das langjährige Vitaminkartell oder ein sog. Strukturerhaltungskartell). In Einzelfällen kann es vorkommen, dass bei einzelnen Kartellmitgliedern gar kein Gewinn anfällt (z.B. bei einem Submissionskartell mit Zuschlagssteuerung, d.h. ein offerierendes Unternehmen erhält den Bau-Zuschlag [inkl. Kartellrente], die anderen gehen 'leer aus'). Dem mutmasslichen Gewinn wird in der Regel zunächst bei der Festlegung des Basisbetrages i.S. eines Minimalgewinns Rechnung getragen (Art. 3). In Fällen allerdings, in denen der Wettbewerbsbehörde eine Gewinnschätzung möglich ist, soll ein besonders hoher Gewinn des Unternehmens als erschwerender Umstand bei der Festlegung der Sanktion berücksichtigt werden. Der Sanktionsbetrag soll in jedem Fall so weit erhöht werden, dass er den Betrag des aufgrund des Verstosses unrechtmässig erzielten Gewinns übertrifft.

Buchstabe c

Weigert sich ein Unternehmen, mit den Behörden zusammenzuarbeiten oder versucht es, die Untersuchung zu behindern, wird dies bei der Festsetzung der Sanktion erschwerend berücksichtigt. Insbesondere der Versuch, Beweismittel zu vernichten, stellt eine Behinderung der Untersuchung dar.

Absatz 2

Absatz 2 sieht (internationalem Standard folgend) besondere erschwerende Umstände für Wettbewerbsabreden vor.

Buchstabe a

Ein Unternehmen, welches z.B. eine anstiftende oder eine führende Rolle in einem Preiskartell (Art. 5 Abs. 3 KG) spielt, soll stärker bestraft werden. *Buchstabe b* Vergeltungsmassnahmen zementieren unerlaubte Abreden. Marktmächtige Unternehmen können durch die Androhung von Retorsionsmassnahmen andere Kartellmitglieder zur Einhaltung der Abrede zwingen oder davon abhalten, aus einem Kartell auszutreten (vgl. Art. 5 Abs. 3 KG). Gleiches gilt bei Vertriebssystemen, wenn z.B. Händler durch Lieferboykotte veranlasst werden, keine Parallelimporte zu tätigen oder unerlaubte Preisbindungen zweiter Hand zu respektieren (vgl. Art. 5 Abs. 4 KG).

Artikel 6: Mildernde Umstände

Artikel 6 zählt mildernde Umstände in nicht abschliessender Weise auf. Vorab ist Folgendes anzumerken:

Die Zusammenarbeit mit den Behörden (Kooperation) durch ein Unternehmen während des Verfahrens wird bewusst nicht bei der Bemessung der Sanktion, sondern ausschliesslich im Rahmen der Bonusregelung (Art. 8 ff. und 12 ff.) berücksichtigt. Auf diese Weise kann gewährleistet werden, dass das Verfahren korrekt (d.h. zweistufig) angewendet wird und die Wettbewerbsbehörde Bemessung und Bonusregelung nicht vermischt. Damit wird eine transparente und nachvollziehbare Praxis geschaffen, die die Rechtssicherheit fördert.

Absatz 1

Namentlich der Entscheid eines Unternehmens, nach dem ersten Eingreifen des Sekretariats auf die Teilnahme an einer Wettbewerbsbeschränkung zu verzichten, wirkt sich zu seinen Gunsten aus. Diese freiwillige und sofortige Aufgabe eines Verstosses gegen das KG, insbesondere der Austritt aus einem (unzulässigen) Kartell, hat nämlich eine unmittelbar wettbewerbsfördernde Wirkung und soll entsprechend honoriert werden.

Absatz 2

Die beiden mildernden Umstände entsprechen ebenfalls internationalem Standard.

Erläuterungen SVKG

Artikel 7

Diese Norm stellt klar, dass die Sanktion in keinem Fall den maximalen Sanktionsbetrag von Artikel 49a Absatz 1 KG übersteigen darf.

3. Abschnitt: Vollständiger Erlass der Sanktion

Artikel 8: Voraussetzungen

Absatz 1

Die Wettbewerbskommission kann die Sanktion unter den Voraussetzungen von Buchstabe a und b vollständig erlassen. In beiden Varianten (welche auch die EU-Leniency Regelung[4] kennt) wird der vollständige Erlass der Sanktion jedoch nur dem ersten Unternehmen gewährt, das entweder eine Abrede und seine Beteiligung daran in der beschriebenen Art anzeigt oder der Wettbewerbsbehörde für das Verfahren entscheidende Beweise vorlegt.

Buchstabe a

Ein Unternehmen präsentiert der Wettbewerbsbehörde als erstes Kartellmitglied Informationen, welche substantiiert genug sind, um Anhaltspunkte (Art. 27 KG) für das Vorliegen einer unzulässigen Wettbewerbsbeschränkung zu liefern. Durch diese Art der Selbstanzeige wird der Wettbewerbsbehörde eine Abrede zur Kenntnis gebracht, welche ihr bis anhin gänzlich unbekannt war oder über welche sie ungenügende Anhaltspunkte verfügt, um eine Vorabklärung zu eröffnen. Diese Informationen sollen die Wettbewerbsbehörde in die Lage versetzen, z.B. Hausdurchsuchungen («Dawn

---

[4] Mitteilung der Kommission über den Erlass und die Ermässigung von Geldbussen, Amtsblatt der EG, C 45/3 vom 19.2.2002, EU-Leniency Regelung».

Raids») durchzuführen. Keinesfalls genügen blosse Behauptungen genereller Art, um in den Genuss des vollständigen Sanktionserlasses zu kommen. Reichen die der Wettbewerbsbehörde übermittelten Informationen lediglich zur Eröffnung einer Vorabklärung (Art. 26 KG) aus, kommt ein vollständiger Sanktionserlass nicht in Betracht. Die vorgelegten Informationen können allerdings im Rahmen eines teilweisen Sanktionserlasses (Art. 12 ff.) berücksichtigt werden.

Buchstabe b

Die unaufgeforderte Vorlage entscheidender Beweise wird unabhängig vom Verfahrensstadium mit dem Erlass der Sanktion honoriert, sofern die Voraussetzungen gemäss Absatz 4 erfüllt sind. Dadurch wird dem Risiko begegnet, dass ein Verfahren, welches die Wettbewerbsbehörde aus eigenem Antrieb (d.h. ohne vorgängige Selbstanzeige) eröffnet hat, aufgrund mangelnder Beweise blockiert oder übermässig erschwert wird.

Absatz 2

Der vollständige Erlass der Sanktion ist zudem von der Erfüllung weiterer vier Voraussetzungen abhängig:

Buchstabe a

Für Unternehmen, welche andere Unternehmen zur Teilnahme an der angezeigten Abrede gezwungen haben oder welche als der Haupttäter oder der Anstifter handelten, fällt ein vollständiger Erlass der Sanktion von vornherein ausser Betracht. Weil in der parlamentarischen Beratung zum neuen Artikel 49a Absatz 2 KG deutlich zum Ausdruck gebracht wurde, dass (in der Schweiz) der hauptsächliche Anstifter oder Täter nicht in den Genuss des vollständigen Bonus kommen soll, erfasst der Ausschluss des vollständigen Bonus in der Schweiz mehr Fälle als in der EU. Die EU-Regelung nennt nur den Zwang gegenüber anderen Unternehmen als Ausschlussgrund.

Buchstabe b

Das Unternehmen hat mit der Selbstanzeige der Wettbewerbsbehörde *unaufgefordert* in der Regel (Ausnahmen sind in Absprache mit der Behörde möglich) alle Beweismittel einzureichen und zur Verfügung zu halten, welche sich in seinem Einflussbereich befinden. Im Einzelnen:

a) Arbeitnehmer und Organe, welche einvernommen werden können, sowie Urkunden und andere Beweismittel, welche sich im Unternehmen selber oder am Domizil von Arbeitnehmern und Organen befinden.

b) Ein Unternehmen verliert den Anspruch auf vollständige Strafbefreiung, wenn es z.B. aus taktischen Gründen die Herausgabe seiner Beweismittel je nach Fortgang des Verfahrens staffelt.

Buchstabe c

Die Verpflichtung zur Zusammenarbeit mit der Wettbewerbsbehörde geht über die in einem Verwaltungsverfahren üblichen Mitwirkungspflichten (z.B. Art. 40 KG) hinaus. Das Unternehmen muss während der ganzen Dauer des Verfahrens vorbehaltlos mit der Behörde zusammenarbeiten. Insbesondere verliert das Unternehmen den gemäss Artikel 9 Absatz 3 Buchstabe a zugesicherten Sanktionserlass, wenn es das im Rahmen der Selbstanzeige abgegebene Geständnis widerruft oder seine Zusammenarbeit mit der Wettbewerbsbehörde aus anderen Gründen mangelhaft ist.

Buchstabe d

Grundsätzlich hat ein Unternehmen, welches vom vollständigen Erlass der Sanktion profitieren will, seine kartellrechtswidrigen Handlungen spätestens im Zeitpunkt der Selbstanzeige einzustellen. In besonderen Fällen kann es indessen geboten sein, dass das Unternehmen seine Teilnahme am Kartell erst auf Anordnung der Wettbewerbsbehörde einstellt, weil andernfalls der Fortgang des Verfahrens (etwa weitere Ermittlungshandlungen wie Hausdurchsuchungen bei anderen Kartellmitgliedern) gefährdet würde.

Absatz 3

Der vollständige Erlass einer Sanktion in Anwendung von Absatz 1 Buchstabe a kommt nicht in Betracht, wenn die Wettbewerbsbehörde bereits über genügend Informationen verfügt, um eine Vorabklärung (Art. 26 KG) zu eröffnen oder zuvor eine solche eröffnet hat. Damit soll der Anreiz, bei Kartellrechtsverstössen ohne Verzug eine Selbstanzeige einzureichen, aufrecht erhalten werden. Ein Unternehmen soll nicht abwarten («wait and see») und spekulieren, ob die Wettbewerbsbehörde – z.B. im Nachgang zu einer Marktbeobachtung (Art. 45 KG) – von selbst eine Vorabklärung eröffnet, um erst dann Informationen zu liefern, welche die Eröffnung einer Untersuchung (Art. 27 KG) ermöglichen. Allerdings kann in diesem Fall ein vollständiger Erlass nach Massgabe von Absatz 1 Buchstabe b in Frage kommen, sofern die entsprechenden Voraussetzungen erfüllt sind und insbesondere kein anderes Unternehmen das Verfahren mit einer früheren Selbstanzeige ins Rollen gebracht hat (Abs. 1 Bst. a).

Absatz 4

Diese Bestimmung ist Ausdruck des Konzepts in den vorangegangenen Absätzen:

Buchstabe a

Der vollständige Erlass der Sanktion kann nur einem einzigen Unternehmen gewährt werden, das entweder die Kriterien von Absatz 1 Buchstabe a oder Buchstabe b erfüllt. Würde sowohl einem Unternehmen, welches Anhaltspunkte gemäss Artikel 27 KG liefert, als auch einem Unternehmen, das Beweismittel i.S. von Absatz 1 Buchstabe b vorlegt, der vollständige Sanktionserlass gewährt, würde der «Bonus-Wettstreit» erlahmen. Die Unternehmen hätten vielmehr die Möglichkeit abzuwarten, ob ein Kartell überhaupt aufgedeckt wird, um nach der Selbstanzeige durch das erste Unternehmen – eventuell durch gestaffelte Abgabe der Beweismittel – auch noch von einem vollständigen Erlass zu profitieren. Die Bonusregelung würde auf diese Art berechenbar und verlöre ihre destabilisierende Wirkung auf Kartelle.

Immerhin kann der Beitrag des Unternehmens, das eine der Voraussetzungen nach Absatz 1 Buchstabe a und b erfüllt, sich jedoch mangels zeitlicher Priorität nicht für einen vollständigen Erlass qualifiziert hat, im Sinne eines Kooperationsbonus (Art. 12-14) zu einer Reduktion der Sanktion führen.

Buchstabe b

Die zweite Voraussetzung (wonach die Wettbewerbsbehörde vor dem Erhalt dieser Beweise nicht in der Lage war, den fraglichen Wettbewerbsverstoss zu beweisen) ist für den Erlass gemäss Buchstabe b selbstverständlich. Erst die vorgelegten Beweismittel erlauben den rechtsgenüglichen Beweis des Wettbewerbsverstosses.

Artikel 9: Form und Inhalt der Selbstanzeige

Absatz 1

Die Selbstanzeige enthält die wichtigsten Informationen über die Verhältnisse auf dem von der Abrede betroffenen Markt und die Anhaltspunkte für die Eröffnung einer Untersuchung (Art. 27 KG) oder die ausschlaggebenden Beweise (Art. 8 Abs. 1 Bst. a und b). Vorzulegen sind in der Regel insbesondere Dokumente über die Identität der betroffenen Unternehmen, über die Identität und den Aufenthaltsort der im Kartell mitwirkenden Personen, über Art, Zeitraum, Dauer und räumlichen Umfang des Verstosses, über die Art der verfügbaren Beweise sowie Angaben über Daten von Treffen und Kontakten. Die Wettbewerbsbehörde ist jederzeit befugt, die Vorlage weiterer zweckdienlicher Unterlagen zu verlangen (Art. 8 Abs. 2 Bst. b und c).

Ausnahmsweise kann die Selbstanzeige auch mündlich zu Protokoll gegeben werden. Damit soll sichergestellt werden, dass ein Selbstanzeiger mit der Wettbewerbsbehörde zusammenarbeiten kann, und zwar ohne befürchten zu müssen, dass er im Zusammenhang mit (namentlich ausländischen) Zivil- oder anderen Verfahren (über denselben KG-Streitgegenstand) zur Herausgabe von Dokumenten, welche er bei der Schweizer Wettbewerbsbehörde eingereicht hat, verpflichtet werden kann.

Absatz 2

Ein Unternehmen kann ein Interesse haben, seine 'Erfolgsaussichten' auf einen Bonus klären zu lassen, bevor es eine komplette Selbstanzeige einreicht. Hierfür kann es vorgängig eine anonymisierte Selbstanzeige, d.h. eine Selbstanzeige, bei der das Unternehmen seine Identität nicht bekannt gibt, einreichen. Die anonymisierte Selbstanzeige hat den Anforderungen zu genügen, um eine Beurteilung gemäss Artikel 9 Absatz 3 Buchstabe a zu erlauben. Die ausländischen Erfahrungen zeigen, dass Unternehmen ihre Anonymität oft durch den Beizug einer anwaltschaftlichen Vertretung sicherstellen.

Absatz 3

Mit der (schriftlichen) Bestätigung des Eingangs der Selbstanzeige unter Angabe der Eingangszeit wird die Reihenfolge ('Marker') der Prüfung der verschiedenen Selbstanzeigen festgelegt (Art. 10). Das Marker-System ordnet dem Unternehmen seine zeitliche Priorität zu, selbst wenn es dem Sekretariat der Wettbewerbskommission innerhalb angemessener Frist noch zusätzliche Dokumente einreichen muss. Das Sekretariat vereinbart die Frist mit dem entsprechenden Unternehmen. Das Marker-System soll die Unternehmen veranlassen, ihre Anzeige möglichst früh einzureichen, auch wenn intern noch nicht alle Abklärungen getroffen wurden.

Buchstabe a

Das Sekretariat teilt dem anzeigenden Unternehmen im Einverständnis mit einem Mitglied des Präsidiums mit, ob der vollständige Erlass unter den Voraussetzungen gemäss Artikel 8 Absatz 2 gewährt wird. Diese Mitteilung wird unter Berücksichtigung der Komplexität des Falles möglichst schnell erfolgen. Dadurch erhält das Unternehmen bereits in einer frühen Phase einen zugesicherten Erlass, von welchem die Wettbewerbskommission nur unter gewissen Bedingungen (vgl. Art. 11 Abs. 2) abweichen kann.

Buchstabe b

Die zusätzlichen Angaben können ausnahmsweise auch zu Protokoll gegeben werden (vgl. Art. 9 Abs. 1, 2. Satz).

Buchstabe c

Das Sekretariat verfährt nach dem Eingang der anonymen Meldung analog zu Buchstabe a und b. Kommt ein vollständiger Erlass der Sanktion in Frage, hat das Unternehmen auf Anordnung des Sekretariats hin seine Identität zu offenbaren und die Informationen zu vervollständigen (vgl. Art. 8 Abs. 2 Bst. b und c). Vom Zeitpunkt der grundsätzlichen Zusage eines vollständigen Erlasses der Sanktion an gilt das Interesse des Unternehmens an der Wahrung seiner Anonymität der Behörde gegenüber als erloschen.

Artikel 10: Verfahren bei mehreren Selbstanzeigen

Die Sanktion kann lediglich einem einzigen Unternehmen vollständig erlassen werden. Erfüllt der Zweitansprecher die Voraussetzungen einer vollständigen Sanktionsbefreiung ebenfalls, spielt der Zeitpunkt der Selbstanzeige bei der Bemessung der Sanktion gemäss Artikel 12 (Reduktion der Sanktion) eine entscheidende Rolle.

Artikel 11: Entscheid über den vollständigen Erlass der Sanktion

Absatz 1

Für den Entscheid über den vollständigen Erlass der Sanktion gilt Artikel 30 Absatz 1 KG. Die Wettbewerbskommission entscheidet auf Antrag des Sekretariats mit Verfügung auch über den Sanktionserlass. Möglich ist gemäss Artikel 29 KG auch, dass sich die Parteien mit dem Sekretariat bezüglich der Sanktion einvernehmlich einigen und die Wettbewerbskommission diese einvernehmliche Regelung genehmigt.

Absatz 2

Die Wettbewerbskommission kann von einer Mitteilung des Sekretariats gemäss Artikel 9 Absatz 3 Buchstabe a nur abweichen, wenn ihr nachträglich Tatsachen bekannt werden, die dem Erlass einer Sanktion entgegenstehen. Als nachträgliche Tatsachen gelten zum Beispiel die mangelhafte Kooperation während der Untersuchung der Wettbewerbskommission oder wenn die Wettbewerbskommission im Laufe der Untersuchung erfährt, dass das betreffende Unternehmen der Anstifter oder Haupttäter des Verstosses war.

4. Abschnitt: Reduktion der Sanktion

Artikel 12: Voraussetzungen

Absatz 1

Grundsätzlich hat ein Unternehmen, welches vom teilweisen Erlass der Sanktion profitieren will, seine kartellrechtswidrigen Handlungen spätestens im Zeitpunkt der Vorlage der Beweismittel einzustellen. In besonderen Fällen kann es indessen geboten sein, dass das Unternehmen seine Teilnahme im Kartell erst auf Anordnung der Wettbewerbsbehörde einstellt, weil andernfalls der Fortgang des Verfahrens gefährdet würde (vgl. Art. 8 Abs. 2 Bst. d).

Absatz 2

Kooperiert ein Unternehmen unaufgefordert mit der Wettbewerbsbehörde, wird die Sanktion je nach geleistetem Beitrag zum Verfahrenserfolg um bis zu 50 Prozent reduziert. Im Unterschied zum vollständigen Erlass können auch mehrere Unternehmen in den Genuss einer Reduktion kommen. Die unaufgeforderte Mitwirkung soll dabei nicht nur die Erschliessung andernfalls unentdeckt bleibender Beweismittel ermöglichen, sondern auch den Untersuchungsaufwand des Sekretariats vermindern.

Absatz 3

Die Sanktion wird um bis zu 80 Prozent reduziert, wenn das Unternehmen Informationen liefert oder Beweismittel vorlegt über einen weiteren Wettbewerbsverstoss nach Artikel 5 Absätze 3 oder 4 KG.

Artikel 13: Form und Inhalt der Kooperation

Absatz 1

Die Offerte, mit der Wettbewerbsbehörde zu kooperieren, hat betreffend Form und Inhalt den Erfordernissen gemäss Artikel 9 Absatz 1 zu genügen. Zudem muss das Unternehmen im Sinne von Artikel 8 Absatz 2 Buchstabe b während des Verfahrens mit der Wettbewerbsbehörde zusammenarbeiten.

Absatz 2

Das Sekretariat der Wettbewerbskommission verfährt analog zu Artikel 9 Absatz 3. Wird nichts Abweichendes angeordnet, wird das Unternehmen darauf hingewiesen, dass es ohne Verzug die kartellrechtswidrige Praktik einzustellen habe.

Artikel 14: Entscheid über die Reduktion

Absatz 1

Die Wettbewerbskommission entscheidet im Rahmen des Endentscheids über die Reduktion der Sanktion. Eine vorgängige Mitteilung wie im Falle der Selbstanzeige ist nicht erforderlich. Eine endgültige Bewertung des Beitrags, den das Unternehmen zum Verfahrenserfolg geleistet hat, ist jeweils erst anlässlich des Endentscheides möglich.

Absatz 2

Falls die vorgelegten Beweismittel eine längere Dauer des Wettbewerbsverstosses des kooperierenden Unternehmens offen legen und der Basisbetrag der Sanktion deswegen erhöht werden müsste (Art. 4), lässt die Wettbewerbskommission diesen Zeitraum unberücksichtigt und verzichtet auf eine Erhöhung des nach Massgabe der genannten Bestimmungen festgelegten Sanktionsbetrags: Die Attraktivität einer Zusammenarbeit mit der Wettbewerbsbehörde würde nämlich vermindert, wenn das Unternehmen zwar eine Reduktion der Sanktion über die Bonusregelung erreichen könnte, jedoch gleichzeitig gewärtigen müsste, aufgrund der Zusammenarbeit eine erhebliche Erhöhung des Sanktionsbetrags zu bewirken.

5. Abschnitt: Meldung und Widerspruchsverfahren

Dieser Abschnitt regelt die Meldung und das Widerspruchsverfahren gemäss Artikel 49a Absatz 3 Buchstabe a KG. Nach dieser Bestimmung entfällt die Belastung einer Sanktion nach Artikel 49a Absatz 1 KG, wenn das Unternehmen die Wettbewerbsbeschränkung meldet, bevor diese Wirkung entfaltet. Wird dem Unternehmen innert fünf Monaten nach der Meldung die Eröffnung eines Verfahrens nach den Artikeln 26-30 KG mitgeteilt und hält es danach an der Wettbewerbsbeschränkung fest, entfällt die Belastung nicht.

Artikel 15: Meldung einer möglicherweise unzulässigen Verhaltensweise

Das Meldeverfahren (mit allenfalls sanktionsbefreiender Wirkung) wird mit der Meldung ausgelöst. Diese kann sowohl von einem Unternehmen als auch von einem legitimierten Vertreter (z. B. von einem Verband) eingereicht werden, sofern die gemeldete Beschränkung noch keine Wirkung entfaltet hat. Ist demgegenüber die Wettbewerbsbeschränkung schon vollzogen (umgesetzt), wird die Meldung der Wettbewerbsbeschränkung allein ein Unternehmen in keinem Fall von einer Sanktionsmöglichkeit gemäss Artikel 49a Absatz 1 KG zu befreien vermögen.

Wird die Wettbewerbsbeschränkung nach der Meldung umgesetzt, kann es nur bzw. erst dann zu einer Sanktionierbarkeit kommen, wenn dem Unternehmen die Eröffnung eines Verfahrens innert 5 Monaten mitgeteilt worden ist und dieses an der Beschränkung festhält.

Die Meldung ist in einer der Amtssprachen einzureichen. Selbstverständlich können die Beilagen in englischer Sprache eingereicht werden (vgl. Artikel 11 Absatz 4 VKU).

Artikel 16: Meldeformular und Erläuterungen

Die Botschaft zur Änderung des Kartellgesetzes vom 7. November 2001 sieht analog der Meldung von Unternehmenszusammenschlüssen vor, dass ein Meldeformular geschaffen wird, um das Meldeverfahren zu vereinfachen. Das Formular wird die Voraussetzungen einer Meldung gemäss Artikel 49a Absatz 3 Buchstabe a KG festlegen und soll damit dem Unternehmen die Meldung eines möglicherweise wettbewerbsbeschränkenden Verhaltens erleichtern. Gleichzeitig soll es gewährleisten, dass die Meldung die notwendigen Angaben enthält, aufgrund derer die Wettbewerbsbehörde über die Einleitung eines Verfahrens entscheiden kann. Das

Meldeformular wird so gestaltet sein, dass der Aufwand für die meldenden Unternehmen möglichst klein gehalten wird.

Artikel 17: Erleichterte Meldung

Eine erleichterte Meldung im Sinne von Artikel 12 der VKU ist auch möglich. Eine erleichterte Meldung kann dann in Betracht kommen, wenn die Wettbewerbsbehörde die betroffenen Märkte bereits aus früheren Entscheidungen kennt oder wenn für ein Unternehmen bereits in einem früheren kartellrechtlichen Verfahren festgestellt worden ist, dass es auf einem bestimmten Markt eine beherrschende Stellung (Art. 4 Abs. 2 KG) inne hat.

Artikel 18: Bestätigung des Eingangs der Meldung

Diese Norm entspricht Artikel 14 und 20 VKU. Die Frist von fünf Monaten beginnt somit am Tag nach Eingang der Meldung. Die Wettbewerbsbehörde beurteilt nur den gemeldeten Sachverhalt. Wird somit kein Widerspruchsverfahren (Art. 19) innert Frist eröffnet, tritt Sanktionsfreiheit nur bezüglich der – allenfalls unvollständigen – Meldung ein. Die Wirkung wird nicht auf den (aus welchem Grund auch immer) nicht gemeldeten Sachverhalt ausgedehnt.

Artikel 19: Widerspruchsverfahren

Artikel 49 a Absatz 3 Buchstabe a KG gibt der Wettbewerbsbehörde nach der Meldung bis zu fünf Monate Zeit zu entscheiden, ob ein Verfahren nach Artikel 26-30 KG über die gemeldeten möglichen Wettbewerbsbeschränkungen zu eröffnen ist.

a) Diese Frist ist eine Höchstfrist. Je nach Geschäftslast wird die Behörde dem meldenden Unternehmen schon vor Ablauf dieser Frist seine Entscheidung mitteilen.

b) Nach Erhalt der Mitteilung, wonach auf die Eröffnung eines Verfahrens (Art. 26 und 27 KG) verzichtet wird, kann das meldende Unternehmen das gemeldete Verhalten vollziehen, und zwar ohne Risiko einer direkten Sanktion. Diese Wirkung gilt nur im Umfang des gemeldeten Sachverhalts.

c) Die entlastende Mitteilung des Sekretariats vor Ablauf der Frist oder der unbenutzte Fristablauf befreit zwar das Unternehmen von der Sanktion nach Massgabe von Artikel 49a Absatz 1 KG, besagt aber nichts über die Zulässigkeit oder Unzulässigkeit des gemeldeten Verhaltens. Nach Ablauf der Widerspruchsfrist kann die Behörde das gemeldete Verhalten immer noch untersuchen und untersagen. Diese gemeldete Wettbewerbsbeschränkung wird dann aber nur der indirekten Sanktion von Artikel 50 KG unterstehen. Denn: Die Meldemöglichkeit wurde eingeführt, um die Rechtssicherheit hinsichtlich der neuen Sanktionen zu gewährleisten, sie wurde aber nicht für die endgültige Beurteilung der Zulässigkeit eines Verhaltens konzipiert. Tatsächlich ist es meistens nicht möglich, innerhalb von fünf Monaten ein Verhalten kartellrechtlich endgültig zu beurteilen.

d) Nach Eingang der Meldung kann das Unternehmen das gemeldete Verhalten zwar grundsätzlich sofort vollziehen. Wird dem Unternehmen die Eröffnung eines Verfahrens innert fünf Monaten aber mitgeteilt, ergeben sich zwei Möglichkeiten:

- Hält das Unternehmen an der Beschränkung fest, bleibt die grundsätzliche Sanktionsmöglichkeit nach Massgabe von Artikel 49a Absatz 1 KG.

- Gibt das Unternehmen die Wettbewerbsbeschränkung auf, entfällt das Risiko einer direkten Sanktion (Art. 49a Abs. 1 KG).

e) Der guten Ordnung halber ist darauf hinzuweisen, dass ein Unternehmen auch eine (gebührenpflichtige) Beratung über die

Zulässigkeit des gemeldeten Verhaltens beantragen kann (Art. 23 Abs. 2 KG).

4. Erläuterungen vom 13. Oktober zur Änderung der Verordnung über die Kontrolle von Unternehmenszusammenschlüssen (VKU)

Artikel 7: Ermittlung der Grenzwerte bei Beteiligung von Medienunternehmen

Das geltende Kartellgesetz (KG) sieht in Artikel 9 Absatz 2 spezielle Schwellenwerte für die Meldepflicht von Zusammenschlüssen zwischen Medienunternehmen vor. Die Umsätze dieser Unternehmen sind bei der Abklärung, ob ein Zusammenschluss nach Artikel 9 Absatz 1 KG meldepflichtig ist, um das Zwanzigfache zu multiplizieren. Im Ergebnis unterliegen Zusammenschlüsse von Medienunternehmen also einer verschärften Meldepflicht.

Das Parlament hat diese Sonderbestimmung aufgehoben, da sich das Kartellgesetz nicht eignete, um medienpolitische Ziele zu verfolgen. Inskünftig werden bei der Berechnung der Schwellenwerte für die Meldepflicht von Zusammenschlüssen zwischen Medienunternehmen die allgemeinen Aufgreifkriterien von Artikel 9 Absatz 1 KG angewendet.

Mit dieser Änderung des Kartellgesetzes wird die entsprechende Ausführungsnorm von Artikel 7 VKU gegenstandslos. Infolgedessen ist sie ersatzlos zu streichen.

Artikel 8: Ermittlung der Grenzwerte bei Beteiligung von Banken und anderen Finanzintermediären

Die Spezialbestimmung von Artikel 9 Absatz 3 KG regelt die Berechnung des Umsatzes für Banken und Versicherungen. Der bisherige Wortlaut basiert auf den für die Europäische Union bis im Jahr 1998 geltenden Bestimmungen der Fusionskontrollverordnung. 1998 trat in der EU eine Bestimmung in Kraft, welche für die Berechnung des Umsatzes bei Banken und anderen Finanzinstituten anstelle der Bilanzsumme neu die Bruttoerträge vorsieht. Mit der Änderung von Artikel 9 Absatz 3 KG verfolgt der Gesetzgeber nun das Ziel, die Berechnung der Aufgreifschwellen für Banken an das geänderte EU-Recht anzugleichen und neu ebenfalls auf die Bruttoerträge an Stelle der Bilanzsumme abzustellen. Neu sollen dabei auch andere Finanzdienstleistungsanbieter (sog. Finanzintermediäre) dieser Regelung unterstehen, sofern sie den Rechnungslegungsvorschriften des Bundesgesetzes über die Banken und Sparkassen (BankG, SR 952.0) respektive dessen Ausführungsvorschriften unterstellt sind. Durch die neue Berechnungsart soll der wirtschaftlichen Leistungsfähigkeit der Finanzinstitute in der Zusammenschlusskontrolle besser Rechnung getragen werden.

Nun ist auch die entsprechende VKU- Norm (Art. 8) anzupassen. Sie listet im Einzelnen die für die Berechnung der Schwellenwerte relevanten Positionen einer Erfolgsrechnung auf. Die Aufzählung orientiert sich dabei an den Rechnungslegungsvorschriften in den einschlägigen Gesetzes- und Verordnungsbestimmungen im Bankenbereich, insbesondere aber an Artikel 25a der Verordnung über die Banken und Sparkassen (BankV; SR 952.02).

5. Erläuterungen vom 13. Oktober zur Änderung der Verordnung über die Erhebung von Gebühren im Kartellgesetz (KG-Gebührenverordnung)

Das neue Kartellgesetz enthält in Artikel 53a eine klare Rechtsgrundlage für die Erhebung von Gebühren durch die Wettbewerbsbehörden. Dieser Artikel umschreibt den Gegenstand der Gebühr und ermächtigt den Bundesrat, die Gebührensätze und die Erhebung im Einzelnen zu regeln. Damit dürften auch die letztlich unbegründeten Zweifel darüber, ob die Wettbewerbsbehörden über eine genügende gesetzliche Grundlage zur Erhebung von Gebühren verfügen, beseitigt sein.

Mit der vorliegenden Verordnung erfüllt der Bundesrat die an ihn delegierte Aufgabe: Er legt den Gebührenansatz fest und regelt die Gebührenerhebung. Die Änderungen der Verordnung folgen grundsätzlich der Musterverordnung im Gebührenrecht. Wo dies opportun ist, wird auf die speziellen Verhältnisse im Kartellrecht Rücksicht genommen.

Artikel 1 Absatz 1: Geltungsbereich

Die Aufzählung in Artikel 1 Absatz 1 Buchstabe a–c entspricht dem neuen Artikel 53a im Kartellgesetz. Sie umschreibt den Geltungsbereich der Verordnung.

Artikel 2 Absatz 2: Gebührenpflicht

In Anlehnung an die Mustergebührenverordnung wird in Absatz 2 eine spezielle Vorschrift über die solidarische Haftung aufgenommen. Sie gilt für natürliche und – was im Kartellrecht häufiger sein dürfte – für juristische Personen.

Erläuterungen KG-Gebührenverordnung

Artikel 3 Absatz 2: Gebührenfreiheit

Im Vergleich mit der geltenden Regelung bleiben Buchstabe a und b gleich. Lediglich deren Reihenfolge wird vertauscht. Wesentlich ist, dass Dritten keine Kosten auferlegt werden sollen (Bst. a). Haben Dritte jedoch den Erlass vorsorglicher Massnahmen beantragt, ist diesem Umstand bei der Regelung der Kostenfolge gemäss Verursacher- und Unterliegerprinzip Rechnung zu tragen. Bei Unterliegen können ihnen daher Kosten auferlegt werden.

Gegenüber Beteiligten, die eine *Vorabklärung* veranlasst haben, gilt Gebührenfreiheit, sofern die Vorabklärung keine Anhaltspunkte für eine unzulässige Wettbewerbsbeschränkung ergibt (Bst. b). Wenn jedoch Unternehmen – unter dem Druck der eröffneten Vorabklärung – ihr möglicherweise unzulässiges Verhalten ändern, werden diese von der Gebühr nicht befreit.

Beteiligte, die eine *Untersuchung* veranlasst haben, gehen gebührenfrei aus, wenn das Verfahren eingestellt wird, weil sich die Anhaltspunkte nicht erhärten (Bst. c), nicht jedoch, wenn das Verfahren eingestellt wird, weil die Unternehmen ihr rechtswidriges Verhalten aufgrund der eingeleiteten Untersuchung angepasst haben.

Artikel 4 Absätze 2-5: Gebührenbemessung

Der Stundenansatz für die Gebühr der Wettbewerbskommission und ihres Sekretariates wird neu zwischen CHF 100 und CHF 400 liegen. Dieser neue Rahmentarif lehnt sich an die neue Gebührenverordnung der Eidgenössischen Bankenkommission an. Die Praxis wird festlegen, nach welchen Kriterien die Gebühr innerhalb dieses Gebührenrahmens zu bemessen ist. Nach wie vor werden jedoch die Gebühreneinnahmen die Kosten des Betriebs der Wettbewerbskommission bei weitem nicht zu decken vermögen. So beliefen sich die Ausgaben im Jahr 2001 auf CHF 5'764'104 und die Einnahmen auf CHF 741'114. Im Jahr 2002 betrugen die Ausgaben CHF 6'041'090 und die Gebühreneinnahmen CHF 205'369.

Auslagen für Porti, Telefon-, und Kopierkosten sind der Einfachheit halber im Stundenansatz eingeschlossen. Diese Neuerung im Verordnungstext entspricht bereits gängiger Praxis der Wettbewerbsbehörden.

Für die vorläufige Prüfung von Unternehmenszusammenschlüssen, die in der Regel nach demselben Schema verlaufen und deren Aufwand sich daher pauschalisieren lässt, sieht der Entwurf neu eine Pauschalgebühr von CHF 5 000 vor. Diese liegt leicht unter der Durchschnittsgebühr für vorläufige Prüfungen in der bisherigen Praxis.

Artikel 5: Auslagen

Entsprechend der unter Artikel 4 Absatz 2 erwähnten Neuerung werden die Wettbewerbsbehörden nur noch diejenigen Auslagen separat in Rechnung stellen, die nicht in jedem Fall entstehen, wie beispielsweise Reisekosten, Beweiskosten und Gutachterkosten.